nen Indianer hatte befreien wollen. Er hatte mit seinen guten Gesellen Thomas und Theo zusammen vor Roach fliehen müssen. In dem Briefe stand, daß Cate auf weitere Nachricht warten sollte. Adams wollte ihr beistehen, sobald sie das Fort verlassen würde. Der Brief war vor Monaten geschrieben. Tobias hatte ihn damals heimlich überbracht. Ob Adams auch jetzt noch an Cate dachte?

Das Mädchen holte sich neue Arbeit hervor. Der Tag schien ihr lang, weil sie wartete. Aber auch dieser Tag ging vorüber. Matt glitzernd fielen noch einige Flocken vom wolkenverhangenen Himmel zur dunkel gewordenen Erde. Cate hörte, wie die Mannschaften Essen fassen gingen, ein paar Worte und Rufe, schwere Schritte, dann wurde es ganz still. Das Mädchen hatte die Lampe nicht entzündet, sie wartete im unbeleuchteten Zimmer auf Tobias.

Endlich öffnete sich die Tür, und der Kundschafter trat lautlos ein. Er drückte sich, weitab vom Fenster, an die Wand. Cate zog den Vorhang zu.

„Was sagt Watson über den Dakota?" fragte Tobias. „Sie müssen es mitangehört haben. Der Bodendeckel war offen. Sie sind schon im Kommandantenzimmer gewesen, während Watson und Roach bei dem Gefangenen im Keller waren."

„Du brauchst mir das nicht nachzuweisen, Tobias. Ich sage dir, was ich gehört habe. Warum sollte ich es vor dir verschweigen? In wenigen Tagen stirbt Tokei-ihto, wenn er gefesselt im Keller bleibt. Sie wollen ihm wenigstens wieder zu trinken geben."

„Der Freilassungsbefehl ist da. Morris, der Maler, hat dafür gekämpft. Er kannte Harry Tokei-ihto schon als Knaben im Zelt seines Vaters. Roach will mit einem Handschreiben rückfragen, um Zeit zu gewinnen und Lügen zu verbreiten. Ich bin der Bote, und ich kenne die weißen Männer. Ein Befehl ist ein Befehl, und einen schriftlichen Befehl heben sie niemals mehr auf. Sie werden den Freilassungsbefehl bestätigen und Roach zurechtweisen."

„Aber vorher stirbt Tokei-ihto."

„Ein Indianer stirbt, wenn er sterben will. Cate, Ihr Vater hatte dem Häuptling vor den Verhandlungen verbürgt, daß er dieses

Fort wieder frei verlassen kann. Sie müssen Tokei-ihto sagen, daß der Befehl, ihn freizulassen, da ist. Dann wird der Häuptling leben wollen."
„Ich soll es ihm sagen?"
„Ja. Sie! Sie sind die einzige, die einen zweiten Schlüssel zum Kommandantenzimmer besitzt. Bei Ihres Vaters Sachen müssen Sie ihn gefunden haben."
„Das ist wahr. Ich kann ihn dir geben."
„Nein. Ich muß mit Roachs Brief nach Randall reiten; mein Mustang steht bereit. Ich habe schon viel Zeit verloren, um noch vorher mit Ihnen zu sprechen. Gehen Sie selbst des Nachts in das Kommandantenzimmer und steigen Sie in den Keller hinunter. Der Schlüssel für die Bodenluke liegt im Wandschrank, das haben Sie auch gesehen. Wenn Sie jemand trifft, so sagen Sie, der Geist Ihres Vaters habe Sie gerufen und verfolge Sie. Niemand wird Sie bestrafen, wenn etwas fehlgeht. Man wird Sie wegschicken, das ist alles und nicht mehr, als Ihnen sowieso bevorsteht. Aber des Gefangenen wegen müssen Sie vorsichtig sein. Roach sucht nach einem Grund, den Dakota zu töten, ehe er ihn freilassen muß."
„Tobias! Nicht nur Roach schläft in seiner Kammer über dem Keller. Im Kommandantenzimmer hält ein Mann Wache!"
„Aber nicht heute nacht. Ich habe den Burschen wissen lassen, daß er sich heute nacht fernzuhalten hat, weil Roach es so wünscht und Sie einmal des Nachts bei sich empfangen wolle, ehe Sie abreisen."
„Tobias! Bist du wahnsinnig geworden!"
„Das Kommandantenzimmer ist heute nacht leer! Sie können dessen gewiß sein. Sie haben den zweiten Schlüssel. Niemand wird Sie aufhalten."
Der Kundschafter konnte nicht wissen, was in Cate vorging, und in der Dunkelheit ihr Mienenspiel nicht beobachten.
„Ich wage es", sagte sie aber endlich. „Mein Vater würde wünschen, daß ich es tue."
„Gut."
Tobias entfernte sich noch nicht. Er zog einen Brief hervor und gab ihn Cate.

„Der junge Adams wartet darauf, daß Sie das Fort verlassen", sagte er dabei. „Er will Sie zur Frau nehmen, wenn Sie mit ihm hinaufgehen werden nach Kanada. Adams ist ehrlich. Vertrauen Sie ihm und lesen Sie den Brief genau. Sie kennen ihn doch, den Adams. Er hat immer zu Ihrem Vater gehalten."
„Es ist wahr, was du sagst, Tobias." Cate atmete auf. „Wirst du Adams noch einmal treffen?"
„Ich kann ihm Ihre Antwort bringen."
Als Roach und der Feldscher die Kellerluke wieder verschlossen hatten, hatte sich der Gefangene gerührt. Er hatte seinen Standplatz, der ihm den Blick zur Luke gewährte, verlassen und war zu der Wand zurückgetreten. Seine Kette klirrte. Er haßte es, sich auf den Kellerboden in den Schmutz zu legen, und lehnte sich an die Wand, um die Nacht im Stehen zu verbringen, wie er es in den Gefahren der Wildnis gelernt hatte. Aber es fiel ihm jetzt schwerer als früher. Seine Kräfte hatten nachgelassen. Draußen seufzte und sang der Wind. Irgend etwas schwebte durch die Dunkelheit und glitzerte. Ein paar Flocken verirrten sich und schwebten zögernd durch die offene Luke herein.
Die Augen des Gefangenen folgten ihnen, bis sie am Boden zergingen.
Obgleich der Gefesselte erschöpft war, schlief er nicht ein. Mit eingesunkenen Schultern lehnte er an der Wand und hing in halbwachem Zustand seinen Gedanken und Fieberfantasien nach. Er dachte an sein Zelt, an Mutter und Schwester. Er dachte an seinen Mustang und an die weite Prärie. Er dachte an seine Kampfgefährten, aber er hoffte nicht mehr, sie wiederzusehen. Der Gefangene hatte gehört, daß sein Volk geschlagen, daß es aus der Heimat vertrieben und ganz unterworfen sei; das hatte ihm der Wächter mit einer bösen Freude ausgemalt. Er hatte gehört, daß er selbst krank sei und nur noch wenige Tage zu leben habe. Als der Gefangene vor Tagen aufgehört hatte zu essen, weil seine Organe unter dem Druck der Kette kaum mehr arbeiten konnten, und als er mit keinem Wort um das verweigerte Wasser zum Trinken bat, da hatte er von sich selbst geglaubt, daß er mit dem Leben abgeschlossen habe und gegen

seine feindliche Umgebung nicht nur Gleichmut spiele, sondern auch im Innern völlig gleichgültig geworden sei. Als Roach mit dem Feldscher gekommen war, hatte der Gefesselte aber die Erfahrung machen müssen, daß noch etwas in ihm lebte, wovon er selbst nichts mehr gewußt hatte. Er hatte gar nichts gegenüber dem bärtigen Feldscher selbst empfunden. Aber als dieser ihn im Auftrage des Capt'n Roach anfaßte, hätte der Gefangene den Anthony Roach niederschlagen mögen. Noch immer war der Indianer nicht so vollständig gebrochen, daß er die Stimme des Capt'n Roach hören und seine Gegenwart hätte ertragen können, ohne von Haß gepackt zu werden.

Als die ersten Stunden der Nacht vergangen waren, begann der Gefangene darauf aufmerksam zu werden, daß etwas anders verlief als in den anderen Nächten. Roach hatte sich sehr früh zu Bett gelegt; der Dakota hatte die Schritte und das Quietschen der Zwischentür gehört; das waren Geräusche, die er genau kannte. Der Capt'n schnarchte, und der Gefangene unterdrückte mühsam sein Husten, weil er etwas Ungewöhnliches vernommen hatte und lauschen wollte. Der Wachposten, der sich wie jede Nacht im Kommandantenzimmer eingerichtet hatte, verließ das Haus eben wieder. Der Dakoto hörte ihn hinausgehen und zuschließen. Zeit verging, aber der Posten kam nicht wieder.

In dem Gefangenen sprang ein Argwohn auf, der ihn im Grunde Tag und Nacht beseelte. Er glaubte, daß Roach ihn ermorden lassen wollte. Er wartete im stillen jeden Tag und jede Nacht auf einen Mörder. Warum war jetzt die Wache weggegangen? Sollte etwas geschehen, wovon der Kommandant dienstlich nichts gewußt haben wollte?

Es mußte um Mitternacht sein. Roach schnarchte immer noch. Die Tür zum Kommandantenzimmer wurde wieder aufgeschlossen. Es trat jemand ein und schloß wieder zu. Schritte ließen sich hören. Das waren nicht die Schritte des Wächters. Es war ein leichter, tastender Schritt. Ein Brett knarrte. Darauf war es wieder still, als ob jemand fürchtete, sich zu verraten.

Der Dakota bewegte den Kopf. Seine wochen- und monatelangen Kopfschmerzen beeinträchtigten sein scharfes Wahrnehmungsvermögen, aber sein Wille zwang seine Gehörnerven und sein Gehirn, in diesem Augenblick zu funktionieren. Er horchte angespannt und nahm den nächsten vorsichtigen Schritt wahr.

Die Vermutungen und die Stimmung des Gefangenen schlugen um. Eine derartige Vorsicht zu üben, hätte ein Mörder im Auftrage des Capt'n nicht nötig gehabt. Alle Hoffnungen, die der Gefangene lange und gewaltsam hinuntergewürgt hatte und auch jetzt niederhalten wollte, erhoben sich und überwältigten ihn. Wer war da oben? Was wollte er? Würde er den Deckel heben?

An dem Deckel, der die Bodenöffnung zum Keller verschloß, wurde gearbeitet. Der Deckel bewegte sich ein wenig, fiel wieder zurück, als sei er schwachen Händen zu schwer gewesen, und bewegte sich von neuem. Er wurde ganz aufgehoben. Der Gefangene befand sich in einiger Entfernung von der Öffnung und konnte nicht hinaufsehen. Er hörte aber, wie die Leiter bewegt, und sah dann, wie sie langsam heruntergelassen wurde. Es erschienen zwei kleine Füße in hohen Reitstiefeln, die von Sprosse zu Sprosse abwärts stiegen.

Die Dunkelheit war von einem schwachen Schimmer des Mondlichts aufgehellt. Der Dakota erblickte ein Mädchen. Sie hatte den Kellerboden erreicht, sah sich um und ging auf den Gefangenen zu.

„Du kennst mich, Tokei-ihto", sagte sie einfach. „Ich bin Cate, die Tochter des Samuel Smith. Mein Vater ist gestorben. Ich gehe jetzt auch fort. Tobias hat mir den Auftrag gegeben, dir vorher etwas zu sagen."

„Ja?" Das Wort war mehr ein Bewegen der Lippen als ein Ton.

„Der Krieg ist zu Ende. Der Befehl, dich zu entlassen, ist schon da. In spätestens vierzehn Tagen hat Roach auf seine Rückfrage die Bestätigung, daß er ihn unbedingt ausführen muß. Tobias ist der Bote. Du wirst frei."

Das Wort „frei" traf den Gefangenen wie ein Kriegsruf, der den Mann aus dem Schlaf weckt: die Willenskraft des Häuptlings sprang sofort auf, und ohne Gefühlen Raum zu geben, konzentrierte er sein Denken. Er mußte fragen, er konnte fragen; das

war seine erste Waffe, nach der er zu greifen vermochte. „Wie hat der Krieg geendet?"
„Mit eurer Niederlage, Häuptling. Es ist wahr, daß ihr erst große Siege errungen habt. Eure Häuptlinge Sitting Bull und Crazy Horse haben die Truppe des Generals Custer vernichtet, und Custer selbst ist gefallen. Nur ein einziger Scout und ein Maultier entkamen. Auch die Generale Crook, Benteen und Reno habt ihr geschlagen, und sie mußten sich zurückziehen. Aber dann ist euren Männern die Munition ausgegangen. Sie mußten weichen."
„Wo ist Red Fox?"
„Zur Agentur geritten. Er wird dort Dolmetscher."
„Was macht Adams?"
„Er ist entflohen, als sie seine Eisenfeile bei dir fanden. Er geht nach Kanada. In den Staaten, wo sein Vater ermordet wurde, will er nicht bleiben."
„Sein Vater ermordet? Wie geschah das?"
„Sie haben dem alten Mann die Farm weggenommen, weil er das Land, das er von den Dakota gekauft und das er urbar gemacht hatte, nicht noch einmal bezahlen konnte und auch nicht noch einmal bezahlen wollte. Er sagte, es sei Betrug. Als die Dakota vertrieben waren und die Langmesser kamen, hat er sich mit der Flinte zur Wehr gesetzt. Dann floh er. Sie haben ihn aufgegriffen und haben ihn nach ihrer Sitte mit heißem Teer beschmiert und mit Federn beklebt und gehetzt, bis er tot war. Auch die weißen Männer verstehen zu martern."
„Das weiß ich. – Wie wird Adams in Kanada leben?"
„Er will sich Fallen leihen bei der Pelzkompanie und will mit Thomas und Theo zusammen als Biberjäger arbeiten. Wenn er wieder Land bekommt, will er Vieh züchten und ackern. Sein Schicksal ist wie das eines roten Mannes – vertrieben ist er und wenig geachtet."
„Aber dennoch will er kein Indianer sein. So sagte er mir einmal."
Cate dachte nach.
„Die Haut des Adams ist weiß, und seine Augen sind blau, aber heute wäre er euer Bruder, wenn er bei euch leben dürfte. Er

darf es aber nicht. Die Grenzen der Reservation sind für Weiße verschlossen."
„Hält er sich noch in der Nähe auf?"
„Ja, er wartet mit Thomas und Theo auf mich."
„Adams, der solche Worte gesprochen hat, wie du sie mir berichtest, wollte uns dennoch verachten, weil wir nicht den Pflug führen und Vieh züchten."
„Aber das würdet ihr lernen", erwiderte Cate. „Wie gern würde Adams euch das heute lehren, wenn es ihm erlaubt wäre."
Im Hof ließen sich Schritte vernehmen. Das Mädchen zog sich zu der Leiter zurück. Die Schritte entfernten sich.
„Geh jetzt!" forderte der Gefangene Cate auf. „Du darfst nicht entdeckt werden. Dein Mut war groß genug."
„Ich gehe. Du bist unser Bruder. Wenn du frei wirst, komm nach Kanada. Dort verfolgt dich niemand. Wir werden an der Grenze in der Nähe der Waldberge sein."
„Sage dem Tobias: Ich will um mein Leben kämpfen. Hau. – Aber nun geh."
„Leb wohl!" Cate stieg schnell die Leiter hinauf und zog sie hoch. Sie ließ den Deckel wieder herunter. Der Gefangene vernahm noch ihre leichten, vorsichtigen Schritte. Schließlich hörte er, wie sie die Außentür öffnete und schloß. Dann war alles still.
Der Dakota gedachte der Nachrichten, die ihm Cate Smith gebracht hatte. Er war erst fünfundzwanzig Jahre alt, und er sah noch einmal eine Aufgabe vor sich. Von Stund an begann er um vierzehn Tage Leben zu ringen, um die Tage und Nächte bis zu jenem Moment, in dem Roach ihn freilassen mußte.
Der Gefangene straffte seine Muskeln gegen den Druck der Kette. Selbst wenn er sich erbrechen mußte, aß er, um keinen Anlaß zu geben, daß der Wächter ihm wieder den Becher mit Wasser verweigerte. Mit eiserner Anstrengung hielt er einen regelmäßigen Wechsel von Wachen und Schlafen ein.
Vierzehn Tage später, an einem trüben Nachmittag, kam der vierschrötige Wächter früher als sonst zu dem Gefangenen. Es war noch nicht die Stunde der Abendmahlzeit, und er hatte auch nichts bei sich. Als er vor dem Dakota stand, holte er um-

ständlich Schlüssel aus der Tasche und zeigte sie dem Gefangenen. „Du sollst zum Kommandanten kommen", sagte er, „zu Capt'n Roach. Benimm dich anständig. Davon hängt dein Leben ab."
Er schloß die Handschellen und die Kette auf und nahm dem Gefangenen die Fußfesseln ab. Der Dakota ließ sich nicht anmerken, daß er die Erleichterung empfand.
„So", befahl der Vierschrötige, der die Pistole gezogen hatte, „nun vorwärts, die Leiter hinauf. Und mache mir keine Schwierigkeiten. Droben stehen schon ein paar und nehmen dich in Empfang."
Der Dakota folgte stumm der Anweisung. Er fürchtete, daß ihm seine Feinde einen Fluchtversuch unterschieben und ihn erschießen würden. Aber er konnte ihren Befehlen auch keinen Widerstand leisten, sonst würde er aus diesem Grunde erschossen.
Als er das Arbeitszimmer des Kommandanten betrat, erkannte er am Schreibtisch Roach. Vier Dragoner mit gezogenen Pistolen schützten den Capt'n vor einem befürchteten Haß- und Verzweiflungsausbruch des zu entlassenden Gefangenen. Der Capt'n hatte sich nach seiner Gewohnheit zurückgelehnt und hielt die Zigarette zwischen den gelben Fingern. In seiner Miene lag alles, was ein karrierelüsterner und bösartiger Mensch im Augenblick eines Triumphes empfindet. Er rümpfte die Nase, als der Indianer in den blut- und staubbedeckten Kleidern vor ihm stand, deren kostbare Stickerei kaum mehr zu erkennen war.
„Was bringst du mir den Kerl dreckig und stinkend hier herein!" schnarrte er den vierschrötigen Rauhreiter an. „Du hättest ihm erst ein paar Kübel Wasser übergießen können. Laß jetzt", fügte er hinzu, „wir werden die Angelegenheit möglichst kurz machen." Er betrachtete den Dakota wie ein Tier, das auf dem Markt taxiert wird. „Du scheinst ziemlich krank zu sein, Schwindsucht oder etwas Ähnliches." Roach gab sich keine Mühe, seine Befriedigung darüber zu verbergen. „Der Feldscher meinte jedenfalls Schwindsucht. – Es bestehen in Washington keine Bedenken mehr, dich zu entlassen, wenn du zur

Vernunft gekommen bist und unterschreibst, daß du dich widerstandslos auf die Reservation begeben wirst." Roach spielte mit einem Schriftstück. „Nun, wie steht's? Hast du dir die Sache überlegt?"

„Daß ich mich selbst auf die Reservation begeben werde?"

„Ja, natürlich. Für deinen Stamm brauchst du nicht mehr zu unterschreiben. Der ist längst dort."

„Ich begebe mich ohne Widerstand auf die Reservation."

„Famos. Was doch so ein paar Monate Keller ausmachen können! Ein ganz anderer Mensch geworden!" Roach schob dem Dakota das Schriftstück hin. „Hier! Unterzeichne!"

Der Indianer hatte in der Zeit, in der er viel mit Weißen umgegangen war, lesen gelernt. Er studierte sorgfältig die Sätze, die er unterschreiben sollte. Sie enthielten tatsächlich nichts anderes, als was Roach gesagt hatte. Der Dakota unterschrieb im Stehen.

„Deine Waffen bekommst du nicht mehr. Du wirst jetzt aus einem Wilden zu einem zivilisierten Menschen werden. Morgen früh geht die Reise los. Tobias hat einen Brief nach Fort Robinson zu bringen, er kann dich mitnehmen. Dein Gaul ist dir wiedergeschenkt, die Bestie ist doch nicht zu gebrauchen. Und sieh zu, daß du uns auch das andere Raubtier fortschaffst, den schwarzen Wolf, der die Gegend unsicher macht. Das soll dein Hund sein?!"

Der Dakota zuckte die Achseln.

Roach sah sich um. „Wo ist denn Tobias?" fragte er die Anwesenden. „Es war ihm befohlen, zu kommen."

Die Tür tat sich auf, und der Gesuchte trat ein.

„Aha, Tobias! Hier ist dein Schützling. Er geht auf die Reservation. Du nimmst ihn morgen mit. Heute nacht kann er mit dir im Mannschaftshause schlafen."

„Hau."

Ohne ein weiteres Wort verließen die beiden Indianer den Raum. Draußen im Hof war es dämmrig, der Abend brach schon herein. Ein paar umstehende Soldaten und Rauhreiter schauten mit unverhohlener Neugier nach dem entlassenen Gefangenen, und dieser hörte ihre Reden.

„Kein Kunststück, den jetzt freizulassen. Dem sieht jeder an, daß er's nicht mehr lange macht."
„Verdient hat er nicht, daß er überhaupt frei wird. Ich hab noch nicht vergessen, wie er den Leutnant Warner im Finstern niedergestochen hat."
Der Dakota unterdrückte seinen Husten.
Tobias führte ihn in das Mannschaftshaus. Zwei Petroleumlampen erleuchteten matt den düsteren Raum. Der Delaware kramte an seinem Schlafplatz in der Ecke. Er gab dem Dakota von seinem Pemmikan, und ein flüchtiges Lächeln glitt über Tokei-ihtos Züge, als er seine alte Pfeife zurückerhielt.
Die Mannschaften fanden sich am Abend schwatzend, rauchend und spielend in dem Blockhaus zusammen. Die meisten beachteten die beiden Indianer gar nicht, aber aus einer Gruppe alter Mannschaften, die die erbitterten Kämpfe um die Station noch mitgemacht hatten, flogen böse Blicke und feindselige Bemerkungen herüber. „Vielleicht erzählt er uns mal, wie er George und Mike und die anderen ermordet hat!"
„Nehmt ihm doch das Feuerzeug weg, sonst fliegen wir heute nacht noch einmal in die Luft!"
Der Dakota ließ sich nicht anmerken, ob er verstanden habe. Der Delaware wollte einen Zusammenstoß, bei dem der entlassene Gefangene gelyncht werden konnte, vermeiden. „Gehen wir zu den Pferden!" schlug er vor.
Der Dakota erhob sich rasch, und die beiden Indianer verließen das Haus. Die Wache am Tor ließ Tobias mit seinem Begleiter durch. Vor dem Tor war eine Koppel, in der einige Tiere das braune Wintergras weideten. Nur ein falber Hengst stand mit gesenktem Kopf, ohne zu fressen. Der Dakota lockte leise. Der magere Falbe, dessen Fell die Spuren vieler Mißhandlungen zeigte, hob den Kopf, spitzte die Ohren und war dann mit wenigen Galoppsprüngen an der Umzäunung. Er legte die weichen Nüstern an die Wange des einzigen Reiters, den er je auf seinem Rücken geduldet hatte, und der Dakota streichelte ihm den Hals.
Die Indianer verständigten sich mit einem Blick. Tobias nahm die Stangen am Koppelausgang heraus, und die beiden holten

sich ihre Tiere. Sie ritten in die Prärie hinaus. Weit über das Land zu blicken, das war ein erster Wunsch des Befreiten.
Als die Reiter die Station so weit hinter sich gelassen hatten, daß sie von dort nicht mehr gehört und gesehen werden konnten, machten sie halt. Der Dakota mußte den Falben scharf zügeln, denn das Tier wollte stürmisch weiter in die Freiheit und zu den ihm bekannten Prärien im Südwesten ausbrechen. Feine Schneekristalle huschten mit ihrem schnell aufblitzenden und wieder versinkenden Schimmer durch die Lüfte. Zwischen den Wolken flimmerten Sterne, fern wie seit Tausenden und aber Tausenden von Jahren. Der Vollmond, Herr der Nacht, zog kreisrund am Himmelsgewölbe empor. Feierlich wanderte er durch die Finsternis und erhellte sie mit einem drohenden roten Schein. Rings lag das leere Land. Seine Söhne, die Dakota, waren vertrieben, und noch hatte keiner der neuen Herren Lust gezeigt, sich in der unfruchtbaren Wildnis niederzulassen. Endlich schweifte der Blick über kahle Sandhügel, über von kurzem Gras bewachsene Höhenkämme und Täler. Am Flußufer neigten sich spärliche Weiden im Atem der Nacht.
Der Häuptling sah zum letzten Male seine große Heimat. Am nächsten Morgen sollte der Ritt zur Reservation beginnen. Er öffnete die Lippen, und leise und dumpf begann sein Klagelied über die weite Steppe zu tönen. Der Klang mischte sich mit dem rauhen Singen des Windes. Lange und einsam sang der Häuptling, immer wieder von Husten unterbrochen, und der heimatlose Delaware hörte in dem Lied des Dakota die eigene Klage.
Da war es, als habe das Lied des Indianers den schlafenden Boden geweckt. Von einem der mondbeschienenen Hügel hob sich ein fremder Schatten. Es war ein Wolf, anders als andere Wölfe, größer und dunkel. Das magere Tier mit seinem geöffneten Rachen und den gleißenden Augen erschien wie ein Spuk, der sich erheben und durch die Lüfte davonfahren kann. Aber er blieb am Boden haften, und langsam, Schritt für Schritt, kam er heran, immer näher zu dem dumpfen Klageton, der dem Winde und den Wölfen von den Taten der Dakota und ihrem Schicksal erzählte.

Der Häuptling hatte den Wolf erkannt. Aber er rührte sich nicht. Leise sang er weiter, und seine Stimme zog das Tier heran wie ein mächtiger Zauber. Knurrend noch, mit gefletschten Zähnen schlich der Schwarze herbei. Endlich traten seine Pfoten am Platze das Gras. Sein Knurren ging in Winseln über, und er legte sich. Als der Häuptling schwieg, stieß das Tier einen bellenden Laut aus. Unaufhörlich zog seine feine Nase die Witterung ein.
„Ohitika!"
Der Hund sprang den Dakota an, so daß dieser sich einstemmen mußte, um nicht umgeworfen zu werden. Laut jaulte das Tier auf. Der Falbe hatte den schwarzen Wolfshund auch erkannt. Er schnaubte und begann, am dürren Gras zu rupfen.
„Nun frißt er wieder", sagte der Delaware.
Spät ritten die Indianer zu der Station zurück. Sie blieben außerhalb der Palisaden in der Koppel bei den Pferden. Die Wache kümmerte sich nicht um sie.
Der Delaware gab dem Dakota den zweischneidig geschliffenen Dolch mit dem geschnitzten Griff zurück. „Hier", sagte er, „das ist die einzige erlaubte Waffe für dich. Ich habe sie aus Oberst Jackmanns Gepäck herausgenommen, als er die Station verließ. Er wird es erst in der Garnison bemerkt haben und konnte nicht mehr nachforschen."
Der Dakota stecke die vertraute Waffe in die Scheide.

Noch ehe die Angehörigen der Garnison am nächsten Morgen erwachten, standen die beiden Indianer am Flußufer und legten die Kleider ab, um sich zu baden. Einer der Posten bei den Pferden kam zu ihnen her. Es war ein älterer Mann mit einem dichten Vollbart.
„Laß das sein", sagte er zu dem entlassenen Gefangenen. „Der Fluß ist eisig, und du bist krank. Willst du gleich krepieren, nachdem sie dich freigelassen haben? Komm rüber in das Blockhaus! Ich gebe dir warmes Wasser. Das geht keinen anderen dort was an!"
Der Häuptling beantwortete und beachtete die Warnung nicht, sondern sprang in den Fluß und schwamm.

„Hat man schon eine solche Unvernunft gesehen!“ Der Vollbärtige schüttelte bedauernd den Kopf. „Die Wilden haben doch keinen Funken Verstand.“
„Die Dakota kennen das nicht anders“, erklärte Tobias dem Mann. „Sie nehmen zwar Dampfbäder, aber das Ende ist immer das Schwimmen im Fluß.“
„Das Ende ja, richtig gesagt!“ Der gutmütige Mann ging zu den Pferden zurück.
Tobias sprang dem Dakota nach in die seichten Fluten. Dann rieben sich beide am Ufer mit Sand ab. Der Körper des Dakota schauerte im Fieber, und sein Herz kämpfte, aber als er allen Schmutz, wo es nicht anders ging, samt der Haut abgeschürft hatte, fühlte er sich wie ein Mensch, der aus der Folter entlassen ist. Der Delaware gab dem Dakota neue indianische Leggings und Mokassins und ein Gürteltuch. Der junge Häuptling nahm das alles. Aber seinen Wampumgürtel und den blutbesudelten Festrock gab er nicht her, sondern legte beides wieder an.
Da die beiden Indianer unter sich waren, fragte der Dakota in seiner Muttersprache: „Wie konnte mein Name bis Washington dringen?“
„Der Maler Morris, den ihr Dakota Weitfliegender Vogel Geheimnisstab nennt, hat für dich gesprochen. Er war immer ein Freund der Dakota und wollte wenigstens dich retten, wenn er auch sonst nichts für euch zu tun vermag.“
„Was macht Cate Smith?“
„Sie hat vor zehn Tagen eine Gelegenheit gefunden, mit einer Händlerfamilie wegzureiten. Roach gab die Erlaubnis dazu; er war froh, das Mädchen nicht mehr zu sehen. Unterwegs wird Adams, der Rauhreiter, sie treffen und ihr weiterhelfen. Ich denke, er nimmt sie zu seiner Frau.“
Als der Morgen hell und die Station lebendig wurde, hatten die Indianer ihren Ritt zur Reservation schon begonnen. Der schwarze Wolfshund lief mit ihnen. Tobias hatte die Richtung angegeben, aber der Dakota führte, um dem Falben den gewohnten ersten Platz in der Reihe zu gönnen. Wie gut kannten Reiter und Pferd das Gelände! Das waren die Wiesen und Sandstrecken, die Hügel und Bodenwellen, durch die der Kriegs-

häuptling der Bärenbande seine Männer mehr als zwei Jahre hindurch zu ihren erfolgreichen Angriffen auf die Truppe am Niobrara geführt hatte.
Der Delaware, dessen Schecke von selbst in der Spur des Vorreiters lief, schaute während des Rittes auf diesen Reiter und seinen falben Mustang. Er konnte nur den schwarzen Schopf des Dakota sehen, der im Wind trocknete, den blut- und schmutzgefärbten Rock, die magere muskulöse Hand, die hin und wieder den Falben zügelte, damit der Schecke nicht zurückbleiben mußte. Was sollte aus diesem Mann werden? Was dachte er? Wie lange würde er es ertragen, auf der Reservation im Zelt zu sitzen und auf Rationen zu warten?
„Das allmächtige Geheimnis hat mich zu einem Indianer geschaffen, aber nicht zu einem Agentur-Indianer", hatte Tatanka-yotanka in den Verhandlungen mit den Langmessern ihren Generalen geantwortet. Das war ein Wort, das auch für Tokei-ihto galt.
Als die Reiter ihre Pferde mittags kurz rasten ließen und der Dakota sich neben Tobias auf die Felldecke warf, sagte der Kundschafter, und er glaubte, daß er dies sagen müsse: „Wenn du fliehen willst, Tokei-ihto, ehe wir auf die Reservation gelangen, ich hindere dich nicht."
„Glaubst du, daß ich aus der Reservation nicht mehr entfliehen könnte?"
Der Delaware versuchte, in den Augen des Dakota zu lesen. Es war irgendeine Kraft und eine Bestimmtheit darin, die er nicht deuten konnte. Daher sagte er nur: „Fliehen könnten viele. Aber sie wissen nicht wohin."
„Wo stehen die Zelte meiner Brüder? Weißt du es?"
„Oben im Nordwesten der Reservation in den Bad Lands."
„Also nahe der Reservationsgrenze nach den Black Hills zu?"
„Ja."
Der Dakota schloß einen Moment die Augen. Nach dem, was er eben gehört hatte, wollte er nicht weiter fragen und auch nichts mehr gefragt werden.

Heimkehr

Es war Nachmittag, als sich die beiden Reiter der Reservation näherten. In ihrem Gesichtskreis lagen schon die Gebäude der Agentur. Mehrere fertige und halbfertige Holzhäuser, eine Umzäunung, Pferde, herumwimmelnde Menschen, alles machte den Eindruck der Geschäftigkeit und des Unfertigen. Vor dem Hauptgebäude der Agentur standen Planwagen, leichte Gefährte, die mit Maultieren bespannt waren. Säcke, Kisten, Fässer wurden ausgeladen und in das Gebäude gebracht. Ein Mann, dessen außerordentliche Größe und Beleibtheit auch aus der Entfernung auffiel, beaufsichtigte die Arbeit. Der Dakota erkannte in dem Wohlbeleibten den Händler und Wetteinnehmer Johnny, dem er während der Kämpfe einmal bei Fort Randall begegnet war.
Die abgeladenen Planwagen fuhren zu einem langen, niedrigen Gebäude, die Zugtiere wurden dort abgespannt und die Wagen zusammengeschoben. Der große dicke Johnny beaufsichtigte auch das und ging dann langsam zu dem Hauptgebäude zurück, in dem er verschwand.
Die beiden Indianer ritten an die Agentur heran. Der schwarze Hund lief immer mit ihnen. Da Tobias bekannt war, wurden die beiden Reiter von den aufgestellten Posten nicht weiter beachtet. Die Indianer brachten ihre Pferde zu den anderen Tieren in die Koppel. Tobias leitete dann nicht auf den Mitteleingang des Hauptgebäudes zu, an dem ein lebhaftes Treiben herrschte, sondern lenkte den Schritt zu einer kleinen Seitentür. Durch diese traten die beiden Indianer in einen dunklen Vorraum ein, von da aus durch eine Zwischentür in eine unerwartet geräumige Gaststube. Auf einem der beiden roh gezimmerten Holztische brannte eine Petroleumlampe mit ihrem besinnlichen Licht. Draußen dämmerte der Abend, und das einzige Fenster des Raumes war sehr klein, zudem verhängt, so daß es wenig Helle hereinließ und kaum etwas von dem schwachen Lampenschimmer nach draußen dringen konnte. Auf den Regalen an den Wänden waren Krüge, Schüsseln, Becher und Töpfe aufgestellt. In der rechten hinteren Ecke war der Herd eingebaut.

Dort stand jetzt der riesige Johnny, der den Eintretenden den Rücken zukehrte. Auch als die Tür wieder ins Schloß fiel, drehte er sich nicht nach ihnen um. Beim Herde lehnte sein Schießeisen an der Wand. Es war eine große, vorsintflutliche Waffe.
Die Indianer gingen zu der Wandbank an der dem Herd gegenüberliegenden Ecke und ließen sich dort nieder. Ohitika verkroch sich unter der Bank hinter den Füßen seines Herrn.
Johnny schien das stille Verhalten seiner Gäste wohl zu gefallen. Er warf mit einem Löffel eben wieder einen großen Brokken Fett in die Pfanne. Das Fett schmolz und umbriet das in der Pfanne befindliche Fleisch mit brutzelndem Geknalle. Die Indianer konnten Johnny in aller Muße betrachten. In seinem Gesicht fielen die Fettpolster auf, die die knollige Nase umgaben. Seine schütteren Haare auf dem runden Schädel waren sorgfältig gescheitelt und unter reichlicher Anwendung von Salbe in die gewünschte Richtung gelegt. Er hatte den Rock ausgezogen und die Hemdsärmel aufgekrempelt, so daß man seine starken, Baumstämmen ähnlichen Arme sah.
Als die Rippenstücke in der Pfanne fertiggebraten waren, schaute sich Johnny nach den Indianern um, die schweigend ihre Pfeifen rauchten. Er nahm drei gescheuerte Holzteller von der Wand und kam mit diesen und der Pfanne zu dem Tisch vor der Wandbank. Klappernd teilte er die Teller aus, setzte die rußige Pfanne auf ein Brett in die Mitte des Tisches und ließ sich auf einem Hocker nieder, der für seine massige Gestalt viel zu klein schien. Er zog sein Messer und legte von den vier Stükken, die sich in der Pfanne befanden, je eines auf die Teller seiner beiden Gäste.
„Hatte es für mich gebraten“, sagte er mit einer heiseren Trinkerstimme, „aber ihr könnt gleich mithalten.“
Man aß. Die geteilte Ration war bald zu Ende. Der Wirt trug das Geschirr weg und brachte einen Krug mit Branntwein. Er goß die Becher voll und schob sie den Indianern hin. Den eigenen leerte er mit einem Zuge. Auf den Trunk hin kam Leben in seine Züge.
„Erzähle mal, Tobias!“

„Weiß nichts Neues", brummte der Delaware vor sich hin. „Wie geht's dir? Verdienst du gut?"
Der Wirt schenkte sich schon zum drittenmal ein und goß wieder den Inhalt des ganzen Bechers auf einmal hinunter, so daß man seine Gurgel bei dem großen Schluck arbeiten sah. Er duckte sich und beugte sich über den Tisch hinüber zu seinen Gästen; sie rochen seinen nach Branntwein stinkenden Atem. „Verdienen? Hier gibt's nur einen, der wirklich gute Geschäfte macht, die Geschäfte mit den Lieferungen für die Agenturindianer – und die macht der Freddy Red Fox! Der braucht kein Gold mehr zu suchen, der verdient hier an einer Lieferung mehr als ein armer Goldsucher im ganzen Jahr. Aber mir hat er noch keinen Dollar gegönnt! Meint ihr, ich sehe mir das noch lange an?"
„Du mußt es dem Agenten melden", ermunterte der Delaware.
„Dem feinen Herrn Offizier, der nie da ist? Ich werde mich hüten und mir den Mund verbrennen!" Der Wirt machte ein sehr bedenkliches Gesicht. „Der Red Fox, unter uns gesagt, das ist ein Hundsfott, und der ist auch heute noch imstande, einen in der Nacht kaltblütig niederzustechen. Nein, noch ist mir der Bursche zu gefährlich. Ich muß warten. Unterdessen wird sich der Beutel auch so ein wenig bei mir runden. Hier kehrt jeder gern ein, und bei der Kälte müssen sie noch ein bißchen mehr saufen, die Weißen und die Roten."
„Den Dakota auf der Reservation ist das Trinken doch streng verboten."
Der Wirt lachte dröhnend. „Darum bezahlen die Herren Lagerpolizisten ja so gut bei mir!"
Johnny trank weiter. Allmählich sank ihm der Kopf zu einem Nickerchen herunter auf die Brust. Es dauerte aber nicht lange, bis er wieder wach wurde. Er schien nicht vergessen zu haben, was gesprochen worden war. „Jetzt sind sie nämlich grade drin, Oberhäuptling Blutiger Tomahawk, Dakota & Co.", erzählte er. „Beim Freddy Red Fox sind sie drin, um sich über die Hungerlieferungen zu beschweren. Sie führen Klage, und es wird ihm sehr schwerfallen, sie wieder so schnell hinauszuwerfen wie das letztemal. Er wird sich wohl ein paar stundenlange Reden anhören müssen."

„Ist Schonka auch dabei?“ forschte Tobias.
„Ja, natürlich. Der Schonka ist immer dabei. Dafür sorgt schon Red Fox, denn Schonka hält doch zu ihm.“
„Dann kann man also vorläufig gar nicht zu Freddy rein?“
„Nein, das wird sich schlecht machen lassen. Kannst du deine Sache nicht mit jemand anderem erledigen? Worum geht es denn?“
„Hier, meinen Freund Harry muß ich anmelden.“
Der Wirt betrachtete den Dakota aufmerksam. „Harry? Der die Munitionskolonne überfallen und das Fort am Niobrara damals in die Luft gesprengt hat?“
„Ja“, bestätigte Tobias lächelnd.
„Und der so lange gefangen war? Liegt dir viel dran, die Sache schnell zu erledigen? Dann mußt du ein paar Drinks für den Sekretär ausgeben. Der Sekretär ist heute zufällig da.“
„Die Dollars kann er haben. Am besten geht das durch dich?“
„Ja, ich will dir den Gefallen tun. Gib den Kram mal her!“
Tobias zog ein Schriftstück hervor. „Er soll nur darunterschreiben, daß er es gesehen hat und damit einverstanden ist, daß Harry Tokei-ihto sich zu seiner Stammesabteilung, der Bärenbande, begibt.“
„Das kann ja nicht schwerhalten.“ Der Wirt nahm das Schriftstück und ging.
Es dauerte nicht lange, bis er zurückkehrte. „Schade“, sagte er und zuckte bedauernd die Achseln. „Charly ist nicht in seinem Zimmer. Wir müssen noch etwas warten.“
Vor dem Haus hörte man Stimmen. Die Tür wurde aufgerissen, kalte Luft strömte in den Raum. Ein halbes Dutzend schwerbewaffneter, in Leder und Pelz gekleideter Männer mit knallbunten Halstüchern drängte sich herein. Der Dakota erkannte unter ihnen Louis den Kanadier und den stummelnasigen Pitt.
„Hallo! Johnny!“ riefen die neuen Gäste dem Wirt zu, der sich langsam und mit Selbstbewußtsein erhob. „Schnell einen Drink! Und was hast du zu essen, du gemästeter Ochse?“ Die Männer stampften dröhnend auf den Bretterboden. Da die Wärme im Haus und der Geruch von Branntwein und Bratfleisch sie guter Laune machte, stampften sie im Takt und lach-

ten. „Schnell, Johnny, schnell, Johnny!" riefen sie halb singend im Chor. „Brandy, Brandy, Bärenschinken!"
Der Wirt ließ sich nicht aus der Ruhe bringen. Er holte sechs Becher, ordnete sie in Reih und Glied auf dem Tisch und goß ein, ohne einen Tropfen zu verschütten. Seine fleischigen Pranken waren viel geschickter und flinker, als man auf den ersten Blick glauben mochte. Die Männer kamen herein, griffen zu den gefüllten Bechern und schütteten den Fusel hinunter. Auch der jüngste der sechs, ein hübscher Bursche von etwa 16 Jahren, tat ohne Zögern mit. Johnny holte vier große geräucherte Bärenschinken herbei. Zwei hatte er rechts und links im Arm wie kleine Kinder, die beiden anderen trug er am Knochenende in der Hand. „Hallo, Gentlemen! Meint ihr, ich gebe euch nicht besser zu essen als der Freddy seinen Rothäuten?"
Die Männer lachten noch lauter. Louis warf seine Bibermütze in die Luft, so daß sein halblanges schwarzes Haar sichtbar wurde. „Johnny-Jean, mein Bruder", rief er mit seinem den Männern fremdartigen, französischen Akzent, „wir raten dir, uns gut zu füttern! Sonst würde unser Pitt mit der kurzen Nase dich selber schlachten und braten. Es wäre schade um dich, Jean!"
Die Schinken wurden verteilt, die Männer hieben ein. Zum zweitenmal wurden die Becher gefüllt. Der Wirt setzte sich vertraulich neben den Kanadier und hielt mit.
„Johnny-Jean, mein Bruder", der schlanke Langhaarige sprach im Kauen, „heute ist Abschied! Verstehst du! Du mußt uns freihalten! Hier dem hübschen jungen Philipe gibst du doppelte Ration! Er ist mein Schützling, und er muß noch wachsen!"
Die Miene des Wirtes kräuselte sich ablehnend. „Abschied? Was soll das heißen?"
„Eh, mein sehr lieber Jean, wir sind entlassen, Crazy Horse ist besiegt; der Krieg ist zu Ende, und Freddy braucht uns Rowdies nicht mehr. Er will seine Dollars lieber selbst versaufen, hat er gesagt. Er läßt uns fortschicken, und in den Büchern steht noch unsere Löhnung. Oh, mein lieber Johnny-Jean, die Welt ist sehr schlecht. Freddy denkt, die roten Verräter sind billiger, und organisiert die indianische Lagerpolizei." Louis schnitt sich ein

zweites großes Stück Schinken herunter. „Aber ich gehe fort. Ich gehe dahin, wo die Menschen noch besser sind!"
Er fing an, eine sehnsüchtige Melodie zu pfeifen. „Johnny-Jean, mein Bruder, kennst du nicht Kanada?"
„Kann man da mehr verdienen als hier?"
„Johnny-Jean, du bist ein Mann ohne Sehnsucht, du hast keine Poesie, du bist ein gutes Schwein an einem vollen Trog. Aber mein Vater war ein Jäger und ein Voyageur; er ist gekommen aus Frankreich, und er ist gegangen nach Kanada. In Kanada ist es schön, da muß man leben!"
„Ja", warf Tobias, der Delaware, ein. „Kanada ist noch frei."
Der Reiterführer hob sein Glas. Er freute sich, einen Gleichgestimmten gefunden zu haben. „Mein roter Bruder, du kennst Kanada, meine Heimat? Mein Vater war Voyageur in Kanada, hat gehandelt mit viele gute Sachen. Er hatte ein großes Boot, damit sind wir über die ‚grands lacs' gefahren, über die großen Seen, als ich ein enfant war, noch ganz klein. Mein Vater hat gesungen, meine Mutter hat gesungen, wir sind fröhlich gewesen. Die roten Männer sind alle unsere cousins gewesen, sehr freund. In Kanada ist das Leben schön. Ich weiß nicht, warum ich bin gegangen, aber, mon dieu, das war schlecht, sehr schlecht. Jetzt bin ich hier, aber es gefällt mir nicht. Soll ich wieder gehen nach Kanada? Oui? Freddy ist ein Monstrum, er hat kein Herz, er hat mich entlassen, nachdem ich besiegt habe die Sioux-Dakota. Aber die roten Männer sind meine cousins, sie lieben die Freiheit wie ich – warum habe ich sie totgeschossen?"
Der Sprecher trank noch eins, um seinen Kummer zu ersäufen. Der einzige der Rauhreiter, der ihm zugehört hatte, war der junge Philipe. Die übrigen hatten inzwischen schon zu den Pfeifen gegriffen und würfelten mit Geschrei und dröhnenden Faustschlägen um den kümmerlichen Rest ihres Glücks.
Pitt blinzelte dem Wirt zu. „Johnny – hast 'ne Stelle für mich? In deinem warmen Stall hier? Ich kann ausschenken. Freddy meinte . . ."
„Laß ihn meinen!" Johnny wehrte unwirsch ab. „Wärst besser am Niobrara geblieben!"
Der Wirt trug zwei der Schinken wieder fort und schenkte nicht

so bald wieder ein. An Gästen, die nicht zahlen konnten, hatte er kein Interesse. Er nickte Tobias zu und machte sich mit dessen Schriftstück zum zweitenmal auf den Weg. „Jetzt wird Charly vielleicht wieder da sein", vermutete er. Diesmal blieb Johnny lange aus.

Der Delaware bot dem Kanadier Tabak an. Louis setzte sich zu den Indianern herüber.

„Daß euch Freddy Red Fox nicht mehr braucht, nimmt mich wunder", nahm Tobias den Faden auf.

„Oh, mon dieu, mein roter Bruder. Freddy ist ingrat und vilain, undankbar und gemein. Die Dakota sind in die Reservation hineingequetscht, wir haben dabei geholfen, nun braucht man uns nicht mehr!"

„Und Sitting Bull?"

„Weiß nicht. Vielleicht ist er gegangen nach Kanada, vielleicht ist er auf dem Wege zu einem Meeting mit dem Großen Vater in Washington, wer will es wissen? Viele Zungen reden vieles."

„Crazy Horse und seine Männer aber, wo sind sie?"

„Lieber cousin, General Miles mit seinen Geschützen hat sie ganz besiegt, und sie sind im Winter über fünfhundert Meilen bis in unsere Gegend hier getrieben worden. Vor zwei Tagen sind sie bei Fort Robinson angekommen. Sie haben keine Waffen mehr, sie haben viele ihrer Zelte und ihrer Decken verloren, sie hungern, und ihre Kinder frieren. Das macht müde und trist, mein roter Bruder, und was sollen sie tun? Sie werden ebenso gehorchen müssen wie alle Dakóta."

Tokei-ihto schob dem Kanadier den mit Branntwein gefüllten Becher zu, den Johnny dem Dakota hingestellt, von dem dieser aber noch nicht getrunken hatte.

„Merci, merci, danke!" Der Kanadier trank.

„Tashunka-witko, den die weißen Männer Crazy Horse nennen, lebt also noch und ist ganz in unserer Nähe?" fragte Tokei-ihto.

„Ein Stück westwärts von hier. Auf ihn wird aufgepaßt, oh, mon dieu, sehr gut aufgepaßt! Crazy Horse kann sich nicht rühren; viele möchten ihn und seine Männer gleich erschießen und erstechen."

Das Gespräch wurde unterbrochen. Johnny kam wieder. Er war nicht allein.
Langsam, mit betonter Würde in Schritt und Kopfhaltung, war ein Indianer mit ihm durch die Tür gekommen.
Er ließ sich jetzt ebenfalls an dem großen Tisch bei der Wandbank, Tobias und Tokei-ihto gegenüber, nieder. Er trug den Adlerfederschmuck, den er tief in die Stirn gesetzt hatte. Sein Gesicht zeigte einige typische Merkmale des Dakota: die bronzene Hautfarbe, die gebogene Nase, die kräftig ausgebildeten Bakkenknochen. Das persönlich Charakteristische waren die kleinen Augen; er blinzelte. Die Stirn war breit, aber niedrig. Der junge Häuptling kannte diesen Indianer. Das war Blutiger Tomahawk. Ob der neue Oberhäuptling auch den jungen Anführer der Bärenbande wiedererkannt hatte oder ob ihm der durch Gefangenschaft und Krankheit ausgezehrte Mann fremd erschien, blieb offen. Blutiger Tomahawk hatte nur Tobias kurz begrüßt.
Als Begleitung des Blutigen Tomahawk tauchte eine sehr merkwürdige Figur auf. Es war ein junger Indianer, schlank und lang; in seinen Zügen war keine Spur von Intelligenz zu finden. Er trug einen Zylinderhut und eine blaue Uniform mit goldenen Troddeln und Tressen. An der Seite hing ein langer Schleppsäbel, in der Hand hielt er auf eine geckenhafte und lächerliche Art die Reitpeitsche mit silbernem Knopf. Er schwänzelte am Tischende ein paarmal hin und her und schien zu glauben, daß alle ihn bewunderten.
Inzwischen waren noch sieben weitere bewaffnete Indianer eingetreten, unter ihnen Schonka. Auch Tobias, der diesen Mann bisher nur ein einziges Mal in seinem Leben gesehen hatte, wußte sofort, wer er war. Schonka hatte der Bärenbande angehört. Er setzte sich zu Blutigem Tomahawk und betrachtete den entlassenen Gefangenen, seinen ehemaligen Häuptling, unentwegt auf eine herausfordernde Art. Aber sein Blick stieß auf Tokei-ihtos Verschlossenheit wie auf eine undurchdringliche Wand.
Johnny gab Tobias ein Schriftstück. „Hier – alles in Ordnung, was Harry anbetrifft."

Tobias nickte dankend und schob dem Wirt Geld hin. Johnny schien sehr zufrieden. „Also in Begleitung der Lagerpolizei kann sich Harry zur Bärenbande begeben und dort wieder in seinem Zelt wohnen", sagte er. „Das hat Charly unter den Brief geschrieben."

„Legt mir den Brief vor!" verlangte Blutiger Tomahawk, der die Worte verstanden hatte. „Ich bin der Oberhäuptling, und ich gebiete über die gesamte Polizei bei unseren Zelten!"

Tobias reichte dem Indianer das Schriftstück. Dieser faltete es auseinander und ließ es sich von Johnny vorlesen.

„Der weiße Mann hat wieder einmal geschrieben, was er nicht schreiben darf", bemerkte Blutiger Tomahawk aufgebracht. „In welchem Zelte Tokei-ihto wohnen wird, bestimmen nicht die weißen Männer, sondern die Dakota. Die Ratsversammlung der Bärenbande aber hat beschlossen, ihn nicht wieder in ihren Zelten aufzunehmen. Sein Tipi ist zerstört. Der Sohn Mattotaupas kehrt nicht heim. Hau."

Blutiger Tomahawk hatte laut gesprochen. Es war nicht nur an seinem eigenen Tisch, sondern auch an dem der Kartenspieler bei seinen Worten still geworden, und alle schauten auf ihn und auf den jungen Dakota, Mattotaupas Sohn. Der entlassene Gefangene rührte sich nicht und sagte nichts.

„Fügst du dich?" fragte Schonka drohend.

Tokei-ihto blieb stumm. Der Delaware empfand, was sich hinter dem Schweigen verbarg. Tobias selbst war auf einer Reservation geboren und hatte seit seinem 14. Lebensjahr unter Weißen gelebt. Dennoch war diesem Urenkel angesehener Ratsmänner niemals das Verständnis dafür verlorengegangen, wie ein Krieger und Häuptling dachte und handelte. Er fühlte die wachsende Spannung zwischen Schonka und Tokei-ihto, er ahnte auch, daß diese Feindschaft lange zurückreichen und bereits unausrottbar tiefgreifende Wurzeln haben mußte. Andeutungen darüber waren Tobias schon oft zu Ohren gekommen. Schon bei den Knabenspielen hatte Tokei-ihto, der damals Harka genannt worden war, den um einige Jahre älteren Schonka stets übertroffen, nicht auf Grund von Muskelkraft oder Gewicht, sondern durch seine blitzschnelle Reaktionsfä-

higkeit und Entschlußkraft und durch seine körperliche Gewandtheit. Schonka war kein Charakter, der zu verlieren verstand. Tokei-ihto aber war weder der Knabe gewesen, noch war er der Mann, der einen bissigen Unterlegenen schonte. Vielleicht war der gegenwärtige Augenblick der erste in Schonkas Leben, in dem er sich seinem Stammesgenossen und ehemaligen Häuptling gegenüber ganz sicher und vollständig überlegen glauben durfte. Wer konnte ihn noch daran hindern, in dieser Lage seiner alten Feindseligkeit Genüge zu tun und Tokei-ihto zum Äußersten, damit auch in neue Gefangenschaft oder in den Tod zu treiben? In jedem Bruchteil einer Sekunde konnte Tokei-ihtos Beherrschung zerreißen und der Kampf beginnen.
»Nur nicht immer so trocken!" Johnnys Baßstimme dröhnte in die gefahrenträchtige Stille hinein. „Das trockene Reden taugt überhaupt nichts. Erst einmal einen Drink, und dann beraten wir diese schwierige Angelegenheit weiter." Er zwinkerte mit den Augen, und Tobias steckte dem dicken Wirt im Nu zwei Münzen in die Hosentasche. Johnny befingerte sie, und das Sümmchen schien ihm nicht übel zu gefallen. Im Umsehen standen gefüllte Becher vor den Lagerpolizisten. Schonka wandte sich von Tokei-ihto ab und dem Brandy zu. Auch Blutiger Tomahawk griff nach dem Becher.
„Oh, was sehe ich!" hänselte Louis der Kanadier. „Mister Agent hat den Sioux den Brandy verboten. Aber die Messieurs hier wollen einen Drink tun!"
„Den Oberpolizisten einen Doppelten!" unterstützte Philipe seinen Betreuer und Gönner in der Spottrede, und es war dem Burschen anzusehen, wie er diese Indianer verachtete.
Schonka warf den Weißen nur einen zornigen Blick zu, aber Blutiger Tomahawk fühlte sich veranlaßt, aus gereiztem Amtsbewußtsein heraus zu antworten.
„Blutiger Tomahawk weiß selbst, was sich gehört und was nicht. Die entlassenen Rauhreiter haben darüber nicht zu bestimmen."
Unterdessen hatte Johnny schon seinen Becher geleert und ihn mit einem „Zum Wohl!" auf den Tisch zurückgestellt. Blutiger Tomahawk gedachte, sein Ansehen in der Runde in der glei-

chen Weise wiederherzustellen. Auch er hob den Becher, gab Bescheid und goß den Branntwein hinunter. Die Leichtigkeit, mit der dies geschah, verriet, daß er heute nicht zum erstenmal trank. Der uniformierte Geck mit der Reitpeitsche in der Hand hatte seinem Obersten anerkennend zugesehen und war entschlossen, es ihm augenblicklich nachzutun. Aber er verschluckte sich, und prustend spie er den Alkohol wieder aus. Die Uniform bekam Flecke, und die Umsitzenden lachten ihn aus. Der junge Mensch wurde schamrot.

„Johnny mag mir sofort Wasser geben, damit ich meinen Rock reinigen kann! Es ist der Kriegsrock eines Generals!"

„Mein Cousin hat die Uniform von einem General!" zog ihn der Kanadier auf. „Wer hat sie ihm gegeben? Hat er große Courage gezeigt, und der Große Vater in Washington hat ihm eine Uniform verliehen?"

„Nicht geliehen!" erzürnte sich der junge Kerl. „Mein Name ist Tatokano, das heißt Antilope, und ich bin der jüngste Sohn von Alte Antilope. Für viele Biberfelle habe ich mir die Uniform gekauft!"

„Oh, Großer Vater hat verkauft diese Uniform von einem General an einen kleinen roten Bruder sehr teuer? Für hundert gestohlene Biberfelle, die die Dakota suchen?"

„Daß ich nicht lache, eine Generalsuniform!" rief Pitt mit der Stummelnase, der eben im Würfelspiel gewonnen hatte. „Mein schöner Eddy, weißt du, was du bist? Ein Musikus, kein General! Wer hat dir denn den Bären aufgebunden?"

Die Lippen Eddy-Tatokanos zitterten. „Du verstehst nichts", sagte er in verzweifelter Abwehr, während ihn schon das dumpfe Gefühl beschleichen mochte, daß Pitt recht habe. „Die Uniform ist aus Washington, und sie war die Uniform eines Reitergenerals vom einunddreißigsten Regiment. Ich habe es schriftlich!"

Jetzt erhob sich ein allgemeines Gelächter. „Schriftlich?! Zeig her!" Dem schönen Eddy kamen fast die Tränen der Wut. „Hier!" Er zog einen kleinen bedruckten Zettel hervor.

„Gib mal her! Das wird ja interessant!" Der Kanadier streckte die Hand nach dem Zettel aus.

„Nein. Ich behalte ihn. Die weißen Männer dürfen ihn nur in meiner Hand lesen." Eddy-Tatokano glättete sein Dokument auf dem Tisch und hielt es dann wieder in die Höhe. „Hier steht . . ."
„31. Januar 1876!" las Johnny laut vor. „Und: ‚Hochmut kommt vor dem Fall!' Das ist ein schöner Kalenderzettel!"
„Oh", seufzte der Geck bestürzt.
Der Kanadier klopfte ihm auf die Schulter. „Ja, mein kleiner Bruder, das stimmt. Du kannst dich nicht beklagen, daß du betrogen bist. Es ist die reine Wahrheit!"
„Aber . . ."
„Was denn aber", lachte Johnny, daß sein dicker Bauch hupfte, „gar nichts aber! Die reine Wahrheit! Warst du hochmütig? Jawohl, wie ein frisch gemauserter Gockel! Bist du gestrauchelt? Jawohl, du sitzt da wie ein begossener Pudel. Bist du betrogen? Nein. Der Zettel hat recht. Ist es nicht wahr?"
Der schöne Eddy saß geknickt auf seinem Hocker und schüttelte den Kopf. Er wußte sich gegen diese Logik nicht zu helfen.
Johnny schob dem Betrübten einen gefüllten Becher hin. „Da, trink! Das tröstet!"
Es wurde dem Brandy weiter zugesprochen.
„Ja, ja", schloß Johnny das Thema der Generalsuniform ab, „so sind die Menschen nun einmal. Du hast hundert gestohlene Biberfelle bezahlt, weil du sein willst, was du nicht bist, mein Sohn, und kürzlich war doch so ein Verrückter bei mir mit einer Brille und hat mir beinahe ebenso viele Dollars für einen Häuptlingsrock mit garantiert echten Skalplocken geboten! So einen, wie du anhast, Harry!" Der Wirt hatte sich bei den letzten Worten dem entlassenen Gefangenen zugewandt.
„Dieser Rock ist nicht zu verkaufen." Um die Mundwinkel Tokei-ihtos trat ein sarkastischer Zug hervor.
„Schade! Aber deshalb sind die echten Sachen so teuer, weil sie kaum in den Handel kommen."
Philipe blickte aus den Augenwinkeln auf diesen Dakota, der anders war als die anderen.
Der Blutige Tomahawk hatte den Kopf sinken lassen. Das Blut drang ihm zum Gehirn und beschwerte ihn mit mißmutigen

Gedanken. „Wir müssen doch nun wissen, was aus dem Sohn Mattotaupas wird!"
Schonka stand auf. „Ja. Zuerst müssen wir wissen, ob er noch Waffen außer dem Messer bei sich führt!"
„Nein, nur das Messer", antwortete Tobias.
„Du bist nicht gefragt!" wies Schonka den Delawaren zurück. „Eddy-Tatokano!" befahl er dann. „Durchsuche den Harry nach Waffen! Harry, steh auf! Und die Hände hoch!" Schonka hatte die Pistole gezogen, als er seinen Befehl gab, und steigerte sich mit einem Ruck der Schultern in eine noch anmaßendere Haltung hinein.
Es herrschte atemlose Stille im Raum. Langsam stand der Häuptling auf!
„Ich verstehe, daß ihr mich fürchtet", sagte er und trat direkt vor Schonkas Pistole. Er nahm die Hände nicht hoch, zog aber den mit Blut befleckten Rock aus, so daß seine ausgezehrte Gestalt und unter einer Kette aus Bärenkrallen die tiefen Narben auf seiner Brust zu sehen waren. „Hier . . . ich habe nichts bei mir als das Messer."
Tatokano fühlte den Gürtel seines ehemaligen Häuptlings ab, ohne daß dieser ihn überhaupt zu bemerken schien.
Schonka steckte die Pistole wieder ein. „Ob du das Messer behalten darfst oder ob wir dich verhaften, entscheiden die weißen Männer."
Tokei-ihto zog seinen Rock wieder an. Er war fahl. Ein Hustenanfall schüttelte ihn; er vermochte ihn nicht mehr zu unterdrükken.
„Schonka", sprach er, als er wieder Atem hatte, „ich habe das Recht, zu erfahren, aus welchem Grund die Ratsversammlung gegen mich entschieden hat."
„Ja", antwortete Schonka, „dieses Recht hast du, und ich werde dir Bescheid geben. Du bist Mattotaupas Sohn?"
„Ja. Das wissen alle Dakota."
„Mattotaupa hat bei einem Becher Zauberwasser seine Schwüre gebrochen und das Gold unserer Berge verraten. Spricht meine Zunge die Wahrheit?"
Der junge Häuptling schwieg.

„Sprich!“ forderte Schonka ihn auf. „Oder hat dein Mut dich schon verlassen?“
Der Angeschuldigte sah seinen Feind voll an. „Es ist wahr.“
„Du bist der Sohn eines Verräters! Deine Hand hat sich in zehn Wintern und zehn Sommern mit dem Blut deiner Brüder vom Stamme der Dakota gefärbt. Ist das wahr?“
„Ja.“
Die beiden Männer standen sich nahe gegenüber. Schonka hatte in der Grenzersprache gesprochen. Er wollte die weißen Männer als Zuhörer für die Demütigung seines ehemaligen Häuptlings haben. Dieser antwortete ihm in der Dakotasprache, die nur die Stammesangehörigen und Tobias verstanden.
„Du bist zu unseren Zelten zurückgekehrt“, fuhr Schonka fort. „Tatanka-yotanka befahl uns, dich wieder aufzunehmen. Das Vertrauen der Dakota wurde von den Ältesten und Häuptlingen in deine Hand gelegt. Du bist zu dem weißen Manne mit Namen Jackman geritten; du hast mit ihm gesprochen. Du hast gehört, daß der Große Vater aus freiem Willen der Bärenbande gutes Land in der Reservation geben wollte. Jetzt, nachdem das Blut unserer Väter und Brüder geflossen ist, mußten wir um deines Unverstandes willen in das schlechteste Land einziehen. Wie ein übermütiger Knabe hast du nein gesagt und die Totems der weisen Häuptlinge zerrissen. Ist das wahr?“
„Jackman bot mir selbst eine Sonderrente und für die Bärenbande gute Stücke Landes, wenn ich unterzeichnen wollte, was ich nach dem Beschluß unserer Ratsmänner nicht unterzeichnen durfte. Ich habe nein gesagt zu diesem Verrat, ich habe uns und unser Land nicht verkauft. Ich habe die Totems der Verräter zerrissen.“
„Du hast die Bärenbande um das gute Land betrogen, und deinetwegen muß sie jetzt hungern! Wir haben dein Zelt zerstört, und niemals wirst du zu uns zurückkehren.“
„Ihr hattet kein Recht, über mich zu beschließen, ohne mich zu hören. Ich verlange, daß du mich zu den Zelten der Bärenbande begleitest, so wie es auch die Langmesser erlaubt haben, und daß die Versammlung der Ältesten berufen wird, damit ich vor ihr berichte.“

„Du hast nichts zu verlangen! Wenn du nicht gehorchen willst, werde ich dich zu zwingen wissen! Setze dich hin und schweige, oder wir verhaften dich sofort! Wir alle wissen, daß du ein Parteigänger von Sitting Bull und Crazy Horse gewesen bist!"

Tobias schaute unentwegt auf den jungen Häuptling. Selbst ein Schonka hätte sich schämen sollen, diesen Mann, der aus Ketten krank zurückkehrte, auf eine so niederträchtige Weise zu begrüßen. Noch vor zwei Generationen wäre bei den Dakota ein solches Verhalten selbst unter persönlichen Rivalen unmöglich gewesen. Aber die Watschinschun hatten mit ihrem Brandy den Stamm gespalten und die alten Sitten zerstört, sie hatten das Selbstbewußtsein der freien Krieger zusammengeschossen, und sie kannten Bestechungsmittel genug, um elende Verräter zu machen.

Tokei-ihto gehorchte nicht. Er blieb stehen. Der Delaware erschrak von neuem. Wenn der entlassene Gefangene begann, Widerstand zu leisten, war er verloren. Der riesige Johnny griff noch einmal ein. Er trat vor Schonka, schob ihn mit dem Schwergewicht seiner Person einfach zurück und drängte ihn auf den nächsten Stuhl. Schonka ließ sich das widerspruchslos gefallen. Er mußte gute Gründe haben, sich mit dem Wirt nicht zu überwerfen. Wahrscheinlich hatte er schon zu oft dem verbotenen Branntwein zugesprochen und war dadurch von Johnny abhängig. „Was tobst du hier herum, Schonka!" Johnnys Trinkerstimme klang rauh und gebieterisch. „Wir trinken noch eins und sprechen weiter! Bei mir gibt es keine Hahnenkämpfe."

Bei den letzten Worten sprang an Schonkas Stelle ein anderer vor, Pitt, der entlassene Rauhreiter mit der verstümmelten Nase. Pitt war weder rauflustiger noch mutiger als ein durchschnittlicher Cowboy, aber ohne Geld, ohne Brandy, mit gescheiterten Hoffnungen und ohne Anstellung wurde er unfriedlich. „Keine Hahnenkämpfe?!" schrie er. „Was bildest du dir denn ein, du massiges Ungeheuer von einem Wirt? Uns nicht freihalten? Uns nicht einmal zum Abschied zu fressen und zu saufen geben? Und uns verbieten wollen, was das Recht von jedem freien Bürger ist! Wenn mich nach einem Hahnenkampf gelüstet, dann gelüstet mich danach, verstehst du, und dann wird auch gekämpft ... Stell dich nicht in meinen Weg, oder du lernst mein Messer kennen ..." Er hatte die Stoßklinge in der Hand.

Johnny wich dem Wütenden erschrocken aus. „Halt die Schnauze, Pitt", sagte er dabei, „deine Nase ist schon weg – willst du noch ein Auge dazu riskieren?!" Der sogenannte Hahnenkampf war eine Grenzergewohnheit, ein Kampf, bei dem jedes Mittel erlaubt war und der mit allen erdenklichen Roheiten geführt wurde. Verstümmelte Nasen, ausgequetschte Augen erzählten von solchen Scheußlichkeiten.

Pitt ließ sich nicht mehr zurückhalten. „Den frechen roten Hund da", rief er, „den Meuchelmörder und Messerstecher, den kennen doch alle Grenzer von Platte, Black Hills und Niobrara. Wie kommt der überhaupt hierher! Dem werde ich endlich Manieren beibringen! Wenn die Lagerpolizei zu feige dazu ist, dann werde ich das schaffen, und der Freddy soll erfahren, wer hier für Ordnung sorgt, seine saufenden Polizisten oder ein entlassener Rauhreiter! Den Burschen leg ich dem Red Fox vor die Füße, dann hab ich meine Anstellung, die mir versprochen ist!"

Der junge Häuptling, von dem die Rede war, schien überhaupt nicht zugehört zu haben; seine Haltung begann gleichgültig, sein Blick verloren zu wirken. Pitt konnte den ausgezehrten Mann für eine leichte Beute halten. Er stürzte sich auf den Indianer.

Aber unerwartet und im Nu hatte dieser pariert. Er hatte die Rechte des Angreifers gepackt und verdreht, so daß Pitt das Messer fallen lassen mußte. Überraschend schnell hob der Dakota das Messer auf und warf es dem Delawaren zu, der es geschickt auffing. Der Dakota unterlief Pitt und führte einen Stoß aus, der den Kurznasigen warf. Pitt stürzte polternd gegen die Wand und fiel halb bewußtlos zu Boden.

Er wälzte sich, ohne in die Höhe zu kommen. Tokei-ihto ging zu ihm heran und berührte ihn verächtlich mit der Fußspitze, ohne sich zu einer der Brutalitäten hinreißen zu lassen, auf die ihm als Sieger im Hahnenkampf gewohnheitsgemäß das Recht zustand. Sein Dolchmesser steckte er wieder in die Scheide. Er hatte den Stoß nicht mit der Klinge, sondern nur mit dem Knauf geführt. Wortlos setzte er sich an seinen alten Platz auf der Wandbank neben Tobias.

„Sacré nom!" rief Louis, der Kanadier. „Das ist aber schnell gegangen. Hast du das ganz begriffen, Philipe?"

„Halb."

„Du kannst nicht mal so schnell denken, wie dieser Indsman handelt. Lernen mußt du, lernen!"

Der junge Bursche lächelte. Mit Nachsicht pflegte er die vielen guten Ratschläge seines Lehrmeisters entgegenzunehmen. Um Pitt kümmerte sich keiner der Männer. Er würde schon von selbst wieder auf die Beine kommen. Ein Hahnenkampf war Privatsache, und der Kurznasige genoß auch bei der indianischen Lagerpolizei keine Sympathien, denn er hatte sie an ihrer empfindlichsten Stelle, ihrer Zuneigung zum verbotenen Alkohol, getroffen.

„Johnny", meinte der Delaware, „du bist aber auch wirklich ein Geizkragen gewesen. Hier hast du noch einen halben Dollar. Schenke den Reitern ein, die Abschied feiern!"

Der Wirt brachte schnell und reichlich den gewünschten Brandy, und die Reiter tranken auf das Wohl des Tobias. Pitt lag an der Wand, ächzte und fluchte über die Ungerechtigkeit der Welt.

Schonka goß noch einen Becher hinunter. „Seht ihr", sagte er, „nun hat sich Harry doch noch hingesetzt, wie ich ihm befohlen hatte."

„Das ist auch wirklich sehr beruhigend für dich und die gesamte Agentur!" lästerte der Kanadier.

Johnny ließ sich neben Schonka nieder. „Ihr seid doch vorhin alle bei Red Fox gewesen?" fragte er. „Könnt ihr jetzt nicht mehr zu ihm hinein? Ist ein anderer drin? Weil du meinst, daß ihr noch warten müßt mit der Sache von Harry da?"

Schonka gab keine Antwort, er war mißgelaunt. Aber Blutiger Tomahawk hatte seinen Kopf gehoben, der ihm schwer war, und schaute den Wirt aus verquollenen, trübseligen Augen an.

Das heulende Elend des Trunks überkam ihn. „Freddy, der Rote Fuchs, ist sehr schlecht zu uns gewesen, mein Bruder. Ich habe ihm alles geklagt, die mageren Rinder, den stinkenden Speck, die hungrigen Mägen unserer Männer, Frauen und Kinder. Aber er ist wie ein Wolf, der nur selbst fressen will. Ich habe lange und gut zu ihm gesprochen, er aber hat uns die Tür gewiesen, als ob wir Hunde seien. Ich gehe nicht mehr zu ihm hinein, und er hat uns auch gesagt, daß er vor morgen früh keinen Menschen mehr sehen will. Er hat seine Tür zugeschlossen, weil er sehr zornig war."
„Schweig!" gebot Schonka seinem Obersten wütend. Er war noch nicht in dem Maße betrunken wie Blutiger Tomahawk und schämte sich der Vorgänge, die hier berichtet wurden.
Tobias steckte dem Wirt ein weiteres Geldstück zu. Johnny äugte verschmitzt und füllte den Brandykrug von neuem. „Ja, ja", nickte er, „Tobias, du bist ein Meisterkundschafter geworden und hast es zu etwas gebracht! Charly mag den Pitt nicht haben, aber dich will er für die Agentur hier anwerben. Am Niobrara ist jetzt nichts mehr los."
„Wo ist mein Handgeld?" fragte der Delaware trocken.
Johnny zog drei Dollar aus der Tasche. „Wahrhaftig, hatte ganz vergessen, es dir zu geben!"
Tobias schmunzelte, und Johnny lächelte breit. Der Wirt zeigte sich nicht sehr verlegen darüber, daß er bei einer kleinen Unterschlagung ertappt worden war. Er respektierte den Delawaren, der sich in den Gewohnheiten der Weißen auskannte.
Es wurde weiter getrunken und geraucht. Die Reiter waren wieder bei Karten und Würfeln. Es stank nach Branntwein, und der Pfeifenqualm füllte den Raum. Die Reiter, die wieder zu trinken hatten, sangen und grölten, und die Indianerpolizei tat mit. Johnny hatte die Türen abgeschlossen, damit keine ungebetenen Gäste die Szene überraschen konnten. Philipe konnte nicht mehr aufhören zu lachen. Blutiger Tomahawk weinte und wußte bald nichts mehr von sich. Der schöne Eddy übergab sich, und seine blaue Uniform wurde schmutzig von oben bis unten. Schonka hielt am längsten aus, aber Johnny gab ihm auf des Tobias Bestellung hin doppelt scharfen Branntwein, und

daraufhin dauerte es nicht mehr lange, bis auch Schonka unter dem Tisch schnarchte. Johnny warf noch einen Blick auf diesen Schläfer, da er beinahe fürchtete, ihn vergiftet zu haben, tat die Sache aber dann mit einer sein Gewissen beruhigenden Handbewegung ab. Er lief, um die letzten Gäste zu bedienen, die noch imstande waren, einen Becher zu halten. Die Schweißperlen standen dem Wirt auf der Stirn.
Tobias winkte ihn her. „Wie steht es? Hast du nicht eine andere Stube, wo Harry schlafen kann?"
„Aber ja. Kommt mit!" Der Wirt führte die beiden Indianer zu einer Kammer, die eine Innen- und eine Außentür hatte. Ein paar Strohsäcke lagen auf dem Boden. „Das ist für Notfälle", erklärte Johnny. „Ihr könnt heute hier kampieren."
Tobias versuchte, ob sich die Außentür öffnen ließ, aber sie war verschlossen. Johnny kramte einen Schlüssel aus einer seiner unergründlichen Taschen hervor. „Da . . . den könnt ihr haben. Für den Fall, daß euch mal schlecht wird."
Der Wirt entfernte sich.

Tobias trat dicht neben den Dakota. „Was ist dir jetzt wichtig?" Er flüsterte in der Dakotasprache. „Du bist mein Häuptling."
„Gib mir deinen Revolver, Geld und den Brief des Capt'n Roach für das Fort Robinson. Ich bringe diese Botschaft hinüber – als Scout! Der Brief kommt an."
„Und ich?"
„Beobachte Tomahawk, Schonka und die anderen. Vor morgen mittag wird keiner wach. Fragen sie dich dann, so erzähle ihnen, daß auch du betrunken gewesen seist, gar nichts wissest und dich nun mit dem Brief auf den Weg machen wollest."
„Sobald sie erfahren oder entdecken, daß du das Haus verlassen hast, berichten sie Red Fox und alarmieren alles. Red Fox ist dein Todfeind. Er hat deinen Vater ermordet, und er wird auch dich töten, wo er dich findet!"
„Aber diese Männer hier alarmieren niemanden, und sie gestehen dem Roten Fuchs niemals ein, daß sie betrunken waren und mich so entkommen ließen. Blutiger Tomahawk wird enttäuscht und beschämt zu seinen eigenen Leuten abziehen, um

mitzuteilen, daß auch er nichts erreicht hat und daß sie weiter hungern müssen. Red Fox ist froh, wenn er die Bittsteller nicht mehr zu sehen braucht. Der einzige, der gefährlich für mich bleibt, das ist Schonka."

„Er ist halb vergiftet von Alkohol, und vor dem dritten Tag wird er nicht mehr wach."

„Um so besser."

„Hau. Versuchen wir diesen Coup! Sehen wir uns noch einmal wieder?"

„Ich komme zurück."

Der Delaware begab sich wieder in die Gaststube und wurde von Johnny auf das freundlichste empfangen.

Der junge Häuptling war in der dunklen Kammer geblieben. Er ging an die Außentür, öffnete sie zu einem Spalt und schaute in die Nacht hinaus. Es war bitter kalt draußen, und der Boden gefror ohne Schnee. Der Nordwind blies. Bei den Pferden war leise Unruhe. Die Wachen lehnten müde an der Koppel. Sonst war kein Mensch zu sehen.

Den Dakota überlief ein Schüttelfrost. Das Fieber hatte ihn nach Mitternacht verlassen, aber seine Glieder waren ihm schwer wie Blei. Während er am Türpfosten stand, verschwammen ihm Hell und Dunkel und alle Konturen zu einem undeutlichen Schimmern vor den Augen, und er spürte, daß er sich nicht mehr lange aufrecht halten konnte. Er fühlte Schmerzen in der Brust. Tastend, um nicht zu stürzen, ging er zu einem der Strohlager und sank nieder. Die Sinne verließen ihn, und sein Zustand glich eher der Bewußtlosigkeit als dem Schlaf.

Aber gegen Morgen wurde er seiner selbst wieder mächtig und kroch auf den Knien zur Tür. Durch den Spalt spähte er nach den verblassenden Sternen. Er raffte sich auf, kam auf die Füße und verließ das Haus. Etwas unsicher, aber geradewegs ging er auf die Koppel zu. Ohitika begrüßte ihn dort schmeichelnd, und Tokei-ihto erinnerte sich, daß er das Tier in der Gaststube zuletzt nicht mehr gesehen hatte. Der Hund war zu dem falben Hengst hinausgelaufen.

Die Wachen schienen nichts Verdächtiges dabei zu finden, daß der Dakota sich sein Pferd holte. Da er etwas schwankend ging,

vermuteten sie sicher, daß er angetrunken sei. War er aber frei gekommen, so konnte er auch frei gehen. Tokei-ihto schwang sich auf und ritt im Schritt zu dem der Agentur unmittelbar benachbarten Fort. Ohitika folgte.
Er traf auf eine Kavallerie-Abteilung. Kaum neugierig, ziemlich verächtlich schauten die Dragoner dem indianischen Reiter auf dem struppigen Mustang entgegen. Tokei-ihto meldete sich bei dem Befehlshaber, etwas höflicher und in einer mehr militärischen Haltung, als er sie in früherer Zeit, als er Kundschafter der Weißen gewesen war, je eingenommen hatte. Der Zugführer betrachtete den beschmutzten Rock des Indianers kritisch, war aber von dessen Haltung und seinem guten Englisch sichtlich eingenommen. Er ließ sich den vielfach versiegelten amtlichen Brief vorweisen und sagte endlich:
„Halte die Augen offen, ob du verdächtigen Indsmen begegnest, die zwischen Fort und Reservation hin und her schleichen. Jenseits unseres Forts lagert Crazy Horse mit seinen roten Banditen. Er soll keine unkontrollierten Verbindungen herstellen."
„Hau, ich werde die Augen offenhalten!"
Die Fortanlagen glichen einander überall. Tokei-ihto hielt an und musterte Gebäude und Umgebung. Vom grauen Himmel tanzten einzelne große Flocken auf das weiße Land herab. An den Dächern hingen Eiszapfen. Über Schornsteinen spielte der Rauch. Der Atem von Mensch und Tier dampfte.
Der junge Häuptling ritt im Schritt zu den Gebäuden heran. Vor den Palisaden befanden sich indianische Lastpferde mit ihren Rutschen, einige wenige Ochsenkarren, ein paar Zelte aus Zeltleinwand; ein einziges war noch nach alter Art aus Büffellederplanen hergestellt. Eine Dragonerabteilung zu Pferd mit drei bewaffneten indianischen Scouts kontrollierte die lagernden Indianer sowie zwei Indianergruppen, die eben von Westen her zu den Gebäuden und dem Lager herbeizogen. Die Indianer waren unbewaffnet. Sie gehörten, wie Tokei-ihto sofort erkannte, zu den Dakota-Teton-Oglala.
Der Reiter konnte durch das offene Tor in den großen Hof der Station hineinsehen, und er brauchte nicht lange zu spähen, um zu wissen, was vorging. Die Indianer waren gekommen, um

ihre Lebensmittelrationen an dem festgesetzten Tag in Empfang zu nehmen. Speck und Mehl wurden ausgegeben. Mit Mehl allein war nicht viel anzufangen, und von dem ungewohnten Speck wurden die Indianer krank, aber sie nahmen beides ohne jede Bemerkung. Rinder standen, in ihr Schicksal ergeben, im Schnee. Nur eine Kuh, die lange nicht gemolken worden war, brüllte jämmerlich.
Der Dakota setzte den Falben wieder in Bewegung und lenkte quer durch die Lagernden auf den Haupteingang zu. Er hatte die Lider gesenkt, aber seine Augen beobachteten scharf. Es war möglich, daß er jemanden traf, mit dem er bekannt war. Er wußte, daß er selbst bei seinen Stammesgenossen auffallen mußte, auch wenn sie ihn nicht persönlich kannten. Er war mit einem Revolver bewaffnet und bewegte sich frei nach Art eines Scouts. Er hatte aber die Gestalt und die Kleidung eines Oglala, und es war noch selten und darum auffallend, wenn ein Angehöriger dieses Stammes als Scout bei den Weißen diente.
Die Gesichter der einzelnen Männer aus seinem großen und zahlreichen Stamm erschienen dem jungen Häuptling alle fremd. Nur der Ausdruck war ihm vertraut: Stolz, Trauer, verschlossene Verzweiflung, Haß ohne Worte, stumpfe Ratlosigkeit; die Nacken beugten sich den besseren Waffen, nicht dem höheren Recht. Tokei-ihto fühlte sich unter diesen Männern wie ein Bruder, auch wenn er keinen der Krieger mit Namen nennen konnte.
Gleichgültige Stimmen weißer Angestellter zählten die Liefermengen ab; die Indianer schwiegen dazu. Die Art ihres Schweigens war für jeden beredt, der das Schweigen geknechteter Menschen zu deuten weiß.
Tokei-ihto trieb sein Tier zu der Stelle hin, wo eine Anzahl Weißer, zum Teil in Uniform, zum Teil in Zivil, die Ausgabe der Lebensmittel überwachte. Eine Gruppe von Oglala meldete sich. Es waren hochgewachsene, abgemagerte Männer. Ohne jede Waffe wirkten sie wie Kriegsgefangene. Sie wurden von der Ausgabestelle zurückgeschickt, da sie noch nicht an der Reihe seien; die Gruppe sollte am folgenden Tage wiederkommen. Die Männer wandten sich um und gingen ohne ein Wort der

Widerrede zu dem Lager draußen zurück. Einer davon verschwand in dem Lederzelte, kam aber bald wieder heraus. Er schien dort nur Bescheid gesagt zu haben. Tokei-ihto beobachtete dieses Zelt.

Eine Frau trat aus dem Tipi. Sie konnte noch nicht alt sein, aber sie war auch nicht mehr jung. Tokei-ihto erkannte sie sofort, obgleich er sie nur zweimal in seinem Leben gesehen hatte, das erstemal als zwölfjähriger Knabe, das zweitemal vor sechs Sommern als junger Krieger bei einem Fest. Diese Frau gehörte zu den Verwandten Tashunka-witkos und trug den gleichen Namen wie Tokei-ihtos Schwester: Uinonah, die erstgeborene Tochter. Die Frau schaute einen Augenblick prüfend nach dem Reiter, dann ging sie schnell in das Zelt zurück.

„Was willst du?" fragte eine Stimme scharf. Die Gedanken des Dakota, die einen Augenblick weggelaufen waren, kehrten zurück.

„Wo ist der Diensthabende?" erkundigte er sich vom Pferd herab.

„Was willst du?" fragte der Unteroffizier nochmals.

„Kurierpost!"

Der Unteroffizier wies mit dem Daumen über die Schulter auf eine Tür.

„Capt'n Elsworthy."

Tokei-itho hängte seinen Falben an. Ohitika blieb dabei sitzen. Der Dakota selbst begab sich in das Dienstzimmer und legte das versiegelte Schreiben auf den Tisch.

Der Offizier, ein jüngerer Mensch mit einem soldatischen Durchschnittsgesicht, betrachtete das Datum.

„Du bist ja schnell geritten, Donnerwetter!" Er las. „Aha. Hm, hm . . . na ja . . . So ganz verrucht, wie ihr das am Niobrara noch zu fürchten scheint, geht es bei uns aber nicht mehr zu. Haben die Bande jetzt an der Kandare, und sobald wir mit diesem Crazy Horse fertig sind, werden sie alle in die Reservation getrieben. – Wann reitest du zurück?"

„Haben Sie Aufträge?"

„Der Kommandant vielleicht. Halte dich morgen früh bereit!" Der Offizier schrieb eine Notiz auf einen Zettel. „Hier – du be-

kommst solange Verpflegung bei uns und Futter für deinen Gaul. Von welchem Stamme bist du?"
„Matto." Das hieß Bär. Der Dakota rechnete damit, daß der Offizier das Dakotawort nicht kannte.
„Matto? Ganz kleiner Stamm, was? Sprichst du auch dakota?"
„Ja."
„Du hast einen freien Tag vor dir. Treibe dich draußen etwas herum und horche, was die Dakota zu grunzen haben, wenn sie unter sich sind. Die Leute von Crazy Horse sind eben erst angeliefert worden und schwierig. Der sogenannte Häuptling hetzt ohne Zweifel; er will nicht in unser Fort hereinkommen. Wir müssen ihn überwachen."
„Ja."
Tokei-ihto nahm die Verpflegungsanweisung. Der Offizier nickte verabschiedend, und der Indianer ging hinaus. Zuerst sorgte er dafür, daß der Falbe Futter bekam, überredete auch den Kantinenwirt, ein paar Knochen für Ohitika abzugeben. Ihm selbst war nicht nach Essen zumute; er hatte nur Durst und beschied sich mit einem Tee. Der Wirt schüttelte den Kopf.
Der Dakota hatte nicht nur einen Tag vor sich; er hatte auch einen Auftrag für diese Zeit, der in seine Pläne paßte. Er schlenderte zum Haupteingang, wo weiterhin Lebensmittelrationen ausgegeben wurden. Dieses Geschäft würde sich bis zum Abend und nach dem, was zu hören war, auch noch über den nächsten Tag hinziehen. Bei der Gruppe der Weißen stand ein junger Mann in Zivil. Er war sehr gut gekleidet, nach Art eines vermögenden Geschäftsmannes, und Tokei-ihto suchte in seinem Gedächtnis, wo er diesen Mann schon einmal gesehen haben könnte. Aber obgleich er ein ausgezeichnetes Personengedächtnis besaß, suchte er vergeblich in seinen Erinnerungen. Er blieb einen Augenblick in der Nähe des jungen Mannes stehen und fing auf, daß dieser mit dem Namen Finley angeredet wurde, was dem Dakota jedoch auch nichts sagte.
Der Weiße wurde aber auf den Indianer aufmerksam. Daß der Indianer Kurier war und Englisch sprach, mußte er mit angehört haben. So redete er ihn sofort sicher und mit einer Art Vertraulichkeit an, wie sie der Herr dem Diener zeigt.

„Willst du dir etwas verdienen?"
„Wieviel?"
Finley junior lächelte. „Du kannst einen Geschäftsmann abgeben! Ich suche so nebenbei echte indianische Stücke, Wampumgürtel, Köcher, bemalte Decken, Adlerfedern, gestickte Röcke, präparierte Skalpe! Möglichst von Leuten mit bekanntem Namen! Das ganze Lederzelt dort würde ich kaufen! Dazu so etwas wie eine Echtheitsmarke, ein Totem, sagen wir von Red Cloud oder von Crazy Horse, den Schlachtteilnehmern am Little Bighorn! Ich habe schon als Kind eine Schwäche für Indianerhäuptlinge gehabt."
„Sie waren mit diesem Gelichter und Mordgesindel damals noch nicht näher bekannt geworden", bemerkte der Manager, der neben Finley stand und Liefermengen notierte.
Finley opponierte, nicht aus Überzeugung wie einst als Kind, aber aus Sport. „Offengestanden, ich habe mal einen Indianerjungen gesehen, der wirkte wie der Sohn eines Lords."
„Ah – im Zirkus", erriet Tokei-ihto.
„So ist's", rief Finley junior. „Wahrhaftig! Du besitzt den sechsten Sinn, Rothaut. Du bist der richtige Mann für mich. Die Indsmen hier sind verdammt verstockt und verbockt. Sie tun, als ob sie kein Wort verstehen könnten. Vielleicht kommst aber du mit deinen Landsleuten zurecht!"
„Was bieten Sie?"
„Was muß es sein? Brandy?"
„Nein, Fleisch."
„Fleisch! Weiß nicht, ob das zieht. Wir liefern hier ausreichend Speck, mehr als auf der Reservation. Aber immerhin – die Roten haben einen Hungermarsch hinter sich, und beste Qualität bekommen sie nicht zu sehen." Finley wandte sich dem buchführenden Manager zu. „Ihr habt doch noch Reserven?"
»Das kommt darauf an, Herr Finley . . ."
„Für mich jedenfalls! Ich habe genug gegeben, um die Lieferungen für meine Firma zu bekommen. Das dürfte Ihnen persönlich nicht ganz unbekannt geblieben sein."
„Wenn Sie in Grenzen bleiben mit Ihren Privatansprüchen . . ."
Der Manager hatte den Mund säuerlich verzogen.

„Kleinigkeit! Hier, schreiben Sie dem Indsman einen Zettel, daß er sich ein paar Dosen, und zwar aus den Armeebeständen, mitnehmen kann. Die hat auch meine Firma geliefert. Das andere Zeug ist zu alt. Ich zahle also in Lebensmitteln erster Qualität", fügte Finley junior, zu Tokei-ihto gewandt, hinzu.
Der junge Häuptling nahm den Schein, ging zum Lager und holte sich einen halben Zentner für die Truppe bestimmtes Büchsenfleisch, dazu zwei Ledersäcke für den Transport. Damit kehrte er zu Douglas Finley zurück.
„Ich will Stempel haben", verlangte er. „Für den Fall, daß jemand neugierig fragt, wie ich zu dem Fleisch gekommen bin und mit wessen Erlaubnis ich mich damit unter den Leuten des Crazy Horse herumtreibe."
„Das letzte ist überhaupt verboten", bemerkte der Manager, der die Lieferungen notierte.
„Reden Sie nicht so unnütz", bestimmte Finley, „sonst sage ich laut, was Sie da eben wieder geschrieben haben. Hier ist meine gestempelte Firmenkarte; drücken Sie noch Ihren Stempel darauf, den Sie da zur Hand haben – so –, unser Scout ist doch kein Hohlkopf. Du bist heute abend wieder zurück?" wandte sich Finley junior wiederum an den Dakota.
„Ja. Aber ein frisches Pferd brauche ich. Das meine ist abgetrieben." Tokei-ihto hatte seine besonderen Gründe für dieses Verlangen. Mit einem fremden Pferd konnte er leichter unerkannt bleiben.
„Wenn du so weitermachst, bekommst du auch noch eine Anstellung bei Finley & Co." Der junge Herr Douglas lachte. „Kannst du mit Sattel reiten?"
„Hau."
„Dann hole dir den Gaul von meinem Stallburschen – Moment!" Douglas Finley pfiff, gab seinem Pferdeburschen eine Anweisung, und wenige Minuten später wurde ein Brauner mit Bleß vorgeführt, gestriegelt und gebürstet, ausgeruht, munter, aber sicher nicht halb so zähe und schnell wie der Falbe.
Mit einer geringschätzigen Geste gab Tokei-ihto seine Zustimmung.
„Wie ist das übrigens mit deinem eigenen Rock?" fragte Finley

den Indianer, der neben dem Braunen stand und sich schon aufschwingen wollte. „Wo hast du denn einen solchen Rock her?"
„Er wurde am oberen Platte gefertigt, für den Häuptling der Bärenbande."
„Der die Station am Niobrara niedergebrannt hat? Großartig."
„Der Rock ist verschweint", kritisierte der Manager.
„Kriegsmäßig versaut", korrigierte Finley. „Sind die Flecke echt?" fragte er den Indianer. „Ich meine, Menschenblut?"
„Wenn Dakota Menschen sind, ja", antwortete der Indianer, und bei dem sarkastischen Tonfall, in dem diese Antwort gegeben wurde, hatte Douglas Finley zum erstenmal während des Gesprächs das Empfinden, daß er zum besten gehalten wurde. Aber sein Selbstbewußtsein schaltete den Gedanken an eine solche Möglichkeit auch rasch wieder aus.
„Gut, gut. Was willst du für den Rock?"
„Ich habe zu essen."
Finley schaute in das abgezehrte Gesicht. „Du siehst nicht so aus. Aber wie du willst. Dir gebe ich natürlich auch Geld. Du als Scout kannst Geld brauchen. Was sollten die Agenturindianer damit!"
„Der Rock ist nicht zu verkaufen."
„Dann sieh also zu, daß du anderweitig gute Geschäfte für mich machst!"
„Was habe ich davon?"
„Oha! Es gibt selbst unter Indianern keinen Gentleman mehr! Die geschäftliche Seite der Zivilisation beherrschst auch du schon trefflich. Einen Dollar im voraus?"
„Zwei."
„Einen!"
Tokei-ihto ließ die Zügel los und machte Miene, sich zu entfernen.
„Hallo?!"
„Zwei", wiederholte der Indianer.
„Also zwei. Kannst dir was darauf einbilden, du Rothaut, daß Finley junior dir nachgibt! Das kannst du noch deinen Enkeln erzählen!"
Der junge Häuptling beachtete diese Bemerkungen nicht mehr.

Er kaufte für die zwei Dollar und für das Geld, das Tobias ihm überlassen hatte, noch frisches Rindfleisch, und der Wirt fand zum zweitenmal Grund, den Kopf zu schütteln. Als der Indianer auf diese Weise alles, was er für seine Zwecke brauchte, beisammen hatte, führte er den sanften und gehorsamen braunen Wallach am Zügel aus den Fortanlagen hinaus. Die Ledertaschen mit den Büchsen und dem Fleisch hatte er rechts und links angehängt und den verbindenden Riemen am Sattel befestigt.

Es schneite stärker. Das Flockengewirbel legte sich wie ein endloser, immerzu sinkender Schleier vor die Augen. Auf Kopf und Schultern der Menschen, in den Mähnen der Pferde, an den Zeltplanen blieben Flocken haften und vergingen nicht.

Das erste Ziel des Reiters war das Lederzelt. Er pflockte seinen Braunen an und schlüpfte in das Zelt hinein. Es brannte kein Feuer im Innern. Die gebrochene Helle drang nur verstohlen und mühsam durch Schlitze und Ritzen; es war dämmrig unter den Lederplanen. Im Hintergrund saß die junge Frau, die der Ankommende schon beobachtet und erkannt hatte, zusammen mit einem etwa neunjährigen Jungen. Seit langer Zeit war es das erstemal, daß der entlassene Gefangene wieder ein Zelt betrat. Er blieb stehen, fing den Blick der abgehärmten Frau auf, die ernst und regungslos an ihrem Platz saß, und fragte: „Wo ist Tashunka-witko?"

Die junge Frau gab keine Antwort.

Der Dakota nahm den Eindruck des gesamten Zeltinnern in sich auf. Der Boden war kahl; nicht eine Decke lag darauf. An den Stangen hingen keine Trophäen.

Die junge Frau schloß die Augen zum Zeichen, daß sie nicht sprechen werde. Der Knabe schaute feindselig auf den ihm fremden Mann mit dem Revolver.

Tokei-ihto stand davon ab, in diese Menschen zu dringen, und verließ das Zelt wieder.

Er machte sein Tier los, schwang sich auf und ritt zwischen den lagernden, wartenden, zum Teil mit ihren Rationen schon wieder abziehenden Indianern hindurch. Er fand kein Gesicht mehr, das er kannte, und ritt langsam wieder zu der Ausgabe-

stelle der Lebensmittel zurück. Douglas Finley stand nicht mehr dort. Der Indianer wandte sich an den Manager, mit dem Finley gesprochen hatte.
„Wo finde ich Tashunka-witko?“
„Wen?“
„Crazy Horse“, verbesserte sich der Dakota.
„Den? Nicht weit von hier, paar Meilen westwärts. Er spricht aber nicht so leicht mit jemandem. Da müßte schon ein Wunder geschehen.“
„Vielleicht geschieht es.“
„Absonderlicher Bursche bist du“, murmelte der Manager vor sich hin. „Wenn du für diesen Finley etwas von Wert einhandelst, denke auch an mich.“
Tokei-ihto ritt wiederum aus der Agentur hinaus. Das Reiten mit Sattel und Steigbügel war ihm ungewohnt, wenn er es auch in der Zeit des Verbanntenlebens mit zwölf Jahren im Zirkus Myers in der Rolle „Sohn eines Lords“ einmal hatte lernen müssen. Immerhin, so gut wie ein Dragoner verstand er das Reiten im Sattel auch. Der Braune trabte, und der Indianer fand sich rasch wieder in diesen Rhythmus hinein. Das Pferd mit Sattel gab auch seinem Reiter einen agenturmäßigen Anstrich; es wirkte wie ein Merkmal der Zugehörigkeit zur Welt der Weißen, und das war Tokei-ihto in seiner Situation das Erwünschte. Der Dakota trieb den Braunen zu einem leichten Galopp; die beschlagenen Hufe hinterließen eine Spur, die bei niemandem Verdacht erregen konnte. Das Herz des Indianers klopfte und sprang gegen das fiebernde Blut. Seine Schläfen glühten, seine Hände waren kalt. Aber jede Minute, die er gewann, konnte kostbar für ihn sein, und er dachte nicht daran, sich zu schonen. Die Dragonerabteilungen, die in der Nähe der Reservation und des Forts noch dauernd unterwegs waren, ließen Fährten zurück, die deutlich genug waren. Der Dakota wollte dem Militär aber jetzt nicht mehr begegnen. Vorsichtig umging er jedes mögliche Zusammentreffen, ohne sich gerade zu verbergen. Nach knapp zwei Stunden hielt er an. In der Ferne erblickte er ein Zeltlager. Das Land rings war kahl und flach. Niemand konnte sich diesem Lager nähern, ohne bemerkt zu werden. Der

Dakota überlegte einen Augenblick. Dann trieb er seinen Braunen weiter. Er sah drei dünne Rauchfahnen, die von den Zelten aufstiegen und vom Flockenwirbel gedrückt wurden. Er fand im Weiterreiten Fährten, Spuren unbeschlagener Hufe. Auch der Fährte der Transportgruppe, die zu der Agentur gezogen war, um Lebensmittel zu holen, begegnete er wieder. Endlich erreichte er die spitz zulaufenden Tipi. Ein paar Kinder mit mageren Gesichtchen beobachteten ihn und verschwanden auch schon schnell in den elterlichen Behausungen. Kein Erwachsener zeigte sich. Aber sicher gab es Augen, die den fremden Reiter heimlich durch die Zeltschlitze musterten.

Der Dakota war selbst lange gefangen gewesen, und es war ihm jetzt, als ob er zu dem Gefängnis eines anderen gehe. Es war ihm beklommen zumute, so kurz vor dem Ziel, denn er wußte nicht, ob er Tashunka-witko antreffen würde und ob er ihn allein sprechen könnte. Es blieben ihm nur wenige Stunden, um sein Vorhaben zu verwirklichen, dann mußte er zurückkehren zur Agentur.

Der Schneefall war dünner geworden. Die Flocken sanken langsamer. Ein Sonnenleuchten drang zwischen den Wolkenschleiern des Himmels durch, und die Schneepolster glimmerten wie tausend matt erleuchtete Kristalle.

Der junge Häuptling kannte das Zelt Tashunka-witkos von früher her. Er pflockte seinen Braunen davor an und trat ohne weiteres Zögern ein. Der Raum wirkte kahl. Der Boden war festgestampft. Eine alte Indianerin saß da und machte Yucca-Wurzeln in einer Schüssel zurecht. Sie hielt jetzt in der Arbeit inne. Außer ihr war niemand im Zelt.

„Wo ist Tashunka-witko?" fragte der Eintretende scharf, als ob er Polizeigewalt habe, denn er wußte schon, daß er sonst nicht so leicht ein Wort erhalten würde. „Ich komme vom Fort." Sein beschlagenes Pferd und sein Revolver konnten ihn in dieser Beziehung in den Augen der Frau ausweisen.

Tokei-ihto kannte diese Frau flüchtig. Sie war die Mutter Tashunka-witkos, und er hatte sie vor fast sechs Jahren, bei einem großen Fest, in Tashunka-witkos Zelt gesehen. Sie hatte sich durch Hunger und Kummer verändert, aber nicht in dem Maße,

wie der ausgezehrte Tokei-ihto, und es schien dem jungen Häuptling, daß sie ihn nicht erkannte.
Die Frau erhob sich schwerfällig und wischte sich die Hände ab. „Ich hole den Häuptling", sagte sie. „Er ist nicht weit gegangen", fügte sie hinzu, als ob sie vor dem Beauftragten der Agentur rechtfertigen müsse, daß der Verhaßte und Verdächtige nicht in seinem Zelt anzutreffen war. Sie lief an dem ihr unbekannten Gast vorbei, um das Zelt zu verlassen, und er sah ihr nach.
Als die Frau aus dem Tipi hinaus und zu den anderen Zelten hinübergegangen war, holte Tokei-ihto die beiden Ledersäcke mit den Konserven und dem Fleisch herein und stellte sie im Zelt ab. Er schloß einen Augenblick die Augen, denn er war erschöpft, und es schwindelte ihm. Der Schweiß brach ihm am ganzen Körper aus. Aber seine Ohren blieben wach, und bald vernahm er den Schritt, der dem Zelte näher kam. Der Schnee knirschte leise unter Mokassins. Tokei-ihto stand in der Mitte bei der Feuerstelle und wartete, das Gesicht zum Zelteingang gewandt. Tashunka-witko erschien. Auch er war sehr abgemagert. Was er erlebt und auf sich genommen hatte, stand in seinem Antlitz zu lesen. Die Falten waren noch tiefer gezogen, die Schläfen und die Wangen waren hohl. Der Häuptling hatte die Lider gesenkt, und er sah Tokei-ihto nicht ins Gesicht. Aber sicher sah er den Revolver im Gürtel.
Der Oberhäuptling trat in sein Zelt ein, ließ den Vorhang am Zeltschlitz hinter sich wieder zufallen und blieb stehen. „Was ist?"
Das war die dunkle Stimme und die kurze Weise zu sprechen, die Tausenden von Dakotakriegern vertraut war.
Tokei-ihto antwortete nicht schnell. Er wartete, bis der andere sich gesammelt und ihn erkannt haben mußte. Dann sagte er: „Du erkennst mich, Tashunka-witko. Weißt du, daß ich verraten und bis jetzt gefangen war?"
Tashunka-witko hob langsam die Lider und schaute dem Jüngeren in die Augen. „Was hast du gegeben und versprochen, um wieder frei zu werden?"
Obgleich Tokei-ihto sich eingestehen mußte, daß sein Revolver

im Gürtel und sein Auftreten gegenüber der Frau jeden Verdacht rechtfertigten, wurde er doch dunkel im Gesicht vor Zorn. „Meine Unterschrift, auf die Reservation zu gehen, gab ich – Häuptling Tashunka-witko."
»Als Scout und Polizist der Langmesser?"
„So würdest du nicht sprechen, Häuptling, wenn du mir gar nicht mehr vertrautest."
„Tokei-ihto!"
Die beiden Männer sagten nichts weiter. Sie standen sich lange gegenüber. Ihre Gedanken und ihr Fühlen rangen miteinander, begegneten sich und fanden endlich wieder zueinander. Sie standen zusammen unter einem Joch, das beiden schwer auf den Nacken drückte. Endlich löste Tashunka-witko sich vom Platze. Er ging mit zwei Schritten auf den anderen zu, mit zwei langsamen, beinahe behutsamen Schritten ging er zu dem gleich kühnen, gleich verratenen und besiegten, zu dem ausgezehrten, von Krankheit geschüttelten und immer noch aufrechten Manne. Er öffnete die Arme und zog den Jüngeren an seine Brust.
„Mein Bruder!" sagte er noch einmal, sehr leise. „Ich habe nicht mehr geglaubt, daß ich dich noch einmal wiedersehe."
„Du bist mein Häuptling, Tashunka-witko, darum komme ich zu dir."
Den Männern standen die Tränen in den Augen. Sie schämten sich nicht voreinander. Aus ihren Zügen verlor sich die Gespanntheit, und es breitete sich jene Trauer darüber, die das Menschenantlitz des Unterlegenen soviel edler macht als das des glücklichen Siegers.
Sie lösten die Arme wieder, und mit der stummen und unsicheren Verlegenheit, die den hart gewordenen Menschen nach der Äußerung eines Gefühls beschleicht, wichen sie sich aus, mit den Augen, mit den Schritten, fast auch mit den Gedanken. Dann fanden sie zu dem Gleichmut zurück, den sie von Kind auf erlernt hatten. Es war die schlichte äußere Form einer anhaltenden, tiefen Bewegung.
Tashunka-witko bat seinen Gast, sich zu setzen, und ließ sich mit ihm zusammen auf dem kahlen Boden nieder.

Die Mutter kam herein und beschäftigte sich wieder damit, die Yucca-Wurzeln zu schaben.
Die beiden Häuptlinge begannen zu rauchen. Mit sparsamen Worten, mit vielen Atempausen und von Husten unterbrochen berichtete Tokei-ihto, was alles seit seiner Freilassung geschehen war, bis er endlich das Zelt seines Oberhäuptlings betreten hatte. „Die Langmesser haben mir befohlen, und ich habe unterschrieben, auf die Reservation zu gehen", schloß er. „Aber auch dort wollen sie mich nicht dulden. Dieser Sekretär Charly und die Verräter unter unseren eigenen Kriegern spielen sich den Ball zu. Sie wünschen gar nichts, als mich wieder gefangenzunehmen und mich nie mehr lebend freizugeben."
„Was hast du vor?"
„Was rätst du mir?"
Tashunka-witko kämpfte mit den Worten, so wie er in Gedanken und in seinem Herzen täglich mit dem Geschehen rang.
„Wir sollen hier leben – wie die Kojoten – ohne Waffen – verachtet, bettelnd. Sie sagen, ich solle zu dem ‚Großen Vater' in Washington gehen. Über mir aber ist nur das Allmächtige Geheimnis; ich kenne keinen weißen Vater über mir, und ich will meine Brüder nicht verlassen. Die Watschinschun lauern wie die blutgierigen Luchse, wann sie mich ermorden und meine Krieger zerstreuen und irgendwo einpferchen können. In den Zelten umher haben sie Verräter zwischen uns angesiedelt. Ich darf dir kein Obdach geben, Tokei-ihto – mein Bruder."
„Bleibst du selbst hier?"
Tashunka-witko antwortete der schnellen und beinahe heftigen Frage mit Zögern, aber auch mit Festigkeit. „Ich bleibe. Ein Häuptling verläßt seine Krieger nicht. Ich kann meine Männer auch nicht wieder fortführen. Wir waren unser zweitausend und in Waffen. Wenn wir jetzt ohne Waffen noch einmal aufstehen – das wäre noch vergeblicher als . . ."
Der Häuptling brach ab und lauschte. Auch Tokei-ihto horchte. Im Zeltlager war Unruhe entstanden. Die Häuptlinge hörten Stimmen, die unverkennbar Stimmen von Dragonern waren. Schritte eilten herbei, leichte und dahinter schwere. Die Häuptlinge blieben sitzen und rauchten. Die Frau tat ihre Arbeit

weiter. An der Zeltöffnung erschien ein Indianer in der bunten Kleidung des Halbzivilisierten. Hinter ihm standen drei Dragoner; sie hatten die Pistolen gezogen.
„Wer bist du, und was suchst du hier?" fragte der Indianer den fremden Gast in der Sprache der Dakota.
„Scout und Beauftragter von Douglas Finley & Co.", antwortete der junge Häuptling englisch, zu den Dragonern gewandt. Er war nicht aufgestanden.
„Hast du Papiere?"
„Für dich nicht, du räudige Kojotenhaut ohne Herz und Nieren, aber für den Capt'n." Tokei-ihto erhob sich und ging langsam, in ruhig wirkender Haltung zum Zelteingang. Die Dragoner steckten die Pistolen wieder ein. Der junge Häuptling benutzte diesen Augenblick und warf den Halbzivilisierten mit einem raschen Schwung in den Schnee. Das war der einzige Ausbruch seines Grimms, den er sich gestattete, und schon lächelte er die Dragoner wieder freundlich-hintergründig an. „Wo ist der Capt'n?" Dabei holte er die Firmenkarte mit den Stempeln hervor und spielte so damit, daß die Uniformierten sahen, daß ein mehrfach gestempeltes Papier vorhanden war.
„Schon gut!" sagte der eine. „Was machst du bei Crazy Horse dadrin?"
„Ein paar Sachen einhandeln für Finley junior persönlich. So schnell geht das nicht."
Die Dragoner hatten keine Ahnung, wer Finley sein könnte, aber sie wagten auch nicht mehr zu bezweifeln, daß dieser Name mit der Kommandantur zusammenhing und von Bedeutung war.
„Wo gehst du von hier aus hin?"
„Zum Fort und morgen früh mit Kurierpost weg. Capt'n Elsworthy."
„Danke."
Die drei zogen ab.
Tokei-ihto setzte sich wieder zu Tashunka-witko. „Eure Verräter arbeiten sehr schnell", sagte er. „Ich muß jetzt etwas von dir einhandeln, damit ich die Konserven und das frische Fleisch zu Recht hier lassen kann. Sonst errege ich Verdacht."

„Was für Fleisch?"
Tokei-ihto öffnete die Ledersäcke und begann auszupacken. Die Frau schaute erstaunt zu.
„Sie haben dir unsere Ration mitgegeben?" fragte Tashunka-witko.
„Das ist nicht eure Ration. Die Rationen bekommen deine Männer morgen bei dem Fort. Es wird aber niemand sagen dürfen, du habest gestohlen. Hier!" Tokei-ihto gab dem Häuptling die Karte mit den Stempeln; die Mengen waren darauf verzeichnet.
„Was können wir dafür geben? Wir haben nicht mehr viel. Im Kampf und auf dem Rückzug mußten wir fast alle Habe zurücklassen." Tashunka-witko biß sich auf die Lippen.
„Nichts sollt ihr verschenken, Bruder. Wenn es soweit wäre, würde ich meine eigenen Sachen dahingeben. Die Aasgeier werden die Zeichen unserer Taten nicht erhalten. Deine Mutter mag irgendwelche Lederstücke bemalen. Bis zum Abend ist dafür Zeit. Finley versteht unsere Sitten und unsere Kunst nicht; er wird alles kaufen."
„Du kennst die Watschinschun, mein Bruder."
„Alles, was ich von ihnen weiß, ist mit Blut bezahlt."
Der Häuptling gab seiner Mutter einen Wink, dem Rate Tokei-ihtos zu folgen, und sie ging hinaus, um bei Kindern und Verwandten Leder und Farben zusammenzusuchen und ihnen zu erzählen, daß es frisches, gutes Fleisch dafür geben würde.
Die beiden Männer blieben wieder allein. Tokei-ihto holte von dem Tabak hervor, den Tobias ihm geschenkt hatte, und überließ ihn Tashunka-witko. Draußen sank der Schnee lautlos. In dem Zelte blieb es auch über Mittag dämmrig. Tokei-ihto wollte sich auf dem kahlen Boden ausstrecken, um zu schlafen, da der Abend und die Nacht ihm mit neuen Anstrengungen bevorstanden. Der Häuptling gab ihm eine Decke; es war eine Wolldecke, und sie taugte nicht viel, aber Tokei-ihto nahm sie mit einer schmerzlichen Rührung, weil Tashunka-witko wie ein Bruder um ihn besorgt war. Der Erschöpfte schlief ein, und es war ihm beim Erwachen, als ob er leichter atmen könne und sein Fieber nachlasse.
Die Frau machte Feuer, der Rauch zog ab. Sie hatte Lederstücke,

auch Baumwolltuch herbeigeschafft und begann mit Farben zu malen. Das war keine Weiber-, sondern Männerarbeit; Frauen bemalten Töpfe und bestickten die Kleidung, aber sie malten nicht die Geschichte der Männertaten. Tashunka-witko und Tokei-ihto beobachteten, was sie auf Leder und Stoff auftrug. Es waren Zauberzeichen, böse Zauberzeichen, nichts als Flüche der Unterlegenen, Betrogenen und Mißhandelten.

Tokei-ihto schnitt einige Streifen des frischen Fleisches auf und röstete sie für Tashunka-witko und für sich selbst. Als die Frau alles vollendet, zusammengelegt und in die Ledertaschen eingepackt hatte, gab er auch ihr von dem Fleisch ab und öffnete mit dem Messer zwei Dosen. Der Inhalt stank nicht: das Salzfleisch war saftig. Die Frau nahm aber nichts von dem Fleisch, sondern lief fort, um es den Kindern im Zeltlager zu bringen.

„Kann ich das übrige auf alle Zelte verteilen, so wie wir immer teilen?" fragte Tashunka-witko.

„Das kannst du. In den Büchern steht noch mehr auf euren Namen."

Die Stunden liefen dahin. Die Männer wußten, daß mit dem Abend auch der Abschied für immer kam. Es hatte aufgehört zu schneien. Die Wolken verzogen sich ganz, und die sinkende Sonne ließ ihre Strahlen mit dunklem Gold über die Schneekristalle gleiten.

„Was rätst du mir? Wohin sendet mich dein Wort, mein Häuptling?"

„Was planst du, Tokei-ihto – Sohn der großen Bärin?"

„Ich werde es dir sagen, Tashunka-witko. Aber zuvor lasse mich wissen, wie sie euch nach euren Siegen besiegen und fangen konnten. Das müssen meine Ohren gehört haben, ehe meine Zunge sprechen kann."

„Wir waren unserer achttausend, Männer, Frauen und Kinder", sprach Tashunka-witko, und er sprach wieder langsam, denn alle Worte bereiteten ihm die Qual des Erinnerns. „Tatanka-yotanka und ich führten unsere Krieger. Wir hatten gesiegt und hatten die Langmesser, die uns angriffen, erschlagen, aber neue Scharen rückten heran, und wir bekamen keine Munition mehr. Wir teilten uns, um dadurch auch die Langmesser zu spalten

und irrezuführen. Tatanka-yotanka zog im Schutze eines Präriebrandes, den er selbst hatte anlegen lassen, nordwärts; ich weiß nicht, wohin; ich weiß nicht, wie weit. Wir haben nichts mehr voneinander erfahren. Ich wollte meine Schar vor den Langmessern verbergen und nach Kanada führen; wir waren zweitausend. Aber der Verräter überall waren zu viele; und General Miles und seine Männer fanden uns am Tonguefluß, da, wo er einmündet in den Gelbsteinstrom. Sie schossen aus dikken Rohren; Feuer und ein Regen von zackigen Splittern töteten unsere Männer und unsere Mustangs. Wir kämpften dennoch. Viele von uns hatten nur noch das Schlachtbeil. Manche von uns wurden gefangen. Der Schnee lag schon hoch. Wir mußten viele Zelte und die meiste Habe zurücklassen; unsere Mustangs brachen zusammen, unsere Kinder erfroren, unsere Büchsen schossen nicht mehr. Unsere Gefangenen kehrten zurück; sie waren satt und berichteten uns von der Güte der weißen Männer. Da wurden die Herzen unserer Krieger traurig, und die anderen Häuptlinge drangen in mich, die Waffen niederzulegen, ehe unsere Kinder alle sterben müßten. Wir haben uns den Langmessern ergeben."
Tashunka-witko machte ein Pause, dann zwang er sich weiterzusprechen. „Die Langmesser legten das schöne Gesicht ab und zeigten uns die spitzen Zähne. Durch Schnee und Eis haben sie uns hierher getrieben. Hier hast du uns gefunden, Tokei-ihto. Du hast genug gesehen, und du hast alles gehört. Was planst du?"
„Die Söhne der großen Bärin ziehen nordwärts über den Missouri."
„Du hast alles gehört."
„Hau. In unseren Zelten leben nicht viel mehr als hundert Männer, Frauen und Kinder. Es ist nicht leicht, uns zu finden, und die Langmesser werden ihre Geschütze nicht gegen unser Häuflein auffahren. Ich gehe."
„Im Schnee?"
„Auch im Schnee."
„Du wagst es?"
„Ich habe gesprochen, hau." Tokei-ihto erhob sich.

Die Männer umarmten sich noch einmal, und aus den Augen Tashunka-witkos stürzten die Tränen, da er denjenigen, den er sich zum Bruder gewünscht, an diesem Tage gefunden hatte und ihn auch wieder hergab.
Als die beiden Häuptlinge ihr Bild zum letztenmal mit den Augen aufnahmen und sich zum letztenmal als lebende Menschen im Druck ihrer Hände fühlen konnten, spürten sie auch schon die Kräfte, die sie noch über die Trennung hinweg verbinden würden, und der jüngere wußte, was er mit sich nahm, um es zu bewahren und fortzupflanzen.
Tashunka-witko begleitete seinen Gast bis vor das Zelt. Die Sonne sank, die Schatten überdeckten das Land, und der Nachtwind begann zu pfeifen. Der Häuptling gab dem Jüngeren seine Signalpfeife, seine kleine rote Kriegspfeife und ein dünnes Leder. Auf dem Leder war sein Totem verzeichnet, das dem gehören sollte, der Tashunka-witkos Bruder und der Erbe seiner Kraft geworden war.
„Wenn die Langmesser mich hier ermorden werden", sagte der Häuptling zuletzt, „so lehre unsere Knaben, daß sie sich ihrer Väter nicht zu schämen brauchen."
„Dein Name wird nicht vergessen, Tashunka-witko." Die Stimme des jungen Dakota war heiser. Seine Hand, die so oft die Waffen geführt hatte, ballte sich.
Tokei-ihto sprang auf das Pferd, um wieder zum Fort und dann zur Agentur und zu Johnnys Gaststube hinüberzureiten. Er traf den Delawaren an, der ihm berichtete. Es war so gekommen, wie Tokei-ihto vorausgesagt hatte. Blutiger Tomahawk war mit seinen Leuten beschämt abgezogen. Fred Clarke – Red Fox – hatte noch nichts erfahren, auch nicht auf dem Wege über den Sekretär Charly. Schonka hatte seine Alkoholvergiftung überwunden. Er raste und plante, mit drei Mann bei der Bärenbande zu kontrollieren, um Tokei-ihto, der sich unerlaubt entfernt hatte, auf das Fort zu bringen oder ihn, wenn er Widerstand leistete, sofort zu töten.
Nachdem Tokei-ihto von all dem unterrichtet war, trennte er sich wieder von Tobias. Er trieb den Falben an und war den Augen des nachblickenden Delawaren bald entschwunden.

Der Ritt ging durch leicht verschneites Gelände. Der Wind pfiff, und der entlassene Gefangene hatte nur den Sommerrock an. Was ihn wärmte, war das Fieber. Auch der rauheste Militärarzt würde dem Dakota gesagt haben, daß ein solcher Ritt als sein Todesritt enden müsse. Aber der Indianer wußte in diesem Augenblick nichts von Tod. Er fühlte den Boden der Prärie, den die Hufe des Mustangs schlugen; vor ihm lag die dunstige Ferne, die seine Augen kannten, seit er sie das erstemal geöffnet hatte, und in seinen Gedanken wohnte ein Name: Tashunka-witko.
Der Falbe jagte dahin. Sein Körper federte und schwang. Er hatte alles, was er als weiße Männer, als Koppel und Stall witterte, hassen gelernt, und es brach in ihm wieder etwas von der Wildheit des „outlaw", des außerhalb der Gesetze Stehenden, hervor, von der sein Reiter ihn einst mit Kraft und leisen Liedern geheilt hatte.
Der einsame Reiter wußte, daß er nur mit der Schnelligkeit dieses Tieres, mit dem er sich eins fühlte, sein weit gestecktes Ziel vor allen Verfolgern erreichen konnte. Er legte eine lange ebene Strecke vor den Ausläufern der Black Hills zurück und gelangte zwischen die Höhenzüge, in die Wellentäler der unfruchtbaren und öden Prärie, mit der die Reservation im Nordwesten begann. Die Wintersonne schien über gelbgraue Flächen. Hartes Gras, Yucca und Kakteen hatten sich hier angesiedelt. Wasser war schwer zu finden, und der Dakota erlaubte seinem Mustang zu saufen, als er eine der wenigen Wasserstellen fand. Er selbst lief auf den nächsten Hügelkamm hinauf, spähte und horchte. Es konnte sein, daß das Grenzgebiet der Reservation von Kavallerie kontrolliert wurde. Aber die Einöde blieb still. Nichts regte sich.
Es ging dem Abend zu. Der Wind wurde eisig. Tokei-ihto setzte den Ritt fort. Die Anhöhen wurden steiler. Sandig, dürr, von verwitterten, kahlen Felsen durchzogen war das Land. Im Westen war die Sonne gesunken; am Horizont zeichneten sich noch die waldigen Höhenzüge der Black Hills ab.
Am späten Abend machte der Dakota wieder halt. Er ließ den Falben am Fuße eines Felsens stehen. Das Tier knabberte an den

Grasbüscheln, deren Wurzeln sich in Sand und hart gefrorenem Lehm festklammerten. Ohitika setzte sich zu dem Mustang; die Zunge hing ihm aus dem Maul. Der Heimkehrende erstieg den Felsen und spähte. In der Ferne erkannte er den Überrest des versickerten Tümpels; die letzte Feuchtigkeit war zu einer dünnen Eisdecke gefroren. Dort standen die Zelte, am östlichen Ende befand sich eine Pferdeherde. Der Lauschende vernahm durch die vollständige Stille der Landschaft das Heulen der hungrigen Hunde bei dem Dorf. Er sah einzelne Menschen, Frauen und Kinder, ohne sie genauer erkennen zu können. Sie schienen ab und zu zu gehen, am Abend noch einmal Ausschau zu halten.

Das mußte das Dorf der Bärenbande sein. Zwischen dem Felsen, von dem Tokei-ihto spähte, und den Zelten lief noch eine flache Bodenwelle. Der Dakota wollte sie als näheren Aussichtspunkt benutzen. Er ließ seine Tiere, den Hengst und den Hund, zurück und schlich sich weiter. Auf dem Kamm der Bodenwelle blieb er liegen und faßte jetzt das Dorf genauer ins Auge. Er erkannte jedes einzelne Zelt wieder, aber er sah auch, daß das seine fehlte.

Er beobachtete vier Kinder. Es waren zwei Jungen und zwei Mädchen. Sie waren mit einem Haufen von Konservendosen beschäftigt, und der Nordwind trug den Geruch verdorbenen Fleisches mit sich. Die Kinder bauten drei Pyramiden aus den Dosen, und zwar so, daß jeder, der aus der Gegend der Agentur kam, die Dosen sehen und riechen mußte. Es war ein Willkommen für alle Beauftragten des Agenten und des Red Fox.

Die Hunde bissen sich um die Reste eines Rinderkadavers. Nirgends erklang ein Lied, und keine Flöte sang, keine Trommel rührte sich. Totenstill war es in diesem Dorf des Hungers und der Unterwerfung.

Nicht weit von den Kindern stand ein einzelner, hinkender Mann. Tokei-ihto hatte diesen Mann erkannt. Sein Haar war kraus; dadurch unterschied er sich von allen anderen Dakota. Auch die Kinder erkannte der Heimkehrende; die beiden Anführer des Bundes der „Jungen Hunde", Hapedah und Tschaske, und die Freundinnen Blitzwolke und Eidechse. Aber er wartete noch. Als sich lange niemand anders bei den Zelten zeigte, schrie er wie ein Krähe. Tschapa Kraushaar schaute auf und suchte nach dem Vogel, auch die Kinder hatten den Kopf gehoben. Sie mochten sich wundern, keine Krähe zu sehen, aber sie schienen auch nicht erfaßt zu haben, daß der Schrei nur eine Nachahmung gewesen war. In ihrem früheren, freien Leben hätten sie sicher mehr Vorsicht gebraucht. Aber jetzt waren sie abgestumpft.

Ein Zelt öffnete sich, und ein Mädchen trat heraus. Ihre Haare waren kurzgeschnitten und fielen nur bis zur Schulter. Sie lauschte. Hatte sie den Schrei gehört? Sie mußte ihn gehört und verstanden haben. Wie absichtslos ging sie von den Zelten fort, der Bodenwelle zu, auf der Tokei-ihto lag. Er erkannte seine Schwester Uinonah und sah ihre Züge schon deutlich. Größer noch als sonst schienen ihre Augen in dem eingefallenen Gesicht. Sie erreichte den Kamm der Bodenwelle. Der Wind wehte um sie.

Tokei-ihto war an der dem Dorfe abgewandten Seite des Hügels ein Stück hinuntergeglitten und erhob sich jetzt, ohne daß er von den Zelten aus gesehen werden konnte. Die Schwester kam zu ihm. Uinonah glaubte, das Herz müsse ihr stocken, als sie dem Totgeglaubten, aber immer wieder als lebend Erträumten gegenüberstand. Wortlos, wie einst der Abschied gewesen war, blieb auch das Wiedersehen der Geschwister.

Nach dieser Stille des Wiedersehens fragte Tokei-ihto kurz und mit bedeckter Stimme: „Habt ihr Verräter in den Zelten?"

„Die Verräter sind fortgeritten im Dienste der Langmesser. Hyazinthe ist da, Schonkas Frau, aber ihre Zunge spricht kein Wort."

„Gehen wir!"

Die Geschwister schritten miteinander über den Hügel und den Hang hinunter dem Dorfe zu. Es war nur ein kurzer Weg, aber die Geschwister gingen sehr langsam. Mit jedem verhaltenen Schritt, den er an der Seite der Schwester tat, feierte der junge Häuptling die Heimkehr zu den Seinen. Uinonah aber fühlte den Bruder mit einer noch nicht zu bewältigenden Freude in dem gleichen Schritt neben sich.

Endlich trafen die Geschwister auf Tschapa Kraushaar, der ihnen entgegenschaute.
„Du bist's!" Der Mann strich sich über die Augen, um sich zu vergewissern, daß er recht sehe. „Komm, mein Bruder, mein Häuptling – wir gehen in Tschetansapas Zelt."
Die vier Kinder schauten der kleinen Gruppe nach, die in dem genannten Zelt verschwand. Es war den Jungen und Mädchen zumute, als ob ein Wunder geschehen sei. Es war das Wunder, auf das Uinonah immer gewartet hatte. Ihr Bruder war wiedergekommen. Das war ein unfaßbar großer Augenblick.
Als der junge Häuptling mit Kraushaar und Uinonah in das große Tipi eintrat, suchten seine Augen im Dämmerlicht sofort den Herrn des Zeltes. Tschetansapa war nicht anwesend. Nur Mongschongschah, seine Frau, saß da und streichelte unablässig die Kindertrage. An dem Reifen, der vor dem Kopfteil der Trage zum Schutze des Kinderköpfchens angebracht war, hingen zwischen schwarzen Federn noch die Spielsachen, mit denen die kleinen Hände gespielt hatten.
Tokei-ihto und Tschapa Kraushaar ließen sich miteinander am Feuer nieder. Uinonah ging zu Mongschongschah und setzte sich zu ihr.
„Da bist du wieder." Tschapa holte tief Atem. „Hier zu uns bist du gekommen."
Die Schwester brachte dem Bruder einen Beutel Beeren. Er aß sie auf. „Eure Mustangs habt ihr noch nicht alle geschlachtet", sagte der junge Häuptling schließlich, und niemand von denen, die diese Worte hörten, konnte ahnen, warum er gerade davon und zuerst von den Pferden sprach.
„Hawandschita, der Zaubermann, wollte es nicht. Erst sollen wir selbst verhungern und dann die Mustangs", gab Tschapa Kraushaar Auskunft.
„Wollt ihr hier verhungern?" Der Häuptling begann knapp und scharf zu sprechen, wie vor einem Gefecht. Er saß seinem Jugendgefährten gegenüber, aber er fühlte sich unter Männern, die sein Zelt zerstört hatten, während er gefangen gewesen war.
„Verhungern?" antwortete Tschapa, etwas verwirrt, schwankend zwischen weicher Freude und einem Aufbegehren. „Ver-

hungern? Wer fragt danach außer dir? Für die Langmesser ist ein toter Dakota der beste Dakota."
„Ihr aber wollt leben?"
Tschapa riß sich aus seinen Empfindungen heraus und antwortete nun in der gleichen Weise, in der der Heimgekehrte ihn gefragt hatte. „Wir müssen es versuchen. Wenn der Frühling kommt, kann etwas Vieh grasen ... Wir könnten auch säen ..."
„Auf diesem Boden?"
„Wir haben keinen anderen mehr."
„Ihr habt beschlossen, mein Zelt zu zerstören und mich nicht mehr bei euren Tipis aufzunehmen?"
Tschapa senkte den Blick. »Die Verräter kamen und zerstörten das Zelt. Dann sprach Schonka vor der Ratsversammlung. Die Waffen waren in seiner Hand. Unsere Ratsmänner schwiegen. Mein Bruder und Häuptling ... Wir haben geglaubt, daß du schon lange tot seiest."
„Alle schwiegen?"
„Nein, Tschetansapa sprach für dich. Er kämpfte. Rotflügel ist an seinem Messerstich gestorben. Tschetansapa mußte fliehen und hält sich in den Felsen verborgen."
„Gehe hin zu dem alten Zaubermann Hawandschita und bitte ihn, die Ratsversammlung sofort einzuberufen. Ich will den Männern der Bärenbande berichten und ihnen sagen, was wir jetzt zu tun haben."
„Sofort? Es ist Nacht."
„Sofort", wiederholte der Heimgekehrte im Ton eines nicht abweisbaren Befehls.
„Hau. Du bist heimgekommen. Ich erfülle deinen ersten Wunsch." Tschapa erhob sich und hinkte aus dem Zelt hinaus. Er hatte aus den vergangenen Kämpfen eine Verletzung am Bein davongetragen.
Der junge Häuptling blieb still am Feuer sitzen. Er hatte sich prüfend umgesehen. Das Tipi war noch so reich ausgestattet wie ehedem. Die Zelte der Bärenbande waren nicht in die verlustreichen Kämpfe nördlich der Black Hills einbezogen gewesen, und die Familien besaßen noch alle ihre Habe außer den

Waffen. Tokei-ihto beobachtete unauffällig seine Schwester und versuchte dabei, über seine eigene Erregung Herr zu bleiben. Uinonah nähte an einem Büffelpelzrock mit nach innen gekehrter Fellseite, wie ihn die Dakota im Winter zu tragen pflegten. Ihre Hände führten die aus Bein geschnitzte Ahle leicht und sicher, und sie schien ganz vertieft in ihre Tätigkeit. Eben tat sie die letzten Stiche, verwahrte das Ende der Sehne, die ihr als Faden gedient hatte, zog die Ahle heraus und ließ sie in ihre gestickte Tasche am Gürtel gleiten. Sie hob den fertigen Rock mit beiden Händen in die Höhe und betrachtete prüfend ihr Werk. Alles schien gut. Sie stand auf, schlug das auf dem Boden liegende riesige Bärenfell auseinander und holte ein Paar pelzgefütterte Mokassins heraus. Den Rock und die Schuhe brachte sie ihrem Bruder, dazu ein Töpfchen Bärenfett und Lederlappen, damit er sich in der gewohnten Weise einsalben und kleiden konnte. Er dankte mit einem Blick und zog sich um. Uinonah hatte unterdessen einen Holzrahmen mit angefangenem Sehnennetz hervorgeholt und spannte die Sehnen weiter kreuz und quer. Beim hohen Schnee benutzten die Dakota Schneereifen mit aufgebogener Spitze, um nicht einzubrechen. Es war Zeit, daß Uinonah die Arbeit vollendete, denn der Himmel war grau und die Luft schwer und feucht von kommendem Schnee.

Mongschongschah, „Die sich beugende Weide", arbeitete nicht. Stumm, als ob der Schmerz ihre Vernunft lähmte, saß sie an ihrem dunklen Platz und streichelte unablässig die leere Kindertrage.

Uinonah stellte die Schneereifen fertig, noch ehe Tschapa zurückkehrte. Er blieb sehr lange aus.

Tokei-ihto ging zu dem Bärenfell und ließ sich von der Schwester zeigen, was es noch enthielt. Uinonah schlug noch eine Lederdecke um, so daß ein Stück des Bodens sichtbar wurde, und zeigte ihrem Bruder ein Stück Grasnarbe, das abgestochen war und sich herausheben ließ. Darunter wurde ein Paket mit Waffen sichtbar, die der junge Häuptling bei seinem Ritt als Parlamentär ein Jahr zuvor nicht nach dem Fort mitgenommen, sondern im Dorf gelassen hatte: sein weißer Knochenbogen, eine

elastische Keule und eine Streitaxt. Diese Waffen waren auf der Reservation verboten. Uinonah versteckte sie wieder sorgfältig. Tokei-ihto sah auf dem Boden auch die schweren Lederplanen seines eigenen Zeltes liegen. Das Wissen darum, daß Waffen und Zeltplanen aufbewahrt worden waren, gab ihm Kraft.
„Sie haben schon oft in diesem Zelt gesucht, Schonka und seine Gehilfen", berichtete Uinonah dem Bruder. „Wenn sie in das Dorf kommen, durchsuchen sie immer dieses Tipi nach Waffen. Aber noch haben sie nichts gefunden."
Der Häuptling setzte sich wieder an das Feuer. Auf seinen Wangen brannten Fieberflecke. Ein Schwitzbad wäre gut gewesen. Aber er hatte keine Zeit dazu. Kam Tschapa Kraushaar noch immer nicht zurück? Machte Hawandschita Schwierigkeiten? Dieser mächtige alte Zaubermann des Dorfes und der junge Kriegshäuptling hatten einander noch nie gut verstanden. Die einzige im Zeltdorf, die dem Geheimnismann mit ihrem Ansehen als Zauberfrau erfolgreich hatte entgegentreten können, war Untschida gewesen, die Mutter Mattotaupas.
„Lebt unsere alte Mutter nicht mehr?" fragte der Heimgekehrte aus diesem Gedankengang heraus. Uinonah kannte den Bruder und spürte den Bruch in seiner Stimme.
„Sie lebt noch – in Hawandschitas Zelt."
Tokei-ihto sagte dazu nichts. Er wartete weiter, bis Tschapa zurückkommen würde. Es währte lang, und der junge Häuptling blieb allein am Feuer. Keiner der Krieger kam, um ihn zu begrüßen. Hatte Tschapa Kraushaar die Botschaft von der Heimkehr des Verratenen und Gefangenen noch nicht in die anderen Zelte zu tragen gewagt? Und hatte wirklich keiner der Männer den einstigen Häuptling kommen – und mit Freuden kommen sehen?

Während der Heimgekehrte am Feuer wartete und sein Wille und seine Gedanken sich immer härter und in einer immer schwerer aufzubrechenden Weise um alle seine Empfindungen schlossen, saßen im Zauberzelte drei Menschen. Sie gehörten drei verschiedenen Lebensaltern an: Hawandschita, der mehr als Neunzigjährige – Untschida, die mehr als Sechzigjährige –

Tschapa Kraushaar, der erst fünfundzwanzig Sommer gesehen hatte.
Tschapa hatte berichtet. Hawandschita starrte in die kleinen unruhigen Flammen des Zeltfeuers. Untschida, die abseits saß, beobachtete den Zaubermann. Sein altes Gesicht war wie eine Holzmaske geworden, furchenreich, unveränderlich, dunkel unter dem weißen Haar. Seine Lippen waren schmal, aber der Mund war nicht eingefallen. Es war schwer, den Zauberer zu enträtseln, denn er selbst rätselte und wühlte in sich herum und vermochte sich und sein Leben nicht mehr zu durchschauen. Nun war dieser Tokei-ihto wieder heimgekommen. Hawandschita erinnerte sich sehr genau des Tages, an dem ihm der Sohn Mattotaupas, der als Knabe den Namen Harka trug, zum erstenmal als Feind erschienen war. Neun Winter hatte der Häuptlingssohn damals gesehen gehabt, und die Zelte der Bärenbande standen noch auf der Wiese am Südhang der Black Hills. Es war ein köstlicher Vorfrühlingstag gewesen. Der Waldboden fraß glucksend den Schnee, ein Vogel sang, die Zweige schüttelten die tauenden weißen Lasten ab und stäubten sie den Menschen in den Nacken, den Mustangs auf das Winterfell. Die meisten der Männer und Burschen waren auf Jagd unterwegs. Hawandschita aber, der alte Zaubermann, hatte damals einen bedeutenden Tag für sich anbrechen sehen.
Er wollte sich an jenem Tag unter den Knaben einen neuen Gehilfen wählen. Sieben Jahre hatte er bis dahin ohne Gehilfen gearbeitet, da sein Handlanger und Nachfolger in der Zauberkunst bei den Kämpfen mit den Absaroka umgekommen war. Der Zauberer aber war schon damals alt und wurde älter, und ehe er den hundertsten Winter und Sommer sah, wollte er wieder einen vollgültigen Erben seiner Geheimnisse herangezogen haben. Lange hatte er unter den Knaben des Zeltdorfes Umschau gehalten, und seine stille Wahl war endlich auf Harka Steinhart Nachtauge, den ältesten Sohn Mattotaupas, gefallen. Hawandschita wußte, daß die Wahl zum Zaubergehilfen und späteren Zaubermanne für jeden Knaben und für jeden Vater eines Knaben die höchste, von allen heimlich erhoffte Ehre war. Harka Steinhart Nachtauge schien alle Eigenschaften zu besit-

zen, die Hawandschita verlangen mußte. Er war klug, kräftig, verschwiegen und beherrscht, soweit dies von einem Kinde schon verlangt werden konnte. Hawandschita wollte den Knaben an jenem Vorfrühlingstage zum letztenmal beobachten, ehe er am Abend in das Zelt des Vaters ging und die Entschließung mitteilte. Die Nacht davor war glücklich verlaufen. Im Traumgesicht war dem Alten eine große Schlange erschienen, mit der er vor bedeutenden Entscheidungen immer im Trancezustand sprach und deren Entscheidung ihn wie ein Geist begleitete, seit er selbst in seiner Jugend unter körperlichen und seelischen Foltern aus der Gemeinschaft der anderen Knaben ausgeschieden und Lehrling seines Zaubermeisters geworden war.

Hawandschita sah sich selbst wieder durch den Kiefernwald im tauenden Schnee gehen, während er in Wahrheit in seinem Tipi auf der Reservation saß und mit abwehrendem Schweigen in die Glut stierte. Dieser Harka Tokei-ihto war noch einmal lebendig wiedergekommen! Damals, vor sechzehn Jahren, hatte Hawandschita den Charakter und die Fähigkeiten von Mattotaupas Sohn mit Entsetzen erkennen müssen. Der alte Zauberer war an jenem Vorfrühlingstag durch den Wald gegangen, weil er kaum einen der jüngeren Knaben bei den Zelten antraf. Viele Spuren von Knabenfüßen aber hatten ihm verraten, daß die ganze Schar in derselben Richtung in den Wald gestürmt war, und der Zauberer ging leise, immer in Deckung, hinterher, denn er wollte seinen künftigen Lehrling in den letzten Stunden vor der Entscheidung noch einmal heimlich beobachten. Unbemerkt hatte er sich den Jungen genähert, die alle an einem Platz unter einer Eiche versammelt waren. Dann war ihm zumute gewesen, als ob er zu Eis erstarren müsse. Vor ihm spielte sich ein Zauberschauspiel ab, wie er es selbst mit den Kriegern zuweilen ausgeführt hatte. Harka Steinhart Nachtauge spielte den Geheimnismann. Er hatte sich vermummt, aber Hawandschita hatte ihn sofort erkannt. Der Knabe ahmte die Gesten des Zaubermannes bei dem Kultspiel genau nach. Das schien unverschämt, aber es war nicht das bedrohlichste. Hawandschita entsetzte sich, weil die Knaben alle dahingesunken waren wie

unter einer hypnotischen Kraft. Nicht einmal beim Erscheinen des Zauberers wurden sie sich ihrer selbst gleich bewußt. Hawandschita war tief betroffen. Er glaubte in diesem Augenblick, der Knabe Harka habe ihm seinen Zauber gestohlen. Eine Schlangenhaut hatte sich der Dieb um den Kopf gewunden!
Harka Steinhart selbst war der erste unter den Knaben gewesen, der den alten Zauberer bemerkt hatte. Wie angewurzelt war er an seinem Platze geblieben. Die anderen Jungen waren endlich zu sich gekommen. Mit einem Schreckensschrei waren sie auseinandergestoben.
Was in den nächsten Tagen und Wochen vor sich gegangen war, hatte keiner der Knaben je wieder vergessen. Noch niemals und auch nie wieder waren sie von ihren Eltern so hart bestraft worden. Bis zum Beginn des Sommers sprachen die Väter mit den Söhnen kein Wort. Hawandschita hatte sich von Mattotaupa den Rädelsführer Harka für zwölf Tage und zwölf Nächte ins Zauberzelt geben lassen. Er wollte diesem Knaben den Zauber wieder entreißen. Er wollte von ihm erfahren, wie er ihn gestohlen hatte. Aber der Knabe widerstand und blieb bei dem, was ihm selbst als Wahrheit erschien: daß er hatte nachahmen und spielen wollen, und daß die anderen Jungen sich gern gegruselt hätten. In den zwölf Nächten, die Harka im Zauberzelte war, träumte Hawandschita nicht mehr von der großen Schlange. Das war das Grauenvollste, was den Alten treffen konnte. Er wollte Harka unterwerfen und ihm seinen Zauber wieder wegnehmen. Aber der Knabe blieb fest. Niemandem, auch dem eigenen Vater nicht, erzählte Harka je, auf welche Weise der Zauberer ihn hatte brechen wollen.
Hawandschita aber träumte nie mehr von der großen Schlange. Die große Schlange sprach nicht mehr zu ihm.
Harka wurde ein Jahr später von den Knaben zu ihrem Anführer gewählt, und der Kriegshäuptling stimmte dem zu.
Hawandschita wurde seitdem von der Angst verfolgt, daß ihm seine Zauberkraft, an die er fest geglaubt hatte, für immer aus den Händen genommen sei. Niemand durfte davon etwas erfahren, niemand! Nächtelang trommelte der Alte; er beschwor seine Geister und versuchte zu träumen. Zuweilen gelang es

ihm, aber die Träume blieben wirr und undeutlich. Keiner der Krieger und Knaben ahnte etwas von diesen Nöten des Zaubermannes, auch wenn die Männer zuweilen nicht mit ihm zufrieden waren. Das ungeziemende kindliche Spiel war geahndet, und für alle außer Hawandschita selbst war die Angelegenheit mit der gebührenden Strafe vollständig abgeschlossen. Die Angst, daß die Männer den Verlust seiner Zauberkraft eines Tages doch entdecken könnten, verfolgte den Geheimnismann mit dem ganzen Grauen, das die Aufrechterhaltung einer Lüge mit sich bringt. Wenn die Krieger um das Erscheinen der Büffelherden tanzten und beteten und die Büffel kamen nicht, so hungerten die Männer, Hawandschita aber wand sich in seinem Zelte in den Krämpfen seines vermeintlichen Unvermögens. Er ging zu den erstaunlichsten und gewagtesten Schlichen und Ränken über. Immer noch einmal gelang es ihm, die Männer zu täuschen. Dabei folterte er sich selbst und trommelte immer und immer wieder um das Erscheinen der großen Schlange. Er begann Harka und Mattotaupa, den Vater des Knaben, mit seinem Haß zu verfolgen. Es gelang ihm, Mattotaupa zu vertreiben. Es gelang ihm nicht, zu verhindern, daß der Sohn des Geächteten nach zehn Jahren wieder in seinem Stamm aufgenommen wurde. Tatanka-yotanka, der größere Geheimnismann, war dazwischengetreten, ehe Hawandschita Harka am Pfahle opfern konnte.
Eines Tages hatte dann der Alte den Schonka, diesen Feind Harkas, zu seinem Zaubergehilfen gemacht. Aber Schonka war im Grunde ein Schwächling, und jetzt war er zu den weißen Männern gelaufen. Hawandschita haßte die weißen Männer, weil sie nicht an die Geheimnisse glaubten. Aber er wußte auch, daß sie selbst Geheimnisse besaßen, die er für echten Zauber hielt. Er wollte sie sich verschaffen, und er hatte sie sich verschafft. Doch was sollte er auf der Reservation damit bewirken? Die Krieger verlangten nicht mehr so stark nach Zauber, da sie wußten, daß nicht der Zaubermann die Büffel, sondern nur der Agent der Reservation die Rinder herbeischaffen konnte.
Hawandschita hatte einst nicht nur träumen und die Männer bezaubern können. Er war auch ein tapferer Krieger gewesen,

und er hatte in seinem langen Leben viel erfahren, sehr viel. Doch dachte er selten an all das, was er wirklich wußte. Sein Träumen und Wünschen ging darauf, seine einstige Zauberkraft und Zaubermacht, die er für unabdingbar wirklich hielt, wiederzugewinnen.
Nun war dieser Sohn Mattotaupas lebend wiedergekommen. Hawandschita war von neuem verwirrt, denn er hatte Uinonahs Träumen nicht geglaubt. Aber auch sie war heute stärker als er. Und Untschida schien nur in das Zaubertipi gezogen zu sein, um dort ihre eigene Kraft auszustrahlen. Er besaß keine Gewalt über diese Frau, die vor knapp vier Jahren das ganze Zeltdorf zum Kampf um den aus der Verbannung heimkehrenden Harka mitgerissen hatte. Dieser Sohn Mattotaupas aber saß lebend drüben im Zelte Tschetansapas.
Hawandschita war verwirrt. Wie er nun seine eigene Verwirrung unter die Männer bringen und die Entscheidung von sich selbst wegschieben könne, das wurde ihm am Ende seines langen Gedankenganges plötzlich klar, und mit schartiger Stimme gab er Tschapa Kraushaar, der bis dahin stumm gewartet hatte, den Bescheid, die Ratsversammlung zu berufen, wie es der junge Häuptling verlangt hatte.
Tokei-ihto, über den sein alter Gegner Hawandschita nachgedacht hatte, saß noch immer allein an der Feuerstelle in Tschetansapas Zelt. Endlich tat sich der Zeltschlitz auf, und Tschapa Kraushaar zeigte sich. Seine Miene war nicht froh. Er ließ sich Tokei-ihto gegenüber nieder, nestelte die Pfeife los, entzündete sie aber nicht. Es dauerte lange, bis er sich zu sprechen entschloß.
„Hawandschita hat sich bereit erklärt, die Ratsversammlung einzuberufen", berichtete er schließlich. „Wenn du darauf bestehst, sogar heute nacht noch. Aber nur, wenn Tschetansapa benachrichtigt wird und daran teilnimmt. Die anderen Ratsmänner können dem wiederum nicht zustimmen. Tschetansapa ist flüchtig. Er ist in den Augen der Langmesser ein Mörder. Nimmt Tschetansapa an unserer Versammlung teil, so wird sie dadurch zu einer Versammlung von Aufrührern. Unsere Männer können aber keinen Aufstand machen und wollen es auch

nicht versuchen. Wir haben keine Waffen; unsere Messer sind zu kurz, um den Flinten der Langmesser zu antworten, und wir haben lange genug vergeblich gekämpft. Hawandschita hat dir mit seinen Worten nur einen neuen Hinterhalt gelegt."
Tokei-ihto antwortete darauf nicht. „Könnt ihr Tschetansapa hierher in sein Zelt holen?" fragte er nur.
„Wir können es – aber er bringt uns alle in Gefahr, ohne einem von uns zu nützen." Tschapa Kraushaar sagte das, aber was er sagte, quälte ihn selbst. „Wir werden auch dich verbergen müssen, mein Bruder, wie wir Tschetansapa verbergen. Es ist uns verboten, dich aufzunehmen." Tschapa Kraushaar machte eine hilflose Bewegung, und sein Blick lief an den Zeltwänden umher, als suche er nach einem Ausweg und finde keinen. „O mein Häuptling! Dein Fuß hat unsere Zelte nur betreten, um sie wieder zu verlassen."
„Nein, Tschapa." Der Heimgekehrte sprach fast ohne Klang in der Stimme, aber mit der Kraft einer unwiderruflichen Entscheidung. „Ich werde euch und eure Zelte nicht wieder verlassen. Ich werde euch mitnehmen. Wir ziehen fort aus der Reservation."
Tschapa Kraushaar starrte den Sprecher an. „Was sagst du hier plötzlich? Meine Ohren haben nicht recht gehört."
„Doch, du hast meine Wort recht vernommen." Tokei-ihto ließ die Pfeife ausgehen, um ohne Pause sprechen zu können. „Ihr schlagt heute nacht eure Zelte ab. Eure Weiber und Kinder pakken zusammen. Red Fox entläßt seine Reiter. Die Grenze hier ist nicht bewacht. Die Augen und Ohren der Langmesser sind nur auf Tashunka-witko gerichtet. Wenn wir gehen, können sie uns heute in der Nacht nicht daran hindern. Ich will mit euch nach Kanada ziehen zu einer neuen Heimat, wo wir als freie Männer leben können. Hau."
Tschapa Kraushaar blickte in das Feuer und dann auf den ausgezehrten Mann, der ihm gegenübersaß. „Willst du die Weiber und Kinder in den Schnee hinausschleppen darum, weil du selbst nicht bei uns bleiben kannst? Das Fieber spricht aus dir!"
In Tokei-ihtos Antlitz schoß das Blut dunkel hinauf. »Dein Häuptling spricht!"

Tschapa Kraushaar stand auf. „Unsere großen Häuptlinge wurden geschlagen und vertrieben. Bist du mehr als sie?"
„Ihr Sohn und junger Bruder bin ich."
„Unseren großen Stamm verlassen ...?"
„Wir vergessen unsere Väter nicht."
„Auf das letzte verzichten, was die Watschinschun uns noch gelassen haben?"
„Auf alles, nur nicht darauf, ein freier Mann zu sein!"
„Wir hätten viel zu lernen, Tokei-ihto."
„Nach unserem eigenen Sinn."
„Das ist vorbei!"
„Nicht, solange ich atme ... Wir ziehen nordwärts über den Missouri!"
„In die Jagdgründe unserer alten Feinde, der Siksikau?"
Tokei-ihto trat zu Tschapa heran, sah ihm nahe ins Gesicht. „Tschapa Kraushaar! Ich kann dir nicht mehr sagen, als deine Ohren schon gehört haben. Ich habe auch keine Zeit. Wenige Stunden bleiben uns, um schneller zu handeln als unsere Feinde und die ersten Schritte auf einem langen Wege zu tun. Ziehen wir nach Kanada!"
„Die Watschinschun kommen auch dorthin, schießen die Büffelherden weg und sperren uns ein. Wir werden nie mehr jagen, mein Häuptling!"
„Du hast recht. Die Büffel sind tot. Wir müssen einen neuen Weg finden. Du sitzt hier auf dürrem Boden, ein Gefangener der Langmesser. Wird es nicht besser sein, wir haben ein gutes Stück Land und lernen als freie Männer Vieh züchten und säen und ernten?"
Die Augen des Kriegers weiteten sich. „Du weißt, das war schon lange mein Traum, aber wir sind besiegt. Den Dakota ergeht es jetzt nicht mehr anders als einst den schwarzen Männern, die meine Väter waren. Mein Vater ist zu den Dakota geflohen, um frei zu werden, ich aber werde zusammen mit euch wieder zum Sklaven!"
„Laß uns gehen!" Der Häuptling packte den Gefährten hart an der Schulter. „Wir sind lange zusammen geritten. Heute verläßt du mich nicht, Tschapa!"

Der Mann verkrampfte seine Fäuste. „Was du sagst, ist gut", murmelte er noch einmal, „aber wir haben keine Kraft mehr."
Tschapa Kraushaar ging langsam von seinem Häuptling weg, bis ihn die Zeltwand aufhielt. Da legte er die Stirn an die Fichtenstange. Seine Züge verzerrten sich, aber aus dem schmerzvoll verzogenen Gesicht schauten seine großen schwarzen Augen mit überwältigender Sehnsucht aus dem Grauen der Unterwerfung in die Hoffnung der Freiheit.
Der Heimgekehrte stand neben dem Feuer. Der Schein der flakkernden Flämmchen huschte an ihm hinauf.
Er blickte nach dem Gefährten, der sich noch nicht wieder umwenden wollte.
Der Häuptling setzte sich wieder und nahm die erkaltete Pfeife zwischen die Lippen. Im Hintergrund saßen die beiden Frauen, die das Gespräch der Männer stumm mit angehört hatten. Mongschongschahs Hand, die die Kindertrage streichelte, hatte plötzlich gestockt; sie war mitten in der Bewegung erstarrt und stand in der Luft, merkwürdig, wie ein erstorbener oder verzauberter Zweig. Uinonahs Gesicht war grau geworden, als Tschapa das Wort aussprach, daß ihr Bruder nur gekommen sei, um wieder zu gehen. Die letzten Worte des Bruders aber schüttelten das Mädchen und weckten sie wieder aus einem bösen Traum zu einem wachen Entschluß. Er hatte sie in die Höhe gezogen, und von dem Willen des Bruders getrieben und geleitet, verließ sie das Zelt.
Sie ging hinaus aus dem Dorf und suchte den Knaben Hapedah, Tschetansapas Sohn. Der Junge stand ganz allein in der nächtlichen Prärie.
„Wo ist Tschaske?" fragte das Mädchen. „Und warum kommst du nicht ins Tipi?"
„Tschaske und ich sind zu jenem Felsen dort gelaufen. Tokeiihto besitzt noch seinen Falben und Ohitika. Tschaske hält bei den Tieren Wache. Ich habe nachgedacht."
„Lauf und suche deinen Vater! Mein Bruder will ihn sprechen."
„Uinonah!" Hapedahs magere Jungengestalt wuchs auf. „Mein Vater hat mir erlaubt, ihn in seinem Felsversteck aufzusuchen, wenn ich ihm etwas Wichtiges zu sagen habe. Der Häuptling

will ihn sprechen! Das ist wichtig. Nichts ist wichtiger als das."
Hapedah huschte davon. Rings war es still und schon ganz finster, da die Wolken den aufgehenden Mond und die Sterne verdeckten.

Das Mädchen kehrte in das Zelt zurück und ließ sich wieder bei der Zeltwand neben Mongschongschah nieder. „Tschetansapa wird bald bei uns sein", sagte sie. Mongschongschah zuckte zusammen.

Alle warteten. Endlich kam Tschetansapa. Kein Laut hatte sein Kommen verraten. Er war an das Zelt herangeschlichen. Jetzt schob sich seine lange, beinahe unheimlich magere Gestalt am Boden durch den Zeltschlitz herein. Noch ehe er sich erhob, musterten seine vom Fieber erhitzten Augen das Zeltinnere und alle Anwesenden. Dann stand er auf, wie es schien mit Mühe, und kam zum Feuer heran. Der Häuptling sah die Bastbinden und zwei offene eiternde Wunden. Der schmale Schädel zeigte die Narbe eines Messerstichs. Hunger, Durst und Haß standen in den Zügen des Mannes geschrieben, und er sah sich noch einmal um, als ob er sich verfolgt glaubte. Aber dann überwältigte ihn die Freude, eine wilde, aufbegehrende Freude darüber, daß Hapedahs Botschaft Wahrheit war. Er setzte sich nicht. Tokei-ihto war aufgestanden.

„Tokei-ihto!" Tschetansapa sprach hastig. „Mein Häuptling, unser Bruder! Du bist da. Aus meinem Zelte werden dich die Kojoten nicht verjagen."

„Ich weiß, Tschetansapa, daß du für mich gesprochen und für mich gekämpft hast."

Tschetansapa wehrte ab. „Du hast auch mich nicht vergessen; du hast mich gerufen. Ahnt Schonka, daß du hier bist?"

„Er wird mich hier suchen."

Mongschongschah hatte sich erhoben und stand wartend in der Nähe der beiden Männer. Sie hatte zwei geröstete Krähen in der Hand, die sie dem Gatten als Essen mitgeben wollte.

Tschetansapa stieß einen Ton aus, der ein Lachen sein sollte. „Iß die Krähen selbst", antwortete er der stummen Geste Mongschongschahs, „oder gib sie Hapedah. Ich brauche kein Fleisch mehr." Er wandte sich wieder seinem Häuptling zu. Mong-

schongschah ging mit gebeugten Schultern zu ihrem Platz am Zeltrand zurück. „Meine Kraft ist zu Ende", erklärte der Krieger seinem Häuptling. „Die Wunden heilen nicht mehr. Ich sterbe, das kümmert mich wenig. Ich will nicht mehr verborgen leben und mich des Nachts in mein Zelt schleichen, um Hapedah die Nahrung wegzuessen. Ich sterbe, aber ich will nicht allein sterben."
„Du wirst nicht sterben, Tschetansapa."
Es schien, daß der Mann die Worte überhaupt nicht gehört hatte. Seine Gedanken bohrten weiter. Er hatte den Häuptling am Arm gefaßt. „Hast du vernommen, Tokei-ihto? Ich werde sterben, aber du sollst mich rächen. Rufe unsere Männer auf. Sie sollen alle zum Messer greifen und kämpfen. Hier leben wir nur, um zu verrecken. Das wollen wir nicht mehr. Hörst du!"
„Wir wollen nicht hier leben", antwortete der junge Häuptling, „das ist wahr. Wir gehen fort, heute noch in der Nacht."
Tschetansapa wollte sich niedersetzen, aber er brach zusammen. Tokei-ihto sprang herbei, legte ihn auf Decken und Felle und kniete sich zu ihm. Der Krieger kämpfte um Luft. Es war lange still. „Was sagtest du?" fragte er dann.
„Wir wollen leben."
Tschetansapa schien bei diesen Worten zu versteinern. Allmählich aber verzogen sich seine Züge. „Tatanka-yotanka ist uns davongelaufen. Tashunka-witko hat sich ergeben, und Tokei-ihto geht unter die Feiglinge, er will leben." Dem Verwundeten machte das Sprechen große Mühe, aber seine Erregung war so groß, daß er immer weitere Worte hervorstieß. „Sage mir jetzt ... willst du kämpfen und mir die Skalpe der Langmesser mit auf den Weg in die Ewigen Jagdgründe geben, oder willst du es nicht?"
„Tschetansapa! Wir kämpfen auf eine andere Weise, als du jetzt glaubst. Du kommst mit uns. Wir brauchen dich."
Tschetansapa schien sich zu bemühen, den Sinn der dunklen Worte zu verstehen oder ihnen wenigstens zu vertrauen, aber dann brach wieder die Erbitterung des Besiegten, des Verfolgten und Gehetzten in ihm auf.
„Tokei-ihto", sagte er, „du bist immer mein jüngerer Bruder ge-

wesen, das weißt du. Aber wenn du feige wirst ... schäme ich mich für dich. Damit du wieder ein Mann wirst, sage ich dir die Worte, denen du nicht mehr ausweichen kannst ..."

„Ich weiche nicht aus. Ich gehe meinen Weg, und unsere Zelte nehme ich mit – und wenn ich euch mit meinen Waffen dazu zwingen muß. Hau!"

„Höre und vernimm meine Worte: Du bist der Sohn eines Verräters. Wenn du ein Krieger und ein Häuptling sein willst, so kämpfe – wenn du aber nicht kämpfen willst ..."

Tokei-ihto hatte sich wieder erhoben. „Du sprichst", sagte er, „wie Schonka zu mir gesprochen hat. Du kannst mich töten, sobald ich das getan habe, was ich für die Söhne der großen Bärin, für ihre Frauen und Kinder noch tun muß. Vorher nicht. Ich lasse mich nicht zwingen."

Tschetansapa versuchte, sich auch wieder zu erheben, aber er fiel zurück. Der junge Häuptling winkte Mongschongschah und Uinonah, und die Frauen kamen an Tschetansapas Lager, um mit Heilkräutern und Binden zu helfen. Als der Verletzte versorgt war, blieb Mongschongschah zitternd neben dem Lager des Gatten stehen. „Er muß wieder fort aus diesem Zelt", sagte sie zu Uinonah, „wenn Schonka kommt, tötet er ihn sogleich. Wir müssen ihn wieder in die Felsen bringen."

„Er bleibt bei uns", antwortete Uinonah ruhig. „In den Felsen draußen würde er sterben, noch ehe die Sonne wieder aufgeht."

„Fort!" wiederholte Die sich beugende Weide, und vor Angst wurde die Frau heftig. „Sie töten nicht nur ihn, sie töten auch Hapedah, meinen einzigen Sohn, wenn sie Tschetansapa hier finden."

Der Schwerverletzte hatte die Augen offen und schien alle Worte zu verstehen, wenn er auch nicht sprechen konnte.

Tokei-ihto wies Mongschongschah zurück. „Solange ich hier bin, wird Schonka kein Kind schlachten. Uinonah hat gut gesprochen. Tschetansapa bleibt, wie es auch sein eigener Wille ist. Wer ihn angreift, der kämpft mit mir, hau."

Der Verwundete schaute nach seinem Häuptling. Aber es war nur ein kurzer Blick, und er blieb finster.

Tokei-ihto ging zur Feuerstelle, ohne sich zu setzen. Das Fieber

glühte auch in ihm, und es machte ihm Mühe, seine Gedanken weiterhin klar zu ordnen. Bald konnte es soweit sein, daß er zusammenbrach wie Tschetansapa. Die Feinde der Bärensöhne hatten viel erreicht. Tokei-ihto und Tschetansapa, die beiden gefürchteten Männer, waren nur noch wie lahmgeschossenes Wild. Tschapa Kraushaar aber lehnte mutlos an der Zeltstange.
Uinonah trat vor ihren Bruder. Sie reichte ihm einen kleinen Beutel mit einem kräftig duftenden Kraut. „Iß das, es wird den Geist deiner Krankheit bekämpfen. Und erlaube mir, daß ich dir mein Vorhaben sage. Du magst dann als Häuptling ja oder nein sprechen."
„Was hast du vor?"
„Wir müssen in allen Zelten die Habe zusammenpacken, weil wir heute nacht noch fortziehen wollen aus der Reservation. Ich will in die Zelte gehen und mit den Frauen sprechen. Wir wollen dir folgen, denn du hast recht, und wir müssen das tun, was du gesagt hast."
„Geh, Uinonah, und sprich mit den Frauen und Müttern."
Das Mädchen verließ ohne Zögern das Zelt.
„Wo ist Hapedah?" Mongschongschah murmelte vor sich hin. „Es ist Nacht, wo ist er hingegangen?"
Tokei-ihto hörte die Worte. Er wunderte sich selbst, daß der Knabe nicht mit seinem Vater zusammen in das väterliche Zelt zurückgekommen war. Aber ein Anführer der Jungen Hunde konnte für sich selbst einstehen, auch wenn er erst elf Sommer gesehen hatte.
Tokei-ihto schlug das Grizzlyfell auseinander und nahm den Adlerfederschmuck an sich, den Uinonah ihm gezeigt hatte. Er setzte die Adlerfederkrone auf das Haupt, denn er war entschlossen, den Söhnen der großen Bärin als ihr Häuptling gegenüberzutreten.
Tschapa hatte die Zeltstange losgelassen und kam zögernd und mit gesenktem Kopf zu der Feuerstelle heran. „Mein Bruder", begann er stockend, „Uinonah will in alle Zelte gehen . . . also auch in mein Zelt. Die Mutter meiner Mutter hat einen bösen Geist, sein Toben wird immer gefährlicher. Ich fürchte, daß dieser Geist Uinonah angreift."

„Das mag sein. Aber Uinonah fürchtet sich nicht."
„Ich will hingehen und ihr in meinem Zelte beistehen."
„Du bist mir hier nötiger."
Tschapa gehorchte und blieb, um sich für seinen Häuptling bereitzuhalten.
Durch den Zeltschlitz schlüpfte Hapedah herein. Er lief sofort auf Tokei-ihto zu, der ihm die Erlaubnis gab zu sprechen.
„Ich habe mit Tschaske auf Wache gelegen", berichtete der Junge rasch und aufgeregt. „Ich wollte melden, wenn Schonka kommt, damit er das Zelt nicht überrascht. Er ist noch nicht da. Aber Chef de Loup ist gekommen, den die Watschinschun auch Tobias nennen, und er wartet bei dem Felsen, wo der Falbe steht. Chef de Loup hat mir gesagt, daß Schonka mit drei Bewaffneten schon unterwegs sei. Das soll ich dir sagen, Häuptling. Und Chef de Loup will wissen, ob er selbst in das Zelt kommen oder draußen weiter Wache halten soll."
„Er soll zur nächsten Grenze reiten –, in Richtung der Che sapa*, und spähen, ob der Weg dort für uns frei ist. Mit seinem Schekken kann er in zwei Stunden von hier an der Grenze der Reservation und wieder zurück sein. Ich will sogleich Nachricht haben, was er dort festgestellt hat. Du aber bleibst mit Tschaske beim Felsen weiter auf Wacht."
„Gut." Die Augen des Knaben leuchteten hell auf. Er verschwand sofort wieder.
Der junge Häuptling trat hinaus aus dem dämmrigen Tipi in die schwarze Nacht. Schwere Wolken bedeckten Mond und Sterne. Kein Schimmer ringsum, nur ein ganz schwaches Flimmern der Eisfläche auf dem Tümpelboden leuchtete. Der Wind hatte nachgelassen. Es mußte bald wieder Schnee fallen. Noch immer heulten ein paar Hunde. Es waren vielleicht fünf oder sechs. Die meisten waren von den hungernden Menschen schon geschlachtet und aufgegessen worden. Der Häuptling lauschte und spähte. Er beobachtete zwischen den Zelten einzelne huschende Gestalten. Sie verschwanden in den Tipi und kamen wieder heraus, um gleich darauf in andere Zelte zu schlüpfen.

* Black Hills

Er erkannte trotz der Finsternis Uinonah. Mit ihr waren zwei kleine Mädchen unterwegs.
Als das eine davon in der Nähe des Häuptlings vorbeilief, rief er sie. „Blitzwolke!"
Die Kleine eilte flink herbei.
„Was hört ihr in den Zelten?"
„Die Frauen wollen alle gehen, weil ihre Kinder hier hungern und weil wir kein Wasser haben. Die von deinem Plan wissen, packen schon. Die Männer hindern sie nicht daran."
„Die Männer schweigen aber?"
„Manche schweigen und warten noch darauf, wie Hawandschita, der Geheimnismann, entscheiden wird. Aber die drei Raben sind schon entschlossen, für deinen Plan zu stimmen. Sie sind nicht so klug wie Tschapa Kraushaar und sehen darum nicht alle Gefahren, und sie sind nicht so stolz wie Tschetansapa und wollen darum die Waffen nicht gebrauchen. Sie haben dich verraten, Häuptling, aber nun, wenn du ihnen einen Weg zeigst und eine Hoffnung, wollen sie mit dir sein."
„Hat das Uinonah gesagt?"
„Ja, das waren ihre Worte. Die Frauen und nicht wenige Männer halten Uinonah für eine sehr große Geheimnisfrau, weil sie immer geträumt hat, daß du noch lebst!"
„Lauf weiter. Ihr werdet gleich mein Signal hören. Dann sollen alle kommen. Hau. Mit Hawandschita spreche ich selbst."
Der junge Häuptling nahm die Signalpfeife an die Lippen, die Tashunka-witko ihm anvertraut hatte, und blies den schrillen, hellen Ton, der klang wie der Schrei eines jungen Adlers. Wie auf einen Zauberschlag öffneten sich rings im Dunkel die Zelte. Der Ton der Kriegspfeife war jedem Dakota von Kindheit an vertraut, und schon die Knaben hatten sich darin geübt, bei diesem Signal aus dem Schlaf zu fahren und sofort auf den Beinen zu sein. Wer sich bei dem Signalpfiff noch einmal die Augen rieb, der wurde von allen ausgelacht und verspottet. Fast von selbst gehorchten die Glieder dem Ton der schrillen Pfeife, ohne bewußten Befehl des Willens. So war es in den Tagen der Freiheit gewesen, und keiner hätte damals etwas anderes erwartet, als daß in der Minute nach dem Signal die Krieger auch

schon bei ihrem Häuptling waren. Heute wußte keiner vom anderen, ob er folgen werde oder nicht; denn die in den Tagen der Freiheit so selbstverständliche Einigkeit der Dakota war zerbrochen. Aber als die Männer aus den Zelten eilten und ein jeder sah, daß der andere kam, packte alle eine große Erwartung. Der Alte Rabe und seine beiden Söhne langten als erste bei dem Häuptling an. Tschotanka, Speerspitze, Ihasapa waren auch schon da. Nach den Kriegern zeigten sich die Frauen und Mädchen und die Kinder. Sie drängten sich gegenüber dem Zelteingang. Alle Frauen waren gekommen, nur Untschida fehlte noch, und der junge Häuptling vermißte sie. Das Zeltfeuer war heller angefacht und beleuchtete den Heimgekehrten im Schmuck der Adlerfedern.
„Er lebt!" Viele Stimmen riefen es, einige schon jauchzend, andere noch fragend. Daß der Totgeglaubte lebendig vor ihnen stand, erschien vielen wie ein Zeichen der Geister, dem sie folgen wollten.
Der junge Häuptling sprach noch nicht. Sein Blick glitt immer wieder suchend in die Dunkelheit, denn auch einer der Männer fehlte. Hawandschita, der Zauberer und Arzt und Älteste, der Friedenshäuptling der Bärenbande, zeigte sich noch nicht. Auf sein Kommen warteten alle, denn nach altem Brauch mußte er zu einem Unternehmen ja sagen, ehe der Kriegshäuptling es durchführen durfte.
Warum kam Hawandschita nicht? Tschetansapa, nach dem der Zauberer verlangt hatte, war da. Er war da, wenn er auch nicht hören, nicht sprechen und sich nicht erheben konnte. Aber die Männer schämten sich des Verfemten nicht mehr. Sie ließen ihn in seinem Zelte liegen und hatten ihn nicht wieder in die Einöde gejagt. Hawandschita kam noch immer nicht.
Der junge Häuptling ermannte sich und sprach allein zu den Kriegern, und obwohl seine Stimme nicht laut und von Husten unterbrochen war, verstanden ihn in der nächtlichen Stille doch alle aus dem Dorfe der Bärenbande.
„Männer der Dakota! Ich bin zurückgekehrt, nachdem Red Fox und das Langmesser Jackman mich verraten und gefangen hatten. Ich bin zu euch gekommen, aber Schonka will mich wieder

aus euren Zelten vertreiben. Ich gehe. Ja. Aber ich gehe nicht allein. Ich bin gekommen, um euch und eure Zelte alle fortzuführen aus der Reservation zu den fernen Wiesen und Wäldern im Norden jenseits des Missouri, wo wir noch frei leben können."
Der junge Häuptling machte eine kurze Pause. Er spürte, wie in den Zuhörern die Spannung wuchs. „Bevor ihr aber mit mir den ersten Schritt tut", fuhr Tokei-ihto fort, „will ich euch die Wahrheit sagen über euer Leben hier im ‚schlechten Lande' und über den Weg, den ich euch führen will. Der Mut braucht die Wahrheit, wenn er endgültig bestehen soll. Das habe ich in meinem eigenen Leben erfahren müssen."
„Hau!" rief der Alte Rabe aus der lauschenden Menge.
„Ich weiß, daß ihr hungert und dürstet und daß ihr betrogen werdet", nahm der Häuptling seine Rede wieder auf. „Vielleicht wird das große Ohr in Washington einmal von dem Betruge hören, und ihr und eure Kinder werden einmal die gefleckten Büffel und die Fleischdosen erhalten, die euch zustehen. Sehr viele von uns werden an Hunger und Krankheiten sterben müssen, dann können vielleicht einige dick und satt werden und vor den weißen Männern tanzen, damit diese über uns lachen."
Der Häuptling schaute auf die Menge hinaus. Keiner rührte sich.
„Sollen wir Hunde sein und uns von den Watschinschun mit Füßen treten lassen?" fragte Tschotanka.
„Die Watschinschun werden euch vielleicht nicht mehr mit Füßen treten", antwortete der Häuptling. „Aber ihr werdet euere Haare abschneiden müssen, weil sie das so befehlen. Ihr werdet nicht mit allen Brüdern von eurem eigenen Stamm sprechen können, die Watschinschun haben uns getrennt. Ihr werdet auf diesem Land hier nie genug Nahrung gewinnen können, um eure Zelte zu versorgen, sondern immer Hunger leiden oder auf Gaben warten müssen."
„Laßt uns gehen!" riefen viele Stimmen.
„Ich will euch deshalb in ein Land führen", sprach der Häuptling, „wo Wasser fließt und das Gras grüner und dicker wächst. Der Weg dorthin ist sehr weit, und im Winter ist er sehr hart. Manche tapferen Krieger sind ihn schon gegangen oder

haben versucht, ihn zu gehen. Damit ihr die ganze Gefahr erkennt, die wir auf uns nehmen wollen, sage ich euch die Rede des Häuptlings Hinmaton-yalatkit an seinen Stamm der Schäheptin. Als es dem Stamme der Schäheptin ebenso erging wie jetzt den Dakota und er in seinen alten Jagdgründen nicht mehr leben konnte, begann er im Winter und in einem unaufhörlichen Kampfe mit den Verfolgern den weiten Weg nach dem Lande der großen Mutter*. Als er aber die Grenze eben erreichte, waren die Männer, Frauen und Kinder so erschöpft und die Langmesser in einer solchen Überzahl, daß die tapferen Schäheptin sich einen Schritt vor der Grenze der freien Prärien ergeben mußten. Der Häuptling Hinmaton-yalatkit sprach in dieser Stunde die folgenden Worte zu seinen Männern: ‚Ich bin des Kampfes müde. Unsere Häuptlinge sind getötet. Sehendes Glas ist tot, Tochulhulsate ist tot. Die alten Männer sind alle tot. Nun sind es die Jungen, die ja oder nein sagen. Der, der die jungen Männer führte, ist tot. Es ist kalt, und wir haben keine Decken. Die kleinen Kinder erfrieren. Viele meines Volkes sind in die Berge geflüchtet, sie haben keine Nahrung und keine Decken. Niemand weiß, wo sie sind – vielleicht erfroren. Ich möchte Zeit haben, nach meinen Kindern zu suchen, und sehen, wie viele ich finden kann. Mag sein, daß ich sie unter den Toten finde. Hört mich, ihr Häuptlinge, ich bin müde. Mein Herz ist krank und traurig. Die Sonne sinkt. Ich werde niemals mehr kämpfen.‘ – So sprach der Häuptling, als er sich den Langmessern an der Grenze, einen einzigen Schritt vor dem freien Lande, ergab. Wir aber wollen einen Weg gehen, der ebenso lang ist und ebenso kalt. Wir werden frieren und hungern, und wahrscheinlich werden uns auch einige Langmesser verfolgen. Aber sie werden keine großen Geheimniseisen gegen uns auffahren, wie sie es gegen die Schar Tashunka-witkos taten. Wir sind unserer wenig. Das ist unser Schutz. Wenn unser Wille stark genug ist, werden wir durch den Winter kommen. Unser Herz darf nicht müde und nicht traurig werden. Wir müssen unseren Weg heute nacht noch beginnen. Wir wol-

* Kanada

len fortziehen. Nichts anderes würden uns unsere großen Oberhäuptlinge und unsere großen Zaubermänner raten, wenn sie heute bei uns sein könnten. Wenn ihre Ohren eines Tages hören, daß wir frei geworden sind, so werden sich ihre Herzen freuen. Ich habe gesprochen, hau."

Als der Häuptling zu Ende gesprochen hatte, kam Hawandschita, der Alte. Zur selben Zeit hatte sich Untschida zu den Frauen gesellt. Der junge Häuptling verließ seinen Platz. Der Sitte gemäß ging er dem alten Zauberer entgegen, und als er ihn erreicht hatte, bot er ihm den Arm und führte ihn in das Tipi des Schwarzfalken. Da niemand den Eingang schloß, blieb das Zelt offen, so daß die Umstehenden Tokei-ihto und den Greis auch weiter sehen konnten. Der Häuptling führte Hawandschita zu der Feuerstelle, und der Alte ließ sich langsam nieder. Tokei-ihto nahm den Platz ihm gegenüber ein und winkte Uinonah, die in das Zelt zurückgekehrt war.

Das Mädchen wußte, was sie zu tun hatte.

Sie holte einen sorgfältig verwahrten Gegenstand, wickelte ihn aus der Lederhülle aus, und alle konnten jetzt die heilige Pfeife erkennen, die sie ihrem Bruder brachte, dazu den gestickten Beutel mit Tabak.

Der Häuptling griff nach der Pfeife. Das lange Rohr war aus Eschenholz gearbeitet; es war bis zur Hälfte mit rotgefärbten Stachelschweinborsten umwickelt und mit Hermelin und dem Schwanze des seltenen weißen Büffels geziert. Der Pfeifenkopf bestand aus rotem Ton, der an den Ufern des Missouri gefunden wurde. Es hatte eine besondere Bewandtnis mit jenen heiligen Hügeln am Ufer des Missouri, von denen diese Tonerde stammte. Immerwährender Friede lag über ihnen. So hatte es nach dem Glauben der Indianer der geheimnisvolle, nie zeugende und nie sterbende Donnervogel die Menschen gelehrt, und das war eine Erinnerung daran, daß einst zu Beginn aller Zeiten Frieden zwischen den Menschen und auch zwischen den Tieren geherrscht hatte. Bei Sonnenaufgang pflegten die Söhne und Töchter der Dakota auch jetzt noch Wakantanka, die große geheimnisvolle Lebenskraft, um diesen Frieden zu bitten. Aber er war bis jetzt nicht wiedergekommen, und auch heute sollte die Pfeife des Friedens und der Beratung nur geraucht werden, um einen schweren Gang vorzubereiten.

Tokei-ihto entzündete die Pfeife mit seinem eigenen Feuerzeug, und nun kam der Augenblick, dem alle in verborgener und großer Spannung entgegensahen. Es war Sitte, daß der Häuptling vor Beginn eines großen Unternehmens dem Geheimnismann die heilige Pfeife zum Rauchen anbot. Nahm der Zauberpriester die Pfeife und rauchte sie, so erklärte er sich damit bereit, den Häuptling zu begleiten. Nahm er sie nicht, so lehnte er das Unternehmen ab.

„Wir brechen auf!"

Der Greis zögerte.

„Wir ziehen fort!"

Die Augen des Zaubermanns weiteten sich wie in einer Vision. „Ich höre das Brüllen der Büffel und die Stimmen unserer Väter. Zu den Bergen der großen Bärin ziehen wir zurück! Die Toten und die Büffel kommen wieder!"

„Vorwärts über den Missouri – führt uns der Name Tashunka-witko!"

Die Krieger erschraken, denn aus dem schroffen Wort des Häuptlings brach schon der Zwist hervor. Was sollte der Schwur der heiligen Pfeife bestätigen?

„Wir ziehen fort . . ." Tokei-ihto hatte die Pfeife zum Brennen gebracht und bot sie dem Greise.

Der Alte hob die Hand, und er nahm die Pfeife. „Wir ziehen fort." Nach dieser letzten Entscheidung herrschte Stille im ganzen Rund. Fiel jetzt nur ein einziges Wort, so mußte Hawandschita die Pfeife fortgeben, und sie konnte nicht mehr geraucht werden.

Der Greis stand auf und tat mit Ehrfurcht die sechs Züge, zum Himmel, zur Erde und gegen die vier Wände, nach Osten und Westen, Süden und Norden. Dann ließ er sich wieder nieder und reichte die Pfeife dem jungen Häuptling, der die sechs Züge wiederholte. Als auch er den letzten Zug getan und den Rauch ausgestoßen hatte, gab er die Pfeife an Uinonah zurück, die sie verwahrte.

Hawandschita erhob sich, und der Häuptling geleitete seinen

Gast zu dessen Tipi hinüber. Still warteten alle, bis er wiederkam. Er sprach noch einmal zu ihnen. „Männer der Dakota! Wir ziehen fort. Hawandschita hat sich dafür entschieden. Entscheidet auch ihr euch!"

Der Häuptling rauchte die kleine, rot gefärbte, kunstvoll geschnitzte Kriegspfeife an und wartete auf die Antwort der Krieger. Zu allen Zeiten war der Gehorsam, der einem Häuptling geleistet wurde, freiwillig gewesen.

Tschapa Kraushaar war der erste, der vortrat und die Kriegspfeife annahm, um den nächsten Zug zu tun. „Ich werde mit dir gehen, mein Häuptling! Du hast uns die volle Wahrheit gesagt. Ich weiß jetzt, daß du uns nicht mit blinden Augen in eine Gefahr führen willst, sondern mit spähendem Blick und festem Herzen. Darum folge ich dir. Hau."

Als so nach dem Geheimnismann auch derjenige zugestimmt hatte, der als der Klügste unter den jüngeren Kriegern galt, zögerten die anderen nicht mehr. Die Pfeife ging um, und jeder, der einen Zug daran tat, erklärte sich damit bereit, seinem Häuptling zu folgen. Während die Pfeife herumgereicht wurde, sanken schon die ersten Schneeflocken. Alle wußten, daß ein starker Schneefall bevorstand. Die Frauen und Kinder kehrten zu den Zelten zurück, um ihre Vorbereitungen zu beenden. Tokei-ihto rief die Krieger zu sich her zu Tschetansapas Zelt.

„Schonka und seine drei Bewaffneten können in jedem Augenblick eintreffen", gab er bekannt. „Wie pflegen sich Schonka und seine Helfer zu verhalten, wenn sie zu unseren Zelten kommen?"

„Sie gehen immer zwei und zwei", berichtete der Alte Rabe. „Zuerst durchschnüffeln sie Tschetansapas und Tschapas Zelt. Von dort gehen sie weiter."

„Das werden sie auch diesmal tun, denn in dem Tipi des Schwarzfalken oder des Biber vermuten sie sicher mich. Schonka kommt mit dreien seiner Männer, also kann er hier zwei Gruppen bilden, die durch die Zelte gehen. Ich schlage vor, daß auch wir uns teilen. Drei Krieger bleiben bei mir im Zelte Tschetansapas, drei gehen mit Tschapa in dessen Zelt. Die anderen verteilen sich in ihren eigenen Tipi. Betritt Schonka oder einer seiner Männer ein Zelt, so wird er sofort im Dunkeln angegriffen, entwaffnet und gefesselt. Hau."

„Hau!" riefen die Krieger.

Dann trennten sie sich, um nach dem Plane zu verfahren. Die drei Raben blieben mit dem Häuptling in Tschetansapas Tipi. Der Häuptling spürte, wie das Heilkraut, das Uinonah ihm zu essen gegeben hatte, seine Wirkung tat. Sein Herz ging kräftiger, obwohl er noch Müdigkeit und wieder Schüttelfrost verspürte. Aber er brauchte für die nächsten Stunden nicht zu fürchten, daß seine Kräfte ihn verlassen würden. Nach ein paar erklärenden Worten machte er sich auf den Weg in die Winternacht hinaus, um nach seinem Falben und dem Hunde zu sehen. Schonka brauchte diese Tiere nicht vorzeitig zu entdecken. Als er zu der Felswand kam, bemerkte er oben am Grat die Knaben Hapedah und Tschaske. Sie hielten gute Wacht.

„Wenn die Feinde kommen, schreit ihr wie eine Eule, aber nur einmal, denn Schonka darf keinen Verdacht fassen!" rief er zu den tapferen Jungen hinauf. Sie gaben das Zeichen, daß sie verstanden hatten. Der Häuptling holte sich seine Tiere. Er brachte sie nicht zu der Pferdeherde beim Dorf, sondern ein gutes Stück weiter westwärts und befahl ihnen, dort Platz zu halten. Dann kehrte er in das Zeltlager zurück.

Es währte nicht mehr lange, bis der verabredete Eulenschrei zu hören war. Das Feuer in Tschetansapas Zelt war fast erloschen. Nur ein letztes Glimmen hatte Uinonah in der kreisrunden Vertiefung in der Mitte des Zeltes übriggelassen. Tschetansapa lag im Hintergrund des Zeltes in Decken versteckt. Mongschongschah saß unbeweglich neben dem Gatten und hielt die Trauerwiege fest umklammert. Uinonah hatte sich eine Lagerstatt zurechtgemacht, aber sie schlief nicht.

Unmittelbar beim Zelteingang lagen Tokei-ihto und die drei Raben am Boden und lauerten. Sie hörten schon Hufschlag. Schonka und seine Polizisten näherten sich dem Dorf im Galopp. Sie kamen offen und wahrten keinerlei Vorsicht. In der kurzen Zeit der Herrschaft dieser Bewaffneten über die eigenen unbewaffneten Stammesgenossen hatten sie schon die Gewohnheiten der weißen Männer angenommen; sie waren sich

bewußt, daß sie gefürchtet wurden, und vertrauten auf diese Furcht mehr als auf ihre tatsächliche Überlegenheit.
Der Hufschlag verstummte. Die vier Reiter hatten kurz vor dem Dorf angehalten. Tokei-ihto und die Raben hörten Stimmen und erlauschten, daß erst die Pferde zu der Herde am Dorfende gebracht werden sollten. Das nahm nicht viel Zeit in Anspruch. Als die vier Bewaffneten sich wieder gesammelt hatten, was an dem Stimmenklang zu erkennen war, gab Schonka einen neuen Befehl. Die im Zelt Verborgenen verstanden den Befehl nicht, konnten aber dessen Ausführung bald wahrnehmen.
Die leichten Schritte zweier Männer näherten sich dem Tipi Tschetansapas. Unmittelbar hintereinander, fast wie ein Mann, schlüpften zwei Bewaffnete durch den Zelteingang in das Tipi herein. In demselben Augenblick schon waren der Häuptling selbst und die drei Raben aufgesprungen und hatten die beiden Bewaffneten überwältigt. Der Alte Rabe und der junge Häuptling hatten je einen niedergerissen, während die beiden Raben-Söhne den Eindringlingen alle Waffen abnahmen; erst die Büchsen, dann Pistole und Messer aus dem Gürtel. Die Fesseln lagen bereit, und in wenigen Sekunden waren die beiden an Händen und Füßen gebunden. Laut schrie und drohte Schonka, als er seine erste Verblüffung überwunden hatte.
Tokei-ihto und der Alte Rabe suchten sich die Waffen aus, die sie selbst behalten wollten. Es war für den jungen Häuptling der Augenblick einer heftig aufspringenden und zugleich bitteren Freude, als er seine alte Büchse wieder in der Hand hielt. Diese Büchse hatte eine lange Geschichte. Zuletzt hatte ihr Besitzer sie bei seiner Gefangennahme im Fort abgeben müssen, und sie mochte über Red Fox in Schonkas Hände gekommen sein.
Während der Häuptling und der Alte Rabe sich bewaffneten, luden die beiden jüngeren Raben die Gefangenen auf die Schulter und brachten sie weg. Das gleiche ohnmächtige Geschrei und Schelten, das im Zelte Tschetansapas aus dem Munde Schonkas und Tatokanos erklungen war, ließ sich auch aus Tschapas Zelte von den dort Überwältigten hören. Die beiden jungen Raben begegneten auf ihrem Wege Tschapa Kraus-

haar und Speerspitze, die ihre Gefangenen ebenfalls wegtrugen. Die Gefesselten wurden in Schonkas Zelt gebracht, das als einziges stehenbleiben sollte. Der jüngste Rabe blieb als Wache in diesem Tipi zurück.
Die Gefangenen gaben das Schelten und Drohen auf, da sie die Zwecklosigkeit begreifen mußten. Der junge Rabe rauchte und versuchte, seine Erbitterung zu beherrschen, die er den Verrätern gegenüber empfand. Tokei-ihto hatte verboten, die Gefangenen zu töten, um die Rache der weißen Männer nicht unnütz zu reizen. Der Jungmann war damit nicht einverstanden, aber er gehorchte.
Im Hintergrund des Zeltes saß Hyazinthe, Schonkas junge Frau. Im Schein des hellen Feuers, das sie hatte anfachen müssen, sah sie um so bleicher aus. Der gefangene Schonka betrachtete sie lauernd, weil sie nicht gefesselt war. Für den wachhabenden Jungen Raben war die Frau des Verräters Luft; er schaute an ihr vorbei oder über sie hinweg. Es war ihr, als ob er durch sie hindurchschaue und als ob ihr Fleisch und Blut schon nicht mehr wirklich sei. Leise sang sie ein Lied vom Tode vor sich hin und zwang ihr Herz, für immer schlafen zu gehen. Die Menschen der Prärie hatten eine große Gewalt über ihren eigenen Körper. Hyazinthe wollte sterben, weil ihr Mann ein Verräter war.
In derselben Stunde fachte Uinonah das Feuer in Tschetansapas Zelt wieder an. Tokei-ihto trat zu dem schwerverletzten Freunde, der ihn stumm, mit dem noch immer gleich finsteren und forschenden Blick begrüßte. Der Häuptling nahm die rote Kriegspfeife noch einmal heraus und zeigte sie Tschetansapa im Feuerschein. Sie war auf eine besondere und kunstvolle Art geformt.
„Kennst du sie, Tschetansapa?“
Es dauerte lange, bis die Antwort kam. „Ja.“
„Der, mit dem du sie geraucht hast, ehe ihr die Langmesser in unseren Prärien besiegt und erschlagen habt, er hat sie mir gegeben. Ich gebe sie dir zwischen die Lippen, zum Zeichen, daß du sie zum zweitenmal nimmst – von ihm und von mir.“
Tschetansapa antwortete mit einer Bewegung der Augenlider:

„Gib sie!" Und sein Blick veränderte sich. Eine größere Ruhe kam über ihn.
Am Zelte Hawandschitas donnerte im Nordwind die gelöste Zeltplane, denn Untschida gab als erste der Frauen dieses Zeichen zum Abschlagen der Zelte und zum Aufbruch. Wie oft hatten die Männer und Frauen dieses donnernde Flattern der ersten Plane gehört, das zu den Wanderzügen hinter den Büffelherden im Frühling und Sommer gerufen hatte. Jetzt rief es auf zum letzten großen Zug.
Die Frauen führten schon die Pferde herbei, die sich in der gewohnten Ordnung, Tier hinter Tier, aufstellten. Die Rutschen wurden zurechtgemacht, und die Kinder und die Habe wurden eingeladen. Der Schneefall wurde immer stärker; weißverschneit begegneten sich die Menschen bei dem sich bildenden großen Transportzuge. Jetzt waren alle zufrieden, daß der alte Hawandschita trotz der Hungersnot das Abschlachten der Mustangs verhindert hatte. Ohne die Tiere wäre der Marsch durch den Winter schwer möglich gewesen. Die Hundemeute fehlte sehr. Sonst hatten auch die Hunde mit tragen müssen.
Ein jeder der Krieger ritt sein bestes Pferd. Die Frauen saßen auf den Lasttieren und lenkten diese. An der Spitze des Zuges ritt der Häuptling. Hawandschita ging zu Fuß, den Speer in der Hand. Tschetansapa wurde in Felldecken gewickelt mitgetragen.
Als die ersten Schritte auf einem weiten Weg schon gemacht waren, tauchte im Westen ein Reiter auf, der das verabredete Zeichen des Kojotengeheuls gab: Tobias – Chef de Loup.
Die Grenze war frei. Im Sturm und Schnee der ersten Maitage verließ die Bärenbande ungehindert die Reservation.

An einem Morgen, an dem sich die Söhne der großen Bärin auf ihrem Eilmarsch vorankämpften, saßen in dem Geschäftszimmer der Agentur zwei ahnungslose junge Angestellte. Sie saßen hinter der Barriere, die den Raum teilte, vor langen Listen. Sie schrieben und blickten nicht auf. Wahrscheinlich hatten sie nicht einmal nach dem Schiebefenster gesehen und wußten noch nicht, daß es weiterschneite.

Neben den beiden eifrigen jungen Leuten, deren Gesichtshaut hell und deren Hände an den Federhalter, aber nicht an Flinte und Messer gewöhnt waren, stand Red Fox, die Pfeife im Mundwinkel. Er fühlte in den Verhältnissen seiner jetzigen Umgebung um so mehr, daß er groß, stark, in Kämpfen erfahren und von keinerlei Zwirnsfäden der Konvention oder Moral gehemmt war. Obgleich Typen wie er in dem sich zivilisierenden Westen bald nur noch als verfemte Banditen gebraucht werden konnten, wußte er sich im Augenblick noch als der Überlegene. Er zählte zu den besten Schützen und verstand auch einige Indianersprachen. Seine Haut war lederbraun, seine Zähne, die über die Unterlippe hervortraten, waren gelblich. Wer im Westen und unter Grenzern Bescheid wußte, erkannte ihn an seinem rötlichen Haar und an den angewachsenen Ohrläppchen.

Ein Häuptling mit Adlerfederkrone und einige seiner Männer standen an diesem Tage wieder vor der Barriere. Der Häuptling sprach, und Red Fox dolmetschte herablassend für die beiden Beamten: „Immer wieder dieselbe Leier! Der Speck stinkt, die Kinder hungern, das Mehl war verdorben, die Rinder sind mager, es gibt kein Wasser . . ."

Die beiden Beamten zuckten mit den Achseln, schüttelten den Kopf und rechneten noch einmal nach. Der eine von ihnen antwortete gekränkt, als ob die Klagen sich gegen ihn persönlich richteten: „Es ist alles geliefert, dem Vertrag entsprechend. Aber dieses Volk will nicht sparen, nicht lernen und nicht arbeiten."

Um die Lippen von Red Fox erschien das zynische Lächeln. „Die Adlerfedergeschmückten werden es nie begreifen!"

Langsam machten die Dakota kehrt. Sie hatten sich noch nicht weit von der Barriere entfernt, als die Tür aufgerissen wurde. Ein glatzköpfiger, großer, dicker, dennoch behender Mann stürzte herein: Johnny. Die Indianer traten beiseite, um die kommende Szene mit anzuhören.

Red Fox griente. „Du Fettfleck! Was suchst du hier?!" Red Fox – Fred Clarke – hatte eine volltönende Stimme.

„Dich! Keinen andern als dich!" rief Johnny, nicht weniger laut.

„Hab keine Schulden bei dir!“
„Du stehst in der Kreide, du Gauner! Das heute nur nebenbei. Die Hauptsache . . .“
„Spuck aus!“
„Die Bärenbande ist weg.“
„ . . . Was . . .?!“
Johnny schien sich an dem Mienenspiel des Red Fox zu weiden.
„Die Bärenbande . . .“
Red Fox verkrampfte sich in Wut, aber er wußte auch, wie er diesen Krampf überwinden konnte, indem er Jähzorn spielte. Er ergriff einen Stuhl und schlug ihn in einem einzigen Schwung in Stücke. Die beiden jungen Beamten sprangen erschreckt auf.
Red Fox begann zu brüllen: „Johnny! Wo hat die Lagerpolizei geschlafen?!“
Johnny zog die Achseln bis zu den Ohren.
„Mann, wenn du denen wieder zu saufen gegeben hast, holt dich der Teufel!“
Johnny wehrte erschreckt ab, als ob die Beschuldigung wie ein Stein auf ihn zufliege. Er wollte den Raum rasch wieder verlassen.
„Johnny! Da bleibst du!“
Der Wirt drehte sich noch einmal um.
„Johnny! Wer hat das angerichtet?! Ohne weiteres brechen die doch nicht ihre Zelte ab, ohne Waffen, im Schnee – wer steckt dahinter?“
Johnny wand sich.
„Johnny, du Fettwanst – warum kommst nur du mit der Nachricht und kein andrer?“
„Traut sich sonst keiner . . .“
„Aha! Deine Fettpolster sollen meinen Zorn abfangen! Gesteh alles, was du weißt! Die Idioten haben doch nicht etwa den Harry Tokei-ihto lebendig freigelassen?!“
„Ham sie, Freddy.“
Red Fox wurde blaß. „Diese Schweine haben meinen Rat in den Wind gepustet . . .“
„Sonst noch was?“ fragte der Wirt, als er den anderen schwach sah.

„Johnny . . . ist die Bande mit dem ganzen Troß abgerückt? Mit Weibern und Kindern?"
Der Wirt nickte.
„Wer sagt das?"
„ . . . paar Indsmen sind nicht weit davon vorbeigekommen. Sie erzählen, daß die Zelte verschwunden seien."
Red Fox atmete auf. „Wenn die Bande mit Weibern und Kindern fortgezogen ist, holen wir sie morgen schon ein. Die Weiber mitschleppen! So 'ne Schwachheit hätte ich dem Harry Tokei-ihto gar nicht zugetraut. Roach muß sofort verständigt werden! Heute früh ist er auf Fort Robinson eingetroffen. Die Rauhreiter wieder anwerben . . .!"
Red Fox ließ die Beamten mit ihren Listen allein und eilte fort.
Nicht lange nach der überraschenden Meldung war Capt'n Roach mit einer kleinen Dragonerabteilung bereits zur Verfolgung unterwegs. Red Fox, Pitt, Louis und Philipe begleiteten ihn mit anderen Rauhreitern zusammen. Red Fox hatte versprochen, freigebig zu sein.
„Mon dieu, Gott sei mir gnädig", sagte Louis der Kanadier bei der ersten kurzen Rast zu Philipe, „es ist eine Sünde, was wir tun wollen, aber eine Schande wär's auch, die guten Dollars einfach fahrenzulassen. Die Indians können sich wehren; 's ist letzten Endes ein ehrliches Spiel, Kugel gegen Kugel, Messer gegen Messer."
„Patronen haben die nicht viel", tröstete sich Philipe und fühlte mit den Fingerspitzen seine Bartsprossen ab.
„Philipe, du bist jung, schön und dumm. Am besten versteckst du dich immer hinter meinem Rücken. Wir haben mehr Patronen, es ist wahr, aber Tokei-ihto schießt besser . . ."
„Nicht besser als ich, du Heuhupfer und Hasenfuß!" Red Fox trieb alle zu neuer Eile.
Nach einem Gewaltritt erreichte die Truppe den Platz, an dem die Zelte der Bärenbande gestanden hatten. Die Reiter erblickten ein einziges Tipi, das noch in der Einöde stand. Vor seinem Eingang befanden sich vier Gestalten, Indianer, die so gefesselt waren, daß sie sich nur wie Raupen aus dem Zelteingang herauswälzen konnten.

Red Fox begann laut zu lachen; es war ein Lachen, mit dem er sich selbst und Roach verhöhnte. „Prächtig", rief er, „wahrhaft prächtig! Mein alter Freund und Feind Harry Tokei-ihto ist immer noch ein Kerl!"
Schonka bemühte sich, den Knebel auszuspucken, der ihn am Sprechen hinderte. Louis half ihm. „Nun, mein Held", fragte er dabei, „was ist geschehen? Wer hat dich eingewickelt wie die Spinne eine Fliege? Doch nicht etwa Harry Tokei-ihto, den du gezwungen hattest, sich wieder auf die Bank zu setzen?"
Red Fox horchte auf. „Was sagst du da? Habt ihr mit Tokei-ihto zusammen gesoffen?"
„Aber non, mon cher, mein Lieber, wir haben gesoffen, und Tokei-ihto hat zugeschaut."
„Gehandelt hat er, und ihr habt geschnarcht, so wird's gewesen sein. Ihr verfluchten Jammerlappen, nichtsnutzige Pinscher!"
Red Fox hatte nicht Zeit, sich dem Vergnügen weiteren Scheltens und Fluchens hinzugeben, denn die Spur der Fortgewanderten zog seine Aufmerksamkeit auf sich. Die Fährte war auch unter dem Schnee noch deutlich genug.
Während die übrigen drei Gefangenen von ihren Fesseln befreit und von Roach abgekanzelt wurden, ritt Red Fox schon auf der Fährte nordwestwärts. Die anderen sprangen rasch auf, um ihm zu folgen. Von den befreiten Gefangenen machten sich Schonka und Eddy zu Fuß im Dauerlauf auf den Weg.
„Vorwärts!" drängte Red Fox den Capt'n. „Wir müssen die Ausreißer wieder einfangen, ehe sie etwa die Wälder der Black Hills erreichen. Im Walde möchte ich dem Harry Tokei-ihto weniger gern begegnen."
Man trieb die Gäule wieder zum Galopp. Es wurde nur ein müder Galopp, die Tiere waren schon verschwitzt und steifbeinig.
Als Capt'n Roach und Red Fox mit ihren Leuten die Nordwestecke der Reservation erreichten, ließen sie halten. Roach suchte die Gegend in Richtung der Black Hills mit dem Fernglas ab. Nach der Fährte zu urteilen, hatte sich der Abstand zwischen dem Zuge der Auswanderer und ihren Verfolgern schon wesentlich verringert. Die Pferde der Dragoner und Rauhreiter waren zwar müde, aber die Reit- und Packtiere der Bärenbande

konnten nur in schnellem Schritt gehen. Ihre Zahl war gering, und viele Männer, auch Frauen und herangewachsene Jungen und Mädchen mußten zu Fuß laufen. Die Flüchtlinge hatten ihre Zelte und ihre Habe mitgenommen. Ohne diese wären Kinder und Alte in Kälte und Schnee verloren gewesen.
Roach fuhr auf. „Ich sehe sie!"
„Ich auch", bestätigte Red Fox, ohne Fernglas.
„Wir müssen sehr schnell handeln, sonst gewinnen sie den Wald!" Roach wollte sein Pferd wieder in Bewegung setzen.
Red Fox fiel ihm in den Zügel. „Ein wenig nachdenken, der junge Herr! Von hier ab haben wir selbst keine Deckung mehr. Haben Sie Tokei-ihto zufällig schon mal schießen sehen? Die Bande hat wieder ein paar Flinten und Büchsen!"
Louis der Kanadier schnitt eine Grimasse. „Was hab ich gesagt?!"
Roach sprühte Gift. „Da vorne sind sie! Los, ihr Feiglinge und Säufer, die ihr euch alte Grenzer schimpft!"
„Halt!" flüsterte Schonka hastig. „Ich habe einen weißen Wolf gesehen . . ."
„Weiße Mäuse wahrscheinlich, du versoffener Flegel!"
Roach suchte noch einmal mit dem Fernglas, dann jagte er seine Dragoner und die Rauhreiter vorwärts. Red Fox, Schonka und Louis gehorchten allerdings nicht, sondern blieben in Deckung bei einem Felsen. Pitt, Philipe und Eddy Tatokano aber folgten dem Beispiel der Dragoner und der übrigen Reiter.
Genau an der Stelle, an der Schonka einen „weißen Wolf" gesehen zu haben glaubte, lagen Tschapa und Tobias in einer Schneerinne. Sie hatten sich mit weißen Wolfsfellen getarnt. Die Köpfe der Felle deckten ihr schwarzes Haar, die Felle selbst hingen über ihrem braunen Rücken. Die Krieger trugen beide nur Leggings und Mokassins, da die Lederröcke für den Kampf zu schwer und zu steif waren. Die Patronengürtel liefen um Schulter und Brust. Tschapa hatte eine Büchse aus der Beute zur Hand. Beide schmiegten sich so in die Schneerinne, daß von weitem nur das weiße Fell zu sehen war. Tschapa Kraushaar visierte und schoß beide Läufe ab. Er lud rasch und schoß zum zweitenmal.

„Genug", sagte Tobias leise, „du hast vier getroffen. Auch Pitt mit der kurzen Nase ist tot."
Die grauen Wolken am Himmel warfen erneut ihre Schneelasten ab. Der Sturm setzte ein und wirbelte den lockeren Schnee wieder vom Boden auf.
Roach wollte sich mit den ihm verbliebenen Männern schleunigst zu Red Fox in Deckung zurückziehen. Er jagte seinen Rappen zu den Felsen. Das dunkle Pferd war weithin sichtbar und ein ausgezeichnetes Ziel. Wenn den Capt'n keine Kugel traf, so verdankte er das nur seiner Uniform. Tschapa und Tobias hatten von ihrem Häuptling Befehl, keinen Uniformierten zu töten, wenn es sich irgend vermeiden ließ.
Nicht alle waren Roach mit gleicher Schnelligkeit gefolgt. Die Waffen der Gefallenen lockten als Beute. Ein Rauhreiter sammelte noch hastig die Flinten ein. Als er sich aufrichtete, um den anderen nachzueilen, war es schon zu spät. Hinter ihm stand ein Indianer in weißem Wolfsfell. Sein Gesicht war ausgezehrt, die Augen glühten. Sein Dolch war schnell. Der Mann sank um, und die Flinten fielen wieder zu Boden. Tokei-ihto sammelte sie auf; von den Schneewirbeln gegen Sicht gedeckt, eilte er mit der Beute zu Tschapa und Tobias und übergab die Waffen diesen beiden.
Roach hatte sich mit dem Rest der Verfolger bei Red Fox eingefunden. Man fand wieder Schutz hinter den Felsen.
„Was jetzt?" fragte Roach.
„Ach, auf einmal werd ich gefragt!" In Red Fox brodelte wieder einmal der Zorn. Auch Roach wollte aufbrausen.
Da zwang sich Red Fox zum Gleichmut. „Es wird ernst. Große Aktion, schlage ich vor. Zurück – und vom Missouri her umgehen und einkreisen. Wir werden uns Verstärkung sichern! Und ... verdammt ..." Er fuhr herum.
„Was ist?" Roach war nach den Verlusten, die seine Leute erlitten hatten, äußerst nervös.
Red Fox war vom Pferd geglitten und spähte, sehr vorsichtig, im Felsengelände umher. „Da muß schon wieder einer gewesen sein, einer von diesen ..." Er brach ab und schwang sich auf.
„Du hast mehr Glück als Verstand gehabt", rief Louis dem jun-

gen Philipe zu, während alle dem Beispiel des Red Fox folgten und aufsaßen.
„Immer besser als umgekehrt", meinte der Bursche. Aber Louis sah, daß er noch blaß war.
Während Tokei-ihto und seine beiden Krieger Tschapa und Tobias als Nachhut gekämpft hatten, war der Wanderzug der Bärenbande zu den Wäldern der Black Hills gelangt.

Die Bärenknaben

Der Schneefall ließ allmählich nach, und der Wind legte sich. Nebel hatten sich gebildet und verhinderten die Ausschau. Aber es wurde wieder hell und heller in dem wallenden Dampf, und endlich durchflutete ihn das lichte Gold der Sonnenstrahlen. Der Wanderzug hielt. Alle hatten erschreckt die Schüsse gehört, aber alle wußten auch schon, daß die erste drohende Gefahr abgewehrt war. Der alte Hawandschita hob die Hände und sprach für die ganze Schar zu dem heiligen Unbekannten das Morgengebet, die Bitte um Frieden, wie es seit Urväterzeiten Brauch war. Der Knabe Hapedah kannte diesen feierlichen Augenblick seit seiner frühesten Kindheit, und heute durchlebte er ihn mit einem besonderen und tiefen Ernst. Denn zum erstenmal schien jetzt die Sonne über den Auswanderern, die einen langen Weg zu einer neuen Heimat vor sich hatten.
Die Wälder und Felsen der Black Hills nahmen die Flüchtlinge auf. Der Knabe Hapedah hatte diese Berge, die zum Kerngebiet des Dakotalandes gehörten, noch nie betreten, und mit seinem Wunsch, den Feinden zu entgehen, verband sich eine forschungslustige Spannung auf das Neue, das er dort sehen und erleben würde.
Hapedah hörte die Beilhiebe, mit denen die Männer an der Spitze zwischen Geäst und Unterholz des Waldes eindrangen. Von der Prärie her tauchte Tokei-ihto mit seinen beiden „weißen Wölfen" auf. Die Männer hielten die Waffen noch immer

bereit und folgten dem Zug in kurzem Abstand.
Als Hapedah an der Reihe war, zwischen dichtes Gestrüpp einzudringen, stieg er ab und führte seinen Mustang am Zügel. Es ging im Walde zunächst abwärts, denn ein Flußtal legte sich wie ein Gürtel um den Bergstock; aus dem Talgrund klang das Rauschen des Wassers herauf. Der Zug hatte einen alten Wildpfad gewählt, den auch schon die Dakotaabteilungen dieser Gegend regelmäßig benutzt haben mochten. Aber der Sturm hatte von neuem Stämme gestürzt, und der Schnee hatte Äste gebrochen; daher war das Vordringen trotz der Pfadspur mühsam.
Im Talgrund konnte Hapedah den Fluß im Sonnenschein übersehen. Die durchsichtigen Wellen glitten über den Sand und zwischen großen verschneiten Steinen hindurch. Das handhohe Wasser trug nur dünne Eisfetzen. Nur in der Mitte hatte sich der Fluß eine tiefere Rinne gegraben, in der das Wasser ungehindert und schnell durchschoß. An dieser Stelle gab es einigen Aufenthalt, da sie von den Pferden mit den Travois* nicht so leicht zu nehmen war. Die Spitze des Zuges hatte am jenseitigen Ufer aber schon eine Wendung nach links gemacht und zog flußaufwärts.
Die Wandernden folgten den unzähligen Krümmungen, mit denen sich der Fluß um das Gestein des Bergstocks wand. Die Bäume mit ihren glitzernden Schneelasten standen still Spalier am Ufer. Es ging weiter und weiter. Wenn der Wanderzug eine Biegung des Flusses nahm, konnte Hapedah Menschen und Pferde bis zur Spitze des Zuges erkennen. Hawandschita konnte er sehen, auch Untschida, die den falben Mustang führte, und den schwarzen Ohitika. Aber seinen Freund Tschaske vermochte Hapedah nicht zu entdecken. Wo Tschaske nur steckte! Er mußte mitgekommen sein! Es war doch selbstverständlich, daß Tschaske mitgezogen war und nicht etwa in dem Zelte seines ihm verhaßten Pflegevaters Schonka zurückgeblieben war. Aber wo war er nur?

* Transportschleife (Rutsche) der Prärieindianer. Sie besteht aus Zeltstangen, deren gespreizte Enden auf dem Boden nachschleifen.

Ermüdende Stunden hindurch ging es ohne Pause weiter. Endlich sank die Sonne flußaufwärts im Westen und übergoß die Wipfel und Bergeshöhen mit einem zarten leuchtenden Rot. Das Tal versank im Abendschatten, und das rauschende Wasser wurde dunkler.

Hapedah war froh, als Hawandschita Halt befahl. Der Junge war erschöpft, nachdem er eine Nacht durchwacht und vierzehn Stunden ohne Essen auf dem Pferderücken ausgehalten hatte. Den Lagerplatz konnte er schon sehen. Es war eine sanft ansteigende, gegen Norden geschützte Talbucht, die die Führer des Wanderzuges zu diesem Zweck gewählt hatten. Schnee lag auch hier unter den Kiefern und den kahlen Eichen, aber nicht so hoch wie auf der Prärie. Die Pferde wurden abgeladen und in den Wald geführt. Auch Hapedah gab seinen Mustang zum Weiden frei. Er selbst stapfte unterdessen suchend umher. Unter einem alten Baum mit knorrigem Geäst fand er den Vater, der in einer Mulde zwischen den Wurzeln in Decken eingehüllt lag. Die Mutter brachte den gefüllten Wassersack, und Hapedah verspeiste die eine der beiden Krähen, die Mongschongschah am Abend vorher gebraten hatte. Die andere hob er auf. Vielleicht hatte Tschaske nichts zu essen. Tschetansapa nahm nichts zu sich. „Hunger ist gut für die Heilung der Wunden", lehrte er seinen Sohn.

Mongschongschah gab Hapedah die Schlafdecken. Zelte wurden nicht aufgeschlagen. Der Herold ging umher und gab bekannt, daß eine Stunde nach Mitternacht schon wieder aufgebrochen werden sollte. Es war also Zeit einzuschlafen. Trotzdem saß Hapedah noch mit offenen Augen auf der Felldecke und hielt Ausschau. Ihm war, als ob er am Rande des Lagers Tschaske Breitbeinigs kräftige Jungengestalt habe laufen sehen. Hapedah formte sich einen handlichen, harten Schneeball. Als Tschaske wieder durch das Gesträuch schlich, sprang Hapedah auf und schleuderte seine Schneekugel. Der Getroffene fuhr herum, aber an einen Gegenschlag schien er nicht zu denken. Er verschwand hinter einem Baum.

Hapedah starrte nach der Stelle, an der sein Freund verschwunden war. Er war so beschäftigt mit der Frage, was er nun tun sollte, daß er den Anruf des eigenen Namens fast überhörte. „Hapedah!" hatte der Vater leise zu ihm gesagt, das wurde ihm nachträglich bewußt, und er wandte sich, um aufmerksam zu hören.

„Geh, Hapedah, hole ihn! Sein Oheim Schonka kommt niemals wieder in unsere Zelte. Hyazinthe ist tot. Tschaske kann von nun an in unserem Tipi bleiben."

Hapedah nickte überrascht und dankbar. Dann sprang er auf und stapfte durch den Schnee, über Wurzeln und durch Gestrüpp, an den Gruppen der einschlafenden Menschen vorbei, zu jener Stelle, wo er den Freund mit dem Schneeball getroffen hatte. Es war am Rande des Lagers, nur wenige Spuren liefen hier noch, und Hapedah konnte die tiefen Tapfen der Knabenfüße erkennen. Er folgte der Fährte in den Wald. Hapedah hatte noch ein Stück zu gehen, bis er im Schnee eine zusammengerollte Gestalt fand. Wie ein Hund hatte Tschaske sich eingegraben. Als Hapedah bei ihm stehenblieb, setzte sich Tschaske auf; er zog die Beine an, legte die Hände um die Knie und schaute vor sich hin.

„Tschaske Breitbeinig! Wir haben uns zu Blutsbrüdern gewählt in dem Mond, in dem die Erdbeeren reif werden, und heute hat mein Vater gesagt, daß er auch dein Vater sein will. Komm!"

Tschaske sagte nichts. Er erhob sich schwerfällig und ging mit Hapedah zu dem Lager zurück. Tschaske war ein stämmiger Knabe, breiter und etwas kleiner als der schlankwüchsige Hapedah. Tschaske hatte die Angewohnheit, mit gespreizten Beinen zu stehen, und das hatte ihm den Namen Breitbeinig eingetragen. Aber er hatte nicht nur eine gewisse Art, fest auf der Erde zu stehen, er konnte auch flink sein, und im Schnellauf übertraf ihn nur Hapedah. Heute aber merkte man nichts von seiner Geschwindigkeit und Kraft. Er ging wie ein Alter. Zögernd blieb er mit Hapedah vor Tschetansapas Lager stehen. Der Krieger sah ihn an.

„Mein zweiter Sohn!"

Da nahm Hapedah seinen Bruder bei der Hand, und die Knaben legten sich hin und wickelten sich zusammen in die Felldecke. Sie zogen sie bis über den Kopf. Beide spürten, wie die Mutter

Mongschongschah noch Schnee über sie warf, damit sie wärmer lagen. Es war einigermaßen behaglich, auch ohne Feuer und ohne Zelt. Der Schlaf überwältigte die beiden im Umsehen. Als Tschapa die Decke aufschlug, fuhren die Buben in die Höhe, und sie wunderten sich im stillen, daß sie schon drei Stunden geschlafen haben sollten. Es kam ihnen vor, als seien sie eben erst eingenickt. Aber es mußte doch so sein, wie der Biber lachend sagte, denn der Mond war schon aufgegangen, und im Lager wurde es unruhig. Die Frauen holten die Pferde, um ihnen die Lasten wieder aufzuladen. Widerwillig folgten die Tiere, auch sie waren noch müde.
„Wie wär's mit einem Nachtbad?" schlug Tschapa vor. „Morgenbad kann ich heute schlecht sagen. Wie wär's? Oder seid ihr noch zu hungrig und verfroren?"
Nein. Sie hatten jeder eine Krähe aufgegessen, und sie trauten sich, ins kalte Wasser zu gehen. Sie freuten sich auf das Bad, da sie auf der Reservation nicht einmal genug Wasser zum Waschen gehabt hatten.
Mit dem Krieger, der trotz seines Hinkens erstaunlich schnell vorwärts kam, liefen sie zum Fluß hinunter. Da sahen sie schon Männer und Knaben, die im Mondschein in das Eiswasser sprangen, das in der mittleren Rinne dahinschoß. Die Jungen warfen die umgeschlagenen Decken ab, rannten durch das spritzende Wasser bis zur Mittelrinne und schossen wie die Hechte in die kalte Flut. Kraulend ließen sie sich ein Stück abwärtstragen und kamen dann wieder heraus. Das Wasser perlte an ihrem gut eingefetteten Körper ab. Sie rieben sich mit Sand, um sich zu reinigen, und holten wieder ihre Decken. Eingehüllt liefen sie zu dem Baum zurück, bei dem die Familie lagerte, und rieben sich vollends trocken. Mongschongschah hatte ihnen ein Töpfchen Bärenfett zurechtgestellt, damit sie sich nach dem Bade wieder gut einreiben konnten. Sie fuhren in die Leggings, die Gamaschenhosen, deren beide einzelne Beine am Gürtel befestigt wurden, schlangen das Hüfttuch um, das hinten und vorne durch den Gürtel lief, und steckten die Füße in die pelzgefütterten Mokassins. Dann zogen sie die Röcke mit der nach innen gekehrten Fellseite an und spürten auch schon, wie ihnen

das Blut wieder heiß bis in die Haut drang. Mützen oder Hüte brauchten sie nicht. Auch im härtesten Winter gingen die Dakota ohne Kopfbedeckung. Ihre dichten, eingefetteten Haare genügten als Schutz gegen die Kälte, den Schnee und den Sturm. Glatzköpfe gab es nicht, auch nicht bei alten Männern. Die Buben erhielten von der Mutter die Erlaubnis, sich von den Transportpferden, die Schwarzfalkes großes Zelt und seine Habe trugen, diejenigen auszusuchen, die sie am liebsten ritten. Hapedah wählte sich den jungen Fuchs, mit dem er am Pferdebach schon zwei Rennen gewonnen hatte, und Tschaske kletterte auf einen zuverlässigen Schecken. Die Vorbereitungen waren beendet, und der nächtliche Zug begann. Der abnehmende Mond grinste in das einsame Waldtal herein. Stunde um Stunde verrann bei der eintönigen Wanderung.
Erst um die Mittagszeit wurde wieder haltgemacht. Die Sonne stand am Himmel, und die Schatten der Bäume leuchteten bläulich. Hapedah Haarkämmer und Tschaske Breitbeinig waren mit den anderen abgesessen und lagerten auf dem Fell eines Schwarzbären. Der angesehene Krieger Tschotanka und die beiden jungen Raben waren des Nachts schon auf Jagd unterwegs gewesen. Sie brachten zwei Wölfe und einen Waschbären. Die Beute wurde abgehäutet und zerteilt. Feuer durfte nicht gemacht werden. So aßen die ausgehungerten Männer, Frauen und Kinder von dem rohen Fleisch, und es schmeckte ihnen köstlich. Hapedah gelang es, noch einige Fische zu fangen, von denen er mit seinem Blutsbruder Tschaske zusammen auf gemeinsamen großmütigen Beschluß die Hälfte an Blitzwolke und Eidechse verschenkte. Die Knaben freuten sich zu sehen, wie es „den jungen Krähen" schmeckte. Blitzwolkes Eichhörnchen war im Wald unterwegs gewesen, um sich Nahrung zu suchen. Jetzt saß es auf der Schulter des Mädchens und verzehrte eine Haselnuß.
Herrlich war es, nach zwölf Stunden Ritt in der Mittagssonne einzuschlafen. Weniger herrlich war es, am Abend schon wieder geweckt zu werden. Tschotanka hatte ein Stück Salzfleisch bei sich, das er jetzt den Jungen gab. Es schmeckte widerlich, „ganz nach Reservation", meinte Hapedah.

„Ich kann mir schon gar nicht mehr vorstellen, daß wir in der Reservation waren", sagte Tschaske, „und ich gehe auch nie mehr hin. Nie mehr. Lieber würde ich sterben."
„Hau", bekräftigte Hapedah.
Der Marsch der folgenden Nacht führte durch dieselbe Landschaft. Die Knaben dösten auf den Pferden vor sich hin. Als es dämmerte, blinzelten sie und schauten aufmerksamer um sich. Hapedah bemerkte, wie Tschaske auch den Kopf gehoben hatte, um zu lauschen.
Die Jungen erkannten bald, was die Geräusche, die an ihr Ohr drangen, bedeuteten. Männer kamen im Dauerlauf flußaufwärts dem Zuge nach. Das war die Nachhut, die den Zug wieder einholen wollte. Tokei-ihto, Tschapa und Tobias holten die Wandernden ein und liefen schweigend am Zug entlang bis zur Spitze, und auch die Führer der wandernden Schar riefen die Herankommenden nicht an. Man wollte kein unnützes Geschrei machen. Nachdem Tokei-ihto Hawandschita erreicht hatte, gab dieser das Signal zum Halten und Absitzen. Unter dem lautlosen Jubel der Männer verteilte der Häuptling die erbeuteten Waffen und gab dabei bekannt, daß die Bärenbande von der Reservation her bis zur Stunde nicht mehr verfolgt wurde. Man durfte sich wohl eine längere Rast gönnen. Alle hofften, die letzten schweren Wochen mit Schnee und Kälte hier im Walde überdauern und nach der Schmelze im Juni weiterziehen zu können.
Die Lichtung war den Männern und Frauen als günstiger Zeltplatz bekannt. Hier hatten die Tipi vor vierzehn Jahren gestanden, ehe das Zeltdorf, vom Vater Tokei-ihtos geführt, zum Pferdebach wanderte. Hier hatten die, die jetzt Krieger und Anführer waren, als Knaben gespielt und jagen gelernt. Alle Erinnerungen wurden mit einem Schlage lebendig.
Der Häuptling, Tschapa und Tobias legten die weißen Wolfsfelle ab. Hawandschita, der Alte Rabe und Tschotanka gesellten sich zu den dreien. Die Männer standen am Flußufer zusammen. Sie schauten alle nach Tschetansapa, der sich zum erstenmal aufraffen konnte und mit noch unsicheren Schritten, aber aufrecht und ohne Hilfe, zu den anderen herbeikam. Ihasapa,

der Jungmann, der Späh- und Heroldsdienst zu versehen pflegte, wartete wenige Schritte abseits auf die Anordnungen, die der Häuptling noch geben mußte.
„Nur acht Zelte – genug für uns alle in der Nacht. Kein Feuer, kein Rauch! Kein Schuß, kein Schrei! Wir verbergen uns."
Ihasapa entfernte sich, um den leise erteilten Befehl bei allen anzusagen. Eine Frage, die durch den Befehl noch nicht entschieden war, stellte jetzt der Delaware: „Wie lange bleiben wir?"
„Wir brauchen Fleisch. Wir jagen Hirsche und Bären. In der achten Nacht ziehen wir weiter."
Der Eindruck dieser letzten Entscheidung auf die Männer war offenbar verschieden. Tobias nickte, er war völlig einverstanden. Tschapa sah forschend auf den Häuptling, als wollte er fragen, ob dieser Gefahren vermute, die nach so kurzer Frist weiterzuziehen zwangen. Hatte man die Verfolger nicht abgewehrt? Tschetansapa runzelte die Stirn und schien zu erwarten, daß der Häuptling den Befehl mindestens ihm gegenüber begründe. Tschotanka und der Alte Rabe wiegten die Schultern, leise zweifelnd. Tokei-ihto erkannte das alles wohl und erläuterte: »Wir dürfen nicht langsam und nicht müde werden. Auch im Schnee müssen wir weiterziehen, ich habe es euch vorher gesagt. Die Watschinschun wollen uns umzingeln und Treibjagd auf uns machen. Der Wald hier schützt uns vor Sturm und Kälte, aber nicht vor den Langmessern!"
Der Zaubermann reckte sich, so daß die Aufmerksamkeit des ganzen Beratungskreises sich auf ihn richtete. Langsam begann er, beschwörend: „Die Watschinschun haben sich wieder in ihre Löcher zurückgezogen. Wir sind allein mit unserem Wald und unserem Wild. Warum noch hinaufwandern in den Norden, in unbekannte Prärien, in die Jagdgründe der feindlichen Siksikau? Hier ist unser Land, hier ist unser Platz. Diese Berge sind der Mittelpunkt der Welt und die Heimstatt der großen Bärin. Heilig sind sie allen Kriegern der Dakota. Wir verlassen sie nicht zum zweitenmal. Wir bleiben hier! Die große Bärin schützt uns!"
Das Gesicht des Alten Raben leuchtete auf. Die Rührseligkeit

des Wiedersehens mit der einstigen Heimat erfüllte ihn.
„Hier standen unsere Zelte, hier stehen sie wieder!" unterstrich er die Worte des Zaubermannes. „Schon als wir diese Berge zum erstenmal verließen, als dein Vater Mattotaupa uns fortführte, Häuptling Tokei-ihto, hat das nichts als Unglück über uns gebracht."
Tschetansapa stellte sich auf Hawandschitas Seite. „Unser altes gutes Versteck! Von hier aus können wir Männer des Nachts mit dem Messer zur Soldatenstadt schleichen. Fünf Skalpe sind nicht genug, Tokei-ihto, um uns an den Watschinschun zu rächen. Laßt uns bleiben und weiterkämpfen. Wir haben mit einem Sieg begonnen ..."
Tschapa seufzte kurz auf und wagte die Andeutung eines Achselzuckens über Meinungen, die er für unverständig hielt.
Der Zaubermann richtete den Blick auf Tokei-ihto, der bisher mit keiner Miene zu den Worten des Alten und den Meinungen der Ratsmänner Stellung genommen hatte. Alle warteten darauf, ob der Häuptling dem Zaubermann nachgeben würde.
„Sprich!" forderte Hawandschita den Häuptling auf.
„Ich habe gesprochen. In der achten Nacht wandern unsere Zelte weiter."
Der Zaubermann überspielte den Angriff auf seine Autorität. „Nach dir, mein junger Sohn Tokei-ihto, werden noch die Geister sprechen. Wir bleiben!"
Die Krieger erschraken über die Schärfe des Konflikts. Sie waren bestürzt über die barsche Entschlossenheit, mit der der eben zurückgekehrte Häuptling dem alten Zauberer entgegengetreten war. In den Mienen des Tschapa und des Tobias stand Besorgnis um Tokei-ihto zu lesen. Der Alte Rabe gab seiner Entrüstung über das Verhalten eines so jungen Mannes, wie der Kriegshäuptling es noch war, durch hochgezogene Brauen Ausdruck. Tschetansapa mochte tiefer betroffen sein, als er den anderen zu spüren geben wollte. Er hatte bis dahin von dem Plan Tokei-ihtos, nordwärts über den Missouri zu ziehen, noch nichts gewußt.
Mit einem Blick in die Runde überprüfte der Zauberer noch einmal die Mienen der Beratenden, alle gingen in sich zurück

und senkten die Augen, bis auf den Häuptling. Hawandschita redete sich selbst ein, daß er mit der Wirkung seiner Worte zufrieden sein könne, und er konnte es nicht lassen, dem jungen Häuptling, der ihm zu widersprechen gewagt hatte, noch einen Hieb zu versetzen:
„Du warst lange fort, Tokei-ihto, und du kennst die Watschinschun. Aber die Geheimnisse der großen Bärin kennst du nicht alle. Schweige und denke nach!"
Tokei-ihto antwortete darauf nicht mehr. Er hielt dem Blick des Zaubermannes aber stand, und alle fühlten, was er zu denken wagte: daß Hawandschita sich nicht in den Befehlsbereich des Kriegshäuptlings einzumischen habe und daß die Männer dem gehorchen sollten, dem sie sich mit der Kriegspfeife zur Gefolgschaft verpflichtet hatten.
Der Zaubermann wandte sich zum Gehen. Alter Rabe begleitete ihn; seine Haltung war dienstwillig gegenüber der Zauberkraft, voll betonter Würde gegen den Häuptling. Die Männer, die noch bei Tokei-ihto zurückgeblieben waren, entfernten sich jetzt auch einer nach dem anderen.
„Wir hätten nicht an diesen Platz ziehen sollen", sagte Tschapa, der mit Tobias als letzter bei Tokei-ihto zurückblieb. „Die Heimat hat zu starke Arme. Vielleicht hätten wir vor unserem Auszug auch gründlicher beraten müssen. Hastig sind wir davongelaufen."
„Nein. Wir haben richtig gehandelt. Aber euer Zauberer ist ein sehr schlechter Zauberer." Tobias sprach erregt.
Tokei-ihto sah den Delawaren erst zustimmend an. Aber dann rührte sich der Stammesstolz in ihm, auch eine gewisse Unsicherheit über die Beweggründe des Delawaren, und er sagte: „Du bist nicht als Dakota geboren."
Tobias zuckte zusammen. Er fühlte sich verletzt.
Das Gespräch der Beratenden war von niemand anderem mitangehört worden; alle hatten den Abstand gewahrt. Auch Hapedah und Tschaske ahnten nichts von dem Zwist. Sie waren sehr vergnügt. Sie freuten sich aufs Schlafen, sie freuten sich auf die Jagdbeute, die es in diesen Wäldern geben mußte. Sie freuten sich, zu dem Fluß zu laufen, bei dem einst Tokei-ihto

als Knabe den Burschen Schonka gefoppt hatte, und sie freuten sich, daß sie als Brüder miteinander in einem Zelte wohnen würden.
Das Häuptlingszelt sollte wieder am alten Platz errichtet werden. Schon waren die neuen Zeltstangen dafür zugerichtet.
Die Frauen und Mädchen begannen die Zelte aufzustellen. Bis die acht Tipi alle fertig und wohnlich eingerichtet waren und die Knaben sich schlafen legen konnten, würde noch einige Zeit vergehen. Hapedah und Tschaske benutzten diese Spanne, um zu kundschaften. Eine besonders hohe Kiefer war es, die sie anzog. Ihr Wipfel versprach einen guten Ausguck. Als sie bei dem Baume standen, erkannten sie, daß sich schon ein Späher eingenistet hatte. Das machte aber nichts, sie konnten zu ihm hinaufsteigen. Geschickt schwangen sie sich auf die unteren starken Äste und kletterten dann weiter. Auf einmal ertönte von oben ein scharfer Warnungspfiff, und sie blieben sofort unbeweglich in den Zweigen stehen. Fragend schauten sie zu dem Späher im Wipfel und erkannten in ihm den jüngsten Raben. Bäuchlings lag er hoch oben auf einem schwankenden Ast und hängte ein Bein herab. Mit seinen hellen Lederhosen und dem weißen Wolfsfell über dem Rücken sah er selbst aus wie ein verschneiter Ast.
Die Jungen fragten mit den Augen, ob sie wieder absteigen müßten. Aber das verlangte der Rabe nicht. So nisteten sie sich da ein, wohin sie gestiegen waren, und betrachteten die Umgebung. Sie hatten einen guten Überblick den waldigen Hang aufwärts und südlich über das Flußtal hinweg auf die verschneite Prärie. Über ihnen kreischte ein Schwarm Krähen. Sie waren oben am Berg aufgescheucht worden, und die Knaben versuchten, den Grund für die Flucht dieser Vögel zu erkennen. Der Kundschafter über ihnen pfiff wieder, diesmal ganz leise, und sie ließen ihre Blicke seinem wegweisenden Arm folgen. Seine Bewegung verriet Ungeduld, so als ob er sagen wollte: Seht ihr denn immer noch nichts, ihr Tolpatsche? Eure Augen sind wohl schläfrig?
Auf einmal packte Tschaske seinen Bruder Hapedah heftig am Arm. „Bär im Baum!“

Bei diesen Worten erkannte auch Hapedah oben am Berg, in dem alten mächtigen Baum, aus dem die Krähen aufgestoben waren, die dunkelhaarige Masse des Meisters Petz. Ohne Tschaske eine Antwort zu geben, ließ er sich sofort herunter, und Tschaske folgte ihm. Von den letzten Ästen sprangen die Buben in den Schnee hinab und rannten dann, was das Zeug halten wollte, zwischen die Zelte.

Wo war Tokei-ihto? Er stand noch unten am Fluß im Gespräch, jetzt im Gespräch mit Tschotanka. Die Knaben erreichten die beiden. Sie waren zu beherrscht, um sofort loszuplappern. Aber Tokei-ihto mochte ihren glänzenden Augen und ihren glühenden Wangen angesehen haben, daß ihnen die Meldung, die sie zu machen hatten, sehr wichtig erschien. Er gab ihnen das Zeichen zu sprechen.

„Tschaske Breitbeinig hat einen Bären gesehen, den der jüngste Rabe uns zeigte, und auch ich habe das Tier dann erblickt", berichtete Hapedah. „Der Bär ist auf einen Baum geklettert, oben am Berg, einen Pfeilschuß weit."

Die Männer horchten auf.

„Ich will ihn mir nehmen", sagte Tokei-ihto. Die Jungen sahen ihn gespannt an.

„Lauf, Tschaske", bat der Häuptling, „und hole mir meinen weißen Bogen und einen Pfeil. Uinonah gibt dir die Waffe."

Tschaske schnellte los. Als er zurückkehrte, trug er den kostbaren Bogen und einen Köcher aus Otterfell, in dem noch vier Pfeile steckten. Tokei-ihto nahm den Bogen und einen Pfeil. Den Köcher und drei Pfeile ließ er in der Hand des Jungen.

Der Häuptling und die Krieger gingen zu dem großen Baum, in dessen Krone der Rabe saß, und auch die beiden Jungen kamen mit. Tokei-ihto schwang sich in das Geäst hinauf und kletterte bis zu dem im Wipfel stationierten Kundschafter. Nachdem er von dort Ausschau gehalten hatte, wählte er einen starken Ast, der auch unter seinem Gewicht nicht schwankte, und legte den Pfeil an. Er schoß aber noch nicht.

Jedenfalls mußte der dunkle Bär noch zu sehen sein, vielleicht aber nicht in schußgerechter Stellung. Die Knaben hatten den Bären einen Pfeilschuß weit, das hieß in einer Entfernung von etwa dreihundert Metern, gesehen. Pfeile konnten wohl von einem guten Bogen so weit fortgeschnellt werden, aber auf diese Entfernung noch zu treffen oder gar zu töten, war nur in sagenumwobenen Fällen gelungen. Die Männer der Bärenbande wußten aber, daß Tokei-ihto und sein Vater Mattotaupa einen solchen Schuß schon ausgeführt hatten.

Tokei-ihto besaß einen ausgezeichneten Bogen aus einem einzigen Stück Knochen ohne Naht, weiß und glänzend wie Elfenbein, etwa neunzig Zentimeter lang und mit Büffelsehnen belegt zur Erhöhung seiner Geschmeidigkeit. Solche Bogen konnten von den Dakota nicht hergestellt werden, da keines der Prärietiere das Material dazu lieferte. Niemand wußte, woher er stammte. Solche Waffen gelangten auf den Handelspfaden der Indianer von der Küste ins Innere.

Hapedah und Tschaske betrachteten ihn bewundernd und freuten sich, daß Uinonah dieses kostbare Stück so gut vor den Schergen des Red Fox versteckt hatte.

Tokei-ihto spannte den Bogen mit äußerster Kraft. Die Sehne surrte zurückschnellend, und der Pfeil flog. Nach dem Abschuß sprang der Schütze von Ast zu Ast herab und aus einer Höhe von mehreren Metern gleich in den Schnee. „Ich laufe hin. Er wird noch nicht tot sein!" rief er den Wartenden zu und machte sich auch schon auf den Weg bergaufwärts. Der Biber folgte ihm.

Die Zurückbleibenden mußten Geduld üben. Dreihundert Meter bergauf wollten gelaufen sein.

Die Zelte waren inzwischen längst fertiggestellt und mit allem, was zum Gebrauch nötig war, eingerichtet. Die meisten der Frauen und Kinder und viele Männer waren schon schlafen gegangen. Nur einzelne schlenderten noch umher, und ein paar Altersgenossen von Hapedah und Tschaske fanden sich ein, um mit ihnen zu warten. Endlich ließen sich Schritte am Hang hören. Der Häuptling und Tschapa erschienen zwischen den Bäumen. Sie schleiften das schwarzfellige, wohl zwei Zentner schwere Tier mit. Laut jauchzten die Jungen alle auf, als sie die Beute sahen. Bei Hawandschita legte der Jäger den Bären hin und zeigte den Jagdpfeil, den er aus dem Körper gezogen hatte.

Tobias, der Jagdgierige, untersuchte sofort die Wunden des Wildes.
„Ein Blattschuß mit dem Pfeil", stellte er fest, „aber tödlich war dieser Schuß nicht, denn der Pfeil flog schon zu schwach. Ein Messerstich hat den Bären getötet."
„Hau", bestätigte Tokei-ihto und faßte unwillkürlich noch einmal nach dem geschnitzten Griff des Messers, dessen Klinge er seit seiner Entlassung aus der Gefangenschaft zum erstenmal wieder als Jagdwaffe benutzt hatte.
Hawandschita bestimmte, daß das Bärenfleisch bei der großen Hungersnot sofort auf alle Zelte verteilt werden sollte. Der Häuptling schleppte die Beute vor das Zelt und häutete mit Tschapa Kraushaar zusammen den Bären ab. Uinonah und Mongschongschah kamen schon, um das Tier auszunehmen und zu zerteilen. Hapedah und Tschaske bekamen gleich einen Happen. Dann gingen sie ins Zelt. Sie spürten ihre körperliche Erschöpfung und warfen sich auf die Lagerstätten, die bereitstanden. Da nur acht Tipi aufgeschlagen waren, bezogen die Familien Tokei-ihtos und Tschetansapas gemeinsam das große Häuptlingszelt, in dem auch Tobias Unterkunft finden konnte. Tschapa und Blitzwolke fanden sich auch des öfteren hier ein; im eigenen Zelt bei den zahlreichen verwitweten oder unverheirateten Frauen und der von einem Geist besessenen Großmutter Gefleckte Kuh war es den beiden zu unruhig. Tschaske und Hapedah schlummerten nebeneinander in Felldecken. Trotz der großen Müdigkeit war ihr Schlaf nur ein Halbschlaf. Die Eindrücke des Erlebten wurden immer wieder in ihnen wach.
„Noch mehr Bären . . . und Hirsche werden wir jagen!" flüsterte Hapedah.
Auch Blitzwolke, die mit Uinonah unter einer Decke lag, schlief noch nicht fest. „Hier standen unsere Zelte, als du noch ein Kind warst?"
„Ein Kind war ich und Tokei-ihto ein Knabe. Drunten am Fluß . . ."
„Morgen fangen wir wieder Fische", plante Tschaske, der das letzte Wort gehört hatte.
Die Kinder verstummten, denn Tokei-ihto und Tobias kamen

jetzt als letzte in das Zelt herein. Tokei-ihto legte sich mit seinem schwarzen Hund nicht weit vom Zeltausgang schlafen. Die bereitgestellte Kopf- und Rückenstütze verschmähte der Häuptling; er wickelte sich in eine alte abgebrauchte Büffeldecke, deren lange Geschichte nur ihm selbst bekannt war.
Der Schlummer hatte endlich alle überwältigt, als draußen ein dumpfes Trommeln aufklang.
Der junge Häuptling war sofort hellwach und lauschte. Auch Tschapa, Tschetansapa und Tobias horchten auf.
Tschetansapa erhob sich mit Mühe von seinem Lager und kam zu Tokei-ihto herbei. „Was trommelt der Alte in seinem Zauberzelt", sagte er leise, sorgenvoll, unwillig. „Das kann uns verraten!"
„Die große Bärin schützt uns." Tokei-ihto war bitter.
Tschetansapa legte seinem Häuptling die Hand auf die Schulter. „Sie ist auch dein Totem! Wir sind alle Brüder. Beginne nicht, unsere Geheimnisse zu verspotten! Vielleicht haben wir beide als Knaben schon zuviel gezweifelt."
Tokei-ihto antwortete nicht, er lauschte wieder. Das Trommeln verstärkte sich und wirkte wie eine dumpfe Drohung. Da erhob sich der Häuptling. Mit stummer Erregung beobachteten ihn alle, die im Zelte anwesend waren. Der Häuptling legte seine Kleider und seinen Adlerfederschmuck an und verließ das Tipi. Draußen hörte er das Rauschen der Wipfel im Nachtwind, das Plätschern des nahen Flusses. Hunde knurrten im Traum. Von weither erklang Wolfsgeheul. Fledermäuse flatterten, im Wald schrie eine Eule. Zweige knackten; es war, als ob Luchse jagten. Die Wachen bei den Pferden waren sehr aufmerksam. Hoch oben im Baum saß wieder ein Späher. Das Mondlicht leuchtete fahl über den Zelten. Tokei-ihto ging auf das Zauberzelt zu, aus dem die Trommelschläge herausklangen.
Als er eintrat, konnte er alles nur undeutlich sehen, denn auch hier war kein Feuer angefacht. Der Häuptling erkannte aber, daß der Zauberer allein war. Hawandschita trommelte mit Lederklöppeln auf einer Ledertrommel, dumpf, rhythmisch, befehlend. Er schien ganz in sich versunken. Seine Hände leuchteten geheimnisvoll, mit einem grünlichen Schimmer, ebenso

der Hörnerschmuck, den er trug, und ein Bärenschädel in der Mitte des Zeltes. Der Zauberer schien die Gegenwart Tokei-ihtos noch nicht wahrzunehmen oder nicht wahrnehmen zu wollen. Er trommelte weiter und begann ein Selbstgespräch mit seinen Geistern, wie es bis zu dieser Nacht noch nie ein Mensch hatte mitanhören dürfen.

„Geheimnisse, beginnt zu sprechen!
Große Sonne, du leuchtest im Mond,
große Bärin, unsere Mutter, sprich!
Ich bin dein Sohn,
alt bin ich geworden,
du verbirgst dich vor mir.
Komm und sprich,
und zürne deinen Söhnen nicht länger . . .
Meine Augen sind dunkel geworden,
meine Hände schwach,
aber ich wahre euch Geheimnisse noch immer . . .
Kommt wieder zu mir zurück,
wie wir zurückgekommen sind
in eure Wälder und Berge!
Die Toten stehen auf,
ich höre das Brüllen der Büffel.
Die Büffel und die Toten
kehren zu uns zurück . . ."

Die Trommelschläge, zu deren Rhythmus der Zauberer gesprochen hatte, verlangsamten sich. Hawandschita hob den Blick. Seine Augen blinkten im grünen Schimmer der Hörner und der Hände.
Stumm rangen die beiden Männer miteinander, nur mit dem Willen.
Endlich begann der Zauberer: „Was kommst du zu mir, Tokei-ihto, Mattotaupas Sohn?"
„Deine Trommel hat mich gerufen."
„Das taten die Geister."
„Was sagen sie dir?"

Hawandschita antwortete nicht gleich. Es wurde ganz still im Zelt, unheimlich still.
Endlich bewegten sich Hawandschitas Lippen wieder. „Die große Bärin schweigt, sie zürnt."
„Wem?"
Der Zauberer streckte den Kopf vor und hob die dürre Hand: „Dir!"
„Was verlangst du?"
„Die Söhne brauchen das Wort ihrer Großen Mutter. Hole es uns!"
„Wo soll ich es finden?"
„In der Finsternis des Berges, im Innern der Erde . . . wohnt sie." Es war, als ob Hawandschita sich selbst vor dem fürchtete, was er sagte.
„Wann sendest du mich?"
„In der siebenten Nacht . . . ohne Waffen."
„Ich werde gehen. Deine Trommel schweigt jetzt?"
„Sie bleibt stumm, bis die Toten und die Büffel wiederkehren."
Der Zauberer hob einen Holzstab auf; eine Seite war schwarz, die andere leuchtete. Er vollführte lautlos geheimnisvolle Bewegungen damit.
Tokei-ihto blieb regungslos, furchtlos an seinem Platze, bis der Zauberer den Stab zu Boden senkte. Dann verließ der Häuptling das Zelt. Er begab sich wieder in sein eigenes Tipi.
Alle, die erwacht waren, lauschten noch lange; aber es blieb still. Kein Trommelschlag erklang mehr.
„Die Toten und die Büffel kehren niemals zurück." Tokei-ihto sagte es zu sich selbst; warum, das bekam kein Ohr zu hören.
Niemand erfuhr, was im Zauberzelte gesprochen worden war.
Als Hapedah und Tschaske erwachten, ahnten sie nicht, daß sie nach der Nacht auch noch einen ganzen Tag geschlafen hatten und es schon wieder Abend war. Sie erkannten das lächelnde Gesicht Untschidas. „Es ist Zeit, daß ihr aufwacht. Ihr habt den Bärentanz verschlafen."
„Oh!" Hapedah war mit sich selbst unzufrieden. Den Bärentanz, der zur Versöhnung des Bärengeistes getanzt wurde, hatte er nicht versäumen wollen. Es war geheimnisvoll und reizte im-

mer seine Wißbegier, wenn die Männer in Bärenfellen die Tiere mit allen ihren täppischen Bewegungen darstellten und dabei die Bärensprache sprachen, das heißt die Tierlaute auf das genaueste nachahmten.

Als die Knaben im Fluß gebadet und sich gekämmt hatten, setzten sie sich zu ihrem Vater und Untschida. Es war schon wieder dämmrig im Tipi. Untschida hatte Holz neben sich aufgestapelt und schnitzte Pfeillängen. Hapedah und Tschaske zogen ihre Messer und halfen. Die Spitzen der Pfeile aus Knochen oder Stein mußten die Männer anfertigen. Für die Jagdfpeile wurden die Spitzen fest an der Länge angebracht, so daß der Pfeil leicht aus dem Körper des erlegten Tieres herausgezogen und wieder gebraucht werden konnte. Bei den Kriegspfeilen wurden die Spitzen nur lose befestigt, und sie waren mit Widerhaken versehen, damit sie im Fleisch des Getroffenen festhakten.

„Morgen müßt ihr Schlingen legen und Krähen fangen", sagte Untschida, „wir brauchen Federn für die Pfeile."

Die Knaben nickten und schnitzten eifrig weiter, solange sie noch etwas sehen konnten.

„Mit den Pfeilen könnt ihr dann Bären schießen", scherzte Untschida.

„So dumm bin ich nicht", meinte Hapedah, „ein Bär ist zäh, und ohne Flinte kann ich ihn nicht töten." Der Junge sah, daß sein Vater die Augen offen hatte und zuhörte. „Aber vielleicht gibt es in diesen Waldbergen viele Bären, und die Krieger können uns noch mehr erlegen."

„Glaubst du?" fragte Tschetansapa.

„Ja, das glaube ich." Hapedah war ganz sicher. „Hier im Wald können sie gute Lager für ihren Winterschlaf finden."

„Aber sie schlafen nicht, sie steigen auf die Bäume", warf Untschida ein.

„Denkst du wirklich, daß ich ein kleines Mädchen bin und noch gar nichts weiß?" Hapedah war gekränkt. „Der Bär hat geschlafen, aber als er Hunger bekam, stand er auf und suchte Beute. Sicher hat er uns gewittert, und da stieg er auf den Baum und spähte, denn er ist klug wie ein Kundschafter."

Tschetansapa schien mit der Erklärung zufrieden.

„Vielleicht hatte er in der Höhle oben geschlafen", schloß der Knabe.
„In was für einer Höhle?"
Dem Buben fiel der hastige Ton auf, in dem Untschida diese Frage stellte.
„In der Höhle weit oben am Berg", erklärte er. „Tschaske, hast du sie von unserem Baum aus nicht auch gesehen? Oben an der kleinen Felswand im Walde? Das dunkle Loch?"
„Ja, ich habe es gesehen."
„Ja! Und morgen gehen wir hin und suchen, ob wir Bärenspuren dort finden! Vielleicht klettern wir in die Höhle hinein!"
Untschida hielt die Hand vor den Mund, als ob sie erschrocken sei. „Husch, husch, das ist eine Geheimnishöhle, und ihr dürft nicht hineingehen!"
Die Augen der Buben weiteten sich.
„Ist es ein böser Zauber?" Hapedah legte den letzten Pfeilschaft, den er fertiggeschnitzt hatte, vorsichtig beiseite, als wollte er kein Geräusch verursachen. „Willst du uns davon erzählen, Untschida?"
Die Alte neigte den Kopf. „Ich will euch davon erzählen, aber ein anderes Mal. Das ist eine alte und würdige Geschichte, und ihr werdet sie euch wohl merken müssen."
Die Gedanken der Knaben begannen sich mit dem Geheimnis zu beschäftigen, das ihnen noch verborgen blieb. Untschida holte etwas Essen für die Kinder und für sich selbst; es gab frisches Bärenfleisch, das zäh, aber köstlich war. Auch Schwarzfalke nahm wieder etwas zu sich.
Als die Knaben fertiggegessen und sich ihre fettig gewordenen Hände am Haar trockengerieben hatten, ließ sich vor dem Zelt ein schwerer Schritt und dann das Aufplumpsen einer massigen Last hören. Hapedah und Tschaske rannten hinaus. Sie begrüßten den Delawaren, der einen Hirsch erlegt und selbst heimgeschleppt hatte.
Die folgenden Tage hatten die Jungen von morgens bis abends soviel zu tun, daß sie kaum zur Besinnung kamen, und die Sache mit der Höhle, die keinem der beiden Knaben aus dem Sinn wollte, wurde immer wieder zurückgestellt. Mit den ausgeleg-

ten Schlingen fingen die Jungen Krähen. Tschaske gelang es, den Habicht zu schießen, den Hapedah schon auf der Wanderung beobachtet hatte; der Raubvogel hatte sich eine Beute holen wollen, und als er herabgestoßen war, erreichte ihn der Pfeil des Dakotaknaben. Tschaske war sehr stolz, und Mongschongschah wollte ihm einen Kopfputz aus Habichtsfedern machen. Die Brüder hatten am selben Tage auch drei Hasen erlegt und so zur Nahrung des Zeltes beigetragen. Alles das aber versank vor der Möglichkeit einer Büffeljagd! Speerspitze hatte draußen auf der Prärie eine Büffelspur entdeckt, und es war beschlossen worden, daß der Häuptling in der folgenden Nacht mit einigen Männern ausziehen sollte. Man wollte des Nachts jagen, um verborgen zu bleiben. Hapedah und Tschaske hatten von ihrem Vater und von Tokei-ihto die Erlaubnis erhalten, auf Schlitten mitzufahren und beim Einbringen der Beute zu helfen. Es tat nichts zur Sache, daß sie äußerlich ruhig blieben; in ihren Herzen brannte die Erwartung lichterloh. Uinonah machte ihnen die Schlitten zurecht. Die Kufen bestanden aus glattgescheuerten Büffelrippen, deren Enden in eine gespaltene Holzleiste eingeklemmt waren. Ohitika und die graue Wolfshündin wurden eingespannt, und so ging es beim aufblinkenden Sternenschein über die glatte Schneefläche dahin. Die Knaben mußten ihr Gespann zügeln, damit sie den Männern, die mit Schneereifen zu Fuß gingen, nicht davonfuhren. Die Büffelspur war bald gefunden; die Krieger vermuteten, daß sie von nicht mehr als vier Büffeln stammte. Die Tiere waren in den Schnee, der nur an der Oberfläche festgefroren war, tief eingebrochen und nur langsam vorwärts gekommen. Nach drei Stunden hatten die Jäger sie eingeholt und im Nachtlager umstellt. Es war eine große und freudige Erregung, weil sich ein weißer Büffel unter den Tieren befand. Die kaum erwachten Bisons wurden mit Pfeilen und Speeren schnell getötet. Die Krieger häuteten die Beute an Ort und Stelle ab und zerlegten sie. Die Schlitten der Knaben wurden damit beladen. „Morgen bleiben wir noch", hatte der Häuptling gesagt, als die Tiere erlegt waren, „unsere Weiber und Töchter sollen die Büffel noch bearbeiten und verpacken. Wenn aber die Sonne das zweite Mal sinkt, wandern unsere Zelte weiter. Wir haben jetzt Jagdwaffen und Fleisch genug bis hinauf zu den Prärien am Schlammwasser."

Die Morgennebel verhüllten noch das verschneite Land, als die Knaben mit ihren Schlitten dem Waldrand zufuhren. Unter den ersten Bäumen begrüßten die Jungen Hunde ihre Anführer Hapedah und Tschaske. Die Jungen luden das Büffelfleisch ab und ließen es von ihren Freunden zu den Tipi bringen. Sie spannten die Hunde aus, stülpten sich die Schlitten über den Kopf und trugen sie durch den Wald. Die große Schar der Knaben war schon vorausgestoben, um zu berichten, daß die Jagd geglückt war und der Delaware den weißen Büffel erlegt hatte. Hapedah Haarkämmer und Tschaske Breitbeinig aber gingen gemäßigten Schrittes, wie siegreiche Krieger, hinterher.

Als sie sich dem Ufer des rauschenden Flusses näherten, blieben sie beide wie angewurzelt stehen. Der Anblick war zu grausig. Im Weidengebüsch flußabwärts schauten aus dem Nebel zwei irre verdrehte Augen, und die Finger einer dürren Hand spreizten sich neben einem totenbleichen Gesicht. Die Nebel der Dämmerung brauten um die leise wippenden Weidenzweige und ließen die Erscheinung bald auftauchen, bald verschwinden.

„... äh", brachte Hapedah gepreßt hervor. Dann sprangen die Knaben, wie auf Verabredung, in das halb vereiste, seichte Wasser und mit einem großen kühnen Satz über die breite Mittelrinne. Sie hielten nicht eher an, als bis sie vor dem Zelte des Häuptlings standen. Da warfen sie die Schlitten zu Boden, und ohne sich um Uinonah und Mongschongschah zu kümmern, die mit dem Abschaben von frischen Häuten im Freien beschäftigt waren, traten sie schnell ein. Als der vertraute Raum sie umfing, beruhigten sie sich allmählich. Untschida lächelte ihnen entgegen.

Sie setzten sich zu der Alten, die als „heilige Geheimnisfrau" in hohem Ansehen stand, und berichteten ihr mit einer Stimme, in der noch der Schrecken nachbebte, von dem, was sie gesehen hatten. Untschida legte die Arbeit beiseite. „Ich werde gehen und nachsehen." Sie verließ das Zelt.

Die Knaben atmeten tief auf. Sie liefen hinaus zu ihrer Mutter Mongschongschah, um ihr von der Jagd zu berichten, aber Mongschongschahs Freude war nicht so lebhaft, wie die Jungen erwartet hatten. Sie richtete sich einen Augenblick von ihrer Arbeit auf und schaute ihre Söhne ernst an. „Unsere Späher haben Feindesspuren entdeckt", sagte sie. „Jenseits des Berges, an dem wir lagern, haben Goldsucher einen Bären getötet und einen angeschossen." Mongschongschah blickte sorgenvoll durch die kahlen Bäume in das verschneite Land hinaus.
„Wir werden weiterziehen müssen", meinte sie, „und im Schnee werden sehr viele von uns sterben." Die Mutter beugte sich wieder über ihre Arbeit.
„Wir wollen mit dem Schnee und mit den Langmessern kämpfen", erklärten die Jungen entschlossen. „Nie mehr gehen wir auf die Reservation zurück!"
Sie schlüpften wieder in das Zelt. Hier waren sie ganz allein. Auch Tschetansapa befand sich nicht mehr auf seinem Lager. Es war dem Verwundeten in den letzten Tagen erheblich besser gegangen. Die Knaben blieben in dem dämmrigen Raume sitzen. Das Schreckgespenst im nebligen Weidengebüsch und die bedrohliche Spähermeldung, von der die Mutter gesprochen hatte, hielten sie in Bann. Draußen war auf einmal Uinonahs Stimme zu hören: „Blitzwolke! Wohin denn?" In demselben Augenblick öffnete sich schon das Zelt, und das Mädchen flitzte herein.
Sie schloß den Zeltspalt hinter sich und blieb dann verlegen stehen. Wahrscheinlich hatte sie nicht erwartet, die beiden Knaben im Tipi zu finden. Sie griff nach den Enden ihrer dicken Zöpfe und drehte sie mehrmals verlegen hin und her. Schließlich kam sie einige Schritte näher.
„Wo ist Untschida?" fragte sie und sah dabei immer noch auf ihre Zopfenden, die sie um den Finger gewickelt hatte.
„Du kannst jetzt nicht zu Untschida gehen", sagte Hapedah.
„Ach ...", meinte Blitzwolke. Sie war offenbar unglücklich, die Großmutter nicht sprechen zu können. „Und dann ...", stotterte sie, „jetzt kommen sie gleich alle ... Ich ... Es war nämlich wieder schrecklich."

Die Knaben wurden beide aufmerksam. Hatte das Mädchen vielleicht auch das Gesicht gesehen?
»Warum schrecklich?" forschte Hapedah.
Blitzwolke seufzte erleichtert, da der magere Haarkämmer sie nicht verspottete. Sie traute sich noch etwas näher heran und bückte sich zu den lässig am Boden sitzenden Knaben.
„Weil sie so geträumt und furchtbare Dinge gesagt hat", flüsterte sie.
„Was hat sie denn gesagt, die Gefleckte Kuh?" erkundigte sich Tschaske und warf Hapedah einen Blick stillen gegenseitigen Verständnisses zu. Wahrscheinlich war der böse Geist wieder in die Alte gefahren, und sie war es gewesen, die im Weidengebüsch gehockt hatte.
„Ja, die Gefleckte Kuh. Ihr wißt gar nicht, wie schlimm es ist, wenn dieser Geist sie quält." Das Mädchen zitterte am ganzen Leib. „Und sie hat doch auch damals recht gehabt, als ich ihr nicht glauben wollte . . . Ihr wißt schon, als sie sagte, daß die Langmesser siegen . . . Und jetzt . . . hat sie wieder geträumt, und der böse Geist hat ihr gesagt, daß in der nächsten Nacht der Bär aus der Höhle kommt, nach Mitternacht . . . Der Bär . . . Das wißt ihr doch?"
„Nein", antworteten die Buben. Sie wüßten nichts.
Blitzwolke vergewisserte sich, daß noch keiner der Erwachsenen Miene machte, in das Zelt hereinzukommen, dann erzählte sie: „Droben am Berg ist die Höhle, in der die alte Bärin schläft, die große Geheimnisfrau! Sie ist uralt, und sie hat schon gelebt, als die Menschen und die Tiere noch Brüder und Schwestern waren und dieselbe Sprache sprachen. Ihr Sohn war ein gewaltiger Bär, der allergewaltigste zwischen den großen Wassern. Er hatte ein Zauberzelt, und als eine schöne Frau eines Abends zu ihm kam, ward er am Morgen ein Mensch. Er ward ein großer und starker und kluger Krieger und Zaubermann, den niemand bezwingen konnte. Er ist der Ahnherr Mattotaupas und Tokeihtos!"
„Ja!" sagten Hapedah und Tschaske bestätigend wie aus einem Munde.
„Ja", bekräftigte das Mädchen. „Aber die Bärin lebt noch, die

alte, und sie schläft in der Höhle droben, solange unsere Häuptlinge tapfer und stark bleiben. Wenn sie aber ihren Ahnherrn verraten, kommt sie hervor und erdrückt sie mit ihren eigenen Tatzen . . ." Das Kind stockte bei der grausigen Vorstellung. „. . . Und dann stirbt sie selbst. So hat Hawandschita meiner alten Mutter gesagt."

Blitzwolke horchte. Draußen vor dem Zelt war frohe Unruhe. Der Häuptling und seine Krieger wurden im Lager begrüßt. Bald würden die müden Krieger in das Zelt eintreten. Blitzwolke wandte sich halb um, bereit, das Tipi jeden Augenblick zu verlassen. „Sie hat Tokei-ihto beleidigt, und ich wollte, ihr Geist würde endlich gezähmt werden", flüsterte sie außer sich und ganz blaß den Knaben noch rasch zu. „Sie hat gesagt, daß wir alle abtrünnig werden vom großen Stamm der Dakota und das Land der Väter verlassen und daß unser Häuptling Red Fox nicht getötet und Mattotaupa nicht gerächt habe, und die Bärin wird kommen und ihn erwürgen, und Unglück wird über uns alle hereinbrechen . . ."

Hapedah sprang auf. „Binde deine Zunge an", rief er, heiser vor Zorn, „damit sie diese Worte nicht noch einmal spricht!"

„Wenn es aber wieder wahr wäre . . .!" Blitzwolke wisperte die Worte nur schnell, dann entfloh sie dem Tipi.

Hapedah und Tschaske nagten an ihren Lippen und sahen zu Boden. Wo war die Freude geblieben, mit der sie die letzten Tage durchlebt hatten? Es war, als ob eine dunkle Wolke am Himmel aufgezogen sei. Tokei-ihto hatte seinen Vater bis heute nicht an Red Fox zu rächen vermocht – das war ein furchtbarer Vorwurf. Diese Weiber sollten ihn nicht aussprechen.

Der Tag verging mit dem Nachholen des versäumten Nachtschlafes, mit Ruhen und Essen. Blitzwolke und auch Tschapa waren Dauergäste im Zelte Tokei-ihtos geworden. „Sie ist wieder ganz besessen", hatte Tschapa erzählt, seine Aufdringlichkeit entschuldigend. „Es ist nicht zu ertragen."

Der Häuptling war noch einmal aufgebrochen, allein und nur mit dem Knochenbogen bewaffnet. Es wurde Nacht, und Tokei-ihto war noch nicht zurück.

Ohitika kam ins Zelt herein. Er lief mit der Nase am Boden umher und entfernte sich dann enttäuscht. Der Häuptling hatte ihn nicht mitgenommen, was er sonst oft tat. Da es schon dunkel geworden war und kein Feuer im Zelt gemacht werden durfte, verschwammen die Umrisse der Zeltinsassen zu undeutlichen Schatten.

Das Stillsein und Warten beschwerten den Mut. Wann kam Tokei-ihto zurück? Wer hatte dieses Geschwätz über den Häuptling entzündet wie einen Funken, der jetzt weiterfraß und allmählich wie ein Feuer brannte?

Hapedah war froh, als sich jenseits des Flusses Geräusche hören ließen, die alle Aufmerksamkeit in Anspruch nahmen und das unnütze Grübeln beendeten. Kojoten kläfften. Der Geruch des frischen Beutefleisches lockte sie an. Ohitika stürzte davon, und die Ohren der Knaben vernahmen bald die verbissenen knirschenden Laute, mit denen die Vierbeiner drunten am Wasser kämpften. Ohitika erhielt von den fünf übriggebliebenen Dorfhunden Hilfe, aber vielleicht hatten sich im Wald auch die großen grauen Wölfe eingefunden, die den Hunden gefährlich zusetzten. Die Knaben liefen hinaus. Sie kamen jedoch nicht zu irgendwelchem Eingreifen, denn Ohitika kehrte eben als Sieger zurück. Er setzte sich vor das Tipi und leckte eine Bißwunde am Rücken.

Als Hapedah und Tschaske wieder in das Zelt eintreten wollten, spitzte Ohitika plötzlich die Ohren. Gleich darauf lief er in den Wald hinauf. Sein freudiges Gejaule verriet, daß er seinen zurückkehrenden Herrn gefunden hatte.

Die Knaben blieben vor dem Zelteingang stehen und warteten. Hapedah hatte Tschaskes Handgelenk gefaßt und krallte seine Finger fest darum. Er hatte bis jetzt eine unbestimmte Angst gehabt, daß der Häuptling überhaupt nicht lebend zurückkehren würde.

Tokei-ihto trat zwischen den Bäumen des von Sternen- und Schneeschimmer erleuchteten Waldes hervor und kam zum Zelt heran. Die Knaben sahen an ihm hinauf. Der Häuptling war naß, als ob er im Wasser gewesen sei. Er trug den hellen Bogen aus Knochen und den gestickten Köcher mit Pfeilen bei sich – sonst nichts. Keine Beute. Trotz der matten Beleuchtung

erkannten sie einen merkwürdigen, hintergründigen und finsteren Ausdruck in seinen Zügen. Mit gesenktem Kopf blieben die Brüder vor dem Zelte stehen, in dem Tokei-ihto verschwand, ohne die beiden Jungen zu beachten. Ohitika hatte sich vor dem Eingang niedergelassen.
Hapedah setzte sich in Bewegung, und Tschaske, den er noch immer an der Hand gefaßt hielt, kam mit. Die Knaben kehrten nicht ins väterliche Zelt zurück. Sie suchten sich einen Platz tief im nächtlichen Wald und hockten sich bei der verholzten Wurzel eines abgestorbenen Baumes in den Schnee. Vierzehn Winter zuvor hatte an diesem Platz der Knabe Harka, der jetzt Tokei-ihto und ein Häuptling war, in einer unheimlichen Nacht gesessen.
Die beiden Buben sagten lange gar nichts.
„In dieser Nacht soll die Bärin kommen", war das erste, was Hapedah schließlich hervorbrachte.
„Nach Mitternacht", bestätigte Tschaske tonlos.
„Nach Mitternacht", wiederholte Hapedah. Er grübelte dabei, wie er erklären sollte, was er fühlte und plante.
„Du", fing Tschaske auf einmal von selbst wieder an, und Hapedah war froh darüber, „du hast gehört, was der feindliche Geist im Biberzelt gesagt hat. Das, was er gesagt hat, darf niemals geschehen. Tokei-ihto darf nicht sterben."
„Nein, es darf niemals geschehen", bestätigte Hapedah fest.
„Niemand außer uns und dem kleinen Mädchen weiß es", fuhr Tschaske fort.
„Tokei-ihto selbst aber mag davon gehört haben, als er des Nachts zu dem trommelnden Zaubermann ging!"
„Wir müssen uns entscheiden. Wir müssen etwas tun", forderte Tschaske von sich selbst und von seinem Wahlbruder.
„Hau. Wir müssen etwas tun. Du mußt sagen, was wir tun sollen."
„Weißt du es nicht, Hapedah?"
„Ich weiß es. Aber ich will hören, ob auch du es weißt, Tschaske."
„Ich weiß es", erklärte Tschaske.
„Ja", sagte Hapedah. „Es ist ganz klar. Die Bärin wird hervor-

kommen. Der Geist hat auch am Pferdebach die Wahrheit gesagt, darum glaube ich ihm jetzt wieder. Aber sie darf Tokei-ihto nicht töten. Tokei-ihto muß uns über das Schlammwasser führen."

„Hau. Ein anderer muß für ihn sterben."

„Das denke auch ich." Hapedah sprach langsam. „Wakantanka, das Große Geheimnis, hat es schon oft angenommen, wenn ein Krieger sein Leben für einen anderen freiwilllig geopfert hat, und wenn wir auch nur kleine Jungen sind und er ist ein Häuptling!"

„Vielleicht", meinte Tschaske wieder zweifelnd, „vielleicht aber müßten wir es Hawandschita sagen, dem Zaubermann ..."

Hapedah erschrak sichtlich. Sein Herz klopfte. „Nein", antwortete er trotzdem mit fester Stimme. „Auch Hawandschita soll nichts davon erfahren. Er war unserem Häuptling oft nicht gut gesinnt, das weißt du, Tschaske."

„Ja, das ist wahr. Wir wollen allein handeln."

Die Knaben standen auf und hielten die Hand vor den Mund, um zu dem großen heiligen Geheimnis zu sprechen. Dann liefen sie in dem nächtlichen Wald bergaufwärts. Sie blickten sich nicht mehr um. Sonst hätten sie Untschida gesehen, die an einem Baum lehnte und ihnen in stummem Schmerz nachschaute.

Es ging dem Neumonde zu. Die Eulen huschten; in den Zweigen knackte es von Frost. Je höher die Buben stiegen, desto steiler wurde der Hang, und am Fuße des Berges rauschte das Wasser, als wollte es sie zurückrufen zu den schützenden Zelten. Aber sein Klang wurde ferner und schwächer. Die kleinen Füße traten den knirschenden Schnee, und manchmal zerbrach ein Zweig unter ihrem Tritt. Die Sträucher und Baumäste schlugen den Knaben ins Gesicht; ihre Haut sprang auf. Sie gingen hintereinander; abwechselnd führte der geschickte Hapedah oder der kräftige Tschaske. Es war kein Spaß im wilden Bergwald, auch nicht für zwei Dakotaknaben. Sie liefen, daß ihnen in der kalten Nacht der Schweiß ausbrach, und das Herz klopfte ihnen bis zum Halse hinauf. Als sie an dem Baume vorbeikamen, auf dem sie am ersten Morgen den Schwarzbären gesichtet hatten, spähten sie umher, und richtig, sie sahen in kurzer Entfernung ein verlassenes Bärenlager im dichten Gesträuch. Starke Äste und junge Stämme, zwischen denen sich der Winterschläfer eingenistet hatte, lagen noch umher, und die Spuren der Tatzen waren in den Schnee eingefroren.

Die Knaben kletterten weiter.

Der Waldhang stieg jetzt fast senkrecht an, und sie mußten die Hände zu Hilfe nehmen, um vorwärts zu kommen. Zum Reden hatten sie keine Zeit, kaum mehr zum Denken. Hapedah erinnerte sich nur kurz daran, daß Tokei-ihto und der Biber den schweren Schwarzbären von hier hatten holen müssen. Tschaske und er hatten schon fast die dreifache Zeit gebraucht, um den Weg bergaufwärts zu machen. Sie kletterten, bis sie keuchend vor der Felswand standen, aus deren Mitte die Höhlenöffnung wie ein gefährliches schwarzes Auge herausschaute.

Da die Knaben einmal ihren Entschluß gefaßt hatten, erwogen sie jeden Schritt, der zu tun war, kalt und sachlich.

Die Felswand, die etwa fünfzehn Meter hoch über die Baumwipfel emporragte, war in ihrem unteren Teil leicht ersteigbar. Erst etwa zwei Manneslängen unter dem Höhleneingang wurde sie glatt und etwas überhängend.

„Erst einmal bis dahin", entschied Hapedah, „und dann läßt du mich auf deine Schultern steigen. Wir müssen hinein – damit sie uns findet und nicht umgehen kann." Hapedah wunderte sich selbst, daß er die Worte so ruhig hervorbrachte. Er begann ohne Zögern seinen Vorschlag auszuführen und kletterte voran. Tschaske folgte dicht hinter ihm. Die Felsrippen boten für gewandte Hände und Füße anfangs reichlich Halt. Als die Knaben zu der schwierigen Stelle kamen, hielt Hapedah an und ließ Tschaske neben sich kommen. Tschaske suchte sich den besten Standplatz, und Hapedah kletterte zur Seite, um ihm die guten Tritte freizugeben; dann stieg er dem Freunde auf die Schulter. Auch jetzt konnten seine ausgestreckten Hände den Rand des Höhleneingangs noch nicht fassen, und tiefer gelegene Griffe gab es nicht.

„Ich stemme dich hinauf", schlug Tschaske vor. Er ließ Hape-

dah auf seine Hände treten und stemmte ihn hoch.
Hapedah konnte am Eingang der Höhle Halt finden. Er klammerte sich fest an und blieb ausgestreckt hängen, während der Bruder an seinem Körper hinaufkletterte. Tschaske betrat auf diese Art zuerst den Höhlenboden und wollte Hapedah behilflich sein beim Hinaufziehen, aber der Haarkämmer war zu stolz, um sich helfen zu lassen. Er machte einen Klimmzug, stemmte die Arme durch und kroch ebenfalls in das Dunkel hinein. Eine feuchte, beklemmende Luft schlug den Eindringenden entgegen.
Die Knaben kauerten sich am Rande der Höhle zusammen. Hier war die Grenze zwischen der sternendurchleuchteten Nacht, in der Pflanzen, Tiere und Menschen noch gediehen, und dem vollständigen, erbarmungslosen Schwarz, das ihnen mit einem feindlichen Geheimnis entgegengähnte.
Sie blieben sitzen und warteten. Der Takt ihres Herzschlages wurde wieder langsamer und ruhiger, und die Knaben richteten ihre Aufmerksamkeit stärker auf das Höhleninnere. Der Fels war naß, und es roch feucht. Da es draußen kühler war, atmete die Höhle dampfend wie ein Mensch. Fremdartig war das Gestein, rauh und wie in Buckeln und Pfeilern gewachsen. Die Knaben tasteten ihre Umgebung ab. Hapedah stand auf, er ging ein paar Schritte ins Dunkle hinein und stellte fest, daß die Steine nicht nur von unten nach oben, sondern auch von oben nach unten wuchsen. Das war sehr merkwürdig. Er sagte es zu Tschaske, aber seine Stimme klang so fremd und hallend, daß er selbst davor erschrak. Er ging zu Tschaske zurück, setzte sich nieder und lauschte. Die Höhle hatte nicht nur einen Atem, sie hatte auch eine Stimme. Ein fernes Rauschen sang durch ihre Finsternis, sanft und verführerisch wie die schöne Stimme eines furchtbaren Ungeheuers, das sein Opfer anlockt.
„Vielleicht ist es einfach Wasser", sagte Hapedah mit harter Stimme laut vor sich hin.
Tschaske antwortete nicht. Die Brüder rückten noch näher aneinander, so daß jeder den anderen körperlich fühlen konnte. So saßen sie eine ganze Weile.
Dann spürte Hapedah, wie Tschaske aufstand.

„Jetzt gehen wir hinein. Ich will wissen, ob das Wasser ist.“ Tschaske flüsterte, er wollte nicht laut sprechen, damit es nicht wieder so hallte.
Hapedah erhob sich auch, und die Freunde faßten sich gegenseitig am Handgelenk, damit sie einen festen Halt aneinander hatten. Vorsichtig tasteten und schlichen sie vorwärts. Der Höhlenboden senkte sich langsam. Sie kamen immer tiefer in den Berg hinein. Als sie sich einmal umsahen, hatten sie schon keinen Rückblick zum Ausgang mehr. Es war nichts mehr als Finsternis um sie. Das klingende Rauschen war stärker geworden. Es wurde lauter und lauter, so daß sie schließlich ihr eigenes Wort kaum mehr verstehen konnten. Um so fester hielten sie sich aneinander.
Endlich schien es ihnen, daß sie die Quelle des Tones tief unten erreicht hatten. Das Getöse wurde übermächtig.
„Wasser!“ schrie Tschaske laut, damit Hapedah ihn hören konnte.
Die Knaben waren stehengeblieben. Sie bückten sich, und ihre Hände faßten in fließendes Wasser. Es schien mit kräftigem Strahl rechts aus dem Berg in die Höhle hereinzuschießen, die Höhle zu kreuzen und links wieder in bodenlose Tiefen des Berges hinabzustürzen. Die Brüder setzten sich an das Felsenufer des unterirdischen Baches. Wie auf Verabredung tauchten sie die Arme ein, um die Tiefe des Gewässers zu prüfen. Auf eine halbe Armlänge faßten die Hände schon felsigen Grund. Also das war geklärt. Einfach Wasser. Das Getöse kam von links, wo der unterirdische Wasserfall in irgendeiner unbekannten Tiefe aufprallte.
Was sollten sie nun tun? Zurückgehen zum Höhleneingang? Oder hier sitzen bleiben? Oder weitergehen?
„Weitergehen!“ schrie Hapedah Tschaske ins Ohr.
Die Knaben faßten sich wieder an den Handgelenken und wagten sich mit vorsichtigen Tritten durch das stark strömende Wasser. Am anderen Ufer stieg der Höhlenboden aufwärts, und die beiden Wagemutigen kletterten hinauf. Sie mußten sich jetzt loslassen, denn sie brauchten beide Hände. Der finstere Gang schien kein Ende nehmen zu wollen. Wo führte er

hin? Wie lange kamen sie noch darin weiter?
Die Steigung wurde sanfter und das Vorwärtskommen leichter. Das Wasserrauschen tönte nicht mehr so überlaut, da die Jungen sich davon entfernten. Tschaske stolperte und fiel, und Hapedah griff schnell zu. Das war zwar nicht nötig, der Bruder konnte sich selbst wieder auf die Beine helfen. Aber als die Knaben sich bei dem kleinen Unfall gegenseitig beim Namen riefen, stellten sie fest, daß ihre Stimmen jetzt wieder leicht, fast überdeutlich zu verstehen waren. Die Höhle war offenbar breiter und höher geworden.
Selbst ihre Schritte waren jetzt vernehmlich, sobald sie nur etwas tasteten und schlurften, und das Rauschen des Wassers klang wieder wie ferne Musik. Sie waren schon sehr tief in den Berg eingedrungen. Wie tief? Das wußten sie selbst nicht mehr. Im Vorwärtstasten bemerkten sie, daß sie in einen riesigen Höhlenraum gerieten. Sie gingen rundum und fanden drei Höhlengänge, die in den Raum mündeten. Als sie die Runde abgelaufen hatten, gelangten sie wieder zurück zu dem ersten Eingang, den sie an einigen Merkmalen der Felsbildung wiedererkannten.
„Wir bleiben", bestimmte Hapedah leise. „Hier an der Mündung unseres Ganges in die große Höhle bleiben wir. Hier muß sie durchkommen, wenn sie hinausgelangen will."
„Ja." Die Knaben setzten sich nieder.
In der Ruhe und Dunkelheit wurde es ihnen von neuem unheimlich. Das Klettern und Forschen war leichter gewesen als das Stillsitzen und Warten.
„Wenn sie gar nicht käme?" fragte Tschaske.
Hapedah blieb die Antwort schuldig.
Die beiden warteten. Beinahe schien es Hapedah, daß Tschaske recht haben könnte. Wenn sie gar nicht käme? Es mußte schon sehr spät in der Nacht sein, und einmal wurde es ja Tag. Aber das konnte man hier drinnen im Berg nicht wahrnehmen.
Hapedah gewöhnte sich allmählich an den Gedanken, daß von dem Erwarteten nichts geschehen würde. Er gewöhnte sich so sehr daran, daß er bei einem fremden Ton aufschrak, als ob Feindeshand ihn angefaßt hätte. Oder hatte er sich doch ge-

täuscht? Er lauschte und spürte dabei Tschaskes Hand, die sich ihm auf die Schulter legte.
„Sie kommt."
Die Buben standen auf und stellten sich vor die Mündung des Ganges, der hinausführte. Hier durfte sie nicht durch.
Hapedah fühlte, daß auch Tschaskes Hand kalt war.
Jenseits des großen Höhlenraumes, in einem der durch den Berg führenden Gänge, schlurfte es leise, und die Knaben kannten diesen schlurfenden Tritt großer nackter Bärentatzen. Langsam, langsam schlurfte es heran. Einmal war es still. Dann schlich und strich es wieder über die feuchten rauhen Felsen. Sie kam. Es war kein Zweifel mehr möglich.
Die Knaben standen regungslos.
Während die Knaben im Berg tapfer aushielten, um den Häuptling zu retten, senkte sich draußen der Abend über das Zeltdorf.
Im Hintergrund des Häuptlingstipis saß Tokei-ihto zusammen mit seinen Jugendfreunden Tschapa und Tschetansapa. Er hatte ihnen endlich gesagt, was in dieser siebenten Nacht, die jetzt bevorstand, geschehen sollte. Er war entschlossen, ohne Waffen in den Berg zu gehen. Sein Wort, das er dem Zauberer gegeben hatte, galt unverbrüchlich.
Der Häuptling legte die drei Adlerfedern ab, die in seinem Haar befestigt waren. Auch die Kette aus Bärenkrallen nahm er ab, und die alten schweren Narben auf seiner Brust wurden ganz sichtbar. Er war nur noch mit dem Gürtel bekleidet. Zu seiner Linken hatte er sich eine Fackel zurechtgelegt. Aufrecht saß er da und schaute an seinen Freunden vorbei.
Den beiden Freunden war es unmöglich, auch nur ein Wort hervorzuwürgen.
Aber Tokei-ihto selbst begann zu sprechen: „Ich habe euch in neue Gefahren und in neuen Zwist gebracht."
Tschetansapa und Tschapa, die an Tokei-ihto keine Müdigkeit und keinen Verzicht gewohnt waren, rangen mit ihrem eigenen Gefühl.
„Du bist ein Krieger, Tokei-ihto", sagte Tschetansapa, „laß den Mut nicht fahren!"

„... Den Mut zu sterben, nie. Leben kann schwerer sein."
„Tokei-ihto! Warum hast du mir nicht gleich und nicht ganz vertraut?"
„Weil du mir nicht gleich und nicht ganz vertrautest. Die Sonne sinkt. Laß uns schweigen, bis es dunkel ist. Dann werde ich gehen."
Die Freunde sagten kein Wort mehr. Sie wußten, was Tokei-ihto seit seinem elften Jahre, seit der Verbannung seines Vaters, gelitten und wie er gekämpft hatte. Einmal schien die Last auch für ihn zu schwer zu werden, und das in einem Augenblick, in dem ein großes Unternehmen im Gange war und die Seinen ihn am dringendsten brauchten. Tschapa und Tschetansapa wußten sich keinen Rat. Der Schmerz um den Häuptling und Freund schüttelte sie, aber obgleich sie Krieger waren, waren sie hilfloser als ein Kind.
Mit den Geheimnissen der Höhle im Berg hatte einst das Unglück begonnen, hier schien es sich zu vollenden.
Tokei-ihto erhob sich, ergriff die Fackel und verließ das Zelt. Das ganze Dorf war auf den Beinen, denn die Nachricht vom Opfergang des Häuptlings war nun in alle Zelte gedrungen. Es bildete sich ein Spalier aus den schweigenden Menschen. Uinonah sah sich unruhig um. Untschida fehlte. Im Hintergrund stand der Zaubermann. Tobias betrachtete ihn starr und feindselig.
Langsam, mit gleichmäßigen Schritten, ohne jemanden anzusehen, ging der Häuptling durch die Reihen der Seinen hindurch. In der Linken hielt er die gesenkte Fackel. Tschapa und Tschetansapa schlugen die Augen nieder, als es auch ihnen nicht mehr gelang, einen Blick mit Tokei-ihto zu wechseln.
Der junge Häuptling hatte Zelte und Menschen schon hinter sich gelassen. Als er sich nicht mehr beobachtet wußte, wurde sein Ausdruck noch finsterer, sein Gang noch beschwerter. Er nahm seinen Weg zu der Höhle, so wie ihn auch die Knaben gegangen waren. Als er zu der Stelle kam, an der Hapedah und Tschaske beieinander gesessen und beraten hatten, stockte er. Hinter einem Baum war Untschida hervorgetreten. Tokei-ihto versuchte, die Begegnung zu vermeiden. Aber Untschida trat

ihm geradezu in den Weg. Da blieb er aus Achtung vor der Mutter stehen.

„Tokei-ihto, mein Sohn."

Der Häuptling antwortete nicht, aber er wartete ohne Ungeduld, wie es die Sitte verlangte.

„Tokei-ihto – siehst du die Fährten der Knaben?"

In Tokei-ihtos Schweigen drückte sich aus, daß er diese Frage nicht erwartet hatte. „Ja", sagte er endlich.

„Hapedah und Tschaske sind vor dir in den Berg gegangen, um sich zu opfern. Sie wollen sterben, damit du lebst!"

Tokei-ihto hob den Kopf. Stumm dankte er der Mutter. Dann ließ er seine Kräfte spielen und sprang den Hang aufwärts.

In der Höhle standen die beiden Knaben noch am selben Platz. Der schlurfende Schritt, den sie gehört hatten, stockte wieder, und ein leises, drohendes, dumpfes Gebrumm ging durch die Finsternis. Es war ein tiefes Brummen, tiefer noch und mächtiger, als die Knaben das Brummen des gefährlichen Graubären aus der Nachahmung der Männer kannten. Die Augen der Brüder waren weit aufgerissen; sie versuchten die Dunkelheit zu durchdringen. Aber nichts war zu sehen. Nur ein Geräusch nahmen die Jungen noch wahr, das sie sich aber nicht erklären konnten. Es war, als ob sich etwas tapsend herumbewegte.

Es rutschte. Ein mächtiger Körper rutschte und plumpste. Das war an der Einmündung des jenseitigen Ganges in den großen Höhlenraum.

Es brummte, und das Gebrumm hallte furchtbar und unheimlich in mehrfachem Echo. Langsam schlurften große Tatzen weiter. Unvorstellbar große Tatzen mußten das sein. Krallen kratzten auf dem Boden.

Die Knaben wußten viel vom Bären. Auf seine Tatzen verließ sich der Bär, wenn er angriff. Er schlug sein Opfer nieder, oder er umschlang und erdrückte und erwürgte es, und wenn es entrinnen wollte, schlug er mit seinen Tatzen zu und riß ihm mit den gefährlichen Krallen das Fleisch von den Knochen. Sein Gebiß war stark.

Hapedah schloß einen Augenblick die Augen, um ganz in sich hineinzudenken. Er durfte jetzt nicht ohnmächtig werden; das

war feige. Er mußte standhaft bleiben. Seine Hand, die in Tschaskes Hand lag, war starr geworden.
Das Ungeheuer schien stehenzubleiben; das Geräusch seiner Tatzen verstummte. Es hatte die Knaben gewittert. Böse und gefährlich brummte es. An dem Ton, der hoch über dem Boden ausgestoßen wurde, erkannten die Knaben, wie groß das Tier war. Es war größer als sie selbst, obwohl es noch auf allen vieren stehen mußte und sich nicht aufgerichtet hatte. Es war die große Bärin.
Über Hapedah legte sich eine merkwürdige Ruhe. So war es die Wahrheit, was der böse Geist gesprochen hatte, und es war gut, daß er mit Tschaske hierhergegangen war. Hapedah dachte an den Häuptling Tokei-ihto. Sein Knabenherz gehörte ihm mit der ganzen Liebe und Begeisterung, deren es fähig war. Er wußte, daß Tschaske Breitbeinig nicht anders empfand. Hier würden sie nun stehenbleiben, bis die Bärin sie zum Opfer nahm. Tokei-ihto aber sollte leben und nicht wissen, was geschehen war.
Das Ungeheuer befand sich jetzt in der Mitte des großen Höhlenraumes. Die Buben konnten es nicht sehen, nur eine Ahnung hatten sie von seiner riesigen Gestalt. Einmal noch ließ es sein drohendes, mächtiges Gebrumm hören.
Die Knaben standen stumm und steif wie die Hölzer. Sie hörten mit Schaudern die großen Krallen auf dem Felsen kratzen, als wolle das Untier sie wetzen, und wieder kam das andere Geräusch, das sie nicht verstanden. Etwas bewegte sich um das Ungeheuer, als ob es nicht dazugehörte.
Es roch nach Bär. Die Knaben sogen die feuchte, dumpfe Luft ein. Es roch nicht nur nach Bär. Es roch auch nach Blut. Vielleicht hatte das Untier vor kurzem Mahlzeit gehalten und seine Schnauze troff noch rot.
Die Brüder wankten und wichen nicht. Hapedah fühlte, wie seine Füße in den nassen Mokassins kalt wurden und wie ihm doch Schweißtropfen am Körper herunterliefen. Er wußte nicht, wie lange er hier schon mit Tschaske stand. Es war eine Ewigkeit. Zeit gab es in dieser Höhle nicht. Da funkelte kein Stern, und keine Sonne ging auf. Nie begannen die Vögel zu ru-

fen. Wie viele Stunden waren schon dahin? Waren die Männer daheim im Zelt schon auf und gingen vor Anbruch der Dämmerung mit Pfeil und Bogen zur Jagd? Sprangen die Jungen Hunde schon in den rauschenden Fluß und bespritzten einander lachend? Und Blitzwolke, schlief sie noch ruhig in der warmen Büffeldecke?
Hapedah spürte an Tschaskes Hand, wie ein leichtes Zittern durch den Körper des kräftigen Knaben ging. Es waren schon Stunden, die sie hier standen und Wache hielten.
Die Bärin aber kam nicht mehr näher. Nur manchmal erklang wieder das Kratzen der Krallen und das heisere Brummen. Das Brummen wurde wie ein Stöhnen. Wußte sie, daß sie heute in der Nacht noch selbst sterben mußte, wenn sie Tokei-ihto getötet hatte? Sie war uralt und weise, gewiß wußte sie es.
Das Brummen, das von allen Wänden widerhallte wie eine unentrinnbare Drohung, wurde stärker. Auf dem Boden schlurfte etwas. Das Ungeheuer war wieder aufgestanden. Hapedah ließ Tschaskes Hand los und legte ihm den Arm um die Schultern. Tschaske tat Hapedah das gleiche, und so standen die Knaben eng aneinandergedrückt und fest umschlungen. Wenn sie kam, sollte sie beide nehmen, beide auf einmal, wie einen einzigen Menschen.
Die Knaben hatten sich höher aufgerichtet, da die Zeit des Wartens endlich verstrichen war und die Entscheidung fallen sollte. Mit einem leisen, nervenzerreißend grimmigen Fauchen tappte das Ungetüm Schritt um Schritt heran, und die geübten Ohren der beiden Jungen wußten genau, wie weit es noch entfernt war und wie es näher kam auf fünfzehn Schrittlängen, auf zehn, auf acht . . . Sie hörten das Untier atmen. Ein unbegreiflicher Geruch stieg ihnen in die Nase. Nach Bär roch es immer noch und jetzt viel deutlicher nach Blut. Aber es roch noch nach etwas anderem. Brandig roch es mitten in dem feuchten Dunst der Höhle. Wie sonderbar. Die große Bärin hatte wieder angehalten.
Wenn sie sie nur hätten sehen können. Im Dunkeln war es grauenhaft.
Es roch immer stärker nach Brand, nach brennender Haut.

Ein Schimmer verbreitete sich in der Finsternis. Feuchte Steine, die wie Fabelwesen geformt waren, tauchten aus dem Schwarzen mit einem feuergelben Glänzen auf. Das Deckengewölbe einer riesigen Höhlenhalle wurde für das Auge der Knaben sichtbar und an der gegenüberliegenden Wand die beiden finsteren Löcher, aus deren einem das Ungeheuer herangeschlichen war. Und sie sahen die große Bärin zwischen Schimmer und Schatten.
Das Grauen rieselte ihnen über den Rücken. Ihr Blick heftete sich an die langen gelben Krallen. Eine einzige war so dick wie zwei Mannsfinger; mit fünf solcher Krallen war jede der dunklen Riesentatzen bewehrt. Das Ungeheuer war von überwältigender, unfaßbarer Größe; die breite Brust, der mächtige Kopf, dieser dicke Hals, den Hapedah mit beiden Armen nicht hätte umschlingen können. Das Untier hatte den Kopf bösartig gesenkt. Die Knaben sahen die scharfen Zähne in der langen, spitz zulaufenden Schnauze. Seltsam klein funkelten die Bärenaugen rechts und links der gewölbten Stirn. Das Tier begann, sein Gewicht auf die Hintertatzen zu verlagern und die Vordertatzen im Gelenk locker zu machen: das Zeichen zum Angriff. Die Höhle war jetzt erleuchtet und der Brandgeruch stark und beißend.
Hapedah und Tschaske schlossen die Augen. Es war doch besser, die Bärin nicht zu sehen. Ihre Knabengestalten versperrten die Mündung des Ausgangs ganz. Wenn sie hinauswollte aus dem Berg, konnte sie nicht an ihnen vorbei.
Von einer leisen Berührung an der Schulter schrak Hapedah auf. Er war vom Rücken her angefaßt worden. Er öffnete die Augen, aber sein Blick haftete wie festgenagelt an der braunen Urriesin, die feindlich fauchend vor ihm aufgerichtet stand und mit den dunklen Tatzen durch die Luft fuhr. Der Knabe vermochte nicht, sich umzuwenden.
Der Lichtschein wurde matter. Eine Hand faßte Hapedah hart an und riß ihn rücklings zu Boden, in den Höhlengang hinein. Mit Tschaske geschah dasselbe. Die Füße eines Mannes schritten über die Knaben hinweg.
Als die Jungen sich wieder erhoben, sahen sie den Mann vor

sich an der Mündung des Ganges in der Höhlenhalle stehen. In seiner Linken trug er eine leuchtende Fackel, die er wieder hochhielt: ein dickes Scheit Holz, an dessen Ende eingeklemmte Büffelhautstücke brannten. Der Mann war schlank und groß.

Tokei-ihto!

Hapedah griff nach der feuchten Wand des Höhlenganges, um sich vorzutasten. Aber sein Fuß stockte wieder.

Der Häuptling war mit einem Sprung aus der Mündung des Höhlenganges hinaus in die große Felsenhalle gelangt; unter den kralligen Tatzen der aufgerichteten Bärin war er vorbeigeschnellt. Jetzt stand er dem Tier zur Seite, die Fackel in der Hand. Nicht einmal er hätte mit hochgestrecktem Arm die ganze Höhe des Tieres erreichen können; es überragte ihn bei weitem. Schnaubend und beinahe stöhnend drehte es sich und suchte seinen Feind.

Der Häuptling hatte keine Waffe in der Hand. Er trat einige Schritte zurück, eine Bewegung, die gegen die Regeln der Bärenjagd war. Er bückte sich, ohne das fauchende Ungetüm aus den Augen zu lassen, und steckte die Fackel in einer Felsspalte fest. Dann richtete er sich wieder auf.

Die Bärin versuchte ihm zu folgen. Sie tappte und schlurfte auf den Hinterbeinen, und ihre Vorderpranken schlugen durch die Luft. Sie fiel wieder auf alle viere nieder. Ihre Spur war von Blut gezeichnet.

Der Häuptling war stehengeblieben und machte keine Bewegung mehr. Schritt um Schritt näherte sich ihm das massige Untier, das ihm auch jetzt noch fast bis zur Schulter reichte. In der Mitte der Felsenhalle aber sahen die Knaben auf einmal das, was vorher so rätselhaft um die Bärin herumgetorkelt war: ein Bärenjunges. Es war braun wie seine Mutter. Verzweifelt schaute es umher. Es war sicher nicht älter als zwei Monate und bisher nicht gewohnt, der Mutter selbständig zu folgen.

Wenn eine Bärin Junge hatte, war ihre Feindschaft gegen jeden Angreifer unerbittlich. Wütend verfolgte sie auch den Fliehenden und ließ von keinem Opfer ab, ehe sie es getötet oder selbst den Tod gefunden hatte.

Die Knaben wagten nicht zu schreien oder sich zu rühren. Nun mußte alles geschehen, wie der Große Geist es wollte.
Der Häuptling stand noch immer an seinem Platz, von der Fakkel beleuchtet, und das Ungeheuer war zu ihm herangekommen. Er hatte sich vorgebeugt; sein Auge hatte den Blick der kleinen Bärenaugen gefaßt und hielt ihn fest. Er stieß einen Ton aus. Die Bärin antwortete und brummte böse und mißtrauisch. Sie mußte schwer verletzt sein. Die Knaben erkannten an der Stelle, an der die große Bärin stundenlang mit ihrem Jungen gelegen hatte, eine Blutlache.
Der Häuptling ließ die Arme hängen und wiegte die Schultern wie ein Bär im Gang; wieder kamen aus seinem Munde diese fremden Laute, geheimnisvoll dunkle und helle Töne, die die Knaben beim Bärentanze manchmal vernommen hatten.
Die Bärin knurrte leise und krallte sich am Felsen fest. Der Häuptling schwieg jetzt, aber sein Blick ließ die Augen des gewaltigen Tieres nie los. Mit den schwerfälligen Bewegungen eines Bären setzte er sich, und das Ungeheuer kam zu ihm heran. Sprach die Bärin mit ihm? Sie stieß stöhnende Töne aus. Tokei-ihto antwortete ihr.
Sie hielt unmittelbar vor ihm. Ihr halb geöffneter Rachen stand vor der Stirn des Häuptlings; mit einem einzigen Biß konnte sie den Schädel des Menschen krachend zermalmen.
Aber sie biß nicht zu.
Sie ächzte, daß es den beiden lauschenden Knaben durch Mark und Bein ging. Was war das für ein Ton? Weinte die sterbende Bärin?
Der Häuptling antwortete mit einem leisen, dunklen Brummen. Da wandte sich die braune Riesin, und blutend schlurfte sie mit ihren großen Tatzen über den feuchten Felsboden zu dem torkelnden Bärenjungen. Sie stieß es mit der Schnauze und schob es mit ihren mächtigen Pranken vorwärts. Aber es schien, daß sie selbst unsicher wurde. Sie legte sich nieder und leckte ihr Kind. Das braunfellige Junge schnupperte umher. Es hatte wohl Hunger.
Hapedah und Tschaske rührten sich. Jetzt zum erstenmal sahen sie im flackernden Feuerschein, daß die große Bärin ein schö-

nes, etwas lockiges Fell hatte, schimmernd vom hellen bis zum dunklen Braun. Ganz anders war es als alle Felle, die sie je gesehen hatten. Vielleicht hätten sie gern einmal darübergestrichen.

Das Muttertier hatte aufgehört, sein Junges zu lecken. Mit schief gehaltenem Kopf sah es zu dem Häuptling hinüber, der wieder leise Bärentöne ausstieß. Das große Tier rutschte und versuchte aufzustehen, aber es kam nicht mehr in die Höhe. Vergeblich stemmten sich seine mächtigen Tatzen ein, und seine Krallen kratzten mit einer letzten Anstrengung auf dem feuchten Felsboden. Ein roter Faden lief ihm aus dem Maul.

Der Häuptling war aufgestanden; er war zu dem Tier herangekommen, ohne daß es Furcht zeigte. Mit der Kraft seines Willens und einem tiefen Wissen über das Wesen des Bären, wie es kaum ein weißer und auch nicht alle roten Männer besaßen, hatte er die Feindschaft des sterbenden Tieres überwunden. Er kauerte sich nieder, und die Bärin lehnte sich an ihn wie an einen Gefährten. Die Knaben sahen, wie sich der Häuptling an einen der aufwachsenden Felsen stemmte, um nicht umgeworfen zu werden.

Das Junge tappte umher und suchte jammernd nach Milch. Die Mutter zuckte zusammen und raffte sich halb auf, um es wieder fortzuschieben. Mit der Schnauze packte sie es und schob es zu dem Menschen, der ihre Sprache verstanden hatte.

Wieder lief Blut aus ihrem Rachen. Mit einem unbeschreiblichen Blick der brechenden kleinen Bärenaugen nahm sie Abschied. Ihre Tatzen streckten sich, und ihr mächtiger Kopf sank zur Seite. Die große Bärin war tot.

Die Knaben wagten kaum zu atmen. Auch der Häuptling blieb still sitzen, und die Buben sahen, daß er blaß war.

Erst nach einem langen, feierlichen Schweigen erhoben sich Hapedah und Tschaske ohne Geräusch und schlichen sich mit leisen Tritten an das tote Tier heran. In einer Entfernung, die ihnen das Gefühl gebot, ließen sie sich auf dem Felsboden der spukhaft erleuchteten Halle nieder. Auch jetzt, da das Tier ohne Leben am Boden lag, erschraken sie noch einmal vor seiner Größe und den furchtbaren Pranken.

Der Häuptling stand auf; seine Hand fuhr über das weiche Fell

des großen Tieres und untersuchte die vielen blutverklebten Stellen auf der Seite, am Rücken und an der Brust.
„Fünfzehn Kugeln haben sie getroffen", sagte er dann mit gedämpfter Stimme, deren Laut wie eine feierliche Klage klang. „Das haben die Goldsucher getan." Er richtete sich in die Höhe und wies nach dem finsteren Loch an der jenseitigen Wand der Höhlenhalle, aus dem die Bärin mit ihrem Jungen gekommen war. „Auch dort geht es lange durch den Berg hindurch, bis zu seiner Nordseite. Da wohnen sie, die das Gold suchen. Sie haben auf sie geschossen, und nun ist sie in ihren Berg gekommen, um das Junge zu retten."
Das Bärenjunge kletterte an der toten Mutter umher.
Der Häuptling hatte seine Pfeife losgenestelt. Er rieb mit Stöckchen und schwammigem Holze Feuer und brachte den Tabak zum Brennen. Nachdem er die Pfeife dem Himmel und der Erde geboten hatte, rauchte er sie; es war eine Handlung der Weihe. Als er zu Ende geraucht hatte, traf sein Blick wieder den der Knaben. Die Lippen des Häuptlings waren ganz schmal geworden, die Haut über seinen hohlen Wangen hatte sich gestrafft. Die Strenge seines Ausdrucks verbarg das Gefühl.
„Habt ihr euch opfern wollen – für mich?"
Den Knaben stieg das Blut in die Schläfen. Sie wichen den Augen des Häuptlings aus. Woher kannte Tokei-ihto ihr Geheimnis? Sie sagten nichts. Ihr Schweigen hieß „Ja".
Tokei-ihto erhob sich, und die Knaben standen zugleich auf. Er winkte ihnen, da kamen sie herbei, um die tote Bärin zu berühren.
Der Häuptling faßte die Jungen fest ins Auge. Jeder von ihnen glaubte, daß er ihn ganz allein ansehe.
„Ihr habt wie Männer gehandelt, Hapedah und Tschaske. Ihr habt mehr getan, als mancher Mann zu tun vermöchte. Darum will ich euch jetzt auch mehr vertrauen, als ich selbst den Männern vertraut habe."
Tokei-ihto setzte sich mit den beiden Knaben noch einmal zu der toten Bärin. Er lockte das Bärenjunge und nahm das zappelnde und kratzende Tier auf den Arm.
„Hier sind wir", sagte er, „am Anfang unseres Stammes, dessen

Ahnfrau die große Bärin war, und zugleich an seinem Ende. Wir, die Vertriebenen, sind bei der Toten. Aber die Tote hat uns ein Kind zurückgelassen, das ist ein neues Leben. Versteht ihr mich?"

„Hau", antworteten die Knaben wie aus einem Munde. In ihren Herzen war eine große Stille und Erwartung.

„Antwortet mir auf eine Frage. Wir wandern mit den Zelten der Bärenbande nach dem Lande des Nordens, Kanada. Wie werden wir dort leben?"

„Frei in neuen Jagdgründen. Wir werden jagen, wandern und kämpfen, wie wir es immer getan haben, seit der Sohn der großen Bärin unsere Häuptlinge zeugte", antwortete Hapedah voll Mut und Hoffnung.

„Das glaubst du, Hapedah Haarkämmer. Aber es ist nicht wahr. Wir können wieder jagen und kämpfen, vielleicht fünf, vielleicht zehn und wenn es sehr lange ist, vielleicht zwanzig große Sonnen*. Dann kommen die weißen Männer in Scharen auch nach dem Lande des Nordens und besiegen uns wieder."

Die Knaben senkten die Köpfe. Hapedah zuckte und biß sich auf die Lippen, bis sie bluteten.

„Nun sagt mir", sprach der Häuptling – und Hapedah hörte die Stimme vor Aufregung nur wie aus weiter Ferne –, „warum gehen wir dann überhaupt fort von hier mit Mühen und Gefahren und verlassen den großen Stamm der Dakota?"

Die Knaben schwiegen, denn sie wußten keine Antwort. Bedrückt stierten sie auf die tote Bärin.

„Eure Gedanken stehen jetzt vor einem Berge, den müßt ihr mit euren Gedanken durchbohren. Sagt mir zuerst: Warum haben die Watschinschun uns besiegt?"

„Weil ihrer zu viele sind ...", sagte Tschaske.

„Weil sie Mazzawaken haben ...", meinte Hapedah.

„Warum aber sind wir nicht so viele, und warum haben wir keine Geheimniseisen? Ich weiß, daß ihr mir darauf keine Antwort geben könnt, und ich kann euch auf meine eigene Frage auch keine genaue Auskunft geben. Unser Verstand ist nicht

* Große Sonnen = Jahre

geringer als der der Watschinschun, und unsere Arme sind nicht schwächer als die ihren. Das habe ich erprobt, als ich bei ihnen war, und auch im Kampfe gesehen. Also vermögen wir das zu lernen, was die Watschinschun schon können."

„Weiberarbeit." Die beiden Blutsbrüder sagten es trotzig und voll Verachtung.

„Ja, Hapedah Haarkämmer, mit Weiberarbeit haben die Watschinschun uns besiegt. Du mußt erst einmal darüber nachdenken, Tschetansapas Sohn, ob die Weiber und Tiere verächtlich sind. Unsere Vorväter dachten darüber anders. Sie glaubten, daß die Ahne meines Geschlechts ein Tier gewesen sei und eine große Geheimnisfrau, die das Rätsel der Welt kannte. Untschida und Uinonah kennen heute noch die Kräuter und vermögen die Wunden der Krieger so gut zu heilen wie Hawandschita. Wißt ihr noch, wer zuerst Mut zeigte, die Reservation zu verlassen? Das sind unsere Frauen und Mädchen gewesen."

Die Knaben senkten beschämt die Köpfe.

„Darum dürft ihr die Arbeit der Watschinschun auch nicht damit verächtlich machen, daß ihr sie Weiberarbeit scheltet. Die Watschinschun verstehen viel, sonst hätten sie uns nicht besiegt. Sie machen Geheimniseisen: Einer gräbt das Eisen, einer schmilzt es, einer schmiedet es – und sie machen aus Eisen Pflüge, mit denen sie den harten Boden aufreißen, so daß er Frucht gibt und viele Menschen auf einem kleinen Platz ernährt. Das müssen wir auch alles lernen. Sie können Büffel züchten, so daß sie sie nicht zu jagen brauchen."

Hapedah und Tschaske sagten nichts.

„Wir wollen aber noch mehr lernen und noch mehr können als die Watschinschun." Die Jungen hoben die Köpfe.

„Sagt mir – was können unsere Feinde nicht?"

„Ihre Schwüre können sie nicht halten! Sie können nicht die Wahrheit sagen! Sie können nicht miteinander von der Jagdbeute leben und nicht miteinander einen Acker bebauen. Sie können die Menschen und die Tiere nicht in Frieden lassen!" rief Tschaske. „Sie sind wie Wölfe, sie greifen immer an und wollen Mensch und Tier töten – und der Stärkere unter ihnen frißt den Schwächeren."

„Ja, das ist wahr, Tschaske. Du hast deine Augen offen gehabt und in einer einzigen großen Sonne sehr viel gesehen. – Wir aber wollen die Wahrheit sagen, wie unsere Väter sie immer gesagt haben. Wir wollen unsere Schwüre halten, wie unsere Väter sie immer gehalten haben. Wir wollen aber noch mehr, ihr Knaben! Mit dem Sohne der großen Bärin fängt ein neues Leben an. Wir haben eine neue Kraft und eine neue Hoffnung, die uns das Große Geheimnis gegeben hat. Wir wollen einen heiligen Frieden gewinnen, Frieden mit allen Kriegern der Prärie – und Frieden mit den weißen Männern . . ."
„Mit Watschinschun!" riefen die Knaben zornig, als der Häuptling nach seinen Worten eine Pause einlegte.
„Ja, ihr müßt noch immer scharf nachdenken, Hapedah Haarkämmer und Tschaske Breitbeinig. Die Watschinschun sind nicht alle unsere Feinde. Oben bei den Waldbergen in Kanada wartet Adams auf uns, der uns helfen will. Sein Vater ist von den ‚großen und starken Wölfen' unter den Watschinschun auf grausame Art getötet worden. Er kommt zu uns als unser Bruder, und mit ihm kommt seine Frau Cate mit den Sonnenhaaren, deren Vater von Red Fox ermordet worden ist. Bei Adams, denke ich, werden wir auch die Brüder Thomas und Theo finden, die mich mit Adams und Tschapa zusammen aus meinen Fesseln befreien wollten und dann vor Red Fox und Roach fliehen mußten."
„Ja, ja."
„Adams, Thomas und Theo werden unsere Brüder sein und Cate unsere Schwester. Mit ihnen können wir in Frieden leben und voneinander lernen."
„Das ist gut", meinte Hapedah. Seine Augen bekamen wieder Glanz.
Der Häuptling erhob sich. „Kommt mit, Tschaske und Hapedah. Ich habe gestern Gold geholt. Wir wollen uns in Kanada soviel gutes Land und Vieh kaufen, wie wir brauchen, um ohne wilde Büffel, aber als freie Männer zu leben."
„Ja!"
„Ihr werdet mir weiter helfen müssen, ihr Knaben, so wie ihr mir heute schon einmal helfen wolltet. Denn unsere Männer

wissen noch nichts von unserem Geheimnis. Sie werden wieder Büffel jagen wollen, und sie werden uns nur schwer verstehen. Tschapa ist der einzige, der schon mit uns verbündet ist." Der Häuptling erhob sich, aber ehe er ging, wandte er sich noch einmal an die große Bärin.

„Sie gehört dem Großen Geheimnis", sprach er. „Keine Menschenhand soll sie mehr berühren. Hierher ist sie gekommen, um zu sterben, und hier werden wir sie ruhen lassen, bis sie zergangen ist."

Leise strichen die Finger der Knaben zum Abschied über das Fell der alten Bärin.

Tokei-ihto nahm das Bärenjunge. Hapedah ging als Fackelträger auf dem Heimweg voran. Er beleuchtete den Weg in dem Höhlengang, durch den die Brüder im Dunkeln gekommen waren. Abwärts ging es erst dem rauschenden Wasser zu. Das Getöse wurde immer stärker, und schließlich sah Hapedah im Fakkelschein die dahinschießende Flut des unterirdischen Baches, durch den sie auf dem Herweg gewatet waren. Rechter Hand floß das Wasser durch eine große Öffnung im Felsen ab, und Hapedah erkannte nachträglich, daß schon ein einziger falscher Tritt genügt hätte, um mit der Flut in den finsteren Bauch des Berges hinabgerissen zu werden.

Tokei-ihto hielt an und setzte das widerspenstige Bärenjunge auf den Höhlenboden nieder.

„Wartet! Ich werde euch etwas zeigen und erklären." Der Häuptling wandte sich noch einmal um und lenkte die Blicke der Knaben auf das Wasser, das aus der Höhe in den Höhlengang hereinschoß. „Bei der Quelle dieses Wassers oben im Fels befindet sich ein kleiner Höhlenraum, in dem es Gold gab", sprach er. „Meine Vorväter und mein Vater wußten davon. Vom Zauberwasser benommen, hat mein Vater einmal etwas Unbestimmtes darüber gesagt. Als er nicht mehr und nichts Genaueres sagen wollte, wurde er von Red Fox getötet. Die weißen Männer haben dieses Gold nie gefunden; was sie entdeckt haben, sind die Goldadern der Felsen im Norden der Che sapa*.

* Black Hills

Es befindet sich jetzt auch kein Korn Gold mehr hier. Ich habe gestern das letzte geholt. Ich glaube nicht, daß die Quelle die Goldkörner dort oben in den Fels geschafft hat. Es muß ein altes reiches Versteck gewesen sein. Nun ist es leer. – Gehen wir!" Der Weg führte von nun an wieder aufwärts zwischen seltsamen Felsgewächsen hindurch, steil und mühsam. Hapedah tastete mit der Linken, während seine Rechte die Fackel hochhielt. Das Rauschen des Wassers hinter dem Rücken der drei wurde allmählich wieder zu einem schwachen Gesang.
Als der Schein der Fackel sich mit dem ersten Schimmer des Tageslichtes mischte, atmeten Hapedah und Tschaske tief auf, und sie glaubten schon den Geruch frischer Luft zu spüren. Nur noch wenige Schritte waren zu tun, dann standen die drei Menschen am Ausgang der Höhle in der Felswand über dem Walde. Hapedah löschte die Fackel.
Der Himmel draußen war blau, und die Wintersonne schien. Die Bäume senkten ihre Zweige unter Schneelasten. Krächzend riefen die Krähen. Hapedah und Tschaske sogen noch einmal die frische Luft ein. Jetzt war das dunkle Reich des Berges hinter ihnen versunken, und sie standen wieder im lebenden frohen Wintertag.
Der Häuptling wies die Knaben zurück und betrachtete einen Augenblick den steilen Felsen, über dem er stand. Er löste das Lasso, setzte sich und nahm den langen geflochtenen Riemen so über die Schultern, daß die beiden freien Enden gleich lang an der Felswand herunterhingen. Mit Hilfe des Lassos kletterten die beiden Jungen schnell hinunter. Dann zog der Häuptling den Riemen ein, nahm das Bärenjunge wieder auf den Arm und sprang frei über die Wand hinab. Er erreichte den Steilhang des Waldbodens. Halb rutschend, halb springend, gewann er wieder Halt und setzte den Abstieg fort. Die Knaben liefen und sprangen nach Kräften, um Tokei-ihto dabei zu folgen. Mehr als einmal kugelten sie in den Schnee und stießen sich an den Stämmen.
„Ihr müßt nicht mit den Füßen springen, sondern mit den Augen", lehrte sie Tokei-ihto. „So weit euer Blick reicht, müßt ihr jeden Tritt erkennen, dann laufen die Füße von selber nach."

Wirklich ging es nach diesem Rat viel besser.
Als die ersten Zelte zwischen den Bäumen grüßten, kam es den Knaben vor, als ob sie jahrelang fort gewesen seien und nun als reife Männer zurückkehrten. Bei aller Freude war ihnen beklommen zumute. Sie hatten etwas erlebt, wovon sie weder sprechen konnten noch durften.
Die Heimkehrenden waren vom Lager aus bemerkt worden, aber sie wurden nicht mit lauten Rufen begrüßt. Stumm und mit großen verwunderten Augen standen Frauen, Knaben und Mädchen zwischen den Tipi, und die Männer nahmen die Pfeifen aus dem Mund und musterten verstohlen den Häuptling und das merkwürdige Bärenjunge, das er trug. Das weiche, etwas lockige Fell des Tieres, das in einem satten Braun abschattiert war, und die großen Tatzen mochten ihnen wohl zu denken geben. Einen solchen Bären hatten sie gewiß noch nie gesehen.
Hawandschita stand vor seinem Zauberzelt. Sonne und Schatten spielten darüber hin. Ein leichter Wind hatte sich erhoben, der die verschneiten Äste schaukelte. Es war, als ob das Schattenspiel den Zauberzeichen auf den Zeltplanen Leben gäbe. Die große Schlange schien zu züngeln und sich zu winden. Der Alte reckte sich; er hatte seinen großen speerartigen Zauberstab zur Hand. Der Stab war mit Schlangenlinien bemalt, und während er ihn kreiseln ließ, hatte das Auge den Eindruck, als ob die Linien zu laufen begännen.
Obgleich die Knaben das Gesicht nicht in Richtung des Zaubertipi wandten, nahmen sie das Bild verstohlen in sich auf, und eine leise Unruhe befiel sie. Aber in diesem Augenblick hielt Tokei-ihto den Schritt an und hob das Bärenjunge hoch. Hawandschita schien zu erstarren, dann verschwand er durch den Zeltschlitz in das Innere seiner Behausung, schnell, mit einer huschenden, furchtsam wirkenden Bewegung.
Uinonah und Mongschongschah hatten vor dem Tipi Tschetansapas gearbeitet. Als sie sich jetzt aufrichteten, stand in Mongschongschahs Zügen das Erstaunen geschrieben, in Uinonahs Antlitz aber war mehr zu lesen. Ein Mensch, der von Angst gewürgt worden war, konnte plötzlich wieder Luft schöpfen.

Wo blieben Tschetansapa, Tschapa und Tobias? Diese drei Männer und Untschida konnten die Knaben nirgends entdekken.
Erst als sie mit Tokei-ihto das Häuptlingszelt betraten, erblickten sie die Krieger, die um die unbenutzte Feuerstelle in der Mitte des Zeltes gesessen und anscheinend mit tiefem Ernst beraten hatten. Im Hintergrund befand sich Untschida; sie ließ jetzt die Hand sinken, die sie betend vor den Mund gehalten hatte. Die drei Krieger sprangen auf.
Tokei-ihto ging zur Zeltmitte. Er lächelte; das Lächeln erschien den Knaben schön wie die Sonne nach der Nacht, und nur sie und Untschida kannten die Tiefe des Geheimnisses, über der dieses Lächeln erschien.
Ohne ein Wort davon zu sagen, dachten beide das gleiche: Sie erinnerten sich des Tages, an dem Tokei-ihto nach der langen Verbannungszeit des Vaters zurückgekehrt war und sie zum erstenmal freundlich angesehen hatte. Heute waren sie mit dem Häuptling verbunden wie Brüder.
Uinonah und Mongschongschah kamen in das Zelt herein und bereiteten mit Untschida zusammen das Essen. Die Jungen bissen herzhaft zu. Tokei-ihto hatte sich schon bei Tschapa, Schwarzfalke und Tobias niedergelassen. Er kämpfte mit seinem ungebärdigen Riesenkind, das sich an dem warmen, weichen Hals des Mannes festzubeißen und daran zu saugen versuchte. Als er die Zähne des kleinen Ungetüms wieder gelöst hatte, sah man die Blutspuren an seinem Hals.
„Es muß etwas geschehen", erklärte der Delaware, und das war das erste Wort, das gesprochen wurde. „Kann dieses Untier fressen?"
„Nein, es hat noch keine drei Monde gesehen. Aber es wird lernen müssen zu fressen, wenn es nicht sterben will."
Uinonah kam mit einem Pulver aus zerriebenen Beeren herbei, wie es die Kinder neben ihrer Fleischmahlzeit zu erhalten pflegten, und versuchte es dem Bärenjungen einzustopfen, aber das Tier fand keinen Gefallen daran. Mit tückischer Beharrlichkeit strebte es nach Tokei-ihtos Hals und krallte sich angstvoll an dem Häuptling fest.

„Geh, Tobias, fange ihm ein paar Fische. Das ist es, was seine Verwandten in der Heimat fressen."
„Seine Verwandten? Haben Tokei-ihtos Augen jemals schon ein solches Tier gesehen?"
„Droben bei der Weltecke, aus der der Nordsturm bläst, gibt es solche Bären. Die Watschinschun nennen das Land Alaska. Sie sagen, daß es zur Zeit unserer Urväter überall solche großen Bären gegeben habe, die in Höhlen lebten. Wir wollen das Bärenkind mitnehmen. Es soll uns über den Mini-sose begleiten. Seine Mutter hat es mir gegeben, als sie starb. Die Schießeisen der Goldgräber haben sie getötet."
Der Delaware erhob sich. Er ließ sich von Uinonah etwas rohes Fleisch geben und verließ damit das Zelt. Hapedah und Tschaske begleiteten ihn, um ihm beim Angeln zu helfen. Sie sprangen erst zu den Pferden und stahlen ihnen einige Haare aus ihren langen Schweifen. Die knüpften sie zu dünnen, aber haltbaren Angelschnüren zusammen. Lange Weidenzweige waren am Flußufer zu finden, und so waren die Angeln rasch hergestellt. Die Fischer warfen die Schnur. Der Delaware hatte zuerst Glück. Auch Hapedah konnte bald eine Beute zeigen; Tschaske aber war leer ausgegangen. Da die beiden gefangenen Fische zunächst genügen mochten, kehrten Tobias und die beiden Jungen damit ins Zelt zurück.
Der Häuptling zerkleinerte das Fischfleisch, und mit seinen Fingern, die sein Pflegling jetzt als Saugobjekt erkoren hatte, stopfte er ihm die Nahrung in den Schlund. Das Kleine schluckte und verlangte begierig nach mehr. Das Spiel war gewonnen.
Hapedah und Tschaske waren von den Ereignissen noch so beeindruckt und aufgeregt, daß es einer Mahnung der Krieger bedurfte, ehe sie sich zur Ruhe begaben. Die Mitte des Tages war schon überschritten, und für den Abend war der Aufbruch aus dem Lager angesetzt. Der Wille des Häuptlings galt wieder unumschränkt.
Als ob einer des anderen Gedanken gelesen habe, sagte Hapedah zu Tschaske leise: „Zusammen?"
Und der Blutsbruder antwortete mit einem „Ja".

Dann krochen die beiden unter dieselbe Decke, um an diesem Tag beieinander zu schlafen.
Als sie abends aufwachten und es im Zelte schon dunkelte, fühlten sie sich erfrischt und gestärkt. Sie hielten sofort nach dem Bärenkinde Ausschau. Es lag in eine Decke gewickelt in ihrer Nähe, satt und zufrieden. Neugierig äugte es nach den beiden Jungen. Während die Brüder es noch betrachteten, wurde ihr Bett schon zusammengeschlagen und verpackt. Sie liefen schnell hinaus, um bei Sonnenuntergang noch einmal im Flusse zu baden.
Als sie zurückkamen, waren die Lederwände der Tipi schon von den Stangen abgenommen. Das Lager löste sich auf. Nur ein einziges Zelt stand noch unberührt: das des Biber.
Vor diesem Zelt lief die kleine Blitzwolke unschlüssig allein umher; sie schien nicht recht zu wissen, ob sie eintreten sollte oder nicht.
Auf Tschaskes Vorschlag gingen die beiden Buben zu ihr hin.
„Ach, da seid ihr", sagte das Mädchen halb abwesend. „Was soll ich nun tun? Es ist niemand in dem Zelt. Ich kann es doch nicht allein abbrechen."
„Wo sind deine Mütter? Und deine Schwestern?" fragte Hapedah erstaunt.
„Das weiß ich nicht."
„Das weißt du nicht?" Hapedah konnte sich einer aufsteigenden Unruhe nicht erwehren. „Seit wann sind sie denn fort?"
„Ach, ich weiß nicht. An dem Morgen nach der schrecklichen Nacht, in der sie im Traum geschrien hat, habe ich sie zum letztenmal gesehen. Unsere alte Mutter saß in dem Weidengebüsch am Fluß, als Untschida kam und sie holte. Dann ging Gefleckte Kuh mit allen meinen Müttern und Schwestern in den Wald, und ich dachte, sie wollten Wurzeln suchen oder Tschapas Jagdbeute bergen. Seitdem habe ich meine Mütter nicht mehr erblickt. Ich habe ja bei euch geschlafen."
Die Brüder erschraken. „Du mußt es Tschapa und dem Häuptling sagen! Weiß es dein Oheim noch nicht?"
„Nein. Auch er wohnte ja im Tipi Tokei-ihtos. Woher soll er es wissen?"

Das Mädchen lief fort, um ihren Onkel zu suchen, und die Knaben erzählten ihrer Mutter, was sie erfahren hatten. Sie sahen, daß die Nachricht auch sie sehr erschreckte.
Es wurde gesucht, aber die Mütter und Töchter aus dem Zelte des Biber waren und blieben verschwunden. Der Häuptling rief seine Späher zusammen. Ihasapa erinnerte sich, die Frauen unter Führung der Gefleckten Kuh im Walde gesehen zu haben, wie sie nordwärts strebten. Auch er hatte sich dabei nichts Böses gedacht, sondern vermutet, daß sie auszogen, um eine große Jagdbeute des Biber zu bergen.
Die Männer, die sich um Tokei-ihto versammelt hatten, wurden sehr nachdenklich.
„Sie hassen mich", sagte der Häuptling, „und sie laufen zum Feinde, um uns zu verraten. Die Goldsucher sind in der Nähe. – Folgt ihr den Verräterinnen", befahl er dem Biber und Tobias. „Ihre Spuren müssen im Schnee noch zu finden sein. Sie haben einen Vorsprung von zwei Tagen und einer Nacht, aber es mag sein, daß ihr sie noch faßt, ehe sie Unheil angerichtet haben."
Die beiden Krieger machten sich auf den Weg. Still, mit der Ahnung drohender Gefahren, brach die Bärenbande nach Sonnenuntergang in langem Zuge westwärts auf.
Hapedah hatte das Bärenjunge auf dem Travois mitnehmen dürfen, das die Fuchsstute hinter sich herzog. Tschaske beobachtete vom Rücken seines Mustangs aus, ob es sich ruhig verhielt.
„Da haben sie es ja – siehst du es, da", sagte die Frau des Antilopensohn zu Blitzwolke. „Unsere beiden Bärenknaben!"
Hapedah schaute sich nach Tschaske um. Die Brüder tauschten einen schnellen Blick. Bärenknaben? Das war nicht schlecht. Es war ein neuer, besserer Name, und sie trugen ihn gemeinsam wie rechte Brüder.

Indianische Kriegskunst

Der Zug war in tiefer Dunkelheit aus dem Waldlager aufgebrochen. Schweigend wanderten die Menschen durch die Nacht, und auch die wenigen Hunde trugen ihre Packen, ohne zu bellen.

Der Marsch ging noch westwärts. Erst als die Höhen der Schwarzen Hügel zur Rechten zurückgewichen waren, leiteten Tokei-ihto und Hawandschita nach Nordwesten in das Hochland hinein, das sich zwischen den Black Hills und dem Felsengebirge erstreckte und auch jetzt noch unter hohem Schnee lag. Nacht um Nacht ging es dort weiter auf dem Wege nach Norden. Der Transport der Habe wurde schwierig; der Schnee war nicht fest, und die Pferde brachen ein. Tapfer spurte der falbe Leithengst für den ganzen Zug. Die Männer und Frauen, auch die Kinder, die schon kräftig genug waren, um einen Nachtmarsch durchzuhalten, liefen mit Schneereifen. Die kleinsten Kinder wurden von den Müttern in Tragen auf dem Rücken mitgenommen; die größeren, die noch nicht eine Nacht hindurch mit Schneereifen laufen konnten, waren in Fellsäcken verstaut. Je zwei solcher Säcke hingen, durch einen Gurt verbunden, rechts und links an einem Pferde.

Die nächtlichen Märsche gingen durch zeichenlose Finsternis. Kein Wasser rauschte, kein Baum gab einen Anhalt. Der Wind hatte Schnee von den Hügelkämmen abgeweht und in den Tälern aufgehäuft und dadurch die Höhenunterschiede verringert; wie eine Meereswelle der anderen, so glichen sich jetzt die Bodenerhebungen und Täler unter der weißen Decke. Der Nordwind pfiff und jammerte über das freie Land dahin, winselte in kleinen Gehölzen und trieb den Schnee, wo dieser lokker lag, zu Wolken auf. Die herabstäubenden Massen drangen den Menschen und den Tieren in Augen, Nase und Ohren. Mit der wehenden Luft schlichen sie sich in die dicksten Fellröcke ein und bissen in die Haut. Das Knirschen der Hufe und das Tappen der Schneereifen verklang und verwehte in dem immer lauter aufheulenden Wind.

Der Sturm schnitt wie mit Messern. Die Bärenknaben hatten

die Hände vor das Gesicht genommen, um noch atmen zu können. Die Luft schien allmählich ins Rasen zu kommen. Sie fauchte und schrie. Die Frauen suchten die Kinder vor dem Sturm zu schützen. Blitzwolke wußte kaum mehr, wie sie noch einen Fuß vor den anderen setzen sollte. Ihre Wangen und ihre Nase brannten ihr im Frost, und die Hände taten ihr bitterlich weh. Wieder wirbelten Schneemassen auf und schlugen mit Gewalt auf Menschen und Tiere hernieder. Uinonah brach zusammen, und Blitzwolke wurde mit ihr begraben.

Die Mädchen fühlten, wie sie wieder aus dem Schnee herausgeholt wurden. Der Sturm tobte so, daß kaum einer die Stimme des anderen vernehmen konnte. Dennoch drang die Signalpfeife des Häuptlings durch. Er gab das Zeichen zum Halten und Eingraben. Die großen Büffelhautdecken wurden mitten im Sturm mit Mühe losgemacht. Jeder nahm eine Handvoll Nahrung in einem Beutel zu sich. Die Mädchen und Jungen wurden unter die Büffelhautplanen gebracht, so daß sie vollständig überdeckt waren. Sie kuschelten sich im Finstern zusammen. Blitzwolke spürte ihre Freundin Eidechse neben sich und hörte ein Tuscheln der Bärenknaben mit dem Bärenjungen, das noch mit in dasselbe Nest kam. Uinonah, Untschida und Mongschongschah gruben sich daneben ein. Die Krieger durften sich nicht eingraben. Sie mußten stehen, ihre langen Speere festrammen und Wache halten, solange der Schneesturm anhielt. Wenn er vorüber war, mußten sie an den Speeren erkennen, wo die Weiber und Kinder vergraben lagen, denn die Schneewehen veränderten die gesamte Landschaft.

Blitzwolke, Eidechse und die Bärenknaben fühlten sich warm und mollig in ihrem windgeschützten Versteck. Sie dachten an die Häuptlinge und Krieger, die draußen standen im eisigen Sturm. Aber obwohl sie an die Krieger draußen dachten, fielen ihnen doch die Augen zu. Sie waren so erschöpft, daß sie in der vollständigen Stille, die sie jetzt mit dem Schnee umhüllte, einschliefen. Sie schliefen so fest, daß sie nicht wußten, wie lange sie geschlafen hatten, als sie geweckt wurden. Sie wurden aus Schnee und Decken ausgeschält und atmeten auf einmal wieder kalte Luft. Blinzelnd blickten ihre Augen ins Tageslicht und zum hellgrauen Himmel. Rings um sie her waren neue Schneeberge und neue Schneetäler entstanden. Die Hunde jaulten und scharrten sich auch aus dem Schnee heraus. Männer und Frauen halfen den Mustangs, Wiesenboden freizumachen, damit die Tiere nicht verhungerten. Aber das war eine verzweifelte und harte Arbeit. Wer gute Augen hatte, konnte in der Ferne sich bewegende Punkte sehen: ein großes Wolfsrudel. Das war keine erfreuliche Aussicht auf die kommende Nacht. Ein festes Lager konnte man gegen Wölfe verteidigen, aber einen wandernden Zug gegen die Raubtiere zu schützen war schwer. Die Jungen und Mädchen beobachteten, wie der Häuptling seine Befehle gab und wie sich die besten Jäger jetzt schon aufmachten, um das gefährliche Rudel zu erlegen. Schade, daß Tobias nicht hier war. Er galt als ein erfolgreicher Wolfsjäger weit und breit. Sein Jägername, den er einst an der kanadischen Grenze erhalten hatte, „Chef de Loup", Wolfshäuptling, wurde im Munde der Krieger wieder lebendig. Oft nannten sie ihn jetzt auch in ihrer eigenen Sprache „Schunktoketscha", Wolf.

Die Kinder aßen bei der Rast wenig. Dann schliefen sie gleich wieder. Sie mußten jede Minute nutzen, um ihre Kräfte zu erneuern, denn es ging um Leben und Tod. Wer diese Wanderung nicht aushielt, der mußte zurückbleiben und sterben. Manche der Mustangs krepierten vor Hunger. Maultiere, die die Bärenbande noch aus dem mißglückten Schmugglerzuge des Bacerico Monito besaß, erwiesen sich als zähe und brauchbar.

Die Eiseskälte und die übermäßigen Anstrengungen der Wanderung hatten auch einige der alten, kraftlos gewordenen Männer und Frauen der Bärenbande schon zu Tode erschöpft. Sie taten, was seit Väterzeiten Sitte des wandernden Jägervolkes gewesen war: Sie nahmen Abschied von den Ihren und ließen sich durch keine Bitten von ihrem Entschluß abbringen. Als der Wanderzug wieder aufbrach, blieben sie allein in der großen einsamen Schneewüste zurück. Während die Sterne verschleiert zwischen Wolken aufblinkten, ging das Lied der Sterbenden durch die Lüfte und zu den Ohren derer, die mit verkrampften Fäusten und zusammengepreßten Lippen weiterwanderten, weiter, weiter, fort aus der Heimat, hin zu dem fremden und fernen Lande. Auch Kinder starben in Kälte und Mühsalen, und mancher dachte ohne Worte an die Rede des Häuptlings der Schäheptin, die Tokei-ihto den Söhnen und Töchtern der großen Bärin gesagt hatte, als sie aufbrachen. Doch noch waren die Männer, Söhne und Frauen nicht müde, wenn sie auch traurig waren. Nacht für Nacht setzten sie alle einen Fuß vor den anderen und hungerten, um den Proviant zu sparen, froren im Wind und im Schnee und hörten immer wieder das Geheul der Wölfe, die sich des Nachts an den Zug heranschlichen. Den Hunden hatte man die Packen abgenommen, damit sie besser gegen die Wölfe kämpfen konnten. Blutig, zerbissen, zerkratzt, aber immer Sieger, führte Ohitika sein kleines Rudel. Dem Falben war es gelungen, mit den Hufen einen Wolf zu töten. Unermüdlich waren die Krieger in der Dunkelheit um den wandernden Zug herum unterwegs und jagten die Raubtiere.

Tokei-ihto hatte schon als elfjähriger Knabe den Namen Wolfstöter erhalten und bewies, daß er ihn immer noch zu Recht tragen konnte.

Immer weiter ging es nordwärts durch die endlose Prärie. Der Winter war früher müde als die Wandernden. Die weiße blendende Decke der Hochebene wurde grau und taute rasch. Löcher zeigten sich im Schnee; alte Wildspuren vergrößerten sich durch den Einbruch der schmelzenden Ränder ins Riesenhafte. Zur Mittagszeit, wenn die erschöpften Wanderer in ihren Dekken ruhten, hörten sie noch im Schlafen das leise Glucksen, mit dem der Boden den sich auflösenden Schnee schluckte. Die Sonne schien schon warm, aber in den frostklaren Nächten froren das Eis auf den Flüssen und Bächen und der nasse Schnee noch immer von neuem fest.

Wieder einmal war nach einer kalten Nacht die Maisonne am Himmel aufgegangen, und ihre Strahlen wärmten die Kinderhände. Die Pferde waren schon abgeladen und weideten am Ufer eines kleinen Gewässers. Beilhiebe ließen das Eis des Baches splittern, und das Wasser quirlte in den Löchern. In den

Zweigen eines Pflaumenbaumes saß eine schwarze Drossel mit gelbem Schnabel und sang ihr Morgenlied. Das Mädchen Blitzwolke hatte die Hände auf dem Rücken zusammengelegt und hörte zu. Der Morgen war schön. Eine Lerche stieg flatternd in die Himmelshöhe hinauf wie ein singender Pfeil. Blitzwolke war hungrig und überanstrengt und trotzdem froh.

Vertrauensvoll ließ sie sich bei der Häuptlingsschwester nieder, die Mutterstelle an dem einsam gewordenen jüngeren Mädchen vertrat, und nahm ihr Frühstück in Empfang. Es war ein Stück Hirschfleisch. Als Blitzwolke es zerteilt und verzehrt hatte, sah sie forschend um sich.

„Wo sind wir jetzt?" erkundigte sie sich, während sie das Messer in die Erde stieß und es gereinigt wieder in die Scheide steckte.

„Nahe dem unteren Pulverflusse, der in den Gelbsteinfluß fließt", erklärte die Häuptlingsschwester. „Der Gelbsteinfluß aber strömt in das große Schlammwasser."

„Ist es noch weit bis dahin?"

„Einige Nachtlager, wenn wir gerade durchziehen können."

„Ist es wahr, daß das große Schlammwasser so wild und listig ist, daß es alle Schiffe frißt?"

„Im Frühjahr, wenn die Wasser hochgehen, hat der Strom schon viele Schiffe gefressen, sagte mir Tokei-ihto."

„Aber wir fahren hinüber?"

„Wir werden es versuchen."

„Wenn wir hinübergefahren sind, wohin kommen wir dann, und wie ist es da?" Blitzwolke war lebhaft. Ihre Gedanken schweiften in die Zukunft, die vor ihr lag wie eine blau verschwimmende Ferne, aus der Schönes und Schreckliches auftauchen konnte.

„Wenn wir über den Mini-sose ziehen, so kommen wir wieder in weite Prärien und Wälder und zu vielen Flüssen und Seen."

„Du weißt noch mehr, Uinonah! Erzähle!"

„Erinnerst du dich nicht mehr, Blitzwolke, wie Tschotanka an dem Tage, an dem mein Bruder wieder in unseren Stamm aufgenommen wurde, von dem großen Fest der drei Stämme und von dem Sonnentanz erzählte, durch den Tokei-ihto bei den

Siksikau gegangen ist? Unter der Kette der Bärenkrallen sind noch seine tiefen Narben zu sehen!"

„Ich erinnere mich, aber ich habe nicht alles genau verstanden, denn ich hatte erst sechs Sommer gesehen, und ich war damals sehr aufgeregt. Du aber, Uinonah, bist mit dem Zelte Tschotankas selbst bei dem Feste gewesen!"

„Ja, das war ich. Siksikau und Assiniboine habe ich gesehen; Häuptling Brennendes Wasser und den jungen kühnen Donner vom Berge, den Schwarzfuß, mit dem mein Bruder am selben Tage durch den Sonnentanz ging und der sein Blutsbruder geworden war. Donner vom Berge hat eine Schwester, Sitopanaki, ‚Deren Füße singen, wenn sie geht'."

„Alle diese Häuptlinge und Krieger und Mädchen möchte auch ich kennenlernen!" rief Blitzwolke.

„Du mußt wissen, kleines Mädchen", Uinonah wurde sehr ernst, „daß wir mit den Schwarzfüßen nur bei jenem Feste friedlich zusammenkamen, daß sie sonst aber unsere Feinde sind. Sie hassen die Dakota. Oft sind sie schon frech über den Minisose weit herein in unsere Jagdgründe geschweift und haben unser Wild geschossen. Und da Tokei-ihto nun nicht mehr der Feind der Dakota, sondern unser Häuptling ist, werden sie ihn und uns alle töten, wo sie uns finden."

„Ein Blutsbruder den anderen?" fragte Blitzwolke erschrocken.

Uinonah antwortete nicht mehr. Sie stand auf. Ihre Aufmerksamkeit schien von irgendeinem besonderen Vorgang angezogen zu werden. Blitzwolke schaute forschend in die Richtung, in die Uinonahs Blick ging. Das Blut gefror dem jungen Mädchen in den Adern.

Honigblüte, Blitzwolkes ältere Schwester, war wieder da! Das Unheil näherte sich mit kräftigen Schritten. Wie sie aussah! Die Haare waren nicht gekämmt, hohl waren ihre Wangen, und sie sah zu Boden. Sie schämte sich. Das sollte sie auch. Blitzwolke ärgerte sich, daß die Häuptlingsschwester freundlich zu diesem Mädchen war. Uinonah brachte der Zurückgekehrten sogar Fleisch zum Essen.

Ohne aufzublicken, verspeiste Honigblüte den Brocken. Es hatte sich unterdessen ein Kreis von Frauen um sie und Blitz-

wolke gebildet. Drüben bei dem Häuptling Tokei-ihto standen der Biber und Chef de Loup und berichteten.
„Wo kommst du denn her?" verhörte Blitzwolke ihre Schwester.
„Ach, von weit", antwortete Honigblüte mit einer Sanftmut, die ganz fremd an ihr war. „Es ist schrecklich gewesen und wird noch viel schrecklicher", sprach sie weiter zu den Frauen. „Sie hat uns Tag und Nacht durch die Wälder gejagt, die Gefleckte Kuh, wie eine Eule die Finken, und dann sind wir zu den haarigen Männern gekommen. Ihr glaubt nicht, was die für Haare um den Mund haben!" Honigblüte wies mit den beiden Händen vom Munde bis zu den Knien, und die Frauen entsetzten sich. „Sie hatten keine Frauen und keine Töchter, und wir mußten für sie arbeiten. Sie sprachen Worte, die wir nicht verstanden, mit ganz lauten Stimmen, und lachten dazu."
„Dann habt ihr ihnen also nichts erzählen können", meinte Mongschongschah, die inzwischen auch herbeigekommen war, erleichtert.
„Doch, mit den Händen konnten wir etwas miteinander reden. Die Gefleckte Kuh hat schlimme Dinge erzählt. Daß Tokei-ihto nach Rache dürste und alle Watschinschun töten wolle und skalpieren und martern und ihre Hütten verbrennen und ihr Vieh rauben und ihre Weiber in sein Zelt schleppen und ihre Kinder ermorden . . ."
„Die Lügnerin und Verräterin!" Auch Uinonah konnte ihre Erregung nicht mehr mit äußerlicher Ruhe bedecken. „So werden sich jetzt die Milahanska aufmachen, um uns zu jagen!"
„Sie haben sich schon aufgemacht. Sie kommen von überallher, denn sie haben ein Geheimnis, mit dem sie in die Ferne sprechen können. Es ist wieder wie im Krieg."
Die Frauen sahen einander an. Wie im Krieg!
Honigblüte bedeckte das Gesicht mit den Händen. „Wir werden nie über den Mini-sose kommen!"
„Daran seid ihr schuld, ihr!" rief Blitzwolke außer sich. „Aber ich gehe nicht mehr auf die Reservation zurück!"
Uinonah sah vertrauend auf ihre Schutzbefohlene und zog der weinenden Honigblüte die Hände vom Gesicht.

„Warum bist du denn wieder zu uns gekommen?" fragte sie das Mädchen.
Honigblüte schluckte und wischte ihre Tränen ab. „Ein Haariger war dort", sagte sie, „er hat mich zu seiner Frau machen wollen; da bin ich am Abend fortgelaufen. Tschapa hat mich im Walde gefunden; ich hatte großen Hunger. Ich habe geglaubt, daß er mich tötet, aber er hat mich mitgenommen und hat gesagt, daß ich wieder dableiben darf." Das letzte gestand Honigblüte nur in einem kaum hörbaren Ton. Sie hatte Angst vor den feindseligen Frauen und spürte den verachtungsvollen Blick ihrer jüngeren Schwester.
„Wo habt ihr denn die Pferde her, auf denen ihr geritten seid?" fragte Mongschongschah in die entstandene Stille hinein.
„Die hat Chef de Loup den weißen Männern abgenommen, die das Gold aus dem Gestein der Berge holen wollen. Er hat gesagt, wir brauchen die Tiere."
„Ihr habt die Pferde abgetrieben, das ist ihnen anzusehen", bohrte Mongschongschah weiter. „Sind die Feinde schon nahe?"
Honigblüte nickte. „Ja, diese, die vom Niobrara und der Reservation östlich um die Black Hills herum kommen, sind schon sehr nahe. Auf einen Tagesritt vielleicht, sagt Tschapa. Wir haben unseren Mustangs die Fersen in die Seite geschlagen und sind schnell geritten, damit wir euch noch warnen können. Die Feinde haben gute Pferde und keine Weiber und Zelte!"
„Sind es viele?"
„Fünfzig, sagt der Biber, dreißig Langmesser und zwanzig von der Lagerpolizei."
Blitzwolke tat einen tiefen Atemzug und verließ die Gruppe der Frauen und Mädchen. Sie schaute hinüber zu dem Häuptling und seinen Kriegern, die beratend zusammensaßen, und sie sah, daß die Beratung offenbar schon beendet wurde, denn die Männer verließen ihren Platz, und der Herold ging umher, Blitzwolke hörte, was er verkündete. Die Frauen und Kinder mußten unter dem Schutze Tokei-ihtos und seiner Männer sofort weiterziehen. Nur sieben Krieger sollten mit Tschetansapa zurückbleiben und den Verfolgern die Pferde nehmen.

Der Wanderzug bildete sich im Umsehen wieder und machte sich auf den Marsch.
Tschetansapa aber und seine wenigen Gefolgsleute, die dem Aufbruch noch zugesehen hatten, wandten sich jetzt um und gingen in ein kleines Gehölz.
„Ein gutes Versteck suche ich für mich", bemerkte Tschetansapa zu dem Delawaren. „Ich will mich hier verbergen und warten, bis die Verfolger kommen. Hier werden sie zuerst auf unsere Spur treffen und dabei haltmachen."
Tobias Chef de Loup hatte sich schon umgesehen. Tschetansapa besichtigte die Stelle, die der Delaware für geeignet hielt. Der Bach hatte das Ufer unter den Wurzeln der Büsche und Bäume tief ausgefressen; bei dem jetzigen niedrigen Wasserstand blieb unter dem überhängenden Ufer ein Hohlraum, der zum Teil noch mit schmelzendem Schnee ausgefüllt und von herabhängenden Wurzeln und alten Gräsern halb verdeckt war. Schwarzfalke schmunzelte. „Gut! Ich bleibe hier, und ihr macht euch auf den Weg südwärts. Ihr schlagt einen Bogen und umspäht die Verfolger im Rücken. Ich glaube, daß sie des Abends hier lagern werden."
„Hau."
Tschetansapa kroch unter den Uferüberhang. Seine lange schmale Gestalt ließ sich hier leicht verbergen. Die erdigen Wurzeln hingen wie ein Vorhang vor ihm, und Chef de Loup baute halbgefrorenen Schnee vor dem Versteck auf. Das langsame Abtauen würde bald alle Spuren, die die Schneeanhäufung künstlich erscheinen lassen konnte, verwischen. Als alles zur Zufriedenheit ausgeführt war, machte sich der Delaware mit dem Alten Raben, dessen beiden Söhnen, Tschapa, Antilopensohn und Speerspitze auf den Weg. Tschetansapa blieb allein in seinem Versteck zurück. Er fühlte nochmals nach der Flinte, die ihm der jüngere Rabe überlassen hatte, ob sie auch vor Nässe geschützt lag, und streckte die Füße bequemer. Er horchte auf die tirilierende Lerche und auf den Gesang der Amsel im Pflaumenbaum. Die Tiere verrieten ihm, daß draußen keine Unruhe oder Gefahr war. Die Feinde konnten nach dem Bericht des Biber auch nicht vor dem Abend eintreffen.

Dösend verbrachte Schwarzfalke die langen Stunden. Er hätte lieber auf einem Baum gesessen und Ausschau gehalten. Aber allein konnte er sein Versteck nicht wieder so unsichtbar zurechtrichten, wie Chef de Loup es getan hatte, und so war er in das kalte und nasse Loch gebannt.

Die Sonne wanderte, und endlich dunkelte es. Tschetansapa schien es, als ob durch die Erde fernes Hufgeräusch tönte. Das Zittern im Boden wurde stärker und stärker. Das war die Truppe! Die Feinde kamen. Der Dakota unterschied schon das Getrappel, das von trabenden Pferden stammte, und die Hufschläge leichten Galopps. Das Galoppgeräusch erreichte zuerst das Gehölz und brach ab. Leise Schritte verteilten sich, und gedämpfte Stimmen wurden laut. Über das rauhe Eis des Baches fiel der Schatten eines Menschen. Nach seinem Schattenbild war der Mann barhäuptig und langhaarig, ein Indianerscout also. Es war nichts von ihm zu hören, er bewegte sich lautlos. Aber der Schatten verriet, daß er sich auf die Böschung setzte. Vom Ufer schoben sich seine Füße herab, er glitt auf die Eisdecke und bückte sich tief. Rechts und links äugte er unter die Böschung hinunter. Schwarzfalke hatte die Hand am Messer. Aber die prüfenden Augen gingen an seinem Versteck vorüber. Chef de Loup hatte sehr gute Arbeit geleistet. Der Späher verschwand wieder. Es erklang ein langgezogenes Wolfsjaulen, wohl das Zeichen für die Truppe, daß der Weg frei sei.

Als die Langmesser nachkamen, entstand großer Lärm. Ein lauter Befehl zum Absitzen wurde gegeben. Reiterstiefel trampelten. Die Pferde wurden zwischen die Bäume und Büsche geführt. Die Zelte aber wurden offenbar im Kreis um das Gehölz herum aufgeschlagen. Das war nicht günstig für Tschetansapas Plan, den Feinden die Pferde wegzunehmen.

Die Lagergeräusche ebbten langsam ab. Aber unmittelbar über dem Versteck ließen sich wieder Schritte hören, und der Lauscher unterschied zwei Stimmen, eine schnarrende und eine tiefe. Diese tiefe Stimme kannte Tschetansapa, und er hörte sie voll Ingrimm. Das war Schonka, der Verräter.

Der Mann mit der schnarrenden Stimme sprach englisch, gewandt und offenbar als seine Muttersprache. „Du schweigst sofort", sagte er, vermutlich zu Schonka. „Hier befehle ich. Wir haben das Lager aufgeschlagen, und dabei bleibt es. Es hat keinen Sinn, daß wir jetzt Hals über Kopf nach Norden weiterreiten und uns von der Fährte irreführen lassen. Tokei-ihto ist ein ganz durchtriebener Bandenführer. Er hat mit seinen Leuten einen Haken geschlagen und lagert südwestlich von uns, davon bin ich überzeugt. Übrigens werden wir ja auch bald die Meldung der Späher bekommen."

„Er lagert nicht im Südwesten, und er zündet keine Feuer an; das sind andere Leute, Capt'n Roach mag mir glauben." Die tiefe Stimme sprach eindringlich. „Unsere beiden Späher sind ausgesandt, aber wir brauchen nicht auf sie zu warten. Sie holen uns ein. Reiten wir weiter, und geben wir Tokei-ihto nicht noch mehr Vorsprung!"

„Halt den Mund! Es ist genug über diese Sache diskutiert. Du gehorchst jetzt."

Die Sprecher waren weitergegangen, und die Stimmen verloren sich wieder. Tschetansapa bedauerte das, denn er hatte eben eine Neuigkeit erfahren, die ihn wundernahm, und hätte gern mehr gewußt. Im Südwesten waren Lagerfeuer angezündet? War das eine Kriegslist seiner Gefährten? Oder lagerten dort wirklich unbekannte Männer?

Das Lager schien allmählich in Schlaf zu sinken. Nur das Rupfen und Knabbern der Pferde an Gras und Strauch war noch zu vernehmen. Einmal glaubte Tschetansapa zu hören, daß ein Mann auf einen Baum kletterte. Ein Körper rieb sich an rauher Rinde.

Das gab eine schwierige Sache heute.

Als Mitternacht vorbei war, faßte Tschetansapa einen Entschluß. Der bedrohliche Augenblick war da, in dem er aus seinem Versteck hervorkommen mußte, ohne noch selbst Überblick über das Lager zu haben. Vorsichtig schob er sich hinter der von Chef de Loup aufgebauten Schneewand hervor. Als er frei unter dem Uferüberhang lag, blieb er einen Augenblick regungslos und lauschte. Nichts rührte sich.

Nun band er sich Gras und Wurzeln um den Kopf und kam hervor. Er schaute aufwärts und entdeckte einen Wachtposten hoch oben in der Pappel. Der Kerl saß nackt da oben, nur mit einem Gürtel angetan. Seine langen Haare hingen ihm offen über den Rücken. Tschetansapa erkannte in ihm Tatokano. Eitler Elch, dachte er, kannst du dir das Haar nicht flechten und binden? Doch schaute der Bursche wenigstens nicht zum Bach herab, sondern pflichtgemäß in die Ferne.

Schnell huschte Schwarzfalke zwischen Bäume und Pferde. Keines der Tiere wurde unruhig. Das war geschafft.

Der Dakota nahm Deckung im Gebüsch. In den Zweigen einer Weide entdeckte er einen Zylinderhut und eine Uniform mit blanken Knöpfen. Die Uniform war Tatokano beim Klettern wohl hinderlich gewesen, und er hatte sie daher ausgezogen. Tschetansapa schob sich am Boden entlang zum Fuße der Pappel hin.

Da krachten Schüsse durch die Nacht, und das ganze Lager war sogleich in Aufruhr.

Der Dakota machte sich seine Gedanken darüber, wer geschossen haben könnte. Entweder waren die Späher von Roach mit den unbekannten Insassen des Lagers zusammengestoßen, das sich im Südwesten des Pappelgehölzes befinden sollte, oder die Kundschafter waren mit Chef de Loup und seinen Kriegern zusammengeraten.

Wenn dieses letzte der Fall war, so hatten der Delaware und seine Begleiter irgendeinen Fehler gemacht, denn sie sollten sich nicht entdecken lassen. Das Gewehrfeuer war nicht allzuweit entfernt zu hören gewesen.

Um zu verstehen, was im Lager vorging, brauchte der Dakota seine Ohren nicht anzustrengen. Es wurde in der Aufregung laut genug gesprochen. Doch erfuhr er aus den Worten nur, daß noch niemand begriff, was geschehen war. Es schien sich jetzt alles am Südrand des Lages zusammenzudrängen. Ein Gewirr von Stimmen kreiste dort um die zurückgekehrten Kundschafter. Es legte sich, und Roach erteilte mit seiner schnarrenden Stimme Befehle. Tschetansapa erfuhr zu seiner großen Überraschung, daß alle Mann – bis auf wenige Posten, die bei den Zelten, Vorräten und Transporttieren zurückzubleiben hatten – augenblicklich mit der Flinte in der Hand nach Südwesten

reiten sollten. Dort wolle man „das Lager Tokei-ihtos" zusammenschießen.
Damit war eine neue Lage entstanden. Gleich würden die Reiter kommen und sich ihre Pferde holen. Die Tiere vorher noch loszumachen und sie alle oder auch nur eine größere Anzahl davon fortzutreiben, war für einen einzelnen ein Ding der Unmöglichkeit. Schwarzfalkes Plan schien zunichte gemacht.
Schon kamen die ersten Männer zu den Pferden, um aufzusitzen. Tschetansapa bemerkte auch, wie der Posten von der Pappel herabkletterte und seinen Mustang suchte. Bei dem Anblick kam dem hageren Krieger eine Eingebung. Er zog rasch die Uniform an und setzte den Zylinder auf. Bei der Dunkelheit und dem allgemeinen Hin- und Herlaufen achtete niemand auf sein Tun. Als Tatokano sein Pferd herbeiführte, schlug Tschetansapa ihn nieder. Der völlig überraschte Bursche sank um.
Tschetansapa sprang auf Tatokanos Pferd. Er ritt zwischen den zurückbleibenden Maultieren, die nur als Transporttiere dienten, und zwischen den Zelten der Dragoner hindurch. Die Truppe formierte sich auf den freien Wiesen. Tschetansapa kam als Nachzügler. Unmittelbar vor sich hatte er indianische Scouts aus anderen Stämmen, die in langer Reihe, Reiter hinter Reiter, ritten. Es konnte nicht weiter auffallen, wenn sich der angebliche Tatokano ihnen anreihte. Tschetansapa richtete es so ein, daß er gerade noch Anschluß gewann, als sich die Reiter schon in Bewegung setzten. Nun hatte ihn keiner mehr im Auge.
Beim Galopp über die nächtliche Prärie wartete der Krieger mit Spannung darauf, wie sich die Ereignisse dieser Nacht weiter entwickeln würden. Bis jetzt hatten sie einen recht überraschenden Verlauf genommen. Tschetansapa war in die sonderbare Lage geraten, in der Schar seiner Feinde gegen einen unbekannten Gegner zu reiten. Während er auf seinem Mustang über den harten Grasboden und die letzten Schneeinseln dahinflog und seinen Vorreiter beobachtete, überlegte er. Dieses Lager, das Roach jetzt überfallen lassen wollte, war nicht das wirkliche Lager Tokei-ihtos, soviel stand für Schwarzfalke fest. Wenn sich aber überhaupt jemand bei den rätselhaften Lagerfeuern befand, woher waren diese Leute gekommen? Die Späher To-

kei-ihtos hatten am Vortag noch nirgends etwas von ihnen bemerkt. Roach, der einen Tag später gekommen war, hatte sie entdeckt, und Schonka hatte zwei Kundschafter nach ihnen ausgesandt, die in ein Feuergefecht verwickelt worden waren. Die beiden Späher hatten gemeldet, daß es sich um Tokei-ihtos Lager handle, und also waren die etwaigen Insassen zum mindesten Indianer. Dakota gab es in dieser Gegend nicht mehr. Aber vielleicht waren Absaroka aus ihren Schlupfwinkeln im hohen Felsengebirge herabgekommen, um in den leeren Jagdgründen zu jagen, oder die Assiniboine oder die Schwarzfüße hatten einen ihrer Streifzüge in das Grenzgebiet der Dakota dieses Jahr frühzeitiger als sonst unternommen. Ja, vielleicht waren es kanadische Assiniboine, die in der Nähe lagerten; sie rechneten zu den Sioux und waren den Dakota an Haartracht und Kleidung am ähnlichsten. Die Späher konnten sie in der Finsternis für Männer der Bärenbande gehalten haben.
Tschetansapa galoppierte weiter am Ende der Reiterreihe und löste dabei seine schwarzen Zöpfe auf, um mit flatterndem Langhaar dem General noch ähnlicher zu werden. Das Pferd, das er unter sich hatte, war leicht zu lenken, aber ein schlechter, ein elender Gaul war es, ohne Kraft und Temperament.
Hinter einer leichten Anhöhe, die die Truppe noch von dem rätselhaften Lager trennte, wurde haltgemacht und zugleich vorn an der Spitze durch Signalpfiff ein Befehl gegeben. Die Reihe formierte sich zur Linie, und auch Tschetansapa mußte sein Tier die halbe Wendung machen lassen. Seine Nebenmann bekam keine Gelegenheit, ihn aufmerksam zu betrachten, denn der Befehl zum Angriff folgte unmittelbar danach.
Brüllend und wild darauflosschießend drang die Truppe vor. Der Dakota war mit seinem minderwertigen Pferd und einer bewußt nachlässigen Art zu reiten einer der letzten, die über die Anhöhe kamen. Die anderen waren über den Westhang schon hinunter in das Gelände gelangt, das Tschetansapa jetzt von oben übersehen konnte. Er ritt den Abhang des Hügelrückens so weit hinab, daß er keinen Verdacht erregte. Dann musterte er den Kampfplatz zu seinen Füßen.

Eine Senke, die auf drei Seiten von sanften Bodenwellen umgeben war und sich nur gegen Westen hin flach öffnete, breitete sich vor ihm aus. In der Mitte schillerten Eis und Wasser. Ein niedriges Gehölz und der Schatten von sechs runden, spitz zulaufenden Indianerzelten umgaben den Teich. Der Nachthimmel war von blanken Sternen übersät. Seit dem Untergang des Mondes war es sehr finster, und es bedurfte schon der nachtgewohnten Augen eines Präriebewohners, um Einzelheiten des Geländes und der Vorgänge zu erfassen. Tschetansapa entdeckte an der Südostseite des Teiches eine Koppel; die Mustangs, die sich darin befunden hatten, waren schon zusammengeschossen und lagen, zum Teil übereinander, im Grase. Von Frauen und Kindern war nichts zu sehen; sie steckten wohl in den Zelten oder hatten sich auch in dem kärglichen Gebüsch am Ufer verborgen. Der Kampf, der sich auf der ebenen Fläche um den Teich abspielte, wurde von einer geringen Zahl von Indianern gegen die schon von allen Seiten herandrängende Reitertruppe geführt. Der Hufschlag der Pferde, krachende Schüsse und Hundegebell mischten sich zu wirrem Geräusch. Tschetansapa vernahm indianische Kriegsrufe: „Hai – jah – jiep!" Die angegriffenen Krieger handelten nicht unbesonnen. Ihre kleine Schar hielt sich eng zusammen und griff gegen Süden hin den Kreis der Reiter an. Ohne daß von außen her zu erkennen war wie, durchbrachen einige der eingeschlossenen Indianer den mehrfachen Ring und bekamen Luft. Sie flohen über die Prärie nach Süden. Verfolger waren sofort auf ihren Fersen. Allen voran jagte auf der Spur der Entfliehenden Schonka auf seinem schnellen Scheckhengst.

Die Flinte Tschetansapas flog an die Wange. Zugleich mit ihm hatte sich einer der Flüchtlinge nach dem Verfolger umgewandt, und sein und Tschetansapas Schuß krachten zur selben Zeit nach demselben Ziel. Der Reiter aber, den sie aufs Korn genommen hatten, entging ihren Kugeln.

Zornig nahm Tschetansapa seine Schußwaffe wieder ab, denn folgen konnte er dem Feinde auf seinem Klappergaule nicht. Er sah sich in der näheren Umgebung um.

Der ungleiche Kampf ging hier seinem Ende zu. Die Stimme

des Capt'n erklang. Er schien das Gemetzel abbrechen zu wollen. Auf seinen Befehl hin wurde es stiller.
Zwei Dragoner ritten auf den Dakota im Zylinder zu.
„Unser General!" lachte der eine, und als er Tschetansapa erreicht hatte, schlug er ihm klatschend auf die Schulter. „Komm, schöner Eddy – vorwärts, komm mit zum Teich", forderte er Schwarzfalke nochmals auf, als der Krieger zögerte. „Hast du das Signal nicht gehört? Wir sollen uns sammeln! Also komm! Du kannst mir unterwegs erzählen, was du für Heldentaten vollbracht hast! Hat dein Topf auf dem Kopfe Kugeln gefangen?!"
Tschetansapa schielte böse unter der Krempe seines Zylinders hervor auf den Sprecher. „Die Worte des weißen Mannes sind beleidigend!" wehrte er unwirsch ab, während er seinen Braunen wohl oder übel in Bewegung setzen mußte, um mit zum Sammelplatz zu reiten. „Ich werde auf die Fragen des weißen Mannes nicht antworten! Er mag mir lieber sagen, wie viele der räudigen Kojoten er selbst getötet hat!"
„Räudige Kojoten! Räudige Kojoten! Ihr Rothäute seid mir saubere Brüder! Da gönnt einer dem anderen das Leben nicht. Ich werde dir sagen, wie viele von deinen lausigen Brüdern und Schwestern ich gekillt habe: einen Mann, drei Weiber und einen Knaben. Ist dir das genug?"
„Aber der Häuptling ist euch entflohen", erwiderte Schwarzfalke und ließ seinen Braunen möglichst langsam gehen.
„Ja, der hat mit ein paar seiner Spießgesellen das Weite gesucht – hallo, komm etwas schneller voran mit deinem Gaul! Hast du eben gehört? Da ist schon wieder geschossen worden! Das ist unser Schonka, der wird dem Adlerfedervieh noch eins aufs Fell brennen! Nur keine Sorge!"
Auch Tschetansapa hatte mit Spannung aufgehorcht.
„Ja", sagte er, und in seiner Stimme lag ein Zorn, dessen Grund sein Gegenüber, ein schlichter Dragoner, unmöglich erraten konnte. „Ja, Schonka ist unterwegs, um das Federvieh zu fangen. Aber Tokei-ihto hat er doch nicht gefunden. Oder will mir das Langmesser erzählen, daß dies das Lager Tokei-ihtos war?"
„Nein, Herr General, das kann der stärkste Mann nicht behaup-

ten. In diesen Zelten haben Schwarzfüße gehaust, die uns nichts angehen. Aber daß sie bei dieser Gelegenheit auch einen Denkzettel bekommen haben, schadet gar nichts."
Während Schwarzfalke mit dem Dragoner gesprochen hatte, kamen auch die letzten der Reiter zum Sammelplatz. Nur Schonka und seine Begleiter, die den Schwarzfußhäuptling verfolgten, kehrten noch nicht zurück. Die Stille der Nacht legte sich wieder über die Prärie. Männer gingen umher und suchten Tote und Verwundete; leises Stöhnen und Ächzen klang vom Boden auf, manchmal ein Fluch und selten der Klang eines Trostwortes von Kamerad zu Kamerad. Am Teich hatte sich schon ein neues Lager gebildet; von dort war auch zu hören, wie Roach Anordnungen gab. Tschetansapa verstand, daß der Capt'n mit seinen Leuten für den Rest der Nacht nicht zu dem Bach und dem Pappelbaum zurückkehren, sondern hier beim Teich bleiben wollte. Pferde soffen und hoben dann ihre triefenden Mäuler, um sich geduldig wegführen zu lassen. Die Leichen getöteter Indianer lagen unbeachtet umher, und Tschetansapa erblickte wieder die Körper der erschossenen Transporttiere in der großen Koppel in der Nähe der Zelte. Ja, so hatte es dem Lager Tokei-ihtos ergehen sollen!
Der Dakota ritt mit dem gesprächigen Dragoner und dessen schweigsamen Kameraden langsam weiter.
„Unsere Späher sind tüchtig, aber diesmal haben sie sich doch geirrt", begann Schwarzfalke wieder, in der Hoffnung, durch das Gespräch mehr zu erfahren, als er wußte.
„Jeee . . .", meinte der Dragoner, „einmal irrt sich jeder. Ihr Rothäute seht euch auch untereinander ähnlich wie ein Schaf in der Herde dem anderen – mal grade, daß man dich, edler General, noch herauskennen kann an deinem Zylinderhut. Unsere Kundschafter haben heilige Eide geleistet, daß es Tobias, der davongelaufene Schweinehund, gewesen sei, mit dem sie sich auf dem Rückweg gebalgt haben und der auf sie schießen ließ, und wo der ist, da ist auch Tokei-ihto nicht weit. Aber wie dem auch sein mag, wir haben nichts als ein paar Stunden verloren, die lassen sich wieder einholen. Wir machen kehrt nach Norden, und morgen fassen wir den Haupthelden. Da bleibt nichts

am Leben – nicht ein Hund, kann ich dir sagen. Das haben wir uns alle geschworen!"

„Fred Clarke wäre diese Dummheit hier nicht passiert", versuchte Tschetansapa sein Gegenüber weiter auszuholen.

„Ja, der Freddy! Da hast du allerdings recht. Der versteht's noch anders als unser schöner Anthony Roach und alle Schonkas der weiten Prärie. Das ist eine besondere Marke! Aber du weißt ja, er ist am Werk. Er ist uns weit voraus; die Patrouillen der Nordforts hat er jetzt sicher schon erreicht, und die treiben den Tokei-ihto zurück und uns wieder in die Hände! Das gibt eine Treibjagd!" Der Sprecher pfiff vergnügt zwischen den Zähnen. „Der Atem wird den roten Hunden dabei ausgehen!"

„Tokei-ihto ist ein Mann mit fünfzehn oder zwanzig Kriegern und will weiter nichts als nach Kanada davonlaufen." Tschetansapa befleißigte sich eines recht abfälligen Tones. „Was für ein Geschrei und Getöse macht ihr Langmesser um ihn!"

„Ach, erstens ist das Gebrüll, das ihr roten Brüder erhoben habt, noch viel größer gewesen, und zweitens verstehst du davon gar nichts. Er ist ein Teufelskerl und will nicht nur davonlaufen; er brütet blutige Rache, die Weiber haben es erzählt, und es ist ja auch ganz klar und selbstverständlich. Aber darauf kommt's noch nicht einmal an. Was kümmert es uns, wenn dreißig oder sechzig nach Kanada davonrennen und sich unterwegs etliche Skalpe mitnehmen! Davon redet niemand als die alten Weiber. Aber wenn Crazy Horse von der Geschichte hier erfährt, und ich will mich an meinem eigenen Halstuch aufknüpfen, wenn er nicht schon einiges weiß, dann versucht er, mit seinen zweitausend wieder abzurücken, und morgen werden es vielleicht schon zehntausend sein, die ausbrechen, und der Aufstand ist da! Noch viel wichtiger aber ist etwas ganz anderes, das begreifst du natürlich nicht. Roach will Major und Schonka will Polizeihäuptling werden, und da muß man die Sache ein bißchen aufblasen, bis sie dick und mächtig wird und vielleicht sogar in den Zeitungen steht. Dafür reiten wir in der Prärie umher und schlagen uns mit diesen abgebrühten und raffinierten Kerlen! Der Tokei-ihto selber ist ein Raubtier, das man totschlagen soll, wo man es findet, und in seiner Meute hat er

noch ein paar Bestien, zum Beispiel den hochnäsigen Tschetansapa! Der war am Little Bighorn gegen Custer dabei, das büßt er noch! Am Yellowstone-River haben wir einen Crazy Horse abgefangen, am Yellowstone-River ist auch Tokei-ihtos Ende."
„Habt ihr wieder Artillerie dabei?"
„Wir können doch nicht Artillerie auffahren wegen einer Handvoll Flöhe, die schon davonhüpfen, ehe man ein Geschütz in Stellung hat. Müssen sehen, wie wir sie auf einfache Weise fangen und zerknacken, und dann müssen wir uns daranhalten, daß nicht nur die Großen ihren Vorteil haben von dieser Sache, sondern unsereiner auch etwas abschleckt von der Zuckerstange. Jawohl!" Der Dragoner, der sein Tier im Eifer des Gesprächs angehalten hatte, setzte es wieder lagerwärts in Bewegung. Tschetansapa wollte ihn reiten lassen, ohne ihm zu folgen, aber der Geschwätzige ließ ihn nicht los. Er gab dem Gaul des Dakota einen Klaps, so daß das Tier mitlief, und Schwarzfalke wagte es nicht, sich widerspenstig zu zeigen. Auch war es vielleicht nützlich, erst einmal mitzureiten und zu sehen, wie die Pferde untergebracht würden.
Der Dakota hatte schon beobachtet, daß die Truppe sich die Koppel zunutze machte, die die Schwarzfüße für ihre Tiere gebaut hatten. Schwarzfalke wunderte sich, daß die Siksikau sich die Mühe gemacht hatten, den starken Zaun zu errichten. Das ließ darauf schließen, daß sie sich bewußt waren, in fremden Jagdgründen zu sein, und daß sie einen Pferdediebstahl befürchteten.
Die Koppel, die etwa zwanzig Mustangs hatte aufnehmen sollen, war recht weiträumig gebaut, so daß sich auch sehr viel mehr Tiere darin unterbringen ließen. Die meisten Reiter hatten ihre Gäule schon hineingeschafft. Der Zaun war nach Süden zu geöffnet worden, so daß Tschetansapa und seine beiden Begleiter gerade auf die Öffnung zuritten, als letzte von allen.
Wenige Meter vom Zaun entfernt stand Anthony Roach, die Reitpeitsche in der Hand.
Der Capt'n wandte seine Aufmerksamkeit den drei Reitern zu, die absprangen, um ihre Tiere am Zügel in die Koppel zu führen.

„Heda!"
Tschetansapa und die beiden Dragoner horchten auf.
„Heda, jawohl, dich meine ich, du Zylinderträger! Willst du dich einmal bewegen?"
Der Dakota folgte dem Befehl. Während er seinen Gaul zu dem Befehlshaber hinzog, prüfte er verstohlen die Umgebung und erwog alle Fluchtmöglichkeiten.
Mit gespreizten Beinen erwartete ihn Roach und musterte ihn von oben bis unten. Als der Blick des Gewaltigen an den Hosenbeinen hängenblieb, die dem Krieger zu kurz waren, wurde es Tschetansapa zumute wie einem Krebs im Kochtopf, wenn das Wasser anfängt heiß zu werden.
„Du aufgeputzter Fasan! Wo bist du eigentlich gewesen, als wir kämpften? Was?!"
Schwarzfalke hüllte sich in Schweigen.
„Nimm sofort deinen blödsinnigen Zylinder ab und sieh mich an!"
Ehe Tschetansapa der Aufforderung nachkam, hatte Roach schon zugegriffen und dem vermeintlichen General die Zierde seines Hauptes heruntergerissen. Der Dakota hängte den Kopf auf die Brust, um sein Gesicht, das in der Dunkelheit ohnehin schwer zu erkennen war, noch mehr zu verbergen.
„Hoho! Da steht er wie das leibhaftige schlechte Gewissen! Alter elender Feigling! Meinst du, ich habe meine Augen nicht überall? Du wirst mich noch kennenlernen, du Jüngelchen! Reitet hinter uns her wie ein Clown im Zirkus, und wenn er schon einmal die Flinte hebt und schießt, so zielt er haargenau auf seinen Häuptling, den Schonka. So eine schwachsinnige Rübe! He! Hast du gehört!"
„Hau, ich habe die Worte des großen weißen Mannes vernommen!" Tschetansapa sprach leise, um den fremden Klang seiner Stimme nicht deutlich werden zu lassen.
„Spare dir deine Redensarten! Ich weiß selber, was ich bin, und daß du dumm und faul und feige bist, weiß ich auch! Aber bilde dir nur nicht ein, daß du damit bei mir auf die Dauer Glück hast! Wenn du schon nicht kämpfen wolltest, wirst du jetzt Wache schieben, verstanden, und das nächste Mal gibt es Hiebe!

Du übernimmst die Wache bei den Pferden; Augen und Ohren hast du ja, nicht einmal schlechte, und Gehirn brauchst du dafür nicht, also los, vorwärts! Bringe deine elende Mähre in die Koppel und stelle dich auf. Du bist auf Posten für den Rest der Nacht. Zwei deiner roten Brüder bekommst du zur Gesellschaft."

„Hau, ich gehe auf Wache. Der große weiße Mann mag mir aber vorher meinen Zylinder wiedergeben."

„Donnerwetter, halte deine Schnauze, du Possenreißer. Von Respekt, den du mir schuldig bist, dämmert dir kein Schimmer, wie? Du dreckstinkender Pudel! Da – und nun ab mit dir und deinem Zylinderhut!"

Tschetansapa versuchte den Zylinder, der durch den Durchschlag einer Flintenkugel und die rauhe Behandlung in den Händen des Capt'n seine geziemende Form verloren hatte, wieder zurechtzustreichen. Er hatte zum erstenmal in seinem Leben einen solchen Gegenstand in der Hand. Als die Röhre wieder gebrauchsfertig geworden war, stülpte er sie sorgfältig auf, zog sie tief in die Stirn und stolzierte ab. Mit vorgestrecktem Kopf folgte ihm sein Gaul am Zügel.

Der Dakota gab das Tier innerhalb der Koppel frei und legte die Stangen auf, die den Eingang verschlossen.

Roach trat noch einmal von außen heran.

„Passe scharf auf und schlafe nicht", ermahnte er den vermeintlichen Tatokano. „Wir sind am Feind und müssen vorsichtig sein."

Tschetansapa war derselben Meinung.

Der Befehlshaber entfernte sich, und der Dakota war zunächst sich selbst überlassen. Er begann seine Wachtätigkeit damit, daß er kreuz und quer zwischen den Pferden umherging und alle Tiere besichtigte, so gut das in der Finsternis möglich war. Der Schimmel des Capt'n befand sich zu seinem Erstaunen und seiner Freude in der Koppel.

Als Tschetansapa mit seinen Vorbereitungen soweit gediehen war und die Pferde zu weiden oder zu schlafen anfingen, erschienen die beiden Dakota, die mit ihm zusammen die Pferdewache versehen sollten. Schwarzfalke hatte es so eingerichtet,

daß er in der Nähe des schon wieder geöffneten Koppeleingangs stand, als sie herankamen. Er versteckte sich zwischen den Pferden, so daß die beiden beim Herankommen nur seinen Zylinder sehen konnten. Der eine bedeutete dem vermeintlichen Tatokano durch einen kurzen Zuruf, daß er am Eingang zu bleiben habe und daß die beiden neuen Wachen sich die anderen Wachplätze aussuchen würden.
Das taten sie denn auch, und Tschetansapa blieb vorn an der Koppel allein.
Er überlegte. Wenn er nur gewußt hätte, wo Chef de Loup mit seinen Leuten steckte. Er war überzeugt, daß sich auf alle Fälle der eine oder andere von ihnen in der Nähe der Pferdeherde aufhielt. Er mußte versuchen, mit ihnen in Verbindung zu treten. In Gedanken wiederholte er die verabredeten Signale. Hier, wo er sich jetzt befand, war Hundebellen am Platze. Das konnte nicht auffallen; die Meute der Schwarzfüße war noch nicht ganz zur Ruhe gekommen. Tschetansapa verkroch sich zwischen den vordersten Pferden und bellte wie ein Hund, der sich verlaufen hatte. Dann ließ er sich am Zaune nieder und wartete.
Es dauerte nicht lange, da kläffte ein Kojote. Die Hunde der Schwarzfüße gaben zornig Antwort, beruhigten sich aber bald wieder, da der Kojote nichts mehr von sich hören ließ. Den Geruch eines Kojoten konnten die Hunde auch nicht spüren, nahm Tschetansapa an. Dieser Kojote roch höchst menschlich, hoffte er. Der Dakota schwang sich mit einer kurz angesetzten Flanke über den Zaun hinweg. Langsam schlenderte er in Richtung des Kojotengekläffs, das er gehört hatte. Er nahm dabei die Haltung eines Mannes ein, der etwas Verdächtiges bemerkt hat und danach sucht. Dieses Verhalten konnten die beiden anderen Posten nur billigen, falls sie es beobachteten.
Als Schwarzfalke so weit gegangen war, daß ihn eine Bodenwelle gegen Beobachtung schützte, machte er halt. Er bückte sich und hob die Hände. Er hatte sein Feuerzeug gezogen und rieb Funken, die sein hageres Gesicht unter der Krempe des Zylinderhutes beleuchteten. Jetzt mußte ein heranschleichender Freund mit Sicherheit begreifen, wen er vor sich hatte. Tschetansapa ließ die Funken versprühen und steckte das

Feuerzeug wieder zu sich. Er blieb stehen, um abzuwarten, ob sich etwas rühren werde.
Er hatte richtig gerechnet. Ein Mann kroch heran und blieb in zwei Meter Entfernung liegen.
„Bruder?“ flüsterte Schwarzfalke.
„Schunktoketscha!“ kam die Antwort ebenso leise, und der andere kroch bis zu Schwarzfalkes Füßen. „Schunktoketscha und vier Krieger.“ Der Delaware hatte sich selbst schon daran gewöhnt, seinen Namen in der Sprache der Dakota zu nennen.
„Bin vorn an der Koppel“, flüsterte Tschetansapa zurück. „Kommt bei mir herein.“
„Hau.“ Das Gespräch war beendet.
Tschetansapa schlenderte weiter und schlug einen Bogen. Langsam kehrte er zu der Koppel zurück und nahm seinen alten Platz wieder zwischen den Pferden am Eingang ein.
Bald krochen die nur seinem Auge sichtbaren menschlichen Schlangen auf dem Boden heran. Ihre Flinten schoben sie vor sich her. Sie glitten unter dem Zaun durch zu den Pferden herein. Da sie sich mit einem besonderen Duftkraut eingerieben hatten, wurden diese nicht unruhig. Schwarzfalke gab seinen Freunden die letzten Anweisungen: „Die beiden Wachen töten. Schunktoketscha nach hinten. Dann fort mit allen Mustangs.“
Aus nordöstlicher Richtung erklang deutlich Hufschlag.
Tschetansapa spähte in die Prärie hinaus. Schonka kam mit seinen Männern von der Verfolgung der Schwarzfüße zurück. Der verkleidete Dakota am Zaun schaute den Herankommenden entgegen. Die drei Reiter führten drei Pferde mit sich, auf denen Indianer, ohnmächtig oder tot, festgebunden waren. Tschetansapa zog rechtzeitig die Stangen heraus, um den Eingang der Koppel frei zu machen, ehe er bei dieser Arbeit zu nahe ins Auge gefaßt werden konnte. Er wartete dann, wiederum durch Pferdekörper gegen zu genaue Besichtigung geschützt. Die Reiter sprangen ab. Schonka und seine beiden Begleiter nahmen die drei toten Dakotapolizisten, die auf den Pferden festgebunden waren, herunter und trieben die Tiere in die Umzäunung.
Der Mann mit dem Zylinderhut schloß die Koppel wieder, als

seine Feinde schon den Zelten zuschritten. Die Toten trugen sie mit.

Sobald die Ankömmlinge alle in den Zelten verschwunden waren, zog Tschetansapa die Stangen wieder heraus. Die Sache mit den Pferden mußte jetzt gemacht werden. Schon zeigte sich am östlichen Horizont der erste Schimmer, der den Nachthimmel aufhellte, und der Sternenschein wurde um einen Ton blasser.

Tschetansapa stellte fest, daß die beiden anderen Wachtposten verschwunden waren. Er ging an den zwischen den Pferden versteckten Freunden vorbei, die ihm die erbeuteten Waffen vorwiesen. „Wo ist der Biber?" fragte er nur schnell.

„Bei der Pappel. Dort soll er Beute machen. Es sind noch Maultiere da und Fleisch und Munition in den Zelten, die Roach hat stehenlassen."

„Gut. Ihr seid bereit – ich werde pfeifen. Wir treiben die Pferde hinaus; ihr jagt sie an der Pappel vorbei auf der Fährte Tokei-ihtos über den Gelbsteinstrom."

Nachdem Tschetansapa seine Anordnungen gegeben hatte, lief er zwischen den Tieren zurück in den hintersten Teil der Koppel. Der Delaware hatte ihn dort erwartet.

Tschetansapa erklärte ihm noch einmal flüsternd seine Absichten. Dann sprang er auf den Schimmel. Zugleich saß auch Chef de Loup schon auf einem Schecken, den er sich gewählt hatte. Ein heller Pfiff, Tschetansapa gab das Zeichen, und ein mehrstimmiges greuliches Geheul antwortete. Die ledernen Peitschen knallten und klatschten auf die erschreckten Gäule. Schon gingen die vordersten durch. Der Schimmel stieg hoch und schlug aus, und Schwarzfalke, der in einer Hand die Pistole, in der anderen die Peitsche hielt, klemmte sich mit den sehnigen Schenkeln an dem Tiere fest. Unaufhörlich brüllte er. Die Herde, die er vor sich hatte, drängte sich angsterfüllt dem Ausgang der Koppel zu. Die Stangen brachen krachend, und die scheuenden Tiere begannen, darüber hinweg in das dunkle Grasland hinauszujagen. Der Schimmel hatte kehrtgemacht, da er nach vorn zwischen der sich drängenden Herde nicht sofort durchgekommen war, und sprang mit einem wunderbar leichten Satz über den Zaun hinweg. Einige mutige Tiere taten es ihm nach und folgten ihm in wildem Dahinrasen über die Prärie. Zugleich war der Großteil der Herde schon südwärts aus der Koppel hinausgelangt und brauste dahin, geleitet von den schreienden und peitschenschwingenden Kriegern.

Das alles war das Werk von Sekunden gewesen.

Die Reiter hörten hinter sich das wütende Bellen der Hundemeute und das Gebrüll bei den Zelten. Schüsse krachten, und Kugeln pfiffen um die Dahinreitenden. Doch niemand konnte die Fortgaloppierenden ernstlich mehr in Gefahr bringen. Die Pferde waren alle ausgebrochen. Die wenigen, die das Tempo der Herde nicht mithielten und von ihren Herren wahrscheinlich wieder eingefangen wurden, waren verwundete Tiere, mit denen nichts anzufangen war. Machtlos und zornbebend mußten die Feinde bei ihrem Lager zurückbleiben. Die Kavallerie hatte sich unfreiwillig in eine Fußtruppe verwandelt.

Das Wegfangen der Pferde, ein sehr beliebter und oft geübter Streich in der Kriegführung der Prärieindianer, war wieder einmal gelungen.

Am frühen Morgen nach diesem großen Erfolg saßen Tschetansapa, Chef de Loup, der Biber und der Alte Rabe mit seinem jüngsten Sohn in dem Pappelgehölz an dem Bach, bei dem sich Tschetansapas erstes Versteck befunden hatte. Der älteste Sohn des Raben hatte die größte Pappel erklettert und hielt Ausschau, wie in der Nacht zuvor der törichte Tatokano. Antilopensohn und Speerspitze waren mit der großen Pferdeherde unterwegs zum Wanderzug und zu Tokei-ihto. Die Reitpferde der sechs Zurückgebliebenen weideten im Gebüsch. Die Männer hatten ein wenig gegessen und eine Pfeife geraucht und ließen es sich in der Sonne wohl sein. Weit von der kleinen Gruppe entfernt, am Rande des Gehölzes, lag der gefesselte Tatokano. Tschetansapa hatte noch die Uniform an und spielte mit dem zerbeulten Zylinder. Seine Gefährten brachen bei dem Anblick immer wieder in vergnügtes Lachen aus.

„Willst du mir nun verraten, schlauester aller Biber“, fing Tschetansapa wieder an, nachdem man die ersten gegenseitigen Mitteilungen über die Erlebnisse bei dem nächtlichen Abenteuer ausgetauscht hatte, „willst du mir nun verraten, warum ich diese Uniform noch tragen muß und warum du unseren Gefangenen so weitab gelegt hast?"

„Ja, das will ich dir erklären, dürrste aller Pappeln!" antwortete Tschapa schmunzelnd. „Aber zuerst, wirst du mir sagen, wie lange wir uns hier noch aufzuhalten gedenken?"

„Das kannst du erfahren. Wir bleiben noch den ganzen Tag, um zu beobachten, was Roach in seiner Angst tun wird. Er denkt an das Geschick von Custer, und er fürchtet, daß wir ihn und alle seine Leute töten wollen. Darum verschanzt er sich jetzt, wie der ältere Rabe uns gemeldet hat, und bleibt an seinem Teich und bei seinem Hügel sitzen wie ein Präriehund, der die Beine verloren hat. Wenn er sich wieder zu laufen getraut, wird er sicher nach Süden zurückmarschieren. Seinetwegen brauchten wir uns nicht hier aufzuhalten. Aber gefährlicher als er sind Schonka und seine roten Kojoten. Sie dürsten nach Rache, das ist gewiß, und sie haben die schnellen Füße von Dakotakriegern. Deshalb wollen wir hierbleiben und auf sie aufpassen, und wenn die Nacht kommt, werden wir noch einmal um das Lager herumreiten, schreien und schießen. Dann wird Roach dem Schonka befehlen, bei ihm zu bleiben und ihn zu beschützen, und wir sind auf diese Weise auch Schonka und die anderen Dakota los. Hau."

„Dein Rat ist gut. Wir haben mit acht Kriegern und drei Flinten fünfzig Krieger mit fünfzig Flinten von unserer Spur abgehängt und viele Pferde erbeutet, ohne einen Mann zu verlieren. Tokei-ihto wird mit Tschetansapa sehr zufrieden sein. Aber nun will ich, der Schlaue Biber, auch etwas tun. Du weißt, Schwarzfalke, daß du und ich unserem Häuptling auf der Reservation im ‚schlechten Lande' heftig widersprochen und ihn sogar beleidigt haben. Darum sollten eben wir jetzt auch die besten Taten vollbringen. Dir ist schon etwas gelungen. Nun kommt mein Streich. Ich habe dir geholfen, also mußt du auch mir helfen."

„Ich bin bereit. Ist es aber nicht genug, daß ich deinetwegen schon stundenlang bei hellem Tageslicht diese Uniform anhabe?"

„Das ist der Anfang. Ich will dir meinen Plan erklären: Du hast uns selbst gesagt, daß Red Fox zu den Nordforts unterwegs ist, um uns in die Klemme zu nehmen. Das ist eine große Gefahr. Wir müssen etwas dagegen unternehmen. Ich will diesen Männern von den Nordforts angst machen, daß wir ihre Forts im Nordosten überfallen, während sie uns im Nordwesten am Missouri suchen. Dann werden sie zu ihren Stationen zurückreiten und uns in Ruhe lassen, denn die Geschichte von der Blockhausstation am Niobrara, die Tokei-ihto abgebrannt hat, ist noch nicht vergessen."

„Gut. Ich bin sehr neugierig, womit du ihnen angst machen wirst und was meine Uniform damit zu tun hat."

„Das wirst du gleich erleben. Du mußt nur mein Spiel mitspielen, weiter nichts." Tschapa stand auf und holte den gefangenen Tatokano herbei, der das Gespräch bisher nicht hatte mitanhören können.

Als Tschetansapa den Gefangenen vor sich liegen sah, brachen böse Erinnerungen in ihm auf. Dieser entkleidete Geck war dabeigewesen, als Schonka die Männer der Bärenbande auf der Reservation seinem Willen unterworfen hatte und als Tschetansapa schwer verletzt wurde. Die Mienen des Kriegers waren sehr finster.

Tschapa hatte sich vor dem Gefangenen aufgestellt. „Tatokano", sprach er, „du liegst in Fesseln. Ich kann dich töten. Ich werde es tun. Ich werde dich braten und rösten wie eine Bärentatze! Du bist ein Verräter. Dein Vater Alte Antilope ist längst tot. Ich preise ihn glücklich, daß er dich nicht sehen muß. Dein älterer Bruder, genannt Antilopensohn, kämpft in der Schar Tokei-ihtos und verachtet dich. Du bist ein Kojot!"

Der Geck schaute nicht furchtsam, aber ungemein blöde und wütend vor sich hin.

„Hast du verstanden, du stinkende Ratte?"

„Ja", antwortete der Angeredete bereitwillig, aber ohne den Kopf zu heben. Er schien den Anblick des uniformierten Tschetansapa zu meiden. Der Verlust seiner Uniform mochte ihn allzusehr schmerzen.

„Du hast verstanden, gut. Weißt du auch, daß dir recht geschieht?"

Der Geck hob nun doch forschend die Augen. Durfte er als Gefangener reden? Er schien Hoffnung zu schöpfen, und sein Selbstbewußtsein stieg wieder. „Ich bin ein Krieger und Scout des Großen Vaters in Washington!" verkündete er. „Die Langmesser sind stark, und niemand wird sie überwinden. Der Biber und Tschetansapa haben mir meine Uniform gestohlen! Sie mögen sie mir wiedergeben und mich sofort freilassen, sonst werden die Milahanska sie hängen! Wenn ihr mir aber die Uniform zurückgebt, so werde ich für euch bitten, und die Langmesser werden auch euch einige Dollars im Monat geben, wenn ihr für sie kämpft."

„Ah, für einige Dollars im Monat hast du uns verraten, du Kojot! Ich werde dich abhäuten und den Hunden zum Fraße geben, das bist du wert, und unsere Hunde sind hungrig! Hast du gehört?" Tatokano antwortete nicht. Das Ziel seiner wütenden Blicke war jetzt Tschetansapa, der das Haar flocht und dazwischen mit den Knöpfen des Uniformrockes spielte, als ob er sie abreißen wollte.

„Ja, sieh dir das nur an!" ermahnte der Biber den Gefangenen. „So wie dieser Uniform wird es auch dir ergehen. Du wirst alle Verzierungen verlieren. Du willst uns Furcht einflößen mit deinen weißen Männern, aber die sind jetzt fern, und ich bin dir nahe!" Der Biber machte eine Pause, um die Wirkung der folgenden Worte zu erhöhen. „Also, du magst wählen!" schrie er dann. „Entweder ich werde dich abhäuten und rösten wie eine Bärentatze ... Oder du kommst zu uns und nimmst das Mädchen Honigblüte in dein Zelt! Haben deine Ohren das gehört?"

Der Vorschlag Tschapas entsprach den indianischen Sitten und Gebräuchen. Das harte Leben des Prärieindianers, Unglücksfälle auf der Jagd und der Tod im Kampf verminderten die Zahl der Männer, die die notwendige Nahrung für Frauen und Kinder beschaffen konnten. Immer wieder entstand ein Mangel an Jägern. Fand sich nun ein Gefangener bereit, in den Stamm einzuheiraten, so wurde der überwundene Feind gern aufgenommen. Allerdings pflegte es sich dabei um erprobte und tapfere Männer zu handeln, an denen der Stamm einen Gewinn hatte, und nicht um Spottfiguren. Die Heiterkeit im Kreise der Sieger

brach daher von neuem aus. Aber Tatokano hatte in seiner Dummheit kaum genügend Selbsterkenntnis, um den Grund der Heiterkeit zu verstehen. Er nahm das Angebot des Biber ernst. Doch konnte er sich lange nicht zur Antwort entschließen. „Deine Gedanken gehen langsam wie eine Schnecke!" drängte Tschapa.
Der Gefangene heftete den Blick auf den Sprecher. „Gibst du mir meine Uniform dann wieder? Es ist die Uniform eines Generals!" Von dieser Lieblingsidee wollte der eitle Bursche noch immer nicht ablassen.
„Wenn unser Häuptling Tokei-ihto es erlaubt", erwiderte der Biber.
„Was!" sagte Tschetansapa entsetzt. „Diesen entkleideten Burschen willst du uns doch nicht etwa im Ernst wieder in die Zelte bringen?"
„Warum nicht? Er ist gar nicht so feige. Er hat keinen Verstand, und darum ist er in die Fänge des Schonka geraten. Aber seine Beine sind so schnell wie die einer Antilope. Wir konnten ihn früher als Läufer gebrauchen, warum jetzt nicht wieder? Wenn Tokei-ihto es erlaubt!"
Schwarzfalke sagte nichts mehr. Er spie nur noch aus.
„Also, Tatokano wird in unsere Zelte kommen und das Mädchen Honigblüte heiraten?" wollte der Biber sich versichern. „Er wird mit uns gegen die Langmesser kämpfen!"
Der Geck erschrak. „Das kann ich nicht!" Hinter seiner flachen Stirn schien es heftig zu arbeiten.
„Warum kannst du das nicht, du löchriger Kochtopf, du speckiger Mokassin! So werde ich deine ‚Generalsuniform' unserem kleinen Bären anziehen, und aus deiner Haut werde ich Fransen machen für Honigblütes Kleid!"
Tatokano sah den Biber flehend an. „Aber ich will sie ja zur Frau nehmen." Chef de Loup grinste schadenfroh.
„Du bist noch viel dümmer, als ich geglaubt habe", stellte der Biber fest. „Warum sagst du, du kannst nicht, wenn du sie doch zur Frau nehmen willst?"
„Aber ich kann nicht bei euch bleiben und gegen die Langmesser kämpfen."

„Warum nicht, du pfeifender Präriehund? Hast du Angst um deine Dollars, du Stinktier? Wenn ich dich gebraten habe, wirst du sie auch nicht mehr bekommen! Du bist dumm, aber das wirst du wohl einsehen?“
„Ja, aber ich habe geschworen.“ Das Gesicht Tatokanos nahm einen steifen Ausdruck an. Er war albern und eitel, aber einige wenige Grundbegriffe der Kriegerehre eines Dakota waren auch diesem törichten Geschöpf von Kindesbeinen an so anerzogen, daß er sie nicht ganz abzuschütteln vermochte.
„Was hast du geschworen?“ Tschapa wurde ärgerlich.
„Daß ich als Scout für die Langmesser kämpfe.“
„Das ist traurig“, meinte der Biber, zu Chef de Loup gewandt. „Nun muß ich ihn doch braten.“
„Frage doch deinen Gefangenen“, half der Delaware, „für wie lange er geschworen hat. Bei den weißen Männern schwört man meistens nur für die Zeit, für die man Dollars bekommt.“
Der Biber tippte den „General“ an, der trübsinnig inmitten des Kreises seiner Feinde saß. „Hast du gehört? Für wieviel Monde hast du geschworen?“
„Das weiß ich nicht.“
„Er weiß es nicht!“
„Für welchen Mond hast du zuletzt deine Dollars bekommen?“ fragte Chef de Loup den Gefangenen.
„Für den Mond, in dem wir nun sind.“
„Sehr gut“, meinte Chef de Loup, „so wirst du zu den Langmessern gehen und ihnen sagen, daß du ihnen nach dem Ende dieses Mondes nicht mehr dienen und auch keine Dollars mehr von ihnen haben willst. Dann lassen sie dich gehen.“
„Aber ich kann den Langmessern nicht sagen, daß ich gehen will, weil der Biber mich vorher töten und skalpieren wird.“
„Ja“, rief der Biber, „so ist es! Wie hat Chef de Loup sich dies gedacht? Soll ich meinen Gefangenen laufenlassen, und er wird zu den Langmessern gehen und ihnen alles erzählen, was wir hier gesprochen haben? Können seine Ohren nicht alles gehört haben, obwohl ich ihn ganz an den Rand des Gehölzes gelegt hatte? Seine Ohren sind immer scharf gewesen, wenn sein Verstand auch kurz war! Er weiß, daß wir eine Kriegslist anwen-

den ... daß wir nur so tun, als ob wir nach Nordwesten ziehen wollen, damit die Scharen der Langmesser von den Nordforts uns dort suchen, unterdessen aber reiten wir in ihrem Rücken zu den Forts im Nordosten und brennen dort alles ab. Ja, das ist ein schöner Plan, eine gute List, und dieser Verräter hier soll weglaufen und das alles den Langmessern erzählen? Damit er noch zehn Dollar extra erhält? Nein, ich werde ihn lieber in Streifen schneiden, diesen ledernen Braten, und Tschetansapa wird die ‚Generalsuniform' dem Mädchen Honigblüte schenken! Hau!"

Mit grimmigem Gesicht schleppte Tschapa Kraushaar seinen Gefangenen wieder ins Gebüsch.

„Kommt", sagte er dann zu seinen Gefährten, „wir wollen ein wenig beiseite gehen. Dieses Aas stinkt mir zu sehr in die Nase."

Die Begründung war zwar unzureichend, aber Tschetansapa und der Delaware erhoben sich, um den schlauen Tschapa zu begleiten. Es würde sich ja zeigen, was er eigentlich wollte.

Als man sich außer Hörweite des Gefangenen befand, blieb der Kraushaarige stehen. „So, nun können wir miteinander reden. Was meint ihr?"

Tschetansapa schüttelte den zylinderbewehrten Kopf. „Verstehen kann ich deinen Plan nicht."

„Die hagersten Krieger scheinen auch zuweilen die magersten Gedanken zu haben. Es ist alles auf dem Wege. Heute nacht muß nun Chef de Loup den Tatokano heimlich befreien."

„Ich? Nein!" Der Delaware lehnte ab.

„Doch! Dir wird er vertrauen, weil du bei den Langmessern gedient hast. Er wird dann zu den Milahanska der Nordforts laufen und ihnen alles, was ich ihm jetzt erzählt habe, als großes erlauschtes Geheimnis mitteilen. Sie werden ihm glauben und zu ihren Forts zurückreiten, weil sie fürchten, daß wir sie dort überfallen."

Tschetansapa nahm den Zylinder ab, als ob er sich den Kopf auslüften müsse, und strich sich über das Haar. „Du bist klug, Tschapa, und unrecht hast du nicht. Wir können das versuchen."

„Hau!" Auch Chef de Loup entschloß sich mitzuspielen.
Die Männer kehrten zu ihrem Lagerplatz im Gehölz zurück und benutzten die ihnen verbleibenden Tagesstunden, um zu schlafen. Als Tschetansapa die anderen wieder weckte, war es schon dunkel, und aus den Wolken nieselte es leise herab. Chef de Loup schlich sich auftragsgemäß zu Tatokano, um ihm die Fesseln zu lösen. Er gab ihm dabei noch einmal den Ratschlag, so schnell wie möglich zu den Nordforts zu laufen und dort zu berichten, was er erfahren habe; das sei seine einzig mögliche Rettung. Der Späher im Baum konnte dann bald den Flüchtling beobachten, der nach einer kurzen Strecke geduckten Fortschleichens aufsprang und wie eine windschnelle Antilope nordwärts im Dunkel verschwand.

Bruderkampf

Tschetansapa und seine Freunde begannen den nächtlichen Scheinangriff auf das Teichlager des Captain Roach. Die Hufschläge polterten auf dem Grasboden. Die Pfützen spritzten ihren Schmutz bis zum Bauch der Tiere und über die Beine der Reiter. Es war stockfinster, da die Regenwolken Mond und Sterne verdeckten, recht eine Nacht für Unternehmungen, die nicht durchschaut sein wollten. Einzeln umkreisten die Dakota die Anhöhe und den Teich auf ihren schnellen Tieren. Sie näherten und entfernten sich. Immer wieder erklang um die feindliche Stellung das hohnvolle: „Hi-jah!" wie ein Ruf unsichtbarer Nachtgespenster. Schüsse knallten bald nah, bald fern. Die Hunde der Schwarzfüße jaulten am Teich in langgezogenen Tönen. Von der Anhöhe und dem Teich her antworteten einzelne Flinten.
Es war sicher, daß Roach und seine Leute in dieser Nacht, ihrer Angst nach gemessen, mehr als einen Tod starben.
Wie Tschetansapa schon ausgesprochen hatte, war die Erinnerung an General Custer, dessen Truppe von den Dakota voll-

ständig vernichtet worden war, noch frisch bei Offizieren und Mannschaften. Es war kein Zweifel, daß Roach und seine Truppe am nächsten Tage samt der Lagerpolizei den Rückzug nach Süden antreten würden. Was ihn dort aber erwarten würde, war gewiß nicht die Beförderung zum Major.
Wie verabredet traf sich Tschetansapa während des nächtlichen Scheinangriffs hin und wieder mit Chef de Loup. Der Delaware machte dabei den Vorschlag, daß er die undurchdringliche Finsternis benutzen wolle, um sich in das feindliche Lager zu schleichen und dort vielleicht noch etwas zu erfahren. Tschetansapa stimmte zu, bat aber den Delawaren, nicht lange zu verweilen, da man bald gegen Norden aufbrechen und den Wanderzug wieder einholen mußte. Bei dem warmen Regen bestand Gefahr, daß das Eis des Gelbsteinstromes brach und den Reitern der Weg zu Tokei-ihto durch den Eisgang abgeschnitten wurde.
Während Chef de Loup seinen Vorschlag ausführte, ritt Tschetansapa mit den anderen Gefährten weiter um das Lager. Dabei machte er einmal eine Beobachtung, die ihn wundernahm. Auf den Wiesen stand ein lediges Pferd und weidete. Obwohl Schwarzfalke auf seinem Ritt schon mehrmals an der Stelle vorbeigekommen war, hatte er dieses Tier bis jetzt nicht bemerkt. Wie kam es dahin? Vielleicht war es ein entlaufenes Pferd aus der Koppel, das sich von der Herde getrennt hatte. Das schien das wahrscheinlichste. Tschetansapa wollte es sich nehmen. Man konnte nie zuviel Pferde besitzen. Er ritt im Schritt heran, um das Tier nicht zu verscheuchen. Das Geräusch des Rupfens am Grase hörte auf, das Tier mußte auf den Herankommenden aufmerksam geworden sein und den Kopf gehoben haben. Tschetansapa wollte eben nach dem Zügel des fremden Pferdes greifen, als er vollständig überrumpelt wurde. Starke Fäuste packten sein linkes Bein und rissen ihn vom Schimmel herunter. Tschetansapa stürzte. Als er wieder aufsprang, hörte er den Galopp zweier Pferde: Sein Schimmel und das fremde Tier jagten in die Dunkelheit hinein. Schon konnte er sie nicht mehr sehen. Der Dakota suchte seine Flinte, die ihm beim Sturz entfallen war. Er fand sie nirgends mehr. Allein stand er auf weiter

Flur in der lichtlosen Nacht. Er suchte noch einmal nach seiner Flinte, aber ohne Erfolg. Sie war fort. Schwarzfalke bebte vor Wut. Er wartete etwas. Wenn sich der elende Dieb nur noch einmal herangewagt hätte! Es war für ihn unmöglich zu wissen, wohin sein Gegner in Nacht und Nebel entschwunden war. Von rings her hörte er aber wieder das dumpfe Galoppieren, das er in der Erregung ganz vergessen hatte, und er erinnerte sich seiner Krieger. Der Pfiff Chef de Loups ertönte schon, das Zeichen, daß er von seinem Kundschaftsgang zurück war. Man mußte sich auf den Weg über den Gelbsteinstrom machen, ehe das Eis brach!

Tschetansapa gab das Rückzugssignal. Seine Krieger kamen zu ihm her. „Habt ihr meinen Schimmel wieder eingefangen?" fragte Tschetansapa.

„Deinen Schimmel?!"

„Ihr habt ihn also nicht wieder eingefangen!" Tschetansapa war froh, daß ihm die Dunkelheit die Mienen seiner Freunde verbarg. „Wir reiten über den Gelbsteinfluß zu Tokei-ihto!" befahl er.

Keiner verlieh seiner Verwunderung Worte. Im Dauerlauf führte Tschetansapa seine berittene kleine Schar nordwärts. Mensch und Tier trieften vor Nässe, dazu waren sie verschwitzt und rochen beißend. Der Regen platschte herab, und der Wind brachte eine beunruhigend laue Luft aus dem Süden. Geduldig galoppierten die Pferde in der weglosen Finsternis. Das Aufklatschen des Regens übertönte fast das Geräusch des Galopps. Als die Männer einmal anhielten, vernahmen sie von fern ein zischendes und krachendes Geräusch.

Sie wußten, was das bedeutete. Das Eis auf dem Gelbsteinstrom begann zu springen. Je mehr sie sich dem Strome näherten, desto häufiger drangen die unheimlichen Töne durch den strömenden Regen bis an ihr Ohr. Aber noch hatte nicht das große Donnern eingesetzt, mit dem sich das Eis zu schieben begann. Noch war es Zeit.

Die Wiesen senkten sich allmählich. Das Tempo des Rittes verlangsamte sich im abschüssigen Gelände; die Pferde rutschten im nassen Gras. Die Reiter stiegen ab und führten ihre Mu-

stangs am Zügel. Fast schien es, daß der Regen nachließ. Der Wind blies noch stärker, und flüchtig ließen sich einige Sterne zwischen zerreißenden Wolken sehen. Ein matter Schimmer hatte tiefer unten, zu Füßen der Reiter, aufgeleuchtet. Der Eisstrom blinkte zwischen tiefschwarzen Ufern.
Die kleine Gruppe erreichte die Böschung und gelangte vom Ufer auf das zusammengeschobene Eis. Es war nicht gut vorwärts zu kommen darauf. Große Eisschollen hatten sich aufeinandergetürmt; sie waren zusammengefroren zu einem wilden Durcheinander von Spitzen, Kanten, Blöcken und Flächen. Das Regenwasser schwamm auf dem Eis umher. Tschetansapa war froh um jeden Mondstrahl, der die tückische Eislandschaft für kurze Augenblicke erhellte. Er ging voran. Der Biber, Chef de Loup, der Alte Rabe und dessen beide Söhne folgten mit den Tieren. Die Eisdecke barg ein unheimliches Leben unter sich. Es donnerte und gurgelte unter den Füßen der Wanderer; der Strom rührte sich. Wie knallende Schüsse klang es, wenn die Eisdecke zerriß. Die Pferde waren voll Angst; mit Mühe zerrten die Männer sie voran. Immer wieder grollte der Strom unter den tauenden Massen; es donnerte und pfiff. Plötzlich schwemmte eine Wasserwelle gegen Mensch und Tier. Es war, als ob alles schwankte; die Eisdecke hob sich. Die Gäule scheuten und stiegen. Mit Anstrengung hielten die Männer die Zügel. Tschetansapa griff bei dem Gaul des Biber mit zu. Die Männer hatten zu spüren, daß sie fremde Beutepferde führten und nicht die eigenen Tiere, die mit ihrem Herrn vertraut und in der Prärie aufgewachsen waren. Der Hagere und sein Freund stolperten zwischen Eisblöcken und gleitenden Pferdehufen. Hastig arbeiteten sie sich weiter und kamen in der Finsternis mit den verängstigten Pferden doch nur langsam voran. Die Mitte des Stromes schien endlich überschritten. Die Fluten unter der Eisdecke gurgelten gierig und versuchten immer wieder, nach oben zu schießen. Auch Tschetansapa konnte sich eines unheimlichen Gefühls nicht erwehren, als wieder ein knallender Riß bis dicht vor seine Füße lief. Vorwärts, jetzt vorwärts, ehe sie alle versanken und zwischen den Eisschollen erdrückt wurden. Er zerrte den zitternden Gaul des Biber mit Gewalt

voran. Das Pferd wurde irr vor Angst. Immer wieder rutschend, immer wieder stolpernd, immer wieder in die Knie brechend, kamen Menschen und Tiere vorwärts. Als Rettung und Leben erschien vor ihren Augen das tiefschwarze Nordufer. Nur hinaus aus der fahlschimmernden Hölle, die mit nassen Armen nach ihnen griff.

Die Krieger wußten später nicht mehr, wie sie die letzten Meter geschafft hatten. Der Strom hatte aufgebrüllt, und mit einem gewaltigen Krachen waren Eisschollen zerdrückt worden. Die Fluten waren hervorgequollen; der Halt unter den Füßen war gewichen. Tschetansapa war zurückgeblieben; er hatte die anderen vorausgehen lassen und hatte noch bei dem Vater der Rabenbrüder, der als letzter kam, mit angepackt. Wie Betrunkene hatten Menschen und Tiere auf dem weichenden Eise gewankt. Der Alte Rabe war im Wasser gewesen; keuchend hatte er sich an Schwarzfalkes Hand hinaufgearbeitet.

Dann standen die Männer auf Grasboden. Noch nie hatten sie diese gute feste Erde so bewußt gefühlt. Sie wich und wankte nicht; sie zischte und riß nicht. Stumm lag sie da und trug ihre geretteten Söhne.

Die Männer führten die Pferde ein Stück an der Böschung aufwärts und warfen sich dann nieder. Ihre zitternden Tiere standen bei ihnen.

Als die Sonne am nächsten Morgen aufging, hatte der Wind den Regen vertrieben. Der Himmel war so blau, als sei er reingewaschen worden. Nur einige hellgraue, rundliche Wolken mit weißen Rändern segelten noch als Erinnerung an den nächtlichen Wolkenbruch verloren durch die Weite. Tschetansapa und die Seinen sonnten sich ausgeschlafen in der das Licht spiegelnden Nässe eines Südhangs. Irgendwo versteckt lag Chef de Loup und hielt Wache. Zu Füßen der Männer brüllte der Strom. Das Eisgeschiebe war im Gang. Die aufgetürmten Blöcke knisterten und krachten; es dröhnte unter dem schimmernden, weißlichen Trümmerfeld. Die Männer erinnerten sich mit wohligem Grausen daran, wie sie über dieses Eisgeschiebe gekommen waren. Jetzt konnte auf Tage hinaus kein le-

bendes Wesen mehr den Fluß überqueren. Man war in Sicherheit vor allen Verfolgern aus dem Süden.
Tschetansapa lag bei dem Biber auf der Büffelhautdecke und hatte die Hände unter dem Kopf gekreuzt. Der kraushaarige Krieger und der Vater der Rabenbrüder hockten neben ihrem Anführer; die beiden jungen Raben saßen zwischen den Pferden.
„Gut haben wir das gemacht", lobte Tschapa alles in allem.
Schwarzfalke sagte weder ja noch nein. Nachdem die Gefahren des Eisstroms überwunden waren, kehrten seine Gedanken mit Macht zu seinem letzten nächtlichen Abenteuer zurück. Er hatte den Auftrag des Häuptlings ohne Tadel ausgeführt und die Feinde von der Spur der Bärenbande abgehängt. Sollte er, der Sieger, jetzt ohne Flinte und ohne Pferd in Tokei-ihtos Lager einziehen? Sah so die ruhmvolle Rückkehr aus, von der er geträumt hatte? Hapedah und Tschaske würden sich eins lachen über ihren Vater, und die Weiber würden ihre Witze machen.
„Was denkt ihr?" fragte Tschetansapa seine Freunde. „Wer hat sich heute nacht noch außer uns am Teich herumgetrieben?"
„Schonka und seine Leute sind das nicht gewesen", gab Chef de Loup Bescheid. „Sie waren alle im Lager und wollten die gefangenen Schwarzfüße töten. Einige haben sie getötet, aber andere sind ihnen entflohen. Ich glaube, daß der entkommene Häuptling und seine zwei oder drei Krieger sich angeschlichen hatten und die Ihren befreiten."
„Dann wird ein entwischter Schwarzfuß deinen Schimmel und die Flinte gestohlen haben", meinte der Biber zu Tschetansapa. „Er will wohl seinem verlorenen Ruhm beim eigenen Stamm ein wenig damit aufhelfen, daß er Pferd und Flinte eines Dakota als Beute vorweist. Die Siksikau sind bissige Hunde wie die Pani und uns von jeher feind."
Tschetansapa brütete vor sich hin und betrachtete dabei ohne Ziel das Eisgeschiebe auf dem Fluß. Die Eisblöcke hatten einen zersplitterten Stamm eingezwängt und zerbrachen ihn. Alte Wildspuren wurden von dem Eis abwärts getragen. Tschetansapa bedauerte tief, daß er nicht nach diesem Jagdwild suchen durfte. Da – auch einige Hufabdrücke in den Schneeresten, fri-

sche Spuren von unbeschlagenen Mustangs. Die Pferde waren gestolpert und gerutscht. Auch ein sehr zierlicher Mokassin hatte sich auf Schneeresten abgezeichnet.
Schwarzfalke war mit einem Ruck auf und am Ufer unten. „Hier!“ rief er seinen Gefährten zu. „Seht ihr das nicht?“
„Spuren der entflohenen Schwarzfüße“, mutmaßte der Biber seelenruhig. „Keine schlechten Leute. Sie haben sich mit Weibern und Kindern heute nacht über das Eis gewagt.“ Schwarzfalke starrte immer noch auf die mit dem Eise langsam abschwimmenden Fährten. „Heute nacht?“ sagte er dabei. „Ich glaube, erst am frühen Morgen ... Sie haben weiter oben eine bessere Übergangsstelle gefunden als wir ... Da – so seht doch! Sie haben ein beschlagenes Pferd bei sich gehabt!“
Tschetansapa kam zu seinen Gefährten zurück. „Ich gehe flußaufwärts“, erklärte er. „Diese Diebe müssen noch in der Nähe sein.“
„Wir kommen mit!“
Tschetansapa zögerte erst. „Gut“, gestand er dann zu. „Nur unsere beiden jungen Raben bleiben als Pferdewachen hier.“
Die Männer liefen am Ufer entlang. Durch das Gras am Hang rieselten Bächlein von abfließenden Pfützen. Die Sonne schien den Menschen warm auf die Haut. Tschetansapa führte ohne jede weitere Vorsichtsmaßnahme. Man hatte es mit indianischen Gegnern zu tun und nicht mit Watschinschun. Wer sich ihnen offen näherte, würde auch offen empfangen werden.
Als die Männer kurze Zeit gegangen waren, krachte ein Warnschuß. Der Schütze lag auf einer der nordwestlich sich erhebenden Hügelkuppen, von denen aus man das Flußtal übersehen konnte; der Knall hatte seinen Standort verraten.
Die Dakota blieben stehen. Tschetansapa hob die leere Hand als Zeichen, daß er hier und jetzt keinen Kampf beginnen wolle. Dann blieben die Dakota ruhig an ihrem Platz, um abzuwarten, was sich ereignen werde. Sie wurden überrascht.
Auf der Höhe des Hangs, an dem sie entlanggeschritten waren, stand plötzlich ein Indianer. Vor dem Hintergrunde des weiten blauen Himmels stand er da, groß und stolz. Er war schlank und gerade gewachsen wie ein Speer, und es lag trotz seiner Ju-

gend eine Würde über ihm. Auch er hatte die unbewaffnete Rechte erhoben. In der linken trug er Tschetansapas Flinte.
Schwarzfalke und seine Begleiter schritten langsam zum Grat des Hochufers hinauf. Als sie angekommen waren, blieben sie in einem Abstand von etwa zehn Schritt vor dem fremden Manne stehen und betrachteten ihn.
Die Dakota kannten die Sprache der Schwarzfüße nicht, und sie nahmen an, daß der Feind weder die Sprache der Dakota noch die der weißen Männer gelernt hatte. Man mußte sich mit der üblichen Zeichensprache verständigen. Tschetansapa deutete auf sich selbst und auf den mit verschlossener Miene wartenden Siksikau und drückte mit dieser Geste aus, daß hier eine Sache sei, die nur zwischen ihnen beiden ausgemacht werden könne. Der Fremde bedeutete kurz, daß er verstanden habe und einverstanden sei. Darauf nannte der Dakota seinen Namen: „Schwarzfalke, Sohn des Sonnenregen", und sein Gegner antwortete ihm mit einer herben Stimme und den begleitenden Zeichen: „Donner vom Berge, der Sohn des Brennenden Wassers!"
Die Dakota waren gewohnt, Fremden gegenüber ihre Gefühle streng zu verbergen und einen Gleichmut zur Schau zu tragen, der sie in den Ruf gebracht hatte, nicht einmal lachen zu können. So blieben ihre bronzenen Gesichter unbewegt, sosehr sie auch der Name, den sie eben gehört hatten, beeindruckte. Donner vom Berge war jung, aber schon reich an Kriegsruhm, und in vergangenen Jahren, als Tokei-ihto noch in Feindschaft mit seinem eigenen Stamme gelebt hatte, war Donner vom Berge der Blutsbruder des Dakota geworden. Tschetansapa mochte davon jetzt nicht sprechen, er wollte auch nicht daran denken. Es durfte nicht sein, daß Tokei-ihto bei den Siksikau etwa einen kampftüchtigeren Bruder gefunden hatte als bei den Dakota.
Tschetansapa forderte seinen Gegner Donner vom Berge auf, ihm Pferd und Flinte zurückzugeben. Aber Donner vom Berge dachte ebenso starr. Er verneinte und hob den Tomahawk, um seinen Kampfwillen zu bekunden. Tschetansapa erklärte sich zu dem vorgeschlagenen Zweikampf bereit.
Der Schwarzfuß winkte den Dakota, ihm zu folgen, und schritt

über den Höhenkamm ein kleines Stück flußaufwärts und dann ihnen voraus. Er führte, ohne sich ein einziges Mal umzusehen, rechter Hand in die Prärie hinein. Hunde schlugen an. Eine Wiesenmulde tat sich auf, in der die Dakota die kleine Schar der entflohenen Schwarzfüße erblickten. Lager wurden üblicherweise am Wasser aufgeschlagen. Die Schwarzfüße hatten in der wasserlosen Mulde wohl nur haltgemacht, als der Häuptling die Dakota sichtete und ihnen entgegentrat. Etwa zehn Personen saßen ohne Zelte oder Decken auf dem grasigen Boden, einige waren verwundet. Zwei Pferde weideten, und Schwarzfalke sah den schönen Schimmel wieder. Der Anblick steigerte seinen Zorn. Er blieb mit seinen Begleitern in der Mitte der Wiesenmulde stehen. Die Frauen und Kinder der Schwarzfüße zogen sich stillschweigend zu einem größeren Kreis zurück. Sie waren alle gut gekleidet, in weiches, helles Leder mit sauber ausgeführter Stickerei. Ein Mädchen fiel dem Dakota auf, das einen toten Knaben trug. Als sie sich wieder niedersetzte und den Toten trauernd über ihren Schoß legte, blieb der Blick des Kriegers einen Atemzug lang auf ihr haften.

Tschetansapa wandte seine Aufmerksamkeit wieder seinem Gegner zu, der jetzt in Begleitung zweier Krieger vor ihn trat. Finster und mit Haß schauten die Siksikau auf die Dakota. Die Schwarzfüße waren von Langmessern und von Dakota – von Schonka und seinen Männern – überfallen worden, und es war nicht anzunehmen, daß sie viel von den Feindseligkeiten der Dakota untereinander wußten. Für die Schwarzfüße gehörten Schonka und Tschetansapa zu demselben feindlichen Stamm.

Der Schwarzfußhäuptling legte alle seine Waffen ab bis auf den Tomahawk, das Beil mit Stahlschneide. Es war die Waffe, mit der Donner vom Berge kämpfen wollte. Auch Tschetansapa gab daraufhin alle Waffen an seine Gefährten ab und behielt nur die bei den Dakota gebräuchliche Steinkeule. Sie bestand aus einem eiförmigen Stein, der an einem langen Griff aus einem doppelt genommenen starken, zugleich elastischen Weidenzweig befestigt war.

Der Schwarzfuß schritt einen großen Kreis in der Mulde ab und bedeutete mit dem Zeichen des Skalpierens, daß jeder, der diesen Kreis verlasse, besiegt und dem Gegner verfallen sei. Tschetansapa bejahte. Er wollte nicht viel Zeit verlieren und den Kampf gleich beginnen. So trat er in den Kreis, in dem es entweder siegen oder sterben hieß. Auch der Schwarzfuß betrat ohne Zögern das abgegrenzte Kampffeld und stellte sich Tschetansapa gegenüber auf. Alle anderen Krieger hatten den Ring schon verlassen.

Da die Sonne von Osten leuchtete, hatten sich die beiden Kämpfer nord-südlich gegenübergestellt und so die Augen vor den blendenden Strahlen geschützt. Sekundenlang rührte sich keiner.

Außerhalb des Kreises standen die Freunde der Kämpfer, Dakota und Schwarzfüße. Sie hatten sich je auf der Seite desjenigen gruppiert, dessen Sieg sie wünschten. Tschetansapa aber dachte nicht mehr an den kraushaarigen Jugendgespielen, und Donner vom Berge hatte wohl seine Krieger und jene Frauen und Kinder vergessen, für die er in einer bösen Lage der letzte Schutz war. Für die beiden, die in dem Ring standen, gab es von jetzt ab nichts mehr zu sehen als den Feind. Wer begann den Kampf? Warf er das Beil oder versuchte er den Hieb? Das waren die einzigen Fragen.

Kein Laut von menschlichen Lippen störte die gefahrenträchtige Stille. Nur das Dröhnen und helle Krachen des nicht mehr sichtbaren Eisstroms drang bis zum Kampfplatz.

Der Schwarzfuß griff an. Er setzte alles auf eine Karte und warf den Tomahawk. Er hatte nicht weit ausgeholt und seinem Feinde nicht Zeit gegeben, die Art des Angriffs zu durchschauen, sondern schleuderte das Beil aus der herabhängenden Hand. Trotzdem hatte große Kraft in dem Wurf gelegen, und die Waffe sauste mit Wucht auf die kurze Entfernung gegen die Mitte von Tschetansapas Körper. Dem Dakota blieb kaum Zeit auszuweichen. Die Schneide des schwirrenden Tomahawks riß ihm vom linken Bein etwas Haut ab. Mit kaum gehemmter Wucht flog das Beil weiter und kam erst außerhalb des abgezeichneten Kreises zu Boden. Es war ein meisterlicher Täuschungswurf gewesen. Aber er hatte keinen Erfolg gehabt, und dem Schwarzfuß war die Waffe verloren.

„Han h-h-h!" erklang es aus dem Kreise der zuschauenden Schwarzfüße. Donner vom Berge zuckte mit keiner Miene.
Jetzt hob Tschetansapa seine Keule – und warf sie fort. Er verzichtete nach seinen indianischen Ehrbegriffen auf eine Waffe, die dem Gegner im Zweikampf nicht mehr zur Verfügung stand.
Die Gegner sprangen aufeinander zu und rangen. Tschetansapa bemerkte bald seinen Vorteil. Der linke Arm seines Gegners war in den Kämpfen am Teichlager durch Kolbenhiebe getroffen worden und begann den Dienst zu versagen. Der Dakota hoffte, den anderen zu Fall zu bringen, aber noch hielt Donner vom Berge stand, und die schrillen Zurufe der zuschauenden Krieger feuerten die Kämpfenden an. Da spürte Schwarzfalke mit einem kalten Schauer, wie ihm selbst die Kräfte zu schwinden begannen. Blut sickerte aus seiner alten Brustwunde. Seine Arme gaben den anderen frei. Er taumelte zurück und fand sich auf den Knien im nassen Grase wieder. Der Schwindel verließ ihn, er konnte seine Umgebung wieder erkennen. Er löste die leere Lederscheide seines Messers vom Gürtel, preßte sie auf die Wunde und zerrte seinen Baststreifen wieder zurecht. Zuversichtlich hoffte er, daß die kräftezerstörende Blutung aufhören werde. Er stand auf, Tschetansapa wußte sehr wohl, daß der Schwarzfuß die Zeit hätte ausnutzen können, um über ihn herzufallen. Aber ein Zweikampf zwischen einem Siksikau und einem Dakota wurde nicht wie ein Hahnenkampf geführt. Jetzt, als Schwarzfalke wieder stand, griff der Siksikau an. Aber es gelang dem Dakota, die Rechte des Gegners zu fassen und zu verdrehen, und hart traf Tschetansapas Faust den Schwarzfuß. Donner vom Berge stürzte. Ohne sich zu rühren, blieb er auf dem Rücken liegen. Tschetansapa bückte sich und berührte den Hilflosen zum Zeichen seines Sieges.
Blau war der Himmel. Das immer noch tropfende Gras glänzte. Die Pferde und die Hunde rochen nach verdampfender Nässe, und der Wind, der nach Norden umgeschlagen hatte, brachte frischen Atem.
Tschetansapa streckte die Hand fordernd aus und erhielt alle seine Waffen zurück, dazu die Waffen des Besiegten. Er ging

zu dem prächtigen Schimmel und löste ihm die Fesseln zwischen den Vorderbeinen. Am Zügel führte er das tänzelnde Tier in die Mitte der Wiesenmulde. Er stieß einen schrillen Siegesruf aus, und seine Freunde stimmten ein.

Tschetansapa schaute forschend in die Runde der Schwarzfüße, und sein Blick streifte dabei wieder jenes Mädchen, das den toten Knaben im Schoß hielt. Sie schob den schlaffen Körper des Jungen einer anderen Frau zu und stand auf. Ihre Füße gingen leicht, und die Halme, die sich willig unter ihren Sohlen gebeugt hatten, hoben sich wieder unverletzt in die Höhe. Schwarzfalke, der nicht gewohnt war, auf Weiber zu achten, wartete doch unbewußt, bis das Mädchen neben ihm stand.

Ihre Trauer befreite sie von jeder Furcht. Sie sah den Feind an, und ihre schmale Hand wies auf das Schlachtbeil des Besiegten, das der Sieger ohne Scheide einfach durch den Gürtel gesteckt hatte.

Mit zusammengezogener Miene suchte der Krieger in dem Antlitz dieses fremden Mädchens zu lesen. Was wollte sie? Sie stand jetzt ganz still, wie ein Halm, wenn das Wehen des Windes verstummt ist. Tschetansapa nahm die erbeutete Waffe aus dem Gürtel und reichte sie ihr.

Das Mädchen kniete nieder, stützte die linke Hand mit zwei ausgestreckten Fingern auf den Grasboden und schlug mit Kraft zu. Ihr Blut spritzte auf. Sie erhob sich mit der verstümmelten Hand und reichte dem Dakota die Waffe zurück. Ruhig, wie sie gekommen war, ging sie zu den Ihren zurück. Tschetansapa wußte jetzt, wer sie war. Niemand anders konnte sie sein als Sitopanaki, die Schwester des Donner vom Berge. Sie hatte ihre Trauer um den besiegten Bruder so gezeigt, wie es die Sitte ihres Stammes war.

Der Biber war zu dem am Boden liegenden Schwarzfußhäuptling getreten. „Willst du ihn bei den Seinen sterben lassen?" fragte er Schwarzfalke. „Mir scheint, es ist noch Leben in ihm." Tschapa berührte den scheinbar Bewußtlosen, um festzustellen, ob seine Aussage richtig sei. Da aber spürte er plötzlich einen harten Griff um sein Handgelenk, und als er auffuhr, um sich loszureißen, schaute er in die vor Haß glühenden Augen

eines Schwarzfußkriegers. Das Ringen der beiden Männer war sofort im Gang.
Tschetansapa hatte den Vorgang erfaßt. Der Schwarzfuß mußte geglaubt haben, daß der Biber den wehrlosen Häuptling berühren, daß er den sogenannten „Schlag" – in der Grenzersprache „Coup" genannt – ausführen wollte. Damit hatte es eine eigene Bewandtnis. Aus alten Vorstellungen heraus, deren Ursprung den Indianern selbst nicht mehr bekannt war, galt das Berühren eines Gefallenen als ein zweiter Sieg über ihn. Bei den Reiterkämpfen der Präriestämme untereinander machte jede Partei den Versuch, die gefallenen oder verwundeten Gegner noch einmal mit dem Speer zu „schlagen", die Freunde aber setzten alles ein, um den Toten vor der Berührung zu schützen, und so wurde der Kampf von beiden Seiten immer erbitterter. Die Schwarzfüße mußten angenommen haben, daß der Biber den Coup ausführen wolle, und sie hatten ihn deshalb sofort angegriffen. Tschetansapa konnte den Siksikau nichts zurufen, da sie seine Sprache nicht verstanden, und es war nicht zu erwarten, daß sie jetzt noch die Ruhe wahrten, um auf erklärende Zeichen zu achten.
Ein neuer Kampf war unvermeidlich. Die Dakota waren in der Überzahl, und sie waren besser bewaffnet. Es gelang ihnen rasch, die drei noch kampffähigen Siksikau zu überwinden, zu entwaffnen und zu fesseln. Aber als sie die Gefangenen im Grase liegen sahen, begriffen sie erst, was sich im Kampfe ereignet hatte.
Der Alte Rabe, Vater der Rabenbrüder, lag mit klaffendem Schädel auf dem Gesicht. Das Beil eines Siksikau hatte ihn getroffen. Donner vom Berge aber war nicht mehr da. Er hatte die Gelegenheit zur Flucht benutzt, und weit entfernt war noch der Hufschlag seines grauen Hengstes zu hören. Tschetansapa sprang auf seinen Schimmel und jagte hinter dem Entflohenen her. Der Tod des Alten Raben erfüllte den Dakota mit neuem bitterem Haß.
Der Flüchtige schien sich nach Norden gewandt zu haben. Zu sehen war er in dem welligen Gelände kaum mehr. Nur selten einmal erblickte Tschetansapa bei der Verfolgung wehendes

schwarzes Haar oder die dunkle Mähne des grauen Hengstes. Dann feuerte er. Er hoffte, daß die beiden Rabenbrüder bei den Pferden seine Schüsse hörten und auf der Hut waren.
Der Schwarzfuß besaß ein vorzügliches Tier. Immer wieder foppte er den Verfolger. Tschetansapa aber war wie dem Jäger zumute, dem das schon erlegt geglaubte Wild wieder entkommt. Er jagte, und er vergaß dabei die Zeit und seine Gefährten.
Als er sich seiner selbst wieder bewußt wurde, hatte er seine letzte Munition vertan. Sein Schimmel lahmte, und als er zur Sonne hinaufsah, hatte sie sich längst auf die absteigende Bahn begeben und strebte dem westlichen Horizont zu. Schwarzfalke hielt inmitten der endlosen, eintönigen Höhenzüge. Sein Speichel war vertrocknet, die Zunge klebte ihm am Gaumen. Stirn und Hals waren ihm naß von Schweiß, so naß wie die Flanken seines Schimmels, die bebend auf und ab gingen. Der Verband um seine Brust war wieder verrutscht. Er keuchte. Mit halbgeschlossenen Augen hing er auf seinem Pferd. Er hätte die Amsel erschlagen können, weil sie mit leichtem Atem ihr Abendlied sang.
Gut, daß ihn niemand so sah. Er riß sich zusammen und betrachtete die Galoppspur des Feindes. Zwischen dem Gras war feuchte Erde aufgeworfen. Es war sinnlos, dieser Spur noch weiter zu folgen. Der Schwarzfuß war entkommen. Sein Hengst schien so unermüdlich und so schnell zu sein wie Tokei-ihtos Falbe.
Tschetansapa ritt zu dem morgendlichen Lagerplatz am Ufer, wo die beiden Rabenbrüder noch die Pferde bewachten. Tschetansapa hatte ihnen zu sagen, daß ihr Vater gefallen war. Schweigend nahmen die Brüder die Nachricht auf.
Sie ritten mit Schwarzfalke zusammen zu der Wiesenmulde, wo sich der Kampf abgespielt hatte, und fanden dort die anderen Gefährten und den Toten. Die Söhne nahmen den Gefallenen auf, denn ein Toter sollte die Erde nicht mehr berühren. Sie gaben ihm alle seine Waffen, wickelten ihn in eine Decke und banden ihn auf sein Pferd. Im Halbkreis saßen die Frauen und Kinder der Schwarzfüße, stumm und dumpf ergeben.

Schwarzfalke und Chef de Loup hielten Umschau über die Prärie. Es war nichts Verdächtiges zu bemerken. Darauf gab Tschetansapa bekannt, daß die Mulde, trotz ihres Wassermangels, als nächtlicher Rastplatz dienen werde. Der Fluß war nahe genug. Wer wollte, konnte sich den Wassersack dort füllen.
„Hierher kommt Donner vom Berge zurück", erklärte er seinen Gefährten. „Wir haben seine Weiber und Kinder."
„Gräme dich nicht wegen dieses Schwarzfußes", meinte der Biber. „Seine Hände sind beide lahm. Er hat keine Väter und keine Brüder in der Nähe. Die Aasgeier werden ihn fressen."
Tschetansapa sagte nichts. Er legte sich an einen Wiesenhang und schaute in die beginnende Nacht. Auch die anderen sprachen nichts, und wie die Dunkelheit, so lag die düstere Stimmung über dem kleinen Kreis.
Der einzige, der noch – für alle – an die Bedürfnisse des Leibes dachte, war der Biber. Er hatte die Zeit, die Tschetansapa mit seiner vergeblichen Verfolgungsjagd zugebracht hatte, dazu benutzt, zwei Präriehunde zu erlegen. Diese dicken Nagetiere, die in einem Netz von Gängen unterhalb der Erde wohnten, waren nicht leicht zu erwischen. Aber der Biber hatte zwei mit einer Schlinge überlistet. Er häutete seine Beute ab und holte sich eine junge Schwarzfußwitwe zur weiteren Bedienung. Sie mußte trockenes Holz suchen, was sehr schwer zu finden war, sie mußte an vier gegabelten Stöcken eine Lederdecke ausspannen und darunter Feuer anzünden. Durch die Decke verteilte sich der Rauch, und der Feuerschein war nicht weit zu sehen. Die Indianer benutzten gern die Vorsichtsmaßnahme des gedeckten Feuers, um vor Spähern sicher zu sein. Als die Fleischstücke angeröstet waren, verteilte sie der Biber. Die besten erhielten die Rabenbrüder, dann kamen Tschetansapa und Chef de Loup an die Reihe. Tschapa streckte die Füße zum Feuer und gab sich dem Genuß der wochenlang entbehrten Wärmequelle hin, während er als letzter aß. Hin und wieder äugte er zu seinem hageren Freunde hinauf, aber er wußte schon, daß dieser nicht angesprochen sein wollte. Tschetansapa trug die Verantwortung als Anführer, und er fühlte sich schuldig am Tode des Alten Raben.

Tschetansapa hatte den Kopf in die Hand gestützt und schaute in das Licht und die Schatten der Mondnacht. Er konnte viele Einzelheiten des Geländes und der Menschen und Tiere erkennen. Fast waren Farben zu unterscheiden, so klar leuchtete die Halbmondscheibe vom Himmel. Einige Hunde der Schwarzfüße schalten sich mit einem Kojoten, der aus weiter Entfernung kläffend seinen Mut bezeigte. Die Pferde dachten ans Schlafen, nur der Schimmel war noch hungrig und weidete.
Schwarzfalke wartete auf den jungen Häuptling der Siksikau. Er war überzeugt, daß der Schwarzfuß zurückkehren und versuchen werde, mit den Seinen wenigstens zu sprechen und ihnen Verhaltensmaßregeln zu geben. Der Dakota bemerkte, daß das Mädchen Sitopanaki sich in die hinterste, von den Dakota am weitesten entfernte Reihe der Ihren zurückzog. Auch sie wartete darauf, daß Donner vom Berge kommen werde, und wollte es dem Bruder leicht machen, sich heimlich zu nähern. Jetzt, solange der Mond noch schien, kam er nicht. Aber wenn in tiefer Nacht das Gestirn untergegangen war, würde er es vielleicht wagen. Das Mädchen hatte sich über den toten Knaben gebeugt, der auf ihrem Schoße lag. Sie hätte Uinonahs Schwester sein können.
Um Mitternacht löste der Biber die beiden Raben bei der Wache ab. Die jungen Krieger kamen und setzten sich zu dem Pferde, das ihren Vater trug. Die Hunde der Schwarzfüße hatten sich zusammengerollt. Eng zusammengedrängt hockten die Weiber und Kinder, die aus der Gefangenschaft der Langmesser nun in die Gefangenschaft der Dakota geraten waren. Sie wagten nicht, die Klage um ihre Toten zu singen. Aber leise erklang das Trauerlied der beiden Raben um ihren Vater.
Im Mondschein erblickte Tschetansapa einen Mann, der von fernher über die Prärie auf das Lager zukam. Als er den Kamm einer Höhe erreicht hatte, wurde er ganz sichtbar, dann verschwand er wieder in der nächsten Einsenkung. Der Beobachter wußte schon, daß es ein Indianer war. Er zog seine Flinte zu sich heran. Der Mann im Mondlicht war in der Nähe ein gutes Ziel. Tschetansapa erkannte ihn.
Donner vom Berge kam.

Er hatte nicht versucht, sich zu verbergen, deshalb ließ Tschetansapa ihn kommen.
Die Hunde waren aus dem Schlaf gefahren. Sie witterten den Herrn. Durch die Schar der eng zusammenhockenden Frauen und Mädchen ging eine Bewegung, wie eine Welle, die ein plötzlicher Windstoß aufgerührt hat. Gleich darauf saßen sie wieder ruhig und scheinbar teilnahmslos, und nur das Flüstern, mit dem sie zu den erwachenden Kindern sprachen, verriet, daß sie nicht wieder eingeschlafen waren.
Schwarzfalke rührte sich nicht von seinem Platz. Er blieb auch noch im Grase liegen, als Donner vom Berge den Rand der Wiesenmulde betrat. Der Feind hielt an und schien zu warten. Tschetansapa ließ ihn warten und stehen. In der Nacht wirkte der fremde Häuptling noch größer.
Alle Männer waren erwacht und schauten nach dem Siksikau. Die Pferde waren unruhig und hoben die Köpfe. Oben auf der Hügelkuppe sah Tschetansapa den Flintenlauf, den der Biber auf den Herankommenden gerichtet hielt.
Der Schwarzfuß hielt lange stand. Als er sich überzeugt hatte, daß sein Feind es verschmähte, ihm entgegenzutreten, löste er sich von seinem Platz. Er ging um die Frauen und Kinder herum, ohne sie anzusehen, und kam bis zu seinen gefesselten Kriegern. Lassoumschnürt lagen die Körper im Grase zwischen der Feuerstelle und Tschetansapas Platz. Der Dakota hatte kaum den Kopf gerührt, aber seine Augen ließen sich keine Bewegung des Donner vom Berge entgehen.
Der Siksikau blieb stehen. Mit seinem rechten Arm, an dem die verrenkte Hand hing, gab er den Seinen ein Zeichen. Chef de Loup hatte den Revolver bereit.
Ein Knabe der Schwarzfüße stand auf und kam zu seinem Häuptling herbei. Der Häuptling bewegte die Lippen; der Knabe schaute an ihm hinauf und las die Worte ab. Schwarzfalke wußte nicht, warum er untätig zusah. Seine Glieder waren in eine unbestimmte Erwartung eingespannt.
Der Schwarzfußknabe schien eine Anweisung erhalten zu haben. Er kroch unter die Decke, unter der der Rest des Feuers verglimmte, und holte ein Sträußchen von Zweigen, die er an-

blies, so daß sie rötlich aufglühten. Inzwischen hatte Donner vom Berge sich niedergelassen. Er hatte sich mit dem Rücken gegen die beiden Gefangenen gesetzt und das Gesicht Tschetansapa zugewandt. Er legte das rechte Handgelenk über das linke und blieb in dieser Stellung eines Gefesselten, bis der Knabe kam und ihm die glühenden Zweige auf die nackte Schulter legte.

Der Knabe ging zu den Frauen zurück, und der Siksikau blieb sitzen, als sei es nicht er selbst, der gebrannt werde. Er hatte den Männern, die seine Sprache nicht verstanden, damit gesagt, daß er sich gefangen gebe und den Tod eines Kriegers unter Martern sterben wolle. Leise begann er sein Sterbelied zu singen.

„Hi - je - hi - je - hai joh . . ."

Der Ruhm, tapfer gestorben zu sein, war der einzige, um den er noch zu kämpfen vermochte.

Tschetansapa sah ihn an. Als ein Knabe von acht Jahren hatte der Dakota schon am Zeltfeuer gesessen und sich brennende Späne auf die Hand gelegt, um das Ertragen von Schmerzen zu lernen. Er wußte, was Donner vom Berge aushalten wollte. Keine Miene zuckte in dem Gesicht dieses Mannes, dessen wütender Stolz jede Erschöpfung überwand.

Tschetansapa erhob sich und ging an den Gefesselten und der Feuerstelle vorbei zu den Pferden.

„Wir reiten zurück zu Tokei-ihto", sagte er seinen Gefährten. „Warum sollen wir noch länger bleiben? Der, auf den wir gewartet haben, ist gekommen. Wir werden die Schwarzfüße jetzt mit uns treiben." – Er scheuchte die Weiber und Kinder auf, die sich gehorsam erhoben.

Der Biber kam von der Hügelkuppe herunter und winkte der jungen Schwarzfußwitwe; sie löschte die Glut, nahm die Decke von der Feuerstelle ab und brachte sie zu dem Gaule des Biber. Die Raben hatten die Gefesselten gepackt und banden sie auf ihren Tieren fest.

Den Pferden wurden die Beine freigegeben.

Donner vom Berge hatte die Vorbereitungen zum Aufbruch gesehen. Er war aufgestanden und wartete, ob der Dakota ihn töten oder binden werde.

Tschetansapa aber war schon aufgesessen. Als er an seinem Gegner, den er besiegt und doch nicht besiegt hatte, vorbeiritt, winkte er ihm, daß er laufen solle, und so ging der fremde Häuptling hinter den Weibern und Kindern. Seine große Gestalt ragte über sie auf. Schwarzfalke ritt im Schritt hinter seinem Feinde. Seine Gefolgsleute hielten sich rechts und links, um die Gefangenenschar zu übersehen und zu hüten. An der Hand des älteren Raben ging das Pferd, daß seinen toten Herrn trug. Das Mädchen Sitopanaki hatte die Leiche des Knaben, von der sie sich nicht trennen wollte, über den Rücken genommen, und unter der Last gebückt, schritt sie den Ihren voran.
Die kleine Schar gelangte durch die Wiesen auf die Spur des Wanderzuges der Bärenbande, die im Mondschein deutlich sichtbar am Flusse aufwärts führte. Auch der große Regen hatte die Fährte nicht ganz verwischen können. Tschetansapa folgte ihr mit seinen Freunden und den Gefangenen. Daß Tokei-ihto sich nach Westen gewandt hatte, war kein gutes Zeichen. Er schien es nicht für möglich zu halten, jetzt geradewegs nach Norden durchzubrechen.
Die Menschen wanderten durch die lange Nacht bis zum frühen Morgen. Als bei Sonnenaufgang die Spuren einen ehemaligen Rastplatz der Vorausgewanderten am Flusse verrieten, befahl Tschetansapa den ersten Halt. Die Ruhe dauerte nur wenige Stunden. In der ermüdenden Wärme des Frühlingstages brachen Menschen und Tiere wieder auf und zogen weiter am brausenden Flusse aufwärts. Die grasigen Hügel zeigten schon die Spitzen junger Halme, und unter Regen und Sonne waren die ersten Blumen hervorgekommen. Die „weiße Rose“ blühte; ihre Blütenblätter waren zart und schön, aber die Männer betrachteten diese Blume mit gerunzelter Stirn, denn sie galt als Vorzeichen der Schneeschmelze in den Bergen und des Hochwassers.
Der Delaware hatte dem Mädchen, das den getöteten Knaben trug, eine der Militärdecken gegeben, die aus dem Lager bei dem hohen Pappelbaume stammten. Die Leiche wurde in die Decke eingeschlagen, und die junge Witwe, die den Biber bedient hatte, löste Sitopanaki beim Tragen der Last ab. Die Frau

hatte ein von Freundlichkeit und Necklust geformtes Gesicht, das auch jetzt, da sie traurig und erschöpft war, diesen Charakter nicht ganz verlieren konnte und bei aller Magerkeit durch die Knochenbildung noch rundlich wirkte. Ein kleiner Junge hielt sich zu ihr, das mußte wohl ihr Sohn sein. Tschapa betrachtete diese Frau mehr und mehr mit einer Art von Güte und Wohlwollen.

Ohne Pause liefen die Frauen und die Kinder Stunde um Stunde, wie sie es von jeher gewohnt waren, und die Dakota ritten gleichmütig im Schritt hinterher. Tschetansapa wartete darauf, daß sein Gegner zusammenbrechen würde, aber der Gefangene spürte den prüfenden Blick des Feindes, und seine Knie wankten nicht.

Zwischen Schwarzfalke und seinen Freunden war seit dem Aufbruch noch kaum ein Wort gesprochen worden. Jetzt endlich schien der Biber nicht mehr an sich halten zu können.

„Was willst du mit den vielen Weibern?" forschte er, und als Schwarzfalke ihm keine Antwort gab, setzte er hinzu: „Denke nicht, daß ich mehr als diese eine da in mein Zelt nehme; du kannst die übrigen selber behalten. Warum hast du sie nicht gelassen, wo sie waren?"

„Sollten sie verhungern? Sie haben keine Krieger mehr und keine Waffen."

Der Biber war erstaunt und betrachtete seinen Freund von der Seite. „Ja ... wenn du so denkst ..."

Schwarzfalke schaute trotzig geradeaus. Er hatte die Frage des Biber kommen sehen und sich schon darüber geärgert, ehe sie ausgesprochen war.

Von den Dakota hatte sich abwechselnd einer auf Spähdienst begeben. Als der ältere Rabe nach Mittag von einem solchen Ritt zurückkehrte, meldete er, daß er einen Kundschafter Tokeihtos getroffen habe und daß das Lager nur noch wenige Stunden entfernt sei.

Gegen Abend näherte man sich dem Lagerplatz. Die Späher mußten das Nahen der Krieger, den Tod des Alten Raben und die Beute an Gefangenen gemeldet haben. Von dem Siege Schwarzfalkes und seiner Männer über Roach und Schonka

wußte man bei dem Wanderzuge längst, denn die Pferde und Maultiere der feindlichen Truppe waren dort schon eingetroffen.
Die braunhäutigen Buben tauchten auf, allen voran die beiden Bärenknaben. Sie ritten Beutepferde. Ein paar Wolfshunde sprangen zwischen den jugendlichen Reitern umher. Hochauf rissen die Jungen die Pferde, sie warfen sie herum und umkreisten die Heimkehrenden und die Gefangenen. In ihrer Mitte brachten sie sie flußaufwärts zu der versteckten Senke, in der sich plötzlich der Blick auf die Zelte auftat.
Da standen sie, die Tipi, Heimat der Heimatlosen. Auf den Lederwänden leuchteten die schützenden Zauberzeichen farbkräftig in der Abendsonne. Da der Tag warm gewesen war, hatten die Frauen und Töchter die Lederplanen von den spannenden Pflöcken gelöst und sie aufgeschlagen. Schon sahen die zurückkehrenden Krieger die Decken und Felle, die Schüsseln und Töpfe. Kurz vor dem Lager hielt Schwarzfalke den Hengst an. Sein Blick flog zu dem mit Donnervögeln und Schlangen bemalten Zauberzelt. Hawandschita trat hervor. Schwarzfalke und seine Männer sprangen ab und traten vor den weißhaarigen Geheimnismann. Sie berichteten ihm mit kargen Worten, was geschehen war, und wiesen auf den toten Raben und auf die Gefangenen.
„Der Tote wird durch einen Toten gerächt", urteilte der alte Zauberer, zog sein Messer und stieß es dem einen der drei gefesselten Schwarzfüße ins Herz. Der Getötete sank ins Gras. „Er gehört den Rabenbrüdern", sprach der unbarmherzige Hawandschita weiter, „er und sein Skalp und seine Waffen. Sein Skalp und seine Waffen sollen den Alten Raben in die ewigen Jagdgründe begleiten. Ihr gebt sie ihm mit."
Der Zauberer hatte den uralten Gesetzen der Sippenrache Genüge getan, die eine nie endende Feindschaft zwischen den indianischen Stämmen wachhielten.
Tschetansapa reichte den beiden Rabensöhnen schweigend die Waffen, die dem getöteten Schwarzfuß gehört hatten. Die Brüder nahmen sie in Empfang und brachten ihren toten Vater, den von Hawandschita getöteten Siksikau und die Waffen zu ihrem

Zelt. Dumpf begannen die Klageweisen um den gefallenen Raben zu erschallen, der gerächt war, aber nicht mehr lebendig gemacht werden konnte.
„Die Mustangs und die Maultiere des Roach und des Schonka wird der Rat auf die Zelte verteilen", entschied Hawandschita als der Älteste weiter über die Beute. „Die lebenden Schwarzfüße sind dein, Tschetansapa, mit allem, was sie besessen haben, und du magst damit tun, was dir beliebt."
„Ich werde die Gefangenen Tokei-ihto zeigen", antwortete Schwarzfalke nur. Er schaute dabei zu dem Häuptlingszelt. Das Zelt war offen und leer, denn der Häuptling war noch gegen den Feind aus Norden unterwegs. „Sobald Tokei-ihto zurückkehrt", schloß Schwarzfalke. Er ließ den kampfunfähigen Donner vom Berge sowie die beiden noch lebenden Gefesselten zunächst in sein eigenes Tipi bringen und verteilte die Frauen und Kinder der Schwarzfüße auf die Zelte, in denen noch arbeitende Hände gebraucht wurden. Tschapa holte sich die freundliche junge Frau in sein Zelt. Er erfuhr ihren Namen „Spottdrossel" und erlaubte stillschweigend, daß sie ihren fünfjährigen Jungen mitbrachte. Blitzwolke betrachtete die neue Mutter prüfend, zeigte ihr alles im Zelt, besorgte zwei Spielgefährten für den verschüchterten Jungen und ging dann hinüber in Tschetansapas Tipi.
Dort sammelten sich die siegreichen Dakotakrieger eben wieder um ihren Anführer. Er hatte sie zur Abendmahlzeit eingeladen. Blitzwolke half Mongschongschah. Das junge Mädchen legte Bastmatten aus und stellte die Schüsseln darauf. Mongschongschah teilte Fleisch aus. Ihre Schultern hatten sich aufgerichtet, und in der Freude über die Rückkehr des Gatten war sie jung und schön.
Auch Hapedah und Tschaske waren längst von der Weide zurück, wo nach dem Beutezug Tschetansapas wieder zahlreiche Pferde und Maultiere grasten. Von ihren bescheidenen Plätzen am Zelteingang betrachteten die Knaben die gefangenen Schwarzfüße. Die beiden lassoumschnürten Männer und Donner vom Berge befanden sich in dem Tipi. Jenes Mädchen aber, das den toten Knaben trug, stand noch immer still vor dem Ein-

gang. Mongschongschah ging jetzt hinaus, um ihr zu helfen. Sie gab ihr starke gegabelte Stöcke, an denen sie die Decke befestigen konnte, in die der tote Knabe eingeschlagen wurde. So war er aufgebahrt, ohne die Erde zu berühren. Die Frau wunderte sich, daß auch die Fremde Sitte und Brauch achtete, und forderte sie auf, das Zelt zu betreten. Auf einen Wink Mongschongschahs ließ sich Sitopanaki nieder, weitab von ihrem Bruder, dem starr blickenden jungen Häuptling.

Ohitika, der Nachbarshund, war ins Zelt hereingekommen. Er verschmähte jedoch zu aller Erstaunen den Knochen, den Chef de Loup ihm schenken wollte, und ging mit vorsichtigen Tritten bis zu Donner vom Berge hin. Der Häuptling hatte sich im Zelte des Feindes nicht gesetzt. Aufrecht stand er in der Nähe der Zeltwand. Der Hund beschnüffelte ihn und fing an, erwartungsvoll zu bellen.

Die Männer beobachteten das Gehaben des Tieres.

„Als ob er ihn kennt." Tschapa Kraushaar war verwundert. Ohitika spitzte die Ohren und wandte sich von dem Gefangenen ab. Gleich darauf schoß er aus dem Zelt hinaus und rannte, den Kopf weit vorgestreckt, davon. Fast zur selben Zeit vernahmen die Männer aus der Ferne den Schrei einer Krähe, mit dem heimkehrende Krieger von einem Kundschafter begrüßt wurden.

Die Männer hatten keinen Zweifel, daß es Tokei-ihto selbst war, der mit seiner Schar zurückkam. Er näherte sich dem Lager von Westen her, obwohl er die Feinde im Norden zu suchen gehabt hatte. Das mochte seinen Grund haben; auch der heimkehrende Vogel flog nicht in geradem Weg zu seinem versteckten Nest.

Tschetansapa und seine Freunde erwarteten den Häuptling und ihre Kampfgenossen am Ufer. Kein einziger Krieger schien zu fehlen, und es war auch nichts zu sehen von Blut oder Wunden.

Langsam ging Tokei-ihto mit seinen Freunden durch die Reihen der Zelte. Auf dem Wege tauschten die Männer die ersten knappen Mitteilungen aus. „Will Tschetansapa in mein Tipi kommen und mir weiterberichten?" fragte der Häuptling.

„Sobald du gegessen hast."

Die Männer verabschiedeten sich vorläufig. Chef de Loup und der Biber blieben bei Schwarzfalke in dessen Behausung. Bald hatte sich wieder ein größerer Kreis gebildet, da aus der Schar Tokei-ihtos die Männer vom Bunde des Roten Hirsches auftauchten und sich im Zelt ihres Anführers Tschetansapa die Pfeife stopften.

„Und was habt ihr gemacht, während wir Roach und Schonka die Pferde wegfingen?" begann Tschetansapa sich bei Tschotanka zu erkundigen. „Ihr seht nicht aus, als ob ihr gekämpft hättet!"

„Nein, das haben wir auch nicht. Es ist ein Geheimnis, das wir uns nicht erklären können. Die Langmesser von den Nordforts sind gekommen, und dann sind sie plötzlich wieder fortgeritten."

Der Biber wurde sehr aufmerksam. „Wohin reiten sie?"

„Nach Nordosten sind sie fortgeritten, als ob sie zu der Mündung des Gelbsteinflusses zurückkehren wollten. Wir hatten uns in den Hügeln versteckt, um sie anzugreifen, ehe sie es sich versahen, aber da sie gingen, ließen wir sie gehen. Unsere Späher bleiben auf ihrer Spur."

„Welcher Blitz hat das Gehirn dieser Kojoten getroffen?"

Tschotanka lächelte. „Der Blitz hatte lange Beine und lief wie eine Antilope."

„Tatokano! Tatokano!" Der Biber trommelte klatschend auf seine Schenkel.

„Tatokano? Ja. Aber woher weißt du das?"

„Ich weiß es!" Der Biber sprang auf. „Er hat uns gerettet! Ja, ihr sollt es wissen! Wir haben ihn entfliehen lassen und haben ihn vorher wissen lassen, daß wir die Nordforts überfallen wollen. Das hat er den Langmessern berichtet, und sie reiten zu ihren Forts zurück, um diese vor uns zu schützen!"

Schwarzfalke strich sich über das Haar. Die mit Tokei-ihto zurückgekehrten Krieger wunderten sich sehr über das, was sie bruchstückweise zu hören bekommen hatten, und konnten den Zusammenhang noch nicht begreifen. Der Biber berichtete ihnen ausführlich und erntete ebensoviel Anerkennung wie Heiterkeit.

„Du trägst den Namen eines Schlauen zu Recht", meinten die Männer. „Ein harter Kampf ist uns erspart worden. Wir waren zwischen zwei Feuern, aber Tschetansapa und Tschapa haben sie beide gelöscht. Das Langmesser Roach sitzt mit Schonka am Teich jenseits des Eisstroms, und die anderen reiten dahin, wo sie uns nicht finden können. Aber die Langmesser von den Nordforts, die durch die List des Biber getäuscht sind, werden wohl bald wieder umkehren. Der sie führt . . ." Der Sprecher stockte mitten im Satz.
„Wer führt sie?" wollte Schwarzfalke wissen.
„Ihr kennt ihn alle. Der mit den roten Haaren und den gelben Zähnen. Tokei-ihto hat ihn gesehen."
Die Männer schwiegen einen Augenblick.
„Und durfte ihn nicht töten, um euch nicht zu verraten?"
„Ja, so ist es." Die Krieger sogen an ihren Pfeifen.
„Wenn der da ist, wird es noch einmal hart hergehen, ehe wir über den Mini-sose kommen." Schwarzfalke sprach damit die Gedanken und Sorgen aus, die alle hegten.
Der Biber wippte mit den Zehen. „Wie weit ist es noch bis zum Schlammwasser?"
„Drei bis vier Nachtlager", gab Tschotanka Auskunft. „So hat Tokei-ihto uns gesagt. Wir müssen zwischen den Hügeln durch und dann über flaches Land, das keine Deckung mehr gibt."
„Und dann über das Schlammwasser, wo das Eis jetzt taut", fuhr der Biber fort. „Da seht euch den Gelbsteinfluß an; besser sieht es droben am Mini-sose auch nicht aus. Vielleicht ist das Eis abgegangen, bis wir kommen, und das Wasser schwemmt über die Ufer."
„Du kannst deine Spottdrossel rudern lassen", meinte Tschetansapa.
„Ja, das kannst du tun, dann wirst du sehen, ob sie zu etwas nutz ist", pflichtete Chef de Loup bei.
„Oho, sie ist ein prächtiges Weib!"
„Ich gönne sie dir, du hast ein gutes Weib verdient. Was aber macht ihr mit diesen Schwarzfußkriegern in Fesseln, wenn wir aufbrechen? Ich glaube nicht, daß Tokei-ihto uns noch lange auf den Decken liegen und rauchen läßt!"

Tschetansapa war offensichtlich unangenehm berührt, als das Thema wieder auf die Schwarzfüße kam.
„Raucht weiter und streckt eure Beine aus, ehe ihr wieder reiten müßt!" forderte er seine Gäste auf. „Ich gehe hinüber zum Häuptling. Ich werde ihm berichten und hören, was er befiehlt."
Schwarzfalke erhob sich. Als er vor sein Zelt hinaustrat, war der Himmel noch licht, aber der glühende Sonnenball verschwand eben hinter den westlichen Grashügeln und ließ die Mulde und die Zelte im Abendschatten. Aus dem Zauberzelt Hawandschitas kamen dunkle und unheimliche Töne. Der Alte sprach mit den Geistern. Das Tipi Tokei-ihtos war wenige Schritte davon entfernt aufgebaut. Seine Wände waren jetzt vollständig herabgelassen und gaben keinen Einblick in das Innere. Vor dem Eingang saß Ohitika und leckte sich mit der langen roten Zunge das schwarze Fell. Als Tschetansapa seine Gestalt durch den Zeltschlitz hineinschob, kam er in Dämmer und Dunkel. Es sprang ihn das Gefühl an, daß er vielleicht nicht hätte eintreten sollen, aber nun war es zu spät. Er schloß die Lederwand hinter sich und blieb stehen, bis sich die Schatten für seine Augen zur Gestalt formten und er Tokei-ihto deutlich erkennen konnte.
Der Häuptling stand hinter der leeren Feuerstelle. Seine Haltung fiel Tschetansapa auf. Er schien weder eben aufgestanden zu sein noch sich niedersetzen zu wollen; auch ließ seine der Feuerstelle zugewandte Stellung nicht darauf schließen, daß er, im Zelt auf und ab gehend, einmal stehengeblieben sei. Der Häuptling hatte die Haltung eines Mannes, der mit einem Gegenüber spricht, aber es war niemand im Zelte zu sehen, an den er das Wort gerichtet haben konnte. Am Zeltrand saßen stumm Uinonah und Untschida. Der kleine braune Bär lag neben dem Mädchen.
Schwarzfalke fühlte sich von einem fremden und merkwürdigen Blick getroffen. Der Krieger hatte die Augen des Häuptlings ein einziges Mal in diesem Schillern gesehen. Damals war es gewesen, als der Mörder Mattotaupas das Zelt des Sohnes betreten hatte. Jetzt leuchtete wieder das unheimliche Licht, aber es verlosch sofort, und Tokei-ihto ging mit der ge-

wohnten, alle Gefühle bedeckenden Höflichkeit dem Eintretenden entgegen. Er wollte ihn nötigen, Platz zu nehmen, aber der Krieger bat, stehend und kurz berichten zu dürfen. Mit ungeteilter Aufmerksamkeit und ohne Zwischenfrage hörte der Häuptling ebenfalls stehend zu. Als Tschetansapa geendet hatte, trat eine Pause ein.

Kein Wort sagte Tokei-ihto über Tschetansapas großen Erfolg und auch kein Wort über die Fehler, die er gemacht hatte. Kein Wort über den Tod des Alten Raben. Kein Wort über die Gefangennahme des Donner vom Berge.

War Tschetansapa entlassen? Das Schweigen Tokei-ihtos bedrückte den Krieger. Hätte Tokei-ihto gezürnt, es wäre ihm lieber gewesen. „Wann brechen wir auf?" fragte er den Häuptling mit belegter Stimme. „Heute in der Nacht. Wir müssen die Zeit nutzen, in der die Feinde noch auf falscher Fährte suchen."

„Willst du diese drei gefangenen Schwarzfüße sehen?"

„Mein Bruder hat diese Krieger gefangen. Er mag mit ihnen tun, was ihm beliebt. So hat Hawandschita entschieden."

Als Tokei-ihto diese Worte sprach, zuckte Tschetansapa innerlich zusammen, denn er fühlte etwas von dem, was den Häuptling bewegen mußte, ohne daß ein Wort davon laut wurde. Tokei-ihto war als ein Bursche von vierzehn Jahren durch die Strenge des verbannten Vaters und eine unglückliche Verkettung von Umständen gezwungen gewesen, seinen eigenen jüngeren Bruder zu töten. Die Wunde, die auch sein Leben damit empfing, war schlecht vernarbt; Narben konnten von neuem schmerzen. Jetzt stand der Häuptling vor der Entscheidung, seinen einstigen Freund und Blutsbruder Donner vom Berge sterben zu lassen. Tschetansapa trug die Schuld, daß es soweit gekommen war, und Hawandschita versuchte, ihn auf diesem Abwege weiterzutreiben. Der Krieger aber wollte sich aus dem Gestrüpp der Feindschaften zwischen roten Männern, in das er durch seinen Kriegerstolz von neuem hineingeraten war, befreien. Dabei wußte er selbst noch nicht, wie ihm das noch gelingen sollte. Tokei-ihto war aufs äußerste empfindlich, wenn es um einen Verdacht ging, daß er nicht ganz und in jeder Beziehung wie ein echter Dakota denke und fühle. Tschetansapa konnte dem Häuptling gegenüber nichts von der Blutsbruderschaft erwähnen. Der Krieger kräuselte die Lippen und sagte das Gegenteil von dem, was ihm selbst lieb war. „Die Gefangenen sind uns eine Last. Ich werde sie sogleich töten, wenn du es für recht hältst, Tokei-ihto. Wir haben keine Zeit für Siegesfeste. Die Skalpe der Siksikau können wir uns nehmen, und unsere Verwandten, die Assiniboine, werden uns freudig in ihren Jagdgründen empfangen, wenn wir ihnen die Kopfhaut des Donner vom Berge bringen und sein Sterbelied gehört haben. Er war tapfer, und wir können uns unseres Sieges rühmen", schloß Schwarzfalke mit einer Betonung, mit der er sich selbst und seiner besseren Einsicht trotzte.

„Ja." Tokei-ihto brachte nur das eine Wort hervor.

Tschetansapa vermied es, den Häuptling anzusehen. Er schämte sich und begann im Zelte auf und ab zu gehen, die Augen auf den Boden gerichtet.

„Es war in der Nacht", sagte er dabei vor sich hin. „Ich habe auf Donner vom Berge gewartet und nachgedacht, und meine Gedanken haben sich gedreht. Ich sah die Langmesser, die diese Schwarzfüße überfallen haben und die auch uns bedrohen. Ich habe ihn nicht gefesselt, den Sohn des Brennenden Wassers, und die Weiber und Kinder seines Stammes habe ich mitgenommen. Wenn du mir aber befiehlst, sie alle zu töten, so werde ich es tun."

„Nur dann, wenn ich es dir befehle?"

„Nur dann."

„Wenn ich Donner vom Berge aber nicht töten will", sprach Tokei-ihto so langsam, als ob er eine schwere Last wegwälzte, „wenn ich dir, Tschetansapa, den Befehl, die Gefangenen zu töten, nicht gebe, so bist du bereit, dem Mann, mit dem du gekämpft hast, jetzt die Hand als Bruder zu geben?"

„Ich bin es. Er ist nicht geringer als ich. Aber sollen wir dann bei den Schwarzfüßen leben und unsere Brüder, die Assiniboine, töten jenseits des Mini-sose?"

„Nein, das wollen wir nicht. In Frieden wollen wir mit ihnen leben. Tokei-ihtos Hand tötet nur noch jene Verräter, die für zehn Dollar im Mond unseren Feinden dienen."

Tschetansapa hob den Blick und sah Tokei-ihto in die Augen. „Sind deine Gedanken schon lange auf solchen Wegen gegangen, mein Bruder und Häuptling?"
„Ja. Als Knabe habe ich zu diesen Gedanken gefunden. Als Krieger habe ich sie bei den Siksikau ausgesprochen, und ihr Geheimnismann wollte mich dafür töten. Du bist der erste, der mir bei solchen Gedanken begegnet und mich versteht."
Tokei-ihto legte seine Hand auf Tschetansapas Schulter. Zusammen verließen die Freunde das Zelt und schritten durch die Mondhelle der beginnenden Nacht zu Schwarzfalkes eigenem Tipi hinüber. Der Nachtwind strich um die Gräser und um den aufgebahrten toten Knaben.
Tokei-ihtos Fuß stockte vor dem kleinen Sarge, der nur aus einer Decke bestand.
„Wer ist es?"
„Ein Knabe, wohl der Bruder des Donner vom Berge und jenes Mädchens, die den Toten mitgetragen hat."
„Du meinst Sitopanaki?"
„Ja, Sitopanaki."
Der Häuptling trat mit Tschetansapa zusammen in dessen Tipi ein. Die Wände waren noch immer aufgeschlagen, und das Mondlicht floß zwischen den Stangen hindurch über den Zeltboden. Die Gäste erhoben sich; sie schienen nicht miteinander gesprochen zu haben. Tokei-ihto grüßte und ging auf Donner vom Berge zu. Ohne sich zu rühren, stand der fremde Häuptling noch immer im Hintergrund des großen Tipi. Sein Antlitz war im Schatten der Zeltwände verborgen; seine Wunden rochen. Es war unsicher, wieviel er von den Vorgängen um sich herum noch wahrnahm.
Tokei-ihto faßte mit beiden Händen den Arm und die schmerzende Rechte des Gefangenen, renkte sie mit einem kräftigen Ruck aus und ließ sie in der richtigen Stellung wieder in das Gelenk zurückgleiten. Der Gefangene ließ es geschehen.
„Kennt Donner vom Berge, mein Bruder, noch Stein mit Hörnern, den Sohn Mattotaupas?" fragte der Dakota in der Sprache der Schwarzfüße.
Der Fremde löste sich aus seiner Starre. „Ja, du bist der Sohn

Mattotaupas, mein Blutsbruder Harka Steinhart Nachtauge Wolfstöter Büffelpfeilversender Bärentöter – als Krieger bei uns genannt Stein mit Hörnern."

„Ich bin es. So mag mein Bruder seine Wunden zubinden lassen. Wir werden miteinander sprechen."

Der Gefangene schien zu zögern. „Nein", sagte er dann. „Diese Wunden bluten, solange meine Krieger in Fesseln liegen."

Tokei-ihto bückte sich stillschweigend zu den beiden Männern am Boden und löste ihnen die Riemen.

Er winkte den Frauen. Sitopanaki und Mongschongschah kamen herbei, um die Wunden der befreiten Krieger zu versorgen und ihnen zu trinken zu geben.

Der Dakotahäuptling trat inzwischen zu Tschetansapa und dessen Gästen, die dem überraschenden Auftritt stehend zugesehen hatten. Da sie die Worte der Schwarzfuß-Sprache nicht hatten verstehen können, erklärte Tokei-ihto kurz, was gesprochen worden war. Als er bemerkte, daß die Frauen ihre Aufgabe bei den Schwarzfüßen erfüllt hatten und sich wieder zurückzogen, wandte er sich Donner vom Berge von neuem zu. „Ich bitte den Sohn des Brennenden Wassers, mir in mein Zelt zu folgen."

Tokei-ihto verließ mit dem Schwarzfuß zusammen das Tipi und bat nur Tschetansapa und den Delawaren mitzukommen. Als die Krieger das Häuptlingszelt betraten, ließ der Gastgeber von Uinonah und Untschida die Wände aufschlagen. Da kein Feuer gebrannt werden durfte, wäre es sonst stockfinster gewesen. Jetzt gab der Mond seine Helle, und die vier Männer, die sich gegenübersaßen, vermochten sich gegenseitig zu erkennen. Tokei-ihto wartete. Er sah, wie Tschetansapa und Donner vom Berge sich mit den Augen maßen. Tschetansapas narbenentstellter Kopf wirkte in der nächtlichen Beleuchtung noch schärfer und schmaler. Das eingefallene Antlitz des Schwarzfuß war weder regelmäßig noch schön, aber es war ungewöhnlich, und die gut ausgebildete Stirn zeugte von einem hohen Verstande.

„Donner vom Berge mag fragen", nahm der Dakotahäuptling das Gespräch auf. „Ich antworte ihm."

Der Schwarzfuß hatte bei der Anrede den Blick auf Tokei-ihto gerichtet. „Ich freue mich, dich, meinen Bruder, wiederzuse-

hen", sagte er. „Die Zungen unserer Männer werden nicht müde, von deinen Taten zu berichten und über die Geheimnisse deines Lebens zu flüstern. Ich sehe aber auch, daß Stein mit Hörnern, der Sohn Mattotaupas, wieder in die Zelte der Dakota gegangen ist."
Donner vom Berge hatte mit Ruhe gesprochen. Tokei-ihto fühlte den fragenden Vorwurf in dem letzten Satz. Der Schwarzfuß hatte es vor fünf Sommern nicht anders gewußt, als daß Mattotaupa und sein Sohn geächtet waren. Er mußte jetzt glauben, daß Tokei-ihto die Sache seines Vaters verraten habe, um zu den Dakota zurückzukehren.
Während Tokei-ihto um die Antwort kämpfte, war Ohitika herbeigekommen und hatte sich zwischen den beiden Männern auf den Decken niedergelegt. Mit gespitzten Ohren sah er auf den Fremden, der ihm leise pfiff.
„Kennst du ihn noch?" fragte Tokei-ihto.
„Ja." Der Schwarzfuß fuhr mit seiner wieder gebrauchsfähigen Rechten dem Tier über das schwarze Fell. „Als ich ihn dir gab, war er klein und konnte noch kaum Fleisch fressen."
„So war es. Er ist stark geworden seither und hat für mich gekämpft. Wenn ich ihn sah, dachte ich an Donner vom Berge."
„Auch ich habe oft an dich gedacht." Donner vom Berge ließ die Hand auf dem Rücken des Hundes ruhen.
Tokei-ihto schaute in die Nacht hinaus. „Viel ist geschehen, was du nicht weißt, mein Bruder. Mattotaupa ist tot."
„Was sagst du da? Starb er von der Hand eines Feindes?"
„Der hat ihn getötet, den sie Red Fox nennen."
„Red Fox? Mattotaupa hat ihn in unseren Zelten seinen Bruder genannt."
„Ja, der war es."
Der Schwarzfuß scheute sich, mit Worten zu forschen. Er schaute Tokei-ihto an.
„Ich bin der Sohn eines Verräters", sprach der Häuptling langsam. „Mattotaupa war nicht unschuldig."
Der Schwarzfuß schwieg erst. „Das hat dein Vater nicht gewußt", sagte er dann. „Er war kühn und wahrhaftig. Es muß ein Zauber gewesen sein."

„Ja, der Zauber, der in einem Becher geheimnisvollen Wassers gewohnt hat; damit hat Red Fox meinen Vater überlistet und diesen großen und edel denkenden Krieger entwürdigt. Die weißen Männer sind gekommen. Sie haben die Männer der Dakota und ihre Weiber und Kinder betrogen, getötet oder vertrieben und sie endlich in einem kümmerlichen Lande eingepfercht. Mit den Kriegern der Bärenbande bin ich geflohen, und die Langmesser verfolgten uns. Wir wandern über den Missouri."

„So gehe in unser Zelt; mein Vater wird dich mit Freuden begrüßen. Ja!" Donner vom Berge sprach schneller, und seine Stimme verriet das starke Gefühl, das ihn bewegte. „Nimm unsere Weiber und Kinder mit, darum bitte ich dich. Das ist gut so, denn ich . . ." Der Siksikau stockte. „Ich kann nicht mehr zurück."

„Was ist geschehen?"

Der Schwarzfuß antwortete nicht. Seine Miene war wieder hart geworden, und er sah auf Tschetansapa.

Auch Tokei-ihto wandte sich seinem Krieger zu. „Willst du Donner vom Berge die Waffen wiedergeben?"

Schwarzfalke erhob sich und ging, um die Beute, die er gemacht hatte, aus seinem Zelt zu holen. Als er wiederkehrte, legte er die Waffen vor dem Siksikau nieder.

„Tschetansapa, der Sohn des Sonnenregen, hat mich gebeten, dir zu sagen, daß er dein Bruder sein will", erklärte Tokei-ihto dem Schwarzfuß.

Die Hand des Häuptlingssohnes zuckte nach den Waffen, die er im Kampfe verloren hatte, und verkrampfte sich in der Luft, ehe er sie faßte.

„Unsere Feinde sind nicht weit", sprach Tokei-ihto weiter, „und der Mörder Mattotaupas führt sie. Wollen wir wieder Brüder sein?"

„Ja." Der Siksikau griff zu, nicht rasch, sondern, sich selbst überwindend, mit einer langsamen, steifen Gebärde. „Du hattest recht, mein Bruder, mit dem, was du einst zu unserem Geheimnismann gesagt hast, obgleich es dich damals fast das Leben kostete."

„Gut", schloß Tokei-ihto. „Das Beil ist begraben, und die Pfeife des Friedens wird von Mund zu Mund gehen. Schwarzfalke hat dreimal gesiegt. Er hat das Langmesser Roach überlistet, er hat den Männern der Schwarzfüße gezeigt, daß ein Krieger der Dakota seine Waffen zu führen weiß, und er hat zu neuen Gedanken gefunden und Donner vom Berge unseren Bruder werden lassen. Seine letzte Tat ist seine größte Tat, denn sie ist das Beispiel, nach dem unsere Söhne ein neues Leben beginnen können. Die Männer der Dakota werden den Namen Tschetansapa immer mit Stolz nennen. Der Geist des Alten Raben aber wird versöhnt werden. Sein Blut und das Blut des aus Rache geopferten Kriegers der Siksikau sollen das letzte sein, das zwischen der Bärenbande und ihren Brüdern auf der Prärie geflossen ist. Hau."

Der Krieger dankte seinem Häuptling schweigend.

Uinonah brachte die heilige Pfeife, die Tokei-ihto mit Bedacht stopfte. Er entzündete sie, und sie ging unter vollständigem Schweigen von Mund zu Mund. Die vier Männer, die sie rauchten, stammten aus drei verschiedenen Stämmen, die mächtig und stolz gewesen waren in der Freiheit des großen Landes: die Delawaren an der Küste der aufgehenden Sonne, die Dakota in den Prärien der Abendsonne und die Siksikau im Lande des Nordsturms.

Als Uinonah die Pfeife wieder verwahrt hatte, begann Donner vom Berge seinen Bericht, auf den die Dakota schon gewartet hatten.

„Ihr seid aus euren Jagdgründen vertrieben", sagte er, „und wir werden aus den unseren verjagt. Auch für uns Siksikau ist die Reservation schon abgemessen."

„Eure Häuptlinge unterwerfen sich?" Tokei-ihto fragte, als ob es um eine fremde und ferne Sache ginge.

„Unsere Häuptlinge, Zaubermänner und Ältesten raten zum Frieden. Der Rat gefiel uns Jungen schlecht. Darum bin ich ausgezogen, um andere Jagdgründe zu suchen. Die Prärien der Dakota schienen leer geworden zu sein. Wir ritten, jagten Antilopen und Elche und wanderten, wie es uns gefiel. Was dann geschah . . . weißt du."

Die Nachrichten trafen Tschetansapa zu überraschend und zu hart. Er konnte nicht mehr an sich halten. Kurz lachte er auf, grell, als ob sein Denken plötzlich gestört sei. „Wir fliehen zu euch, und ihr flieht zu uns. Männer ohne Verstand und ohne Mut sind wir geworden! Das habe ich dir schon bei den Schwarzen Bergen gesagt, Tokei-ihto."
„Hau, du hast es gesagt." Der Häuptling gab sich lange stumm seinen Gedanken hin, ehe er fortfuhr: „Dein Rat war damals so schlecht wie heute."
„Weißt du einen Weg?"
„Ja. Wir kaufen uns Land. Denkst du noch daran, Tschetansapa, was wir in meinem Zelte besprochen haben, in jener Nacht, in der Monito und Red Fox von mir Gold erpressen wollten? Jetzt wird es Zeit, für Gold Land einzutauschen. Ich bin der Sohn Mattotaupas."
„So viel Land, daß wir jagen können?"
„Nein, aber genug, um gefleckte Büffel zu züchten und Feldfrüchte zu bauen."
„Wie die Weiber und die Watschinschun."
„Wie unsere Vorväter, die in fruchtbarer Erde Mais und Tabak angebaut haben."
„Mein Vater Sonnenregen war ein Büffeljäger und ein Krieger, wie auch ich es geworden bin. – Weiß Hawandschita schon von deinen Gedanken?"
„Nein."
„So hüte dich vor ihm. Er war noch nie dein Freund."
„Aber du, Tschetansapa, bist es. Du wirst es bleiben."
Es war alles gesagt, und das Gespräch wurde beendet.
„Um Mitternacht brechen wir auf", ließ der Häuptling die Krieger wissen. „Bis dahin ruhen wir noch."
Die beiden Gäste gingen.
Tokei-ihto und Donner vom Berge legten sich auf die Decken und Felle. Ohne davon zu sprechen, erinnerten sich beide daran, wie oft sie als Knaben zusammen im selben Zelt geschlafen hatten. Ohitika kam herbei und leckte dem Fremden die Hand, ehe er sich zu Häupten seines Herrn zusammenrollte.
Die Zeltwände blieben aufgeschlagen. Draußen strich der

Wind stärker um das Gras. Der Strom brüllte in der Mondnacht, und das krachende Eis schimmerte in mattem Glanz zwischen den schmutzigen Wogen, die aus den Spalten zwischen den Eisschollen hervordrangen. Die Pferde waren vom Ufer zurückgewichen und zu den Zelten gekommen. Menschliche Gestalten tauchten auf, schweigend und mit gesenktem Kopf. Es waren die Söhne des Alten Raben, die ihren Vater bestatteten. Sitopanaki und Spottdrossel saßen vor den Zelten bei dem toten Knaben, der in der Decke aufgebahrt war. Zu ihnen kamen Uinonah und Untschida. Die Frauen klagten gemeinsam, aber das Lied blieb unhörbar für Feinde. Nur die Lippen der Trauernden bewegten sich. Uinonah legte den Arm um Sitopanakis Schultern. Die beiden Mädchen kannten sich seit jenem großen Feste, an dem Tokei-ihto und Donner vom Berge durch den Sonnentanz gegangen waren. Sie hatten miteinander um das Leben Tokei-ihtos gebangt, der bei dem Sonnenkult unmenschliche Proben zu bestehen gehabt hatte. Die Schwestern der Häuptlinge und Blutsbrüder fanden sich jetzt in schweren Tagen wieder, und ohne daß sie noch miteinander gesprochen hatten, fühlten sie sich eins.
Als Mond und Sterne gewandert waren und die Nacht ihre Mitte überschritten hatte, war das Lager verschwunden.
Weitab aber gegen Nordwesten zu schritten die Lasttiere, eines hinter dem anderen in langem Zuge. Frauen und Kinder saßen auf den Pferden und Maultieren hinter den gekreuzten Spitzen der Zeltstangen, deren schleifende Enden die Körbe und Dekken mit Hab und Gut trugen. Vor dem Zuge schwärmte die Schar der Krieger auf den Mustangs umher, am Ende trottete das Rudel der Hunde. Man war jetzt wieder reich an Pferden, und die Lasten der Tiere waren leicht; schnell ging es durch die grasigen Täler hindurch. Von den Höhen klangen die Tierstimmen der Späher, Eulenschrei und Kläffen. Noch war der Weg frei.

„Ihr dürft nicht sterben!"

Der Südwind wehte die ganze Nacht. Die Kinder der Prärie rochen das Schmelzwasser aus den Bergen und den trüben Duft überfluteter Wiesen. Am Himmel zogen Wolken auf, aber der Mond stieg und trieb die schwarzen Fetzen auseinander. Fern und rein schimmerte die Milchstraße.

Als der Mond verblichen war und die Dämmerung heraufzog, legte sich der Wind. Totenstill stand die Luft über dem Land, und die Vögel sangen nicht. Am östlichen Horizont glühte der Sonnenball. Der Zug hielt, und Hawandschita hob vor aller Augen die heilige Pfeife in die Höhe. Verloren klangen seine Worte in die Morgenstille. Es waren dieselben Worte, die die Männer der Dakota bei jedem Sonnenaufgang sprachen:

„. . . Wir danken dir, heiliger Unbekannter, daß du uns geführt hast, und wir bitten dich, daß du uns weiter führest und uns Nahrung gebest und Frieden."

Die heilige Pfeife wurde gesenkt.

Männer und Frauen waren zu einer kurzen Rast abgestiegen. Die Pferde, denen die Rippen durch das Winterfell schauten, begannen sofort zu weiden. Die Wassersäcke wurden herumgereicht; Frauen und Kinder nahmen einen Bissen Fleisch zwischen die Zähne, um langsam und lange daran zu kauen. Die Vorräte gingen zur Neige, und bis zum Abend würde es nichts mehr geben.

Zwei rabenschwarze Wolfshunde bissen sich, Ohitika und der Leithund des Rudels, das mit der Gruppe der Siksikau gelaufen war. Die Frauen dachten erst, es ginge nur um einen Knochen. Als die Hunde einander immer weiter zusetzten, wollte Blitzwolke mit der Peitsche dazwischenfahren, aber Uinonah legte ihr die Hand auf den Arm. „Laß", sagte sie, „es sind Brüder, die miteinander kämpfen. Sie müssen sich selbst einigen."

Der Wanderzug hatte in dem Wiesentale gerastet wie eine lange Schlange, die sich in der Morgensonne wärmt. Jetzt geriet er wieder in Bewegung. Die Krieger ritten im Schritt herbei und reihten sich rechter Hand vom Transportzug hinter ihrem Häuptling ein. Pferd hielt hinter Pferd in genau ausgerichteter

Reihe. Der Abstieg aus den Hügeln in die Ebene begann, und niemand wußte, wann feindliche Reiterscharen auftauchen und die Dakota zum Gefecht zwingen würden.
Die Hunderudel folgten den Reitern. Zerbissen, aber friedfertig trotteten die beiden Leithunde an der Spitze, Ohitika voran.
Noch einmal erklang von der Kuppe der vorgelagerten Anhöhe das Signal des Spähers, daß der Weg frei sei. Dann bog Tokei-ihto um den letzten Hügel, und der Blick über die Ebene tat sich vor ihm auf.
Die Krieger schlossen die Augen zu schmalen Schlitzen, denn sie spähten unausgesetzt der blendenden Sonne entgegen. Wenn Feinde kamen, so waren sie von Osten her zu erwarten.
Die Kundschafter verschwanden im Laufschritt. Chef de Loup führte sie.
Weiter und weiter ging es durch das stille Land. Tokei-ihto lauschte und spähte.
Um die Mittagszeit sah er in der Ferne etwas im Grase huschen, was auf den Zug zusteuerte. Es war Chef de Loup. Hapedah ritt schon herbei und brachte dem Zurückkehrenden seinen Scheckhengst; der Delaware stieg auf und ließ sein Pferd neben dem des Häuptlings gehen.
„Red Fox hat die List des Bibers jetzt durchschaut", sagte der Delaware dabei mit halber Stimme. „Er ist mit den Milahanska zu dem nächsten Fort zurückgeritten, aber als er dort feststellte, daß wir auch da nicht zu finden sind, begriff er, daß der Biber ihn durch die Aussage Tatokanos an der Nase herumgeführt hat. Er wollte die Milahanska überreden, die Pferde sofort wieder zu wenden, aber diese schalten und weigerten sich, länger umherzureiten. Sie bleiben auf ihrem Fort. Auf dem Fort ist auch eine Handelsstation der Pelzkompanie. Viele Jäger hatten sich, wie immer um diese Frühjahrszeit, zusammengefunden; sie brachten Winterpelze oder wollten sich Fallen für die Sommerarbeit holen. Red Fox erzählte ihnen, daß auf den Kopf Tokei-ihtos ein Preis gesetzt sei und daß es auch gut sein würde, Tokei-ihto zu töten, da er sonst rachedurstig umherschweifen und die Jäger bei ihrer Arbeit in Gefahr bringen könnte. Viele Jäger haben sich entschlossen, mit Red Fox zu gehen, uns zu

verfolgen und auf deinen Skalp, Häuptling, Jagd zu machen. Auch einige Kundschafter aus den Stämmen der Absaroka und der Ponka machen mit. Red Fox ist mit ihnen südwestwärts wieder zu den Hügeln geritten. Dort habe ich sie belauscht."

Der Delaware bemerkte den Wassersack, den ihm Hapedah hinhielt, und trank. Er war seit dem frühen Morgen gelaufen wie ein Pferd und hatte noch einen stundenlangen Dauerlauf vor sich.

Der Nachmittag strich dahin. Es war schwül, die Sonnenstrahlen stachen. Tschaske schlief auf dem Pferd halb ein, aber Hapedah hatte zuviel gehört und blieb wach. Als es gegen Abend ging, erkannten die Bärenknaben wieder Schunktoketscha, der von seinem zweiten Kundschaftsgang zurückkehrte und dem Häuptling noch einmal berichtete.

Tokei-ihto befahl daraufhin, die Nacht und den folgenden Tag ohne Pause weiterzuwandern. Einige der jüngeren Knaben und Mädchen mußten in Fellsäcke gesteckt werden, da sie erschöpft vom Pferderücken sanken. Aber die Bärenknaben hielten aus.

Der zweite Tag neigte sich. Die Verfolger hatten den Wanderzug noch nicht eingeholt.

Das Mädchen Blitzwolke saß still und mit großen Augen auf ihrem Mustang und baumelte die Füße über die schräg am Pferdekörper herablaufenden Travoisstangen. Durch die Luft, die wie gekocht schien, zog eine Kühle. Ein Brausen schwoll den Wandernden entgegen, und die Ahnung von einer großen Gefahr floß dem Mädchen durch die Glieder. Das Brausen war wild und mächtig. Es kam von dem großen Schlammwasser. Die durstigen Hunde waren schon vorausgelaufen, aber noch in Sichtweite machten sie wieder halt, zogen die Schwänze ein und winselten. Auch sie fürchteten sich.

Der von Westen nach Osten verlaufende Einschnitt des tiefen und breiten Stromtales war dem schweifenden Blick der Auswanderer nicht mehr verborgen. Die Formen der Talränder wurden deutlich. In der Gegend, in der der Wanderzug das Tal erreichen konnte, gaben sie einer Bucht nach Süden Raum. Diese hornartig geformte Bucht wurde von einer Hügelkuppe beherrscht, die nach Südwesten zu in eine langgestreckte Anhöhe

auslief. Der Kamm dieser Anhöhe und die Kuppe waren von der vorausgesandten Streifschar schon besetzt; die schwarzen Schöpfe des Donner vom Berge und seiner Begleiter waren zwischen den Gräsern zu erkennen. Der violett und grünlich leuchtende Himmel spannte sich über die warme Erde, und die ersten Sterne blinkten über dem Tale auf, das immer näher rückte. Über dem fernen Felsengebirge lauerte gewittriges Gewölk.
An der Südspitze der Talbucht zu Füßen der Hügelkuppe ließ der Häuptling halten. Blitzwolke lenkte ihr Pferd mit den anderen zusammen an den Rand der Einsenkung. Der Platz war günstig und gegen Feinde leicht zu verteidigen. Der Zug staute sich kurze Zeit, bis die ersten Reiterinnen die Tiere den Hang der Bucht ein Stück hinab leiteten und sich im Halbrund der abschüssigen Wiese verteilten. Das Mädchen folgte ihnen. Sobald die Ankommenden den Schutz des Hanges gewonnen hatten, glitten alle von den Pferden. Mensch und Tier waren erschöpft nach einem mehr als vierzigstündigen Ritt. Die Travois wurden abgenommen und die Mustangs an der Ostseite der Bucht zur Herde zusammengetrieben.
Auch Blitzwolke befreite ihr Tier von seiner Last, führte es zu den anderen und überließ es dann sich selbst zum Weiden und Saufen.
Sie holte das unruhige Bärenkind von der Rutsche und fütterte es, und erst als sie alle ihre Pflichten erfüllt und mit Spottdrossel zusammen auch die Travoisstangen bei der Habe des Bibers niedergelegt hatte, ließ sie sich ins Gras fallen. Sie war zum Sterben müde und sah mit glasigen Augen hinab in den Grund der Bucht, an deren abfallenden Hängen man sich niedergelassen hatte. Er war von schmutzigem, lehmgelbem Wasser vollständig überflutet. Nach Norden, dem Haupttal zu, verbreiterte sich die Bucht zu einem großen, offenen Mund, in den immer neue Wellen hereinfluteten. Weiden und Birken ragten mit dünnen Zweigspitzen kläglich aus dem Wasser und beugten sich unter den hereindringenden Fluten. Schaumblasen trieben häßlich wie Krötenaugen auf der Oberfläche des undurchsichtigen Wassers. Angespültes Holz schaukelte darauf und staute sich am aufsteigenden Wiesenhang. Die aufgedunsene Leiche

eines Bergschafes wurde zu Füßen der Lagernden am Hang angeschwemmt.
Blitzwolke schloß die Augenlider. Nur ihr Ohr blieb wach, und sie hörte den brausenden Wasserschwall aus dem großen Tal und die leisen Stimmen Uinonahs und Sitopanakis neben sich. Erst als ihr einige Wasserspritzer auf die Stirn fielen, fuhr sie wieder auf. Die weiße Mondscheibe am Himmel hatte längst goldgelben Nachtglanz bekommen.
Rings um das Mädchen war alles in Tätigkeit. Blitzwolke entdeckte die Bärenknaben, die ihr das Wasser ins Gesicht gespritzt hatten. Die Buben rannten mit Gelächter den Hang abwärts und sprangen zwischen das treibende Holz hinein in das eiskalte Wasser. Beide hatten das Messer zwischen den Zähnen und tauchten unter.
Blitzwolke ließ sich von Uinonah einen Rest Fleisch in den Mund schieben, kaute bedächtig und überwand ihre natürliche Erschöpfung.
Die Bärenknaben waren prustend wieder aufgetaucht. Mit langen starken Weidenzweigen, die sie unter Wasser abgeschnitten hatten, winkten sie den anderen Jungen, die jetzt an der Reihe waren, zu tauchen und Zweige zu holen. Die Frauen hatten schon Büffelhäute zurechtgelegt. Das war das Material für den Bootsbau. Die Indianer, die in Wäldern lebten, bauten die leichten Rindenkanus oder auch Einbäume, deren Herstellung mühselig war. Die Präriestämme führten keine Boote mit, da die meisten Flüsse und Bäche im Präriegebiet seicht und außer in Hochwasserzeiten mit Pferden leicht zu überschreiten waren. Wurden in einem besonderen Fall Boote gebraucht, so stellten die Frauen ein einfaches Gerippe her, über das sie Häute spannten. Solche Boote waren rund mit flachem Boden und wurden mit Paddeln fortbewegt. Sie waren unsicher und schwer zu lenken, doch auch in holzarmen Gegenden konnte man sie leicht und schnell bauen. Der Häuptling hatte Befehl gegeben, sich sofort an die Arbeit zu machen.
Blitzwolke wollte beim Bootsbau und beim Herstellen der einfachen Paddel mittun. Sie wollte Uinonah helfen, aber der Häuptlingsschwester ging schon Sitopanaki zur Hand; so lief

das Mädchen hinüber zu Mongschongschah. Verstohlen sah sie nach der Häuptlingsschwester und wartete darauf, daß sie gerufen wurde. Uinonah lächelte ihr freundlich zu und arbeitete mit dem Schwarzfußmädchen zusammen sehr ruhig und schnell. Es gab Blitzwolke einen Stich, daß das Boot der Häuptlingsschwester zuerst fertig wurde. Sitopanaki hatte alles gut gemacht, trotz ihrer verstümmelten Hand. Blitzwolke war dann wohl nie mehr nötig für Uinonahs Zelt. Nein, Sitopanaki war auch älter als sie und schöner und die Tochter eines berühmten Häuptlings. Blitzwolke wußte selbst nicht, wie müde sie aussah und wie böse in ihrer schwärmerischen Eifersucht.
„Komm, leg dich schlafen", sagte Mongschongschah zu ihr. „Wenn wir fahren, wecke ich dich."
Blitzwolke schüttelte den Kopf. Sie war jeder weiteren Antwort enthoben, da sie sich halb umdrehen und nach dem Häuptling sehen konnte, der allein von der Anhöhe herabkam.
Tokei-ihto war auf das Boot zugegangen, das Uinonah und Sitopanaki fertiggestellt hatten, und faßte es prüfend an. Blitzwolke kam erst jetzt zum Bewußtsein, daß Tschetansapa und der Späher Schwarzfels bei dem Häuptling standen. Tokei-ihto richtete sich wieder auf, und das Kind hörte ihn sagen: „Gut dann. Ich versuche es sogleich mit deinen Söhnen!"
„Ja", antwortete Tschetansapa.
Blitzwolke sah sich nach den Bärenknaben um. Die beiden waren nirgends zu erblicken. Auf einmal tauchten ihre Köpfe wieder im Talgrund aus der undurchsichtigen Schmutzflut auf. Sie schoben sich schwimmend mit einiger Mühe durch das angespülte Holz. Als sie auf den Wiesenhang heraufkamen, trieften ihre Haare, sie fröstelten und schüttelten sich wie nasse Hunde. Keiner von ihnen verriet, daß sie sich zu weit gewagt hatten und von einer zurückziehenden Welle fast in das Haupttal hinausgerissen worden waren. Aber sie niesten, husteten und spien noch immer Wasser. Während sie ihre Weidenzweige abgaben, bemerkten sie nicht gleich, daß der Häuptling sie ansah.
„Schnell!" herrschte Blitzwolke sie flüsternd an. „Ihr sollt mit dem Häuptling über den Strom!"
Die Knaben fuhren zusammen und reckten sich.

„Ja", sagte Tokei-ihto, denn er schien die Worte, die nicht für ihn bestimmt gewesen waren, gehört zu haben, „und den Bären werdet ihr mitnehmen. – Draußen in der Prärie ist eine große Zahl von feindlichen Reitern erschienen. Von der Anhöhe aus haben wir sie gesehen. Wir sind zwischen zwei neue und größere Gefahren geraten, zwischen das wilde Wasser und den Roten Fuchs, und wir müssen mit beiden kämpfen. Hawandschita rät uns, das Kind der großen Bärin und euch beide über den Strom zu fahren, damit der Stamm der großen Bärin weiterlebt, auch wenn wir andern sterben. Ich werde also versuchen, euch über den Strom zu bringen. Hau. Ihr wißt, wie wir unser neues Leben drüben einrichten müssen." Der Häuptling wandte sich wieder an Tschetansapa und Schwarzfels: „Du befiehlst oben", sagte er zu Tschetansapa und deutete mit einem Blick auf die Anhöhe. „Ihasapa geht mit mir; er schwimmt gut. Wenn ich kann, komme ich zurück."
Tschetansapa trat noch einmal zu seinen Söhnen und legte mit einem stummen Gebet den Arm um die Knabenschultern. Keiner konnte wissen, ob und wann er den anderen wiedersah. – Dann lief der Krieger, ohne sich umzusehen, die Anhöhe hinauf.
Hapedah und Tschaske sprangen zu ihrem braunfelligen, vierbeinigen Schützling, der nach der langen Reise der vergangenen Tage verärgert im Grase lag. Sie packten ihn auf. Zappelnd und knurrend wehrte er sich und fuhr Tschaske mit seinen gelben Krallen über das Gesicht, daß das Blut lief. Tokei-ihto nahm den Buben die ungefüge und widerspenstige Last ab. Das Bärenkind schien sich bei seinem großen Freund wohlzufühlen; es klammerte sich mit den Tatzen an seinen Schultern fest und leckte ihm den Hals.
Der Häuptling machte sich auf den Weg. Halb am Hang, gegen die Prärie gedeckt, ging er am Westufer der Bucht hinaus zum Stromtal. Der junge Schwarzfels begleitete ihn, und Ohitika drängte sich an seine Knie. Die Bärenknaben hoben zu zweit das leichte Boot auf, das Uinonah und Sitopanaki gefertigt hatten, und jeder nahm zwei der kurzen Paddel über die Schulter. Bogen und Pfeilköcher und das Messer in der Scheide an der

Lederschnur hatten sie umgehängt. So liefen sie hinter dem Häuptling her.
Uinonah kam heran und drückte Blitzwolke eine Schüssel mit Fleisch in die Hand. „Lauf", sagte sie, „und gib es ihnen mit ins Boot. Die Schüssel sollen sie behalten zum Schöpfen, wenn Wasser in das Boot kommt."
Blitzwolke nickte. Sie sprang den anderen quer über den Hang nach und holte sie bald ein.
Kurz ehe die Bucht in das große Tal auslief, verhielt der Häuptling den Schritt. Die Knaben ließen das Boot zu Wasser und setzten sich hinein; Blitzwolke reichte ihnen die Schüssel mit dem Fleisch. Sie hielt das Boot mit einem Paddel fest, damit es nicht abschwamm, während der Häuptling das Bärenkind hineinsetzte. Voll Angst, aber widerstandslos ließ sich das Tier in dem schwankenden Gebilde unterbringen. Die Buben legten ihre Beine daneben zurecht und nahmen Bogen, Pfeil und Lasso der Männer in Empfang. Blitzwolke gab Hapedah das letzte Paddel, und die beiden Brüder stießen das Boot ab. Es flutete eben wieder eine breite Welle aus dem Haupttale herein; sie hob das leichte Gefährt und trug es vom Ufer ab, weiter in die Bucht hinaus. Die Knaben begannen mit je einem Paddel zu arbeiten; das zweite, das sich jeder mitgenommen hatte, diente als Reserve. Der Häuptling und der Kundschafter Schwarzfels waren nicht eingestiegen. Sie sprangen ins Wasser, um zu schwimmen. Ihre Füße wirbelten, und ihre Arme griffen weit und kraftvoll aus, so daß sich ihre Schultern immer wieder aus der lehmigen Flut hoben. Sie schossen auf das Boot zu und stießen es in Fahrt nach der offenen Mündung der Bucht.
Die leichten flachen Lederboote wurden schon auf friedlichen Strömen meist von Schwimmern gelenkt, wieviel mehr heute auf den über die Ufer getretenen mächtigen Fluten.
Blitzwolke lief am Grashang mit. Als sie die Mündung der Bucht erreichte, setzte sie sich nieder und blickte mit stummem Entsetzen auf das Bild, das sich vor ihr geöffnet hatte. Eine unabsehbare Flut füllte das Stromtal mit ihren lehmigen Wassern. Alle sanften Ufer, alle grünen Höhen, alle roterdigen Hügel, von denen das Kind hatte erzählen hören, waren verschwun-

den. Die Schlammwogen schoben losgerissene Eisstücke mit sich; diese Schollen fingen Holz- und Rasenstücke, und die Inseln segelten dahin, bis ein Wirbel sie verschlang. Ganze Bäume, mit Krone und Wurzeln, trieben halb unter Wasser und verschwanden plötzlich. Der Strom hatte sie sich hoch oben an den Berghängen und in den Schluchten geholt, aus denen er kam; jetzt hatte er das Spiel schon satt und begrub sie. Tierleichen, Antilopen, Schafe, ja ein Büffel, kamen zur Oberfläche und tauchten wieder unter. Über den mordenden Wassern spannte sich der Sternenhimmel. Sehr fern und klein erhob sich das jenseitige Ufer.

O Mini-sose, du Schlammwasser, wie bist du schrecklich!

Das Boot hatte die Bucht schon verlassen und wurde von den Wassern gehoben und mitgerissen. Blitzwolke sah die Schwimmer durch die Wogen stoßen; ihre schwarzen Schöpfe verschwanden und tauchten wieder auf. Das Boot gewann unter ihren Stößen eine schräge Richtung. Einem springenden Fische gleich schoß der Häuptling aus dem Wasser hervor und stieß das Fahrzeug weiter. Es kreiselte und tanzte. Blitzwolke konnte noch die Paddel der Knaben erkennen, aber sie schienen wenig auszurichten.

Ein großer Baum, vom Lehmwasser fast verdeckt, schwamm gegen das Fahrzeug an, und es war, als ob die Schwimmer das Boot packten und weiterstießen . . . Der Baum schwamm vorbei. Gleich darauf streckte er das schmutzbehaarte Gestrüpp seiner Wurzeln in die Höhe, und im nächsten Augenblick bezeichnete nur noch ein Drehen und Blasenwerfen der Lehmfluten, wo er hinabgerissen worden war.

Kleiner und kleiner wurde das Fahrzeug vor Blitzwolkes Augen. Es hatte starken Abtrieb und verschwand hinter einer Talbiegung. Nun konnte Blitzwolke die Bärenknaben nicht mehr sehen. Nichts war mehr da als die öde, mondbeschienene Wasserwüste, und es brauste und dröhnte, daß ihr der Kopf bersten wollte. Langsam stand sie auf und ging mit gesenktem Kopf zu den Ihren zurück. Sie pfiff Ohitika, aber der Hund folgte ihr nicht. Er winselte und blieb am Ufer sitzen, an der Stelle, an der Tokei-ihto ins Wasser gesprungen war.

Blitzwolke fand bei ihrer Rückkehr das Lager am Hang und die vielen Lederboote, die umgestülpt im Grase lagen, mit den dazu geordneten Paddeln. Hab und Gut, Zelte, Felle, Waffen und Beutestücke, Schüsseln und Töpfe waren eingeteilt und aufgestapelt. Still und untätig saßen die Frauen und Kinder dabei. Die kleinen Buben und Mädchen schliefen in den Nestern, die ihre Mütter ihnen gemacht hatten. Zwischen den lagernden Menschen weideten die Pferde. Die Hunde hatten sich zusammengerollt und blinzelten das zurückkehrende Mädchen an; einige knurrten.
Blitzwolke lief zu Spottdrossel und ihrem kleinen Jungen und setzte sich zu den beiden. Tschapa Kraushaar und der Delaware fanden sich für kurze Zeit ebenfalls dort ein. Die Krieger sprachen leise miteinander; Blitzwolke konnte nichts verstehen, bis sie begriff, daß die beiden Männer sich der englischen Sprache bedienten. Sie wollten das, was sie sagten, geheimhalten. Das Mädchen schämte sich zu horchen und konnte doch nicht verhindern, daß einige Worte ihr ins Ohr drangen und bewußt wurden. „Hawandschita will nicht den Samen der Söhne der großen Bärin retten", sagte der Delaware. „Er hat euren Häuptling und die Bärenknaben in den Tod geschickt. Warum gehorcht ihr ihm immer wieder?"
„Die Geister sprechen aus ihm."
„Er lügt."
Die beiden Männer standen auf und gingen weiter. Es mochte sein, daß ihnen Blitzwolkes aufmerksame Miene aufgefallen war. Sie dachten aber nicht daran, wie die Fetzen ihres Gesprächs auf das Mädchen wirken mußten. Seit dem Erlebnis bei der Bärenhöhle bohrte der Zweifel in Blitzwolke. Das allmächtige Geheimnis schien ihr groß und gewiß und lauter wie die Gedanken und Augen Untschidas. Aber vor den Geistern Hawandschitas hatte ihr zu grauen begonnen. Lüge war das schlimmste Übel, und wer dabei blieb, war des Todes, so hatte man sie gelehrt. Log Hawandschita? Konnten seine Geister böse sein und die Bärenknaben, Tokei-ihto und Ihasapa im Strome verfolgen? Was vermochte ein Mädchen dagegen zu tun? Sie mußte nachdenken. Dabei war sie ganz allein mit sich,

denn Spottdrossel kannte die englische Sprache nicht und hatte die Worte der Männer nicht verstanden. Blitzwolke schmiegte sich zum erstenmal an ihre neue Mutter, und Spottdrossel antwortete mit einer liebevollen Bewegung.
Unterdessen kämpften die Bärenknaben im Boot und die beiden schwimmenden Männer weiter mit den Fluten. Sie hatten keine Zeit für Zweifel oder Trauer. Ihr Leben war ein Unterpfand für das Leben der Söhne der großen Bärin, und sie rangen darum. Die Jungen stemmten die Füße gegen das Fell des Bärenkindes und paddelten, so gut sie vermochten. Sie hörten das Krachen von Schüssen und sahen einige Rauchwölkchen über den Uferhöhen.
Hapedah fühlte im selben Augenblick ein Brennen an der Schläfe. Unwillkürlich ließ er das Paddel ruhen und griff sich an den Kopf. Er blutete. Red Fox und seine Jäger waren schon da und hatten vom Ufer auf das Boot geschossen! Der Dakotajunge zog seinen Freund Tschaske tiefer ins Boot herunter und duckte sich selbst. Die Knaben kuschelten sich neben das verängstigte Bärenkind und hockten sich so tief, wie es das Paddel ihnen erlaubte. Sie sahen kaum mehr über den Bootsrand hinaus und faßten das Wasser gar nicht mehr ins Auge, sondern nur den nächtlichen Himmel und die Sterne als Richtzeichen. Hapedah schwamm es vor dem Gesicht. Er fühlte sich auf einmal schwach und gleichgültig gegen das, was geschah. Tschaske sollte ihn in Ruhe lassen. Aber er hatte nicht mehr die Willenskraft, das auszusprechen. Es wurde ihm etwas um den Kopf gewickelt, hastig und ungeschickt; nun, seinetwegen, jetzt konnte er wohl einschlafen.
Das Boot schoß in eine Wassermulde hinab, bäumte sich auf, fast kippte es. Es stand über irgendeinem Gischt und Schaum, mit dem Boden kaum mehr im Wasser, dann torkelte es wieder hinab, und eine schmutzige Flut ergoß sich herein in das Innere. Plötzlich erkannte Tschaske, daß er sich in der Mitte des Stromes befand. Er tauchte das Paddel; es wurde ihm aus der Hand gerissen, als ob ein Stärkerer es gefaßt habe. Schon war es auch verschwunden. Tschaske sah das Antlitz des Häuptlings aus dem gelben Verderben des Lehmwassers auftauchen; die

Lippen des Schwimmers waren halb aufgerissen beim Atemholen; er keuchte. Gleich spülte die Flut wieder über ihn hinweg.
Das Boot bekam einen heftigen Ruck und stellte sich auf. Tschaske wollte sich dagegenwerfen, aber das nützte nichts. Das Boot blieb, wo es war, den heranflutenden Wassern zugeneigt. Der Junge richtete sich auf, denn es schien ihm, daß er festen Boden unter den Füßen habe. Er sah erstaunt um sich. Dabei entdeckte er vor seinem Boote die Kuppe eines Hügels, die ein wenig aus dem Wasser ragte. Das Gras auf der Hügelkuppe war vollkommen niedergedrückt und auf dem Boden festgeschwemmt. Hin und wieder ging der vorwitzigen Anhöhe ein Guß über das Haupt. So, also da war er aufgesessen? Dann hatte er wohl die Strommitte hinter sich. Denn die Hügel, an denen man aufsitzen konnte, die erhoben sich nicht im Strombett, sondern im weichen Tale an den Flußufern, die jetzt überschwemmt waren. Was jetzt? Das mußte Tokei-ihto sagen. Wo war der Häuptling?
Tschaske befahl sich selbst, nicht zu erschrecken. Er wollte sich ganz genau umsehen. Die Schwimmer waren oft unter den gefährlichen Fluten verschwunden und wieder aufgetaucht. In der Nähe allerdings war nichts zu bemerken und in den Wirbeln und dem Toben der Strommitte – auch nichts.
Also mußte Tschaske warten. Der Knabe packte mit der Kraft des Willens sein Herz, als ob er es in der Hand habe und es fest zusammendrücken könne. Nur keinen Schlag zuviel.
Noch befand er sich inmitten des unabsehbaren Stromes. Nichts als Wasser war um ihn herum, feindliche Wildnis, und darüber der gleichgültige, höhnische Mond. So schmutzig und böse war das endlose Wasser. Es wirbelte und schoß und brauste, drehte sich und gurgelte und warf Erde und Eis gegen das Boot. Eine lebende Ziege schwamm auf einer Erdinsel vorbei. Dürr war sie; Tschaske sah das aufgerissene Maul, die entsetzensstarren Augen des Tieres. Er mußte sich abwenden. Als er wieder aufblickte, war nichts mehr zu sehen. Ein Wirbel hatte alles geschluckt. Erde, Holz, Gras und Ziege. Nur ein paar Schaumblasen kreisten noch über dem Grab, in dem alles verschwunden war.

Der Wind strich über das Tauwasser, das aus der Schneeschmelze der Berge kam. Im Westen, stromaufwärts, blitzte das Auge eines Donnervogels mit zackigem Feuer aus dem Gewölk. Durch das Brausen des Wassers klang noch ein anderer, dumpfer Ton. Der Donnervogel hatte geschrien. Tschaske kroch es kalt ans Herz, und ein Schauer rieselte ihm über den Rücken. Er konnte sein Boot nicht flottmachen, er konnte nicht rudern, er kam nicht ans Ufer über diese Wasser. Er mußte warten. Hapedah war noch nicht wieder zu sich gekommen. Das Bärenjunge schmiegte sich verängstigt an Tschaskes Knie.

Warten war ein schweres Wort, wenn man ganz allein war in dem öden Strom und ein Gewitter heraufzog. Der Knabe blickte ringsum. „Tokei-ihto! Tokei-ihto!" schrie er gellend. „Tokei-ihto!" – Das Wasser und der Wind verschlangen seine Stimme.

Es kam keine Antwort. Ringsum strömte und wogte es, abwärts, es zog und zog. Tschaske drückte die Fäuste vor die Augen. Wenn alle Hoffnung geschwunden war, wollte er in die Flut springen und sterben.

Aber noch mußte er warten, noch lange mußte er warten, bis er mager war wie die Ziege . . .

„Tokei-ihto! Tokei-ihto!"

Auf einmal geschah das Wunder. Ein Schopf hob sich aus den Schlammwogen, mit Gras und Schmutz behangen.

„Tokei-ihto!"

Bis zu den Knien noch im Wasser, watete der Häuptling heran. Im Arm trug er Schwarzfels, der röchelte und schnappte. Tschaske machte das Lasso bereit. Tokei-ihto winkte dem Knaben, daß er das Lasso haben wolle. Er befestigte das eine Ende an dem Körper des Geretteten, das andere knüpfte er sich selbst um die Brust. Er legte den halb Ohnmächtigen stillschweigend auf den Scheitel des Hügels, über den das Wasser nur hin und wieder fußhoch wegspülte, und unterstützte seinen wiederkehrenden Atem, bis sich der Jungmann schließlich taumelnd erhob und selbst Wasser spie. Er hielt sich an dem Häuptling fest, hustete und keuchte.

„Der Wirbel hatte mich drunten – ich habe nicht geglaubt, daß du mich noch holen würdest."

Der Häuptling besah das Boot. Tschaske blickte an ihm auf, und es entging ihm nicht, daß auch Tokei-ihtos Atem tief aus der Brust herauszog und das Blut in seiner Halsschlagader schnell hämmerte. Die Körper der beiden Schwimmer waren dunkel angelaufen nach dem langen Aufenthalt in dem Schmelzwasser. Sie fühlten sich selbst kalt an wie Eis, ihre Haut hatte sich frostig zusammengezogen und war ganz rauh geworden. Schwarzfels schlugen die Zähne schnatternd aufeinander. Aber Tokei-ihto schien nicht an Rasten zu denken. Auf seinen Wink setzte sich der Knabe wieder in dem Lederfahrzeug zurecht. Der Häuptling schob es fort, bis die Flut es faßte. Schon war er wieder schwimmend hinterher. Schwarzfels folgte ihm.
Wieder tanzte das Boot über dem nassen Tod. Die Fahrt währte noch lang. Doch nach dem, was geschehen war, schien dem Knaben Tschaske alles nur leicht und linde. Tokei-ihtos Hand stieß und lenkte das Boot wieder durch das wogende Schlammwasser, die Bäume und Eisschollen schwammen vorbei, fern grollte der Donner, und es blitzte. Das Boot taumelte und kreiste; Tschaske warf sich umher, damit es nicht umschlug. Allmählich merkte er, wie es sanfter ging. Als er sich die Zeit nahm, Umschau zu halten, war das hohe Ufer schon nahe. Ganz benommen erlebte er, daß eine kleine Bucht das Boot aufnahm. Es hob sich wieder, wie auf dem Rücken eines bockenden Pferdes, und glitt dann mit der flachen Welle ans Land. Tschaske fühlte das Schaukeln, als es am Ufer anstieß. Die beiden Schwimmer standen schon am Grashang und hielten das Boot. Tokei-ihto winkte Tschaske herauszukommen. Steifbeinig gehorchte der Knabe. Der Häuptling holte den noch besinnungslosen Hapedah, den Bären, die Waffen und die Schüssel. Dann zog er das Boot herauf. Der Hang war sanft. Man brauchte nur wenige Schritte zu gehen und konnte schon lagern.
Tschaske saß im Gras. Er aß einen Bissen Fleisch, weil der Häuptling es so wollte. Wenn er es recht hätte bedenken können, so hätte er sich gefreut, daß er jetzt den Missouri bezwungen hatte. Aber seine Gedanken wirbelten noch wie die Wasser im Tal. Er konnte sich weder freuen noch fürchten. Er sah nur, daß Tokei-ihto wieder aufgestanden war und den Himmel be-

schaute. Der Häuptling hatte den hellen Bogen und den Köcher mit den festgebundenen Pfeilen über die Schulter genommen. Der Knabe versuchte, dem Blick des Häuptlings zu folgen. Die drohenden Wolken über dem oberen Stromtal kamen ihm ins Bewußtsein. Es war gut, daß die Fahrt beendet war.
Er spähte mit Tokei-ihto weiter in die Runde. Gegen Norden zu dehnte sich die Prärie weit, grasig, wellig und einsam, wie Tschaske sie von jeher gekannt hatte. Am Horizont zeichneten sich Anhöhen ab, sanfter als die Schwarzen Berge, aus denen man gekommen war. Der Blick Tokei-ihtos schien an diesen fernen Waldbergen hängenzubleiben, aber plötzlich wandte er sich um und schaute den Knaben an, so daß Tschaske fast erschrak.
Was würde Tokei-ihto nun tun? Gerettet befanden sich Tschaske, Schwarzfels und Hapedah und das Bärenjunge am Ufer, aber die anderen, die waren noch drüben, die saßen noch mit trockenen Booten drüben, zwischen Red Fox und dem schrecklichen Wasser, die Mutter, der Vater und Blitzwolke und Uinonah ...
„Ich gehe stromaufwärts", hörte der Knabe den Häuptling zu dem frierenden und zitternden Schwarzfels sagen, „wir sind weit abgetrieben. Sobald der Donnervogel aufhört zu schreien und der Regen, der kommen wird, vorbei ist, schwimme ich zurück. Du bleibst hier bei den Knaben. Wandert zu den Waldbergen, die ihr im Norden seht. Vor diesen Waldbergen endet das Land, über das der Große Vater von Washington gebietet, und ihr gelangt in das Land der Großen Mutter*, die unsere wenigen Zelte in Frieden lassen wird, wenn wir uns selbst versorgen. Damit wir das vermögen, sollt ihr den Mann mit Namen Adams bei den Waldbergen suchen. Hier" – Tokei-ihto reichte einen Beutel –, „gebt ihm dieses Gold, und er wird euch Land kaufen, auf dem ihr frei leben könnt."
Der junge Häuptling brach ab. Er stand auf, wandte sich und ging. Tschaske schaute ihm mit heißen Augen nach.
Ein Blitz spaltete den Himmel und fuhr krachend in die Erde,

* Kanada. Als Mutter wurde die alte englische Königin bezeichnet.

fahl tauchte das grausige gelbe Wasser aus der Dunkelheit auf. Der Donnervogel schrie und schlug mit den Schwingen. Weit oben am Ufer war Tokei-ihto zu sehen, der unbeirrt von Blitz und Donner dahinschritt.
Tschaske hatte Hapedah zu sich herangezogen. Er selbst lehnte sich an Schwarzfels und spürte das nasse Fell des jungen Bären, der sich wieder an ihn herandrängte. Der Sturm pfiff und raschelte im Gesträuch. Nun hieß es wieder warten, warten.

Zu der Zeit, als Tschaske nördlich des Mini-sose erschöpft am Arm von Schwarzfels einschlief und Tokei-ihto den Rückweg antrat, hatte Tschapa Kraushaar am Südufer des großen Wassers ein widerwärtiges Erlebnis.
Der Krieger befand sich nicht auf der Anhöhe, auf der sich die meisten Männer zur Abwehr feindlicher Angriffe eingenistet hatten. Er lag in einer gegen den Mondschein abgeschatteten Mulde des Uferhangs auf Vorposten. Mit schweren Sorgen beobachtete er das heraufziehende Gewitter am Himmel und die sich wälzende Schlammflut im Tale. Mit dem Dröhnen des Stromes mischte sich das Prasseln des Regens. Tschapa sah nichts mehr, aber er hörte durch das Sausen von Regen und Wind krachende Salven. Oben bei der Anhöhe wurde gekämpft. Red Fox benutzte das undurchsichtige Wetter, um sich mit seinen Leuten anzuschleichen.
Auch in der Nähe des Bibers knallte es jetzt, und eine Kugel streifte ihm den Haarschopf. Nein, mein Füchslein, so weit sind wir noch nicht; der Skalp des Biber ist gut angewachsen. Der Kraushaarige griff zu Pfeil und Bogen und versandte die lockeren, widerzackigen Knochenspitzen. Er verließ sein Versteck und sprang im deckenden Regenguß umher; die anderen sollten glauben, daß das Gelände dicht besetzt sei. Aus fünfzig oder hundert Meter Entfernung wurde zurückgeschossen, aber der Biber blieb unverletzt. Als der Regen nachließ, war er mit seinen Pfeilen fast zu Ende. Aber auch die Feinde schienen genug zu haben. Der Schlaue kehrte mit großer Vorsicht in die Ufermulde zurück. Er fand sie leer und nistete sich wieder darin ein.

Sobald der Regen aufhörte und der runde Mond wieder über die Prärie leuchtete, hielt der Biber gespannt Umschau.
Was – aber nein, das war wohl nicht möglich! Der Biber griff sich an den Kopf, um sich zu überzeugen, ob er wache oder träume.
Einige Pferdelängen entfernt saß ein Bursche im Grase. Der Bursche sah dem seiner Generalsuniform beraubten Tatokano auf eine lächerliche Art ähnlich. Mit gekreuzten Beinen saß der Jüngling da; die Regentropfen kullerten von seinem geckenhaft gepflegten und gescheitelten Haar und seiner eingefetteten Haut herab. Blöde schaute er in die vom Mond beschienene Landschaft. Hatte denn der Kerl Waffen bei sich? Flinte oder Bogen jedenfalls nicht, aber Messer und Beil schienen im Gürtel zu stecken.
Sonst war weit und breit auf der offenen, regennassen Wiese und auch an dem steil abfallenden Ufer nichts Verdächtiges zu bemerken. Die jungen Krieger, die weiter ab lagen, ließen nichts von sich hören. Ob deren Augen auch den Gecken erblickten?
Der Biber beschloß, der Sache auf den Grund zu gehen. Leise schob er sich vor, um der Gestalt in den Rücken zu kommen. Er kroch auf allen vieren dicht an den Boden geschmiegt und schob seine Flinte vor sich her. Während er sich so nach allen Regeln der Kunst anschlich, war ihm halb lächerlich zumute und halb unheimlich.
Der Biber hatte sein Ziel erreicht und lag so dicht hinter dem Jüngling, daß er ihn ohne weiteres mit der Hand anfassen konnte. Vielleicht gab es Feinde, die das alles von irgendwoher beobachteten und denen er sich verriet, wenn er jetzt etwas unternahm. Aber er konnte den eitlen Elch doch nicht einfach sitzen lassen. Vom Rücken des Jünglings gedeckt, richtete der Biber den Oberkörper in die Höhe, packte den Ahnungslosen am Hals und legte den Körper langsam um. Der Angegriffene setzte sich nicht zur Wehr. Er strampelte nicht, griff auch nicht nach den Waffen, sondern legte sich, dem Zug der Hand folgend, einfach ins Gras und schaute den Biber aufmerksam an.
„So etwas wie dich habe ich in meinem ganzen Leben noch

nicht gefunden", sagte der Biber, außer Fassung gebracht. Er ließ seinen Gefangenen los und legte sich einfach daneben. „Was sitzt du denn hier wie ein Pflaumenstrauch, der im Regen wachsen will?"
„Ich habe auf dich gewartet", antwortete Tatokano vergnügt.
„Auf mich? Gewartet?"
„Ja. Du hast gesagt, daß ich kommen darf. Hast du mir meine Generalsuniform aufgehoben?"
Der Biber stöhnte leise. Es kam ihm plötzlich die Vorstellung, daß dieser Präriehund im Zylinder dem Häuptling Tokei-ihto begegnen könnte. „Weißt du", sagte er, „du bist noch immer sehr dumm. Bei deiner Uniform sind wir noch nicht, noch lange nicht. Erst wirst du mir sagen, wie du hierhergekommen bist!"
„Im Regen bin ich hierhergelaufen. Freddy Clarke, der große Fuchs, hat es mir genau beschrieben, wo ich mich hinsetzen muß. Er hat gesagt, du bist da, und ich soll auf dich warten."
Die Augen des Bibers weiteten sich. „So. Also Red Fox ist bei den Schützen gewesen und hat mich gesehen."
„Ja. Er hat gesagt, du bist ein tapferer Krieger, und es sei eine Ehre für mich, ein Mädchen aus deinem Zelt zu heiraten."
Der Biber spie aus, was in der Rückenlage nicht ganz einfach war. „So. Und dann hat er dich hierhergeschickt?"
„Ja. Er hat gesagt, ich kann bei euch bleiben."
„Ob du bei uns bleiben kannst, bestimmt Tokei-ihto und nicht Red Fox, verstehst du?!"
Der General wurde unruhig. „Du hast es mir versprochen!"
Dem Biber begann, leicht übel zu werden. „Ja, aber", verwahrte er sich, „jenseits des Mini-sose solltest du zu uns kommen, im neuen Mond, wenn deine Eide für die Langmesser nicht mehr gelten. Was willst du jetzt bei uns? Geh und sieh dir das überflutete Tal an. Hast du Lust, heute nacht hinüberzuschwimmen?"
„Nein, ich schwimme nicht hinüber." Der „schöne Eddy" lächelte.
„Das ist einmal ein kluger Ausspruch von dir, du ehemaliger Besitzer einer Uniform. Ich kann dir nur sagen, daß selbst Tokei-ihto mit diesen Wassern zu kämpfen hatte."

„Oh! Oh! Er ist doch nicht schon hinübergelangt?"
„Er ist schon am Nordufer! Den fangt ihr nicht mehr!"
Eddy kaute leer und drehte die Augen rundum. „Das ist feige", sagte er dann. „Als erster hinüber und euch hier sitzenlassen!"
Der Biber schob sich dicht an den Burschen heran. „Noch ein einziges solches Wort - und es ist dein letztes!"
Eddy Tatokano schien gänzlich aus der Richtung gekommen zu sein. „Wir dachten, er ist noch da. Dann hättest du sprechen können."
„Ich werde noch oft und lange mit Tokei-ihto sprechen, wenn wir alle den Missouri bezwungen haben."
„Aber ihr kommt nicht hinüber, wenn Freddy Clarke es nicht will."
Eddy stotterte. Offenbar mußte er sich immer erst zurückerinnern, was ihm vorgesprochen worden war.
„Das werden wir ja sehen. Mit euren paar Flinten könnt ihr uns nicht erschrecken."
„Wir sind zahlreich und stark!" drohte der Geck im Tone eines Generals. „Farmer und Hirten sind noch gekommen, die vor den Wassern aus dem Tal fliehen mußten. Sie haben Angst, daß Tokei-ihto ihre Weiber und Kinder tötet und ihre gefleckten Büffel stiehlt. Sie wissen, daß Tokei-ihto nach Rache dürstet wie ein verwundeter Bär."
„Grund hätte er, du elende Kröte. Das wissen sie, und darum fürchten sie ihn und glauben alle Weiberlügen."
„Aber euch hassen sie nicht." Eddy Tatokano begann schneller zu sprechen; er schien in sein Fahrwasser zu kommen. „Ihr habt niemandem etwas getan, und ihr könnt auf die Reservation zurück oder nach Kanada laufen; das ist Freddy Clarke ganz gleich. Freddy ist ein sehr großer Krieger. Er will nichts als den Skalp Tokei-ihtos."
Über die Miene des Biber lief ein Zucken, das nichts Gutes verhieß.
Der junge Bursche hatte es nicht bemerkt. Er sprach frei weiter. „Ja, so ist es. Ihr habt dem Langmesser Roach viele Mustangs gestohlen; aber das ist wiedergutgemacht, wenn ihr sie zurückgebt. Dann könnt ihr gehen, wohin ihr wollt."

„Ohne Tokei-ihto?"
„Ja." Eddy Tatokano taute immer mehr auf. „Der Schlaue Biber besitzt großen Verstand, und Red Fox hat darum vorgeschlagen, er solle mit Tokei-ihto sprechen. Ihr habt alle Angst vor Tokei-ihto." Der Bursche senkte die Stimme. „Aber wer ihn nicht fürchtet, dem unterliegt er. Weißt du das?"
Der Biber schwieg finster.
„Hat er es euch nicht erzählt? Das kann ich mir denken. Schonka hat ihm gesagt, daß er der Sohn eines Verräters ist. Da war er stumm und ließ sich nach Waffen durchsuchen. Ich habe ihn angefaßt . . ."
Das Berühren eines Mannes galt bei den Indianern als ein Sieg über ihn. In der Mondnacht vermochte Tatokano die Wirkung der Worte auf den Biber nicht zu erkennen, er fuhr unbekümmert fort: „Wer Tokei-ihto nicht fürchtet, über den hat er keine Macht. Du mußt von ihm fordern, daß er sich uns ergibt. Dann seid ihr alle frei und unsere Brüder."
Der Biber brachte noch kein Wort heraus.
„Verstehst du jetzt? Ich kann zu euch zurückkehren – sobald Tokei-ihto tot ist. Er würde mich nicht bei euren Zelten dulden, denn er vergißt nicht, daß ich ihn gesehen habe, als er ohne Kraft war. Aber wenn er fort ist, wird Honigblüte meine Frau!"
Der Biber hatte die Keule in der Hand. „Da! Sieh dir das an: Du stirbst!"
Tatokano wollte aufspringen und fliehen. Aber die Faust des Biber hielt ihn fest, und ein einziger Schlag machte dem Leben des eitlen Verräters ein Ende.
Der Krieger zerrte den Toten durchs Gras und warf ihn über die Böschung in die Flut. Aufklatschend verschwand der Körper darin.
Dann kroch der Biber wieder in seine Mulde und spähte wie zuvor nach den Feinden.
Während sich das merkwürdige und widerwärtige Erlebnis des Bibers abgespielt hatte, stand Tschetansapa am Westeck der Bucht und blickte auf das Hochwasser hinaus. Es war weder zahmer noch schöner geworden. Stunde um Stunde schob es sich zwischen den Hochufern des Tales abwärts. Hinter Tsche-

tansapa klangen leise und traurig die Totengesänge der Bärenbande um die Angehörigen, die sie bei dem Angriff der weißen Männer während des starken Regens verloren hatte. Ohitika heulte zum Himmel und hatte den Schwanz eingezogen. Er saß noch immer an dem Platz, an dem die Bärenknaben ins Boot gestiegen waren.
Früher als der Hund entdeckte Tschetansapa einen zurückkehrenden Schwimmer. Ein Lächeln legte sich in die Lederfalten seines Gesichts. Dieser Schwimmer konnte kein anderer sein als Tokei-ihto. Jetzt hatte auch Ohitika etwas bemerkt. Er drehte sich um sich selbst in toller Freude, lief hinunter und schien entschlossen, sich in das Wasser zu wagen und zu seinem Herrn zu schwimmen. Erst als er sah, daß die Strömung ihn sofort abtrieb, machte er kehrt und kam triefend wieder aufs Trokkene.
Tokei-ihto faßte am Ufer Fuß und stieg heraus. Das Wasser lief an ihm herunter. Er griff mit der Hand nach dem Schmutz, der sich an sein Haar und seine Schultern gehängt hatte, und schleuderte ihn ab.
Langsam gingen die beiden Männer dem Lager zu, und Schwarzfalke berichtete dem Häuptling von allem, was geschehen war. Am Ufer standen noch einzelne Knaben und Greise, darunter auch Hawandschita. Die Frauen und Kinder waren wach und schauten dem Zurückkehrenden entgegen. Auch Blitzwolke hatte sich aus ihrer Schlafdecke ausgewickelt und stand am Hang. Der tolle Ohitika teilte ihr mit nassen Pfoten einen Teil seiner Freude mit. Ärgerlich jagte sie ihn fort, denn sie fürchtete, ein Wort von dem zu verlieren, was Tschetansapa jetzt zu Mongschongschah sagte.
„Hapedah und Tschaske sind drüben am anderen Ufer", sagte er.
Mongschongschah richtete sich auf wie ein Gras, wenn es nach der Dürre regnet. Blitzwolke hatte die Hände schnell vor das Gesicht geschlagen und sich umgedreht. Sie schämte sich zu zeigen, wie sehr sie sich freute, und lief fort. Schwarzfalke hörte noch, wie das Mädchen nach seiner Freundin Eidechse rief; ihr mußte sie mitteilen, was sie gehört hatte. Der Krieger

selbst lächelte befreit. Er war dem Häuptling von Herzen dankbar, daß er die Knaben schon in Sicherheit gebracht hatte, aber das war keine Sache, über die man redete.
Tschetansapa wartete und sah zu, wie Tokei-ihto die Lederdecke um sich schlug und sich trockenrieb. Uinonah hatte in einer Schüssel Fleisch zurechtgemacht. Wenn Schwarzfalke sich nicht sehr irrte, war das ein Stück Bärentatze. In der Schneezeit war es frisch geblieben, dann hatte es einen leichten Geruch und vielleicht einige kleine Würmer angenommen.
Tokei-ihto zögerte nicht zuzugreifen. Als er die Schüssel zurückgab, nahm Sitopanaki sie ihm ab. Tschetansapa sah das Schwarzfußmädchen bei diesem einfachen Dienst. In der Gebärde der fremden Häuptlingstochter lag viel Stolz und eine nicht verhohlene Demut. Ob Tokei-ihto das auch gesehen hatte? Der Häuptling war schon wieder aufgestanden. Er wollte seine Büchse aufgreifen, aber er erfuhr, daß Chef de Loup die letzten Patronen dafür verschossen hatte. Ohne ein Wort zu sagen, nahm er den Bogen und die Pfeile und machte sich mit Tschetansapa auf den Weg nach der Anhöhe, um die Lage von oben zu überprüfen.
Der Tag verstrich in beklemmender Stille. Nichts war da als das Lehmwasser, die grünenden Wiesen und der blaue Himmel. Die Mustangs grasten. Die Frauen schwiegen und warteten. Als es dem Abend zuging, kam Uinonah zu Blitzwolke und gab ihr ein Päckchen Fleisch mit dem Auftrag, nach Einbruch der Dunkelheit vorsichtig am Ufer stromabwärts zu laufen und dem Schlauen Biber diesen Proviant zu bringen.
Blitzwolke wartete, bis die Sonne verschwunden war und das Zwielicht der Dämmerung in die Nacht überging. Dann lief sie flink am Ufer, oberhalb des lehmgelben, an den Gräsern leckenden Stromes abwärts, zu dem Versteck ihres Oheims. Der Biber hatte mit dem Delawaren zusammen seine Mulde zu einer Grube vertieft. Darin saß er jetzt allein; der zweite war wohl auf weitere Kundschaft unterwegs.
Der Biber sah dem Mädchen freundlich entgegen und zog es in die Grube hinein. „Was hast du gebracht? Alten Gaul?"
Blitzwolke hörte aus dem Scherz die Wehmut heraus und

fühlte, daß ihrem Oheim das Essen ganz gleichgültig war. Der Biber wickelte das Päckchen aus und beroch den Inhalt. Dann wickelte er das Fleisch wieder ein, schob es in eine Ecke und deckte es mit Erde zu. „Bis Chef de Loup kommt", sagte er. Blitzwolke hätte wieder gehen können, aber da sie allein war mit dem Oheim, sah sie ihn flehend an. Vielleicht sagte er einmal ein Wort.
„Was weißt du denn eigentlich?" fragte der Biber und spähte durch einen Ausguck, den er sich gemacht hatte, über die Prärie. Das Grasland wurde vom Mond beleuchtet; in dem Graben aber war es ganz dunkel.
„Daß die Watschinschun nicht mehr schießen, weiß ich, und daß Donner vom Berge bei ihnen war und daß Tokei-ihto . . ."
„Die Waffen ruhen bis morgen abend", sprach der Biber in seinen Ausguck hinaus. „Wenn wir bis dahin Tokei-ihto nicht dem Red Fox ausgeliefert haben, schießen die Watschinschun wieder."
„Ihr verratet den Häuptling aber nicht noch einmal!" Blitzwolke blieb fest und sprach fast drohend.
„Nein, wir verlassen ihn nicht." Irgend etwas schwang in der Stimme des Biber, das dem Mädchen nicht geheuer war.
„Laß mich doch auch hinaussehen", bat sie.
Der Oheim schob sie vor sich. Er hatte sich tief bücken müssen; Blitzwolke stellte sich auf die Zehen und spähte. Im Süden waren mehrere Gruppen von Pferden zu erkennen. Die Reiter waren abgestiegen und lagen wohl im Grase. Blitzwolke zählte. „Sehr viele sind es aber. Waren sie uns immer so nahe?" Pferde, die man in der Nacht als solche erkennen und auf die man also auch zielen konnte, schienen Blitzwolke „nahe", selbst wenn sie dem Auge nur winzig sichtbar wurden.
„Nein, sie waren uns nicht immer so nahe. Aber seit die Waffen schweigen, sind die Kojoten sehr mutig geworden und uns näher gerückt."
„Ja", meinte Blitzwolke, „dann wollen wir eben kämpfen, und wenn wir nicht siegen können, wollen wir sterben. Ich bin nur ein Mädchen, aber ich sage dir, daß ich gar keine Angst habe. Die Bärenknaben sind ja schon drüben."

„Ja, das ist gut."
Blitzwolke kletterte wieder aus der Grube hinaus und huschte zurück zum Lager. Auch diese Nacht ging vorüber. Als es hell wurde, dachte Blitzwolke daran, daß jetzt der Tag begann, an dem der Waffenstillstand ablief.
Blitzwolke legte die Decke sorglich zusammen und ging mit Uinonah, Sitopanaki und Spottdrossel ein Stück abwärts in der Bucht, um sich zu reinigen. Glatt und sauber flocht sie auch heute ihre Zöpfe. Dabei sah sie nach dem Wasser. Es war um eine Handbreit gesunken. Halb verfaultes Gras kam zutage, an den Büscheln setzten sich angeschwemmte Erde und fortgespültes Holz fest. Es stank nach Aas. Wenn eine Welle vom Stromtal hereinkam, leckte die Schlammflut wieder hoch bis zu ihrem früheren Stand und beugte von neuem die Weidenzweige, die schon herausgeragt hatten.
Die Frauen gingen zurück und ließen sich an ihren gewohnten Plätzen zwischen den Booten nieder. In gleichförmigen Rhythmen klang der Gesang Hawandschitas zu dem Wasser hinaus. Er sang ein Zauberlied. Blitzwolke vergaß alle ihre Zweifel und lauschte dem Liede schwermütig. Es war ein Bärenlied, das erkannte sie wohl, und es mußte uralt sein. Das Mädchen besann sich. Wenn die große Bärenmutter helfen sollte, mußte man rein und tapfer sein. Sie erhob sich und ging hinüber zu ihrer Freundin Eidechse. Diese stand auch auf und kam Blitzwolke entgegen. Die jungen Mädchen liefen zusammen ein Stück weiter am Hang, und sie hielten erst wieder an, als sie ganz allein waren.
Sie sprachen leise miteinander und gelobten sich, zu ihren Schwestern und Brüdern immer die Wahrheit zu sagen und einen Tag lang nichts zu essen. Dann nahmen sie sich an der Hand und gingen miteinander zum Lager zurück. Das Zauberlied klang noch immer durch den aufsteigenden Morgen.
Die Freundinnen ließen sich miteinander bei Untschida nieder. Untschida war weise, und sie konnte auch mit den Bären sprechen. Man war geborgen bei ihr. Ihr Gesicht hatte einen dunklen Schimmer; sie hatte es mit Asche gefärbt, weil sie fastete. Blitzwolke und Eidechse ließen sich auch Asche geben. Sie hol-

ten sie bei den Feuerträgern, die das nicht verlöschende Feuer in einem hohlen Birkenstamm von dem Pferdebach über die Reservation bis zu dem großen Schlammwasser getragen hatten.
Als die Mädchen wieder bei Untschida saßen, legten sie die Hand vor den Mund und sprachen verborgen zu dem Großen Geheimnis. Uinonah und Sitopanaki gesellten sich zu ihnen. Alle Gedanken mußten jetzt denselben Weg gehen. Dann vermochten sie vielleicht, den bösen Feind zu überwinden. Die Zeit schwand schnell dahin wie versickerndes Wasser.
Als es Mittag wurde und die Pferde zu weiden aufhörten, kam der Biber in das Lager. Es schien, daß er stärker hinkte als sonst. Er ging zu den Mustangs. Der Braune, den er zu reiten pflegte, stand auf, als er seinen Herrn kommen sah. Der Biber lehnte sich an das Tier und spielte mit den schwarzen Mähnenhaaren. Er wartete.
Obwohl sich kaum etwas rührte, verbreitete sich eine unfaßbare Unruhe unter den Lagernden. Hawandschita war verstummt und sah unverwandt hinauf zu der Anhöhe, auf der die Krieger im Grase versteckt Wache hielten. Tschetansapa tauchte dort auf, vom Stromtal her kam Chef de Loup. Er beeilte sich nicht, und auch über seinem Antlitz und seiner Haltung lag das Unerklärliche und Bedrückende, das die Fragen fernhielt.
Die Luft schien in leisem Fieber zu schwingen, als Tokei-ihto und Donner vom Berge sich endlich zeigten. Brust und Rücken waren nackt und mit Rot, der Farbe des Blutes, bemalt. Die Blutfarbe bedeutete nicht, daß diese Männer töten oder sterben würden; das rote Blut war seit Urzeiten der Menschheit das Zeichen des kräftigen Lebens, das über den Tod siegen wollte. Im Kampf vor allem bedurften die Männer solcher Lebenskraft, und die symbolische rote Bemalung war daher bei vielen Stämmen Sitte.
Als die Häuptlinge den alten Zaubermann erreichten, hatten sich Schwarzfalke, Schunktoketscha und der Biber dort schon eingefunden.
Tokei-ihtos Stimme erklang ruhig und gedämpft. „Ich habe euch rufen lassen“, hörten die fünf Frauen ihn sagen, „ihr sollt erfahren, was ich beschlossen habe. Die Waffen ruhen, bis die

Sonne sinkt, das wißt ihr. Dann werden die Geheimniseisen der Watschinschun wieder zu sprechen beginnen, es sei denn, daß Tokei-ihto, der Sohn Mattotaupas, sich an Red Fox ausgeliefert hat." Der Häuptling machte eine kurze Pause. „Ich habe Fred Clarke sagen lassen", fuhr er dann fort, „daß ich bereit bin, mit ihm zu sprechen. Wenn auch er dazu bereit ist, so möge er mich das bis eine Stunde nach Mittag wissen lassen. Sein Bote ist dagewesen. Ihr habt ihn kommen und gehen sehen."
„Lieber gehen als kommen sehen", bemerkte Tschetansapa. Der Häuptling überhörte das.
„Fred Clarke wird zu dem Südfuß der Anhöhe reiten, sobald er mich kommen sieht. Ich will ihn anhören und ihm antworten. Ich breche jetzt auf. Ihr werdet mich begleiten."
Die Worte des Häuptlings klangen, als ob er von einem ganz fernliegenden Ereignis spräche. Er endete in einem Ton, der keinen Widerspruch erwartete. Es herrschte Schweigen, aber die Stille war keine Zustimmung. Tschetansapas Augen flackerten. Der Häuptling schnitt ihm das Wort ab, ehe es sich formte.
„Ihr werdet mich begleiten und hören, was gesagt wird. Ich befehle es."
Keiner antwortete. Tokei-ihto erhob sich. Der Häuptling grüßte Hawandschita mit Ehrerbietung und schritt, von Donner vom Berge begleitet, am Hang entlang der Pferdeherde zu. Auch Tschetansapa, Chef de Loup und Tschapa waren aufgestanden, aber sie rührten sich noch nicht vom Platze.
Die vorangehenden Häuptlinge kamen an den bereitliegenden Booten und an den Frauen und Kindern vorbei. Blitzwolke schaute zu Boden. Sie sah die Füße des Häuptlings in den Mokassins, die Uinonahs Hand gestickt hatte. Die Schritte verlangsamten sich. Der Häuptling blieb vor dem Mädchen stehen.
„Hat Blitzwolke Angst?" fragte er.
Das Mädchen war aufgestanden. „Nein", antwortete sie fest und mit einer ihr selbst neuen Zuversicht. „Tokei-ihto, unser Häuptling und ein Sohn der großen Bärin, wird den Mörder Mattotaupas zwingen zu kämpfen. Er wird den Mörder seines Vaters töten, weil der Tod die gerechte Strafe ist. Tokei-ihto wird uns über das Schlammwasser führen zu neuem Leben."

Das Mädchen hatte nicht gezaudert und nicht gestottert. Ganz klar hatte sie die Worte ausgesprochen, und sie wunderte sich selbst darüber. Die beiden Häuptlinge und die nachkommenden Krieger mochten sich auch darüber wundern, denn sie sahen Blitzwolke aufmerksam und ernsthaft an, und dann zögerte auf einmal keiner mehr.

Die Krieger gingen mit ihrem Häuptling zu den Pferden. Blitzwolke hatte sich wieder still an ihren Platz gesetzt und schaute den Männern nach. Sie spürte, wie Untschida ihr über das Haar strich, und hörte sie sagen:

„Gut."

Die Krieger saßen auf, leiteten die Tiere den Hang hinauf und bogen in die freie Prärie hinaus. Die Sonne schien von Süden und schickte ihre Strahlen den Augen der Reiter mit flimmerndem Lichte entgegen. Chef de Loup fühlte unter sich die nach tagelanger Ruhe befreiten Kräfte seines Schecken, der dem falben Leithengst wiehernd folgte. Er hätte das Tier herumreißen mögen. Aber er hatte sich Tokei-ihto zum Häuptling erwählt, und Tokei-ihto hatte gesprochen. Chef de Loup gehorchte. Der Boden schwand unter den galoppierenden Tieren. Die langgestreckte Anhöhe zog schnell an den Reitern vorbei. Sie schien friedlich und unberührt; nur die Augen der Krieger, die die Art der Besetzung kannten, entdeckten die Gefährten an ihren verborgenen Plätzen. Südlich, in weiter Ferne, erspähte der Delaware bald die feindlichen Reiter. In ihrer Mitte entstand jetzt eine Bewegung.

Drei Punkte lösten sich ab und kamen, vor dem Auge schnell anwachsend, den Dakota entgegen.

Chef de Loup bemühte sich, an seinen Vorreitern vorbei einen Ausblick auf die näher rückende feindliche Gruppe zu behalten. Den großen Schlapphut des Führers auf der anderen Seite hatte er schon erkannt. Dieser Reiter saß auf einem Goldfuchs. Chef de Loup erkannte das Tier, auf dem einst Major Smith gesessen hatte.

Der Mörder wagte es wirklich. Er kam. Der Galopp des Mustangs fraß die letzte Entfernung zwischen den sich entgegenstrebenden Reitern.

Die Pferde wurden jäh zurückgerissen und standen. Die beiden Führer hatten die Richtung auf das genaueste berechnet und hielten sich unmittelbar gegenüber. Hinter ihnen hielten ihre Begleiter. Es herrschte Stille. Eine Biene summte ahnungslos um Blüten; alle hörten sie, denn keiner sprach, und noch hatte keiner den anderen gegrüßt.
Wie auf Verabredung lenkten die Begleiter der beiden großen Feinde in demselben Augenblick ihre Pferde nach rechts und links vor, um ihre Anführer zu flankieren. Da sich Schwarzfalke und Donner vom Berge nach links wandten, trieben Chef de Loup und der Schlaue Biber ihre Tiere zur Rechten Tokei-ihtos vor.
Der Delaware konnte jetzt die Gegner ungehindert betrachten: in der Mitte Red Fox mit dem Schlapphut, rechts von ihm Schonka, den also Haß und Scham doch noch über den eisführenden Yellowstone-River getrieben hatten; links einen hageren, groß gewachsenen Präriejäger. Der Delaware kannte diesen Jäger aus der Zeit, in der er den weißen Männern an der kanadischen Grenze als Kundschafter gedient hatte. Sein Spitzname war Charlemagne.
Noch immer war kein Wort gesprochen worden. Chef de Loup schaute auf Tokei-ihto. Die Haltung des Häuptlings drückte eine Ruhe aus, von der man ebensowohl erwarten konnte, daß sie Stunden wie daß sie Tage überdauern werde. Selbst sein Blut schien dem wachen Schlafe nachgegeben zu haben und nicht mehr mit seinem Schlag durch die Adern an Hals und Schläfen zu treiben. Die Hände hielten ohne Anstrengung die Büchse quer über dem Pferderücken. An den Handgelenken waren noch die Male der Fesseln zu erkennen. Der Delaware wußte, daß die gärende Ungeduld des weißen Mannes auf der anderen Seite die Stille zerreißen mußte.
Red Fox sprang ab. Das Aufplumpsen seiner schweren Stiefel war das erste Geräusch, das sich zwischen den beiden Gruppen hören ließ. Er riß den Hut vom Kopfe, so daß sein mächtiger Schädel mit dem brandroten Haar sichtbar wurde, und trat mit drei Schritten auf den Dakotahäuptling zu. Tokei-ihto blieb zu Pferd und sah auf seinen Feind herab. Seine Rechte spannte

sich um den Zügel, denn der falbe Hengst hatte nach dem Herankommenden geschnappt, und das Tier lauerte mit zurückgelegten Ohren auf die nächste Gelegenheit, einen Verhaßten mit seinem Gebiß zu packen.
Red Fox lachte heiser und gezwungen. Seine Lippen wichen über die gelben Zähne zurück. „Verdammt", sagte er, „der mähnige Teufel kennt mich noch. Wir haben uns nicht vertragen ..." Er machte eine wegwerfende Handbewegung. „Das war einmal." Er schloß die Lippen und senkte die Lider halb, um sich kein ungeprüftes Wort und keinen nackten Blick entkommen zu lassen.
„He!" rief er dann überlaut in die Stille. „Du bist da, Harry, das ist gut! Das habe ich erwartet. Du weißt, wie es steht?"
„Nein." Tokei-ihtos Stimme klang fremd und spöttisch.
„Nein? Hat dein bastumwickelter Bote" – der Sprecher deutete auf den Schwarzfuß –, „hat er dir nicht zu berichten gewagt? So werde ich dir sagen, was hier gespielt wird." Red Fox sprach immer noch laut, fast schreiend. „Ihr wollt über den Missouri ziehen! Du bist nicht blind, du hast ihn gesehen. Das ganze Tal ist ein Strom. Vor zehn Tagen wird das Wasser nicht sinken. Zehn Tage – sind lang. Sie genügen mir. Wir haben Kugeln, ihr habt keine. Das Pack von Weibern und Kindern hindert euch. Es ist klar, es ist alles ganz klar. Ihr seid nur noch ein Haufen Leichen, wenn ich es will. Ich will es aber nicht – ich will nur dich. Also komm, mein Freund! Heute sind wir quitt, und es wird ein Ende zwischen uns."
Tokei-ihto antwortete nicht.
„Noch immer nicht entschlossen?" Red Fox lief der Speichel um die Zähne zusammen wie einem freßgierigen Hunde. „Noch immer nicht? Ich kann es dir nicht verdenken, wenn deine Entschlüsse langsam werden, mein Bester. Hast du ein wenig Angst?"
Der Häuptling schwieg.
„Mit deinem Schweigen kommst du auch nicht weiter. Zwar macht es sich gut und würdevoll, wie du überhaupt ein wahrhafter Häuptling bist – nicht von schlechten Eltern –, das weiß ich. Auch Top, dein Alter, hatte so etwas an sich, wenn er nüch-

tern war. Nichts für ungut! Wenn ich dich sehe, denke ich immer an die alten Zeiten; sie waren trotz allem die besseren. Wir könnten manchmal davon sprechen, drunten auf der Reservation, wenn du mit mir kommst, verstehst du?"

Der Häuptling blieb stumm.

„Na, ich werde dir das erklären." Red Fox öffnete seinen Lederrock. Chef de Loup sah dabei die Hände, diese starken knochigen Klauen. Sie öffneten den Rock und fanden in der linken Brusttasche einen Brief. „Hier, nimm das und lies."

Tokei-ihto rührte sich nicht. Seine Hand hielt noch immer den Zügel straff.

„Was? Du willst nicht?" Red Fox steckte den Brief wieder ein und schloß seinen Rock langsam und sorgfältig, als ob er ein Festungstor verschließe. „Du wirst mich noch darum bitten, diesen Brief lesen zu dürfen, aber dann wird es zu spät sein."

Als die Finger mit den starken Nägeln den letzten Knopf zugeknöpft hatten, stach aus den Augen des Feindes ein grünliches Licht. „Hund!" brüllte er auf, und seine Stirn färbte sich plötzlich von aufwallendem Blut. „Hast du gar nichts gehört von der Botschaft, die ich deinem glattgekämmten Spießgesellen aufgetragen habe? Du kannst kommen, wohllöblicher Tokei-ihto, und Häuptling spielen auf der Reservation. An dem Tag, an dem ich dich bringe, ist auch mein Glück gemacht. Sage nicht wieder nein, Harry, ich rate es dir! Du hast schon einmal nein gesagt zu mir – du hast es gebüßt. Versuche es nicht zum zweitenmal! Gegen mich sperrt sich niemand ungestraft!" Das Ungeheuer lachte kurz und häßlich. „Da, sieh dir meine Stute an, kennst du sie? Sie hat deinem Gönner gehört, dem Major mit den weißen Haaren. Auch er wollte gegen mich kämpfen! He! Er ist tot! In der Erde ist es kühl, da liegt er; alle Wasser gehen wild, vielleicht haben sie ihn wieder ausgegraben; da schützt kein Kreuz und kein Säbel!" Red Fox lachte noch einmal. „Firlefanz!"

Aus Tokei-ihtos Mund kam keine Antwort. Es schien nicht einmal sicher, daß er zugehört hatte.

Der Delaware starrte nach der Stute, die hinter Red Fox stand. Dieses Pferd, das Major Samuel Smith gehört hatte, war ein

schönes, ein ausgesucht edles Tier mit lebhaften Augen. Aber die Weichen waren mit Blut bespritzt, und Chef de Loup sah mit aufgrollendem Zorn die schweren Sporen des jetzigen Reiters. „Hund", dachte er, „Mörder . . ." Er brachte den Blick nicht los von dem Tier, dem er oft Futter gegeben hatte. Die Stute hob den Kopf und spitzte die Ohren. Kannte sie ihn auch?
„Du bist eine bockige Rothaut", begann Red Fox wieder zu dem schweigsamen Häuptling zu sprechen, „und deine Zunge scheint vollkommen gelähmt zu sein. Mit einem Stummen ist nicht gut reden. Wir sind wohl fertig miteinander." Er wandte sich von Tokei-ihto ab und trat einen Schritt auf den Biber und Chef de Loup zu. „Ich habe nichts gegen euch", sagte er mit schartiger Stimme. „Ihr könnt auf die Reservation zurück, oder ihr könnt auch über den Missouri in euer Kanada laufen. Nur den da", - er wies auf Tokei-ihto -, „den nehmt ihr nicht mit hinüber. Der kommt an den Galgen."
Chef de Loup wollte zuschlagen, aber Red Fox fing den Schlag ab und hielt das Handgelenk des Delawaren mit unmäßiger Kraft umklammert. Wie Eisenriegel drückten seine Finger den Knöchel, und er grinste den Delawaren hohnvoll an. Es war ein stummes, kurzes Ringen, nur Hand gegen Hand. Chef de Loup fühlte seine Schwäche mit einer peinvollen Wut. Der Schweiß brach ihm aus.
Red Fox ließ los.
„Wir verstehen uns! Ihr könnt es euch überlegen. Der Skalp" - noch einmal wies seine Hand mit einer Bewegung unverschämter Besitznahme auf Tokei-ihto -, „der Skalp wird sehr gut bezahlt. Wer ihn mir bringt - eine Reise nach Washington und zweihundert Dollar. Ihr habt noch bis morgen früh Zeit. Die Frist gebe ich euch drein. Aber es ist besser, ihr beeilt euch. Meine Jäger kennen den Preis auch!"
Red Fox wandte sich und trat wieder an Tokei-ihto heran. „Überlege auch du dir's zum letztenmal! Müssen sie jetzt alle sterben, weil du feige bist? Als einst Pontiac, der große Häuptling, von den Weißen besiegt war, empfing er von einem seiner roten Brüder den Todesstreich, ohne Furcht zu zeigen . . ."

Red Fox ging zu seinem Pferde. „Der Streich wurde auch damals gut bezahlt", sagte er dabei zu Chef de Loup. „Wegen des Goldes brauchst du nicht mehr bei dem da zu bleiben. Das kannst du jetzt von uns kriegen."
Der Delaware vermochte nicht mehr, diesen Mann anzusehen.
Der Feind schwang sich auf sein Pferd. Er drückte dem Tier die Sporen in die Weichen, daß es stieg. Mit der Linken führte er den Zügel, die Rechte knüllte den großen Lederhut. Ein Windstoß fuhr auf und wehte ihm durch die Haare. „Hundsfott!" schrie er in aufschäumender Wut zu Tokei-ihto hinüber. „Warum bist du gekommen? Bin ich eine Maus, mit der du spielen kannst, du stinkende Rothaut? Was reitest du hierher und stiehlst mir die Zeit, wenn du nicht reden willst?"
Red Fox ließ sein Tier wieder herunter. Vielleicht war irgend etwas in den Zügen des Häuptlings vor sich gegangen, was die Krieger nicht beobachtet hatten, was aber die Aufmerksamkeit des Feindes hervorrief. „Harry . . .?!"
„Ihr könnt mich haben."
Der Reiter auf der Fuchsstute stieß einen halb pfeifenden Laut aus. „Harry . . .?" Er stülpte den Schlapphut auf den Schädel, mit einer verblüfften Gebärde. „So komm."
„In sechs Tagen, wenn alle Krieger des Stammes und ihre Frauen und Kinder den Strom überschritten haben. Ich warte bei dieser Anhöhe auf dich. In Waffen. Hau."
Red Fox starrte den Häuptling an. „Bist du verrückt? Meinst du, ich will mit dir kämpfen?"
„Du wirst mit mir kämpfen. Mit mir und meinen Kriegern oder mit mir allein. Wähle!"
Red Fox versuchte zu lachen, aber es kam nur ein bellender Laut zwischen seinen Zähnen hervor. „Willst du mir Vorschriften machen, mein Junge?"
„Ich habe gesprochen."
„Nun, wie du willst, du Kojot, so komme in Waffen, ich nehme an! Ich nehme an! In sechs Tagen! Ich werde da sein!" Red Fox lachte. Sein Lachen hatte wieder Ton. Er lachte laut und gellend. „He, mein Junge, ich nehme an! Du hast keine Patronen mehr. Dein Messerchen und deine Pfeile fürchte ich nicht. Komme

nur, ich komme auch, ich komme auch allein! Dein Skalp gehört mir!" Er öffnete noch einmal eine Brusttasche und holte eine Kopfhaut mit schwarz-grauem Haar heraus. „Mattotaupas Skalp! Der deine kommt dazu! Es gilt?"
„Wir werden kämpfen."
„Topp, mein Harry!"
Red Fox richtete sich hoch auf und schwenkte den Hut in siegesgewissem Hohn. Er riß die Stute herum und jagte in die weite südliche Prärie zurück. Seine beiden Begleiter schienen verblüfft zu sein von dem plötzlichen Aufbruch. Unsicher und feindselig betrachteten sie noch einen Augenblick den Dakota, dann wandten auch sie die Tiere und folgten in weitem Abstand ihrem Herrn und Meister.
Der Delaware hörte die dumpfen Hufschläge und sah die wehenden, langen Pferdeschweife. Die Fortgaloppierenden wurden kleiner und kleiner. Sie näherten sich endlich der fernen Reihe der Ihren. Chef de Loup glaubte noch zu erkennen, wie die drei Reiter absaßen, dann waren sie selbst für sein scharfes Auge nicht mehr sichtbar.
Tokei-ihto hielt noch immer regungslos an seinem Platz. Auch er schien den Entschwindenden nachgeschaut zu haben. Erst jetzt wandte er den Falben, und seine schwarzen Augen gingen mit einem langen Blick zu seinen Freunden. „Ihr habt alles gehört."
„Ja", antwortete Tschetansapa, „und wir werden jetzt mit dir beraten, was wir zu tun haben."
Die Brauen des Häuptlings zogen sich zusammen. „Es ist nichts zu beraten. Ihr zieht hinüber über den Strom mit unseren Zelten; niemand wird euch angreifen. Ich bleibe hier, um meinen Vater Mattotaupa zu rächen und die Feinde auf mich zu ziehen, bis ihr die Waldberge jenseits der Grenze erreicht habt."
„Ja", brach Tschetansapa aus, „und um dich dann von jenen zahlreichen Watschinschun dort schlachten zu lassen, die alle auf den Preis für deinen Skalp warten. Glaubst du, Schwarzfalke setzt sich bei den Waldbergen auf das Büffelfell und sieht zu, wie die Meute der Feinde dich tötet, wie sie dich umbringen und morden wie Wölfe, die einen Büffel überfallen? Du willst

tun, was deinem Namen Ehre macht, uns aber bringst du in Schande! Ich verlasse dich nicht, das magst du wissen!"
„Auch ich verlasse dich nicht!" Der Biber begehrte mit auf. „Lasse die Zelte zerbrechen und die Weiber sterben, und lasse uns fallen als Männer! Dazu sind alle bereit! Es ist besser in den Tod zu gehen als Tokei-ihto noch einmal zu verraten!"
„Ich verlasse dich nicht!" rief Chef de Loup. Aber im nächsten Augenblick bereute er schon den Trotz, der in seinen Worten gelegen hatte. Er sah, wie sich die Züge Tokei-ihtos veränderten.
„Ich löse mein Wort ein, ihr werdet mich nicht hindern! Ich habe euch und eure Zelte aufgerufen, über das Schlammwasser zu ziehen in freies Land. Ich habe euch geführt, und ihr werdet hingelangen samt euren Frauen und Kindern. Das will ich." Die Blicke Tokei-ihtos und Tschetansapas hatten sich gefangen. „Du wirst mir auf die heilige Pfeife schwören, Schwarzfalke, Sohn des Sonnenregen, daß du die Unsern hinüberführst und nicht zurückkehrst. Wenn du aber gesonnen bist, wider mich und meine Worte zu handeln, so sage es. Dann werde ich mich selbst töten. Ich bin der Sohn eines Verräters, das hast auch du mir gesagt. Mein Leben ist verwirkt. Aber ihr dürft nicht sterben."
„Wenn wir nicht gehorchen, wirst du dich selbst töten?" sprach Tschetansapa beschämt und erbittert. „Nein, Tokei-ihto, wenn wir dir gehorchen, ist es dein Tod. Auch du selbst glaubst nicht, daß du jenen zahlreichen lauernden Kojoten noch entkommen kannst, wenn du allein zurückbleibst, um sie auf dich zu ziehen, bis wir die Waldberge erreicht haben. Was du sagst, sind Worte, aber keine Wahrheit."
„Tschetansapa, ich sage die Wahrheit. Wenn eure Stimmen mich rufen, so will ich jenen zahlreichen lauernden Kojoten entkommen und zu unseren Zelten heimkehren, sobald ihr die Grenze überschritten habt. Ja, ich will es, wenn ihr mich noch braucht. Dann werde ich tun, was ich vermag, um zu euch zurückzukehren."
„Und wer gibt uns Nachricht, was mit dir geschieht?"
„Donner vom Berge, der Siksikau, kann diesseits des Stromes

auf Wacht bleiben, um euch Nachricht zu bringen, was mit mir geschieht. Er ist kein Dakota. Für ihn habe ich den Watschinschun nichts zugesagt."
„Du zwingst mich, Häuptling. Du hast mich mitgenommen, als ich sterben wollte. Mein Leben gehört dir. Ich schwöre dir, daß ich unsere Zelte hinüberführen werde."
„Es wird geschehen, was die Geheimnisvolle Kraft will", schloß der Häuptling. „An dem Mute Tschetansapas hat noch kein Krieger zu zweifeln gewagt."
Tokei-ihto gab dem falben Hengst den Kopf frei, und das Tier begann zum großen Schlammwasser zurückzulaufen. Der graue Hengst des schweigsamen Donner vom Berge folgte, und in seiner Spur liefen der Schimmel, der Schecke und der Braune mit ihren Reitern.
Als die Männer in das Lager heimkehrten, ließen sie ihre Mustangs bei der Herde und begaben sich mit Tokei-ihto zusammen zu Hawandschita. Die Schwurpfeife ging von Mund zu Mund. Ihr Rauch hatte den Entschluß der Krieger, in die Fremde zu ziehen, besiegelt; sie bestätigte jetzt das Wort des Häuptlings und den Gehorsam seiner Männer vor Himmel und Erde.
Die Pfeife brannte Chef de Loup in den Händen, als er sie als letzter geraucht hatte und Uinonah zur Verwahrung zurückgab. Er wandte sich, um Tokei-ihto zu folgen, der den Greis wieder sich selbst überließ. Mit gebeugtem Nacken ging Chef de Loup hinter dem Häuptling her. Der Hang war ihm noch nie so steil und die gleißende Mittagssonne noch nie so unerträglich erschienen. Er hatte in der Hitze des Kampfes Tokei-ihtos letzte Patronen verschossen, während dieser über den Strom schwamm, und durch Chef de Loups Schuld mußte sich der Häuptling jetzt mit Pfeilen den Kugeln des Red Fox stellen!
Tokei-ihto blickte seine Gefährten nicht mehr an, aber er sah die immer noch trockenen, vergeblich wartenden Lederboote und dazwischen die Gruppe der fastenden Frauen und Mädchen. Untschida, Uinonah und Blitzwolke schauten zu dem Häuptling herüber, aber Sitopanaki war scheu und blickte zu Boden.

Als es nach vielen Stunden Abend wurde, ging die Fastenzeit der Frauen und Kinder zu Ende. Eidechse lief zu ihrer Mutter, Blitzwolke blieb in Uinonahs Nähe. Die Häuptlingsschwester nahm das Mädchen zu sich in die Schlafdecke; da war es warm für Blitzwolke mitten in der kalten Nacht, und sie schlief tief und fest.

Am Morgen rechnete sie, daß von sechs Nächten eine Nacht vergangen war, und daß sie nun in der fünften fahren würde.

Das Wasser sank von Tag zu Tag und beinahe schon von Stunde zu Stunde. Die Wiesen kamen aus der Flut heraus, und die Formen des Buchtgrundes wurden deutlich. Naß und aufgeweicht lag das alte, braune Wintergras am Boden und stach häßlich ab gegen die aufblühende Flur oberhalb des Bereichs der Zerstörung. Losgerissene Stämme waren angeschwemmt. Einige Frauen schafften die verwesenden Leichen ertrunkener Wildtiere fort. Das Brausen des wilden Stromes im Haupttale wurde matter und ferner. Als Blitzwolke einmal hinunterlief bis zum Buchtrand, sah sie in dem großen Tal schon die Scheitel der Hügel auftauchen, die das eigentliche Strombett begleiteten. Aber es war ungut, hinunterzusehen in das Tal voll Schlamm und gelben Wassers mit den Leichen der Pflanzen und Tiere. Zwei Tage blieben noch, bis man fuhr.

Blitzwolke saß wieder im Lager und wartete. Sie hätte gern einmal mit Sitopanaki gesprochen und sich von dem Lande jenseits des Mini-sose erzählen lassen. Aber die fremde Häuptlingstochter war still und traurig und verstand die Sprache der Dakota nicht. Blitzwolke sah jetzt oft hinüber zu diesem Schwarzfußmädchen, das sie noch vor wenigen Tagen in schwärmerischer Eifersucht auf Uinonahs Freundschaft zu hassen geglaubt hatte. Sie liebte die Fremde jetzt, und sie betrachtete sie immer häufiger, doch nur verstohlen, so daß das Schwarzfußmädchen es nicht bemerken konnte. Sitopanaki war sehr stolz und traurig wie der Tod. Vielleicht liebte sie den Häuptling.

Einmal, als es schon Nacht war – und es war die letzte Nacht vor der Fahrt über den Strom –, vernahm Blitzwolke im Traum einen Ton, als ob der Wind über den Gräsern sänge. Es klang wie ein unbekanntes Lied, und das Lied war so zauberisch und sanft, daß das Mädchen nicht erwachen, sondern nur auf das Singen lauschen wollte. Sie lauschte und träumte weiter. Sie träumte von dem Dakotamädchen, das mit dem Kanu hinausgerudert war auf den See, um ihren Geliebten zu suchen. Aber sie fand nur den Köcher seiner Pfeile, der auf dem spiegelnden Wasser schwamm – und da verließ sie den Kahn und starb in dem See.

Als Blitzwolke nach ihrem Traum die Augen aufschlug, schimmerte ein erstes Dämmern am Himmel, an dem der Mond und die Sterne verblaßten. Das Wasser rauschte im Tal. Noch war niemand wach; auch die Hunde lagen noch zusammengerollt und hatten die Schnauzen im Fell versteckt. Nur eine schmale Gestalt hatte sich aufgerichtet; sie kniete im Gras und band ihre langen und schweren Haare. Da löste sich zwischen Nacht und Dämmer auch drunten am Ausgang der Bucht ein Schatten und kam langsam näher. Die Kniende schien zu erschrecken. Sie beugte sich tiefer und verbarg ihr Gesicht. Der Mann ging langsam, ohne Laut an ihr vorbei und sah dabei auf das Mädchen. Er schritt weiter hangaufwärts zur Höhe, wie ein Berglöwe, der bald zum Sprung ansetzen wird.

Blitzwolke schloß noch einmal die Lider und wartete geduldig, bis sie geweckt wurde. Es brauchte niemand zu wissen, daß sie nicht mehr geschlafen hatte.

Auch der letzte Tag verlief in Stille und ohne Geschäftigkeit. Blitzwolke und Eidechse saßen wieder bei Untschida. Die alte Mutter erklärte den Mädchen, daß man in der kommenden Nacht aufbrechen werde.

Der helle Tag verging. Als die Sonne rötlich dahinschwand und die Amseln ihr Abendlied sangen, war im Lager noch alles tatenlos und unberührt. Die Pferde weideten, und die Hunde liefen umher. Eine graue Wolfshündin leckte ihren Wurf von vier Jungen. Blitzwolke hatte sich schon eines ausgesucht, das sie haben wollte, ein schwarzes. Uinonah hatte es ihr versprochen, wenn Tokei-ihto einverstanden sein würde. Das Mädchen seufzte und streichelte die Hündin. Die ersten Sterne der sechsten Nacht blinkten auf. Der Wind strich vom Stromtal herauf,

und das Brausen des Wassers klang in der Dunkelheit lauter. Untschida erhob sich von ihrem Platze. Das war das Zeichen, daß alle sich bereitmachten.
Es wurde kein Wort gesprochen. Die Frauen und Mädchen, die dazu bestimmt waren, nahmen die leichten Boote auf und entfernten sich zuerst in einer langen Reihe zum Tal abwärts. Die übrigen holten mit den Kindern zusammen die Pferde. Die Hunde rannten umher und bellten, denn draußen auf der Prärie und drunten im Flußtale hatten einige Kojoten frech gekläfft. Blitzwolke und Eidechse wußten, daß jene Kojoten die Späher des Stammes waren, die sich ihre Zeichen gaben. Die Mädchen holten sich die beiden Dragonergäule und kletterten ohne fremde Hilfe auf die großen Pferde. Folgsam gingen die Tiere in der langen Kette buchtabwärts. Die Hufe plätscherten durch die Pfützen, die das zurückweichende Hochwasser hatte stehenlassen.
Auf dem Grunde des Haupttales stand das Wasser noch tief. Die Frauen, die vorangegangen waren, hatten die Boote schon auf die langsam abfließende Flut gesetzt. Sie luden jetzt das Gepäck ein und paddelten damit zwischen den Hügeln hindurch. Die Reiterinnen blieben noch zu Pferde; das Wasser reichte ihnen bis zu den Füßen. Die Hunde verstummten und begannen zu schwimmen.
Ein reißendes Strömen und das Schillern des fließenden Wassers kündigte den Beginn des eigentlichen Strombettes an. Blitzwolke und Eidechse erkannten in der Dunkelheit eine Gruppe von Kriegern zu Pferd, darunter Tschetansapa auf seinem Beuteschimmel. Die Krieger hielten an dem überfluteten Stromufer. Die andere Hälfte der Mannschaft befand sich noch oben am Rande der Prärie bei der Anhöhe in gefechtsbereiter Linie. Vom Feinde war nichts zu sehen.
Blitzwolke und Eidechse waren am Ende des Zuges geritten. Uinonah kehrte mit ihrem Lederfahrzeug über den Strom zurück, um die beiden Mädchen zu holen. Als Schwimmer halfen Tschapa Kraushaar und Antilopensohn.
Als das Boot Uinonahs mit den Kindern jenseits des Strombettes wieder das fast stehende Schwemmwasser erreichte und

nun ohne Mühe zwischen den aufsteigenden Hügeln durchgesteuert werden konnte, begann das Herz Blitzwolkes heftig und hörbar zu schlagen. Sie hatte noch einmal zurückgesehen zu dem verlassenen Hochufer im Süden. Dort wandten die gefechtsbereiten Reiter nun auch ihre Pferde und ritten den anderen nach ins Tal hinab, dem Strome zu. Ein einziger aber war zurückgeblieben. Es war nur ein schwarzer Schatten in der schwarzen Nacht.
Das Boot glitt weiter, von leisen Schlägen getrieben. Fern, immer ferner wurde das verlassene Ufer. Der Schatten des einsamen Reiters mischte sich immer mehr mit der Dunkelheit.
Tokei-ihto war allein geblieben.

Kampf mit dem Zauberbüffel

Die Bärenknaben und der Späher Schwarzfels waren nach der Landung am jenseitigen Ufer des großen Schlammwassers nicht untätig gewesen. Sie hatten zunächst die Lederplane von dem Weidengerüst des Bootes gelöst, um sie als Decke zu gebrauchen. So geschützt hatten sie den Wolkenbruch des Gewitters überstanden, ohne noch mehr naß zu werden, als sie es von der Überfahrt ohnehin schon waren. Da die Gewaltmärsche der letzten Tage die Jungen übermüdet hatten, ordnete Schwarzfels an, daß sie die Nacht durchschlafen sollten; er selbst hielt nach Mitternacht Wache.
Als sich die Dunkelheit wieder lichtete, aßen alle einen Brocken von dem Mundvorrat und machten sich auf den Weg nordwärts zur Grenze und zu den Waldbergen. Das braune Bärenjunge trug Ihasapa. Das Weidengerüst des Bootes blieb liegen, denn es wurde nicht mehr gebraucht. Die Lederplane aber, die sie als Decke benutzten und mit der sie sich sogar ein kleines Jagdzelt bauen konnten, trugen die Knaben mit.
Schwarzfels hatte nicht umsonst schon seit Jahren die Aufgabe eines Kundschafters bei der Bärenbande. Er führte die beiden

Jungen im Laufschritt durch die Wiesentäler auf dem kürzesten Weg bis zu einer Bodenerhebung, von der man rings über das Land schauen konnte. Es war der beste Auslug weit und breit, den die jungen Indianer hier gefunden hatten. Das Gras war grün; es wuchs saftig und kräftig auf der fruchtbaren Lehmerde. Die drei hatten keine Mühe, ihre schwarzen Schöpfe in der Wiese zu verstecken. Sie beobachteten die Gegend, so weit das Auge reichte. Was sie aber nicht sehen konnten, waren die Ihren drüben am jenseitigen Ufer des Stromes. Die hornartig geformte Bucht verschloß sich vor den Blicken.

Die Morgensonne wärmte den Rücken, die Insekten spielten um die Blüten.

„Haltet das Ohr an die Erde!“ Ihasapa lauschte am Boden.

Die Jungen folgten dem Beispiel.

„Ja“, flüsterte Tschaske. „Eine Reiterschar. Die Reiter traben. Das sind Langmesser.“

Die drei warteten gespannt. Ihr Gehör war sehr scharf, und es war rings sehr still. Sie hatten die Reiter daher schon aus weiter Entfernung gehört, und es dauerte einige Zeit, bis sie die Schar zum erstenmal zwischen den grünen Hügeln auftauchen sahen. Es handelte sich um eine kleine Streifschar von Dragonern.

Auch die Dragoner ritten auf einen Hügel, um besseren Rundblick im Gelände zu haben, und die Indianer konnten beobachten, wie sie Feldstecher vornahmen und das jenseitige Ufer absuchten. Zwei, offenbar die Anführer, gestikulierten. Zu ihnen gesellte sich ein Mann in Lederkleidung, der eifrig mitsprach. Am hellen Sonnenmorgen konnten die Dakota die Vorgänge in vielen Einzelheiten erfassen. Sie verstanden sogar einiges aus den Gesten des Mannes in Lederkleidung, denn dieser begleitete unwillkürlich seine Worte mit der Zeichensprache, deren sich Grenzer und Indianer und auch Indianer fremder Stämme untereinander zur Verständigung bedienten. Die Dakota entnahmen den Zeichen, daß von der Bärenbande die Rede war und daß diese von den Dragonern gesucht wurde. Der Mann in Lederkleidung wollte den Milahanska klarmachen, daß sich die Bärenbande noch am jenseitigen Ufer befinden müsse und daß man nur bis zum Sinken des Wassers zu warten brauche, um sie beim Übergang über den Strom zu fassen und auf die Reservation zurückzuschicken. Die Dragoner schienen sich nicht gleich schlüssig zu werden, was sie tun sollten. Sie stiegen zunächst einmal ab, ließen sich im Grase nieder und begannen ein zweites Frühstück. Der Mann in Lederkleidung blieb auf der Anhöhe als Wache.

„Habt ihr verstanden?" fragte Ihasapa.

„Ja."

„Was tun wir jetzt?"

„Töten können wir diese Milahanska nicht, es sind ihrer zu viele", antwortete Tschaske zunächst mit einem verborgenen Seufzer.

„Wir müssen sie aber hindern, sich hier niederzulassen und zu warten", sagte Hapedah entschieden. „Wir müssen auch verhüten, daß sie wegreiten und wiederkommen, sobald das Wasser sinkt."

„Das ist richtig", lächelte Schwarzfels, „aber wie wollen wir das verhindern?"

„Mit List", erklärte Hapedah überlegen.

„Weißt du eine?"

„Ja!" Über Hapedahs mageres Jungengesicht ging ein Leuchten.

„So laß uns über deine List beraten."

Hapedah faßte nach seinem behelfsmäßigen Kopfverband, und dann befühlte er seine dürren Arme und die von Entbehrungen und Anstrengungen eingefallenen Wangen und Schläfen. „Hungrig und erschöpft sehe ich aus?" fragte er.

„In den Augen eines Watschinschun, ja", bestätigte Ihasapa.

„Dann kann ich gehen. Ich werde zu den Milahanska laufen und sie um Essen bitten. Sie werden mich fragen, wo ich herkomme, und ich werde ihnen erzählen, daß die Bärenbande im Strom ertrunken ist, als unsere Männer und Frauen übersetzen wollten. Wenn nur . . ." Hapedah zögerte.

„Was ist?" fragte Tschaske aufgeregt. „Warum bist du wieder bedenklich?"

„Die Milahanska haben ‚lange Augen'." Hapedah meinte die Feldstecher. „Können sie damit auch durch die Hügel hindurchsehen?"

„Nein", beruhigte Ihasapa, „das können sie nicht. Sie können nur sehr weit schauen."
„Gut. Sie sehen also die Krieger und Frauen der Bärenbande ebensowenig wie wir. Ich kann meine List gebrauchen!"
„Das kannst du. Versuche es. Diese Milahanska sind eine große Gefahr für die Unsern."
Hapedah machte sich auf den Weg. Er kroch auf der den Dragonern abgewandten Seite des Hügels hinunter, richtete sich im Wiesental auf und lief vorsichtig erst stromaufwärts. Als er eine nicht zu kleine Entfernung zurückgelegt hatte, ließ er sich nieder und verursachte Spuren, als ob er an dieser Stelle gelagert und geschlafen habe. Dann stand er wieder auf und wanderte kreuz und quer durch die wellige Landschaft. Endlich erklomm er eine Anhöhe in der Nähe der Truppe, legte sich erst flach auf den Kamm und richtete dann den Oberkörper auf. Als er bemerkte, daß der Mann in Lederkleidung seiner gewahr geworden war, stand Hapedah ganz auf und winkte.
Der lederbekleidete Mann bei der Truppe winkte zurück, daß Hapedah herankommen möge.
Der Dakotajunge setzte sich in Trab, um schnell auf den Hügel zu den Dragonern zu gelangen. Die Soldaten lagerten, aßen, rauchten und schwatzten. Als der Indianerknabe kam, verstummten die Gespräche, und alle betrachteten ihn neugierig. Der Mann in Lederkleidung, wahrscheinlich der Scout, nahm sich den fremden Jungen sogleich vor.
„Wo kommst du denn her?"
Hapedah verstand die Gesten; er hatte sich auf der Reservation mit Tschapas Hilfe auch schon Worte und Redensarten der Grenzersprache angeeignet. „Von drüben komm ich", sagte er.
„Und wie bist du da herübergekommen? Doch nicht etwa jetzt über das Wasser?!"
„Doch", versicherte der Dakotaknabe, „jetzt über das Wasser. Die anderen sind alle ertrunken." Er machte ein tieftrauriges Gesicht.
„Was für ‚andere'?"
„Die Krieger und Frauen und Kinder der Bärenbande vom großen Stamme der Dakota."

„Donner . . . die Bären! . . . Komm, setz dich mal her. Das müssen wir ganz genau hören!" Der Scout erklärte das Gesprochene einem jungen Offizier, der die Streifschar führte. Dieser gab dem Scout verschiedene Anweisungen, die Hapedah nicht verstehen konnte. Aber der Scout erklärte dem Jungen, was der Offizier befohlen hatte. „Du bleibst jetzt bei uns. Du brauchst keine Angst zu haben. Du bekommst bei uns zu essen, und später kannst du auch bei uns in die Schule gehen. Wir nehmen dich mit auf unser großes Fort. Dort berichtest du dem Kommandanten, was aus der Bärenbande und Tokei-ihto geworden ist. Verstanden?"

„Ja", antwortete Hapedah tief erschrocken, „aber ich will gar nicht bei euch bleiben. Ich bin auf dem Wege zu unseren Verwandten nach Kanada."

„Zu welchen Verwandten?" Der Scout wurde mißtrauisch.

„Dakota am Sourisfluß", antwortete Hapedah kurz.

„Kenne ich nicht. Ich dachte schon, du willst zu Sitting Bull und seinen Leuten davonlaufen, zu dem Hetzer und Custermörder, der sich noch immer herumtreibt. Denke nicht an so etwas! Die hungern drüben schon jämmerlich, denn es gibt auch dort keine Büffel mehr."

„Also soll ich bei euch bleiben?"

„Du bist ein kleiner Junge, und du tust, was wir dir sagen, da gibt es kein Wenn und kein Aber. Hier, du kannst mit uns essen, dürr genug siehst du aus. Bei uns leidest du keine Not, da wirst du dick und rund und lernst lesen und schreiben."

Hapedah sagte nichts mehr. Der Name Sitting Bull hatte ihn tief bewegt. Er war um so mehr entschlossen zu fliehen. Aber er wußte noch nicht, wann ihm das gelingen konnte. Jetzt, am hellen Tage, war es unmöglich. Er aß, was er erhielt, fand, daß alles schlecht schmeckte, und legte sich dann in die Sonne, scheinbar um zu schlafen. In Wahrheit arbeiteten seine Gedanken, und er öffnete die Augenlider immer wieder zu kleinen Schlitzen, um die Feinde unbemerkt zu beobachten.

Die Dragoner gönnten sich eine stundenlange Rast. Als der junge Offizier den Befehl zum Aufbruch gab, war es schon früher Nachmittag. Der Scout nahm Hapedah vor sich aufs Pferd.

Er führte die Truppe und ritt daher voran. Hapedah beobachtete die Gegend wie ein Falke. Es fiel ihm sofort auf, daß der Ritt nicht nach Osten, sondern nach Westen ging. Man wollte ihn auf ein ganz entlegenes Fort bringen, wo die Truppe ihren Standort hatte. Er mußte so tun, als ob er sich damit abgefunden habe. Nur wenn das Mißtrauen der Feinde einschlief, hatte er Hoffnung auf Entkommen.
Die Gegend veränderte sich wenig. Im Westen grüßten die blauen Umrisse des Felsengebirges; ringsum grünten und blühten die Wiesenhügel; im Süden brauste das schlammgelbe Hochwasser. Von Ihasapa und Tschaske hatte Hapedah nichts mehr gesehen, sie hatten ihm auch kein Zeichen gegeben. Aber Hapedah war überzeugt, daß sie seinen unfreiwilligen Ritt beobachteten und ihm heimlich folgten. Vielleicht war es nach Einbruch der Dunkelheit möglich, miteinander in Verbindung zu treten. Ruhig und scheinbar gleichgültig, wie ein erwachsener Krieger, ertrug der Sohn Tschetansapas seine Gefangenschaft. Das wichtigste war, daß die Milahanska und der Scout seiner Mitteilung, die Bärenbande sei im Hochwasser umgekommen, offenbar Glauben schenkten.
Es wurde Abend, die Wiesen schimmerten in der untergehenden Sonne. Die Dragoner bezogen Biwak für die Nacht. Sie entzündeten Feuer, wärmten ihre Konservendosen und machten Witze, die Hapedah nicht verstand.
Der Scout holte sich den Jungen wieder her und begann ihn genauer auszufragen. Hapedah erzählte von der Verfolgung durch Red Fox und von der Überfahrt, deren Schrecken er nicht zu erfinden brauchte, er hatte sie erlebt. Seine Schilderung klang glaubwürdig.
„Komm du mal zu uns", wiederholte der Scout, „diene uns tüchtig und treu, dann kannst du ein berühmter Kundschafter werden wie Chef de Loup einer ist und Harry einst einer war. So einen klugen Jungen wie dich können wir gebrauchen."
„Ja, so wie Harry will auch ich werden", bestätigte der Dakotajunge, und der Scout ahnte nicht, was diese Worte in Hapedahs Mund zu bedeuten hatten.
Während der Scout mit Hapedah sprach, war das Witzemachen

und Lachen und auch die ernsthaftere Unterhaltung der anderen weitergegangen.
„Drei Rancher sind mit dem Rest ihres Viehs vor dem Hochwasser geflohen, zu denen hat sich ein Biberjäger gefunden, der sich hier in der Gegend umhertrieb ... Paar Cowboys sind auch dabei und die Frauen", fing Hapedah auf. Das genügte für die wache Kombinationsgabe des kleinen Gefangenen. Ein Biberjäger? Konnte das nicht Adams sein? Adams wartete hier in der Gegend.
Es war dunkel. Für den Leutnant hatten die Soldaten ein Zelt aufgeschlagen, sie machten es sich auf der Wiese in Decken bequem. Den Pferden wurden die Sättel nicht abgenommen. Sie standen beisammen und wurden bewacht. Hapedah hatte sich auf ganz unverdächtige Weise mitten zwischen die Soldaten gelegt. Er hatte genau aufgemerkt, als die Wachen verteilt wurden. Von Mitternacht an ging der Scout zwei Stunden auf Wache. In dieser Zeit durfte Hapedah nichts unternehmen. Wenn er aber vorher entwich, bemerkte der Scout seine Abwesenheit, sobald er auf Wache ging. Also blieb ihm nur die kurze Spanne zwischen zwei Uhr morgens und Sonnenaufgang.
Der Dakotajunge schloß die Augen und zwang sich einzuschlafen. Er brauchte seine Kräfte. Er konnte sich darauf verlassen, daß er rechtzeitig wieder aufwachte. Zur gewollten Zeit aufzuwachen, hatte er gelernt. Die weißen Männer glaubten zumeist, daß ein kleiner Indianer nichts gelernt habe. Sie täuschten sich darin sehr. Auch Indianerkinder machten eine gründliche und strenge Schule durch! Nicht erst seit seinem sechsten, schon seit seinem vierten Jahre lernte Hapedah. Er hatte reiten, schießen, das Wild und den Feind beobachten, sich selbst streng beherrschen, Hunger und Durst ertragen gelernt. Er hatte gelernt, die Wahrheit zu sagen, auch wenn sie für ihn selbst ungünstig war, und er kannte die Geschichte der Dakota. Er konnte die Zeichensprache verstehen, und er wußte die Bilderschrift zu lesen und selbst zu zeichnen. Er konnte einen Pfeil schnitzen, ein Zelt bauen und sich in unbekanntem Gelände zurechtfinden. Noch einige Jahre, dann wollte er ein Krieger werden ... Hapedah erschrak, als seine Gedanken im halben Träumen bei die-

sem Punkt angekommen waren. Er würde nie ein Krieger werden, denn die Bärenbande wollte jetzt gefleckte Büffel züchten und mit allen guten roten und weißen Menschen in Frieden leben. Alle guten ... Ja, aber es gab noch viele starke und böse Wölfe unter den Menschen, und gegen diese mußte Hapedah weiter seinen Mut beweisen, auch wenn er keine Pfeile mehr schnitzte.

Als er wach wurde, erkannte er am Stande der Sterne, daß die Mitte der Nacht schon um eine Stunde überschritten war. Der Scout hatte mit zwei Dragonern zusammen Pferdewache. Hapedah ließ sich nicht anmerken, daß er aufgewacht war. Er blieb ruhig liegen, mit scheinbar geschlossenen Augen. In Wahrheit beobachtete er in dieser einen Stunde vor seiner Flucht alles genau.

Endlich war es soweit, daß der bärtige, lederbekleidete Scout sich wieder schlafen legte. Er suchte sich einen windgeschützten Platz neben dem Zelt des Leutnants, wickelte sich ein und war auch schon eingeschlafen, wie seine gleichmäßigen Atemzüge verrieten. Hapedah wartete noch eine angemessene Zeit nach dem Wachenwechsel, der diesen oder jenen doch aufgeweckt haben konnte. Die neuen Wachen waren zwei junge Dragoner, offenbar unerfahren und gleichgültig. Sie saßen bei den Pferden und schwatzten leise zusammen. Der Junge tat so, als ob ihm schlecht geworden sei. Er stand auf und ging offen, aber ohne Geräusch auf die Seite des Zeltes, die dem schlafenden Scout und den Wachen abgewandt war. Als er sich dort unbeobachtet wußte, legte er sich nieder, und jetzt begann der schwierige Teil seines Unternehmens. Er mußte im Grase wegkriechen, ohne daß die beiden Wachen auf ihn aufmerksam wurden.

Hapedah hatte oft geübt, unbemerkt zu schleichen, und er wandte diese Kunst jetzt mit aller Vorsicht an. Das hohe Frühlingsgras war günstig, auch seine kleine, magere Gestalt. Wie eine Schlange bewegte er sich durch die Wiese. Noch war es stockdunkel. Hinter ihm rührte sich nichts. Die Wachen schienen gar nicht darauf zu achten, daß Hapedah nicht mehr hinter dem Zelte hervorkam und sich nicht wieder an seinen Schlaf-

platz legte. Sie saßen beisammen, schauten in die Nacht und schienen über ein Thema zu schwatzen, das sie beide stark interessierte. Hapedah hörte in der vollständigen nächtlichen Stille der Prärie noch lange die halblauten Stimmen.
Als er außer Sichtweite des Biwaks gelangt war, atmete er auf. Ob Ihasapa und Tschaske in der Nähe waren und ob sie etwas von seiner Flucht ahnten? Hapedah kroch auf einen Hügel und kläffte wie ein Kojote. Ein bestimmtes Gekläff galt bei der Bärenbande als Späherzeichen. Alle Knaben kannten es, und Hapedah hatte es bei seinem Vater Tschetansapa besonders gut geübt. Es dauerte nicht lange, bis das Zeichen beantwortet wurde.
Hapedah wartete an seinem Platz, bis Ihasapa zu ihm kam. Es wurden nicht viel Worte gemacht. Der Junge berichtete vor allem, was er von dem Vieh und dem Biberjäger gehört hatte.
Tschaske kam herbei. Die beiden Jungen und Ihasapa begannen einen Dauerlauf. Ihasapa schleppte dabei wieder das Bärenjunge mit, Tschaske die Bootsplane. Schnelle Füße hatten alle Dakota, wenn auch nicht alle so flink waren wie einst Tatokano, der elende Verräter.
Die Sonne war schon aufgegangen, aber der Morgen war noch frisch und kühl, als die drei in der Ferne Rinder brüllen hörten. Dieses Brüllen hatte einen ganz anderen Ton als das Brüllen der wilden Büffel. Hapedah und Tschaske fühlten auf einmal ihr Herz klopfen. Zahme gefleckte Büffel sollten sie künftig züchten. Ob das auch so elende, kümmerliche Tiere waren wie die abgetriebenen, halb verhungerten Kühe, die sie auf der Reservation erhalten hatten?
Die drei Dakota gebrauchten keine besondere Vorsicht. Sie liefen offen auf die Herde zu. Das Kriegsbeil war ja begraben, und niemand brauchte zu ahnen, daß sie zu der noch immer verfolgten Bärenbande gehörten. War aber Adams da, wie sie hofften, so konnten sie sich ihm zu erkennen geben, und er würde sie sicher freundlich begrüßen.
Die drei Dakota waren bemerkt worden. Ein Reiter kam ihnen entgegen. Es war ein Weißer, der einen Schecken ritt und nach Art der Cowboys eine lederne Joppe, ein buntes, langzipfliges Halstuch und einen hohen, breitkrempigen Hut trug. Sein Ge-

sicht war hager und braungebrannt, sein Alter schwer zu bestimmen, da niemand sagen konnte, ob die vielen Falten von den Jahren oder von den Entbehrungen eingegraben waren. Er galoppierte näher und riß dann, wie ein Indianer, plötzlich sein Pferd zurück, so daß es vor den beiden Jungen hielt.

Auch Ihasapa und die Bärenknaben waren stehengeblieben.

„Ich begrüße meine jungen Brüder!" Der Weiße sprach dakota. Seine Aussprache war den dreien fremd, aber sie konnten seine Worte doch verstehen, und sie freuten sich sehr, von einem Weißen in so ferner Gegend in ihrer Muttersprache begrüßt zu werden.

„Wir begrüßen unseren älteren Bruder!" antwortete Ihasapa ernst. „Wir suchen einen Mann mit Namen Adams."

„Den werdet ihr hier gleich finden! Kommt!" Der Reiter wandte sein Pferd und trabte zu der Viehherde, die auf den Wiesen graste. Die Indianer folgten ihm. Gespannt betrachteten Hapedah und Tschaske die Kühe und die Herdenstiere. Auch diese Tiere waren nach dem Winter mager wie wilde Büffel, aber sie waren lebendig und fraßen mit Lust. Der mächtigste der Stiere schnaubte, und lange Hirtenpeitschen knallten.

Die Dakota erblickten eine Gruppe von Weißen zu Pferd. Ein Reiter war dabei, der demjenigen, der die Dakota begrüßt hatte, zum Verwechseln ähnlich sah. Nach den Beschreibungen und Erzählungen, die die Knaben gehört hatten, konnten die beiden die Zwillinge Thomas und Theo sein. Drei grauhaarige Männer mit zwei älteren Frauen interessierten die Jungen weniger. Das waren wohl die vom Hochwasser vertriebenen Rancher, von denen der Scout erzählt hatte.

Aber da war noch ein Reiter, ein blonder junger Mann mit blauen Augen; seine Züge waren ernst, und um seine Mundwinkel lag ein verbissener Kummer. Neben ihm ritt eine junge Frau. Auch sie hatte Haare wie Sonnenstrahlen und Augen wie der Himmel am Morgen. Sie verstand zu reiten. Aber die Dakotajungen erkannten sofort, daß diese junge Frau nicht von ihrem vierten Lebensjahr an tagaus, tagein auf dem Pferderücken gesessen hatte. Sie war neu in der Prärie, wenn sie sich auch große Mühe gab, wie eine rechte Kuhhirtin zu erscheinen.

Die Weißen baten die Indianer zu sich heran. Hapedah und Tschaske waren erstaunt über das höfliche und anständige Benehmen dieser Watschinschun. Sie hatten nur Red Fox gekannt und die Soldaten und Rauhreiter, von denen sie auf die Reservation getrieben worden waren. Sie waren als Sprache der Watschinschun Kugeln und Schimpfworte gewohnt. Darum wunderten sie sich jetzt. Hapedah teilte den Weißen mit, was er bei der Streifschar der Dragoner erlauscht hatte. Man hörte ihm aufmerksam zu, die Männer gaben keine vorschnelle Antwort, sogen an ihren Pfeifen, nickten bedächtig. Sie benahmen sich tatsächlich fast wie Dakota, und das Vertrauen der Jungen wuchs.
„Und wie kommt ihr hierher?" erkundigte sich schließlich der blonde Mann, den die drei Dakota mit Recht für Adams hielten. Ihasapa berichtete alles der Wahrheit gemäß.
„Und was habt ihr jetzt vor?"
„Tokei-ihto bittet Adams, für uns gefleckte Büffel zu kaufen und Land, wo wir mit diesen gefleckten Büffeln leben können."
Adams schaute überrascht auf. „Wie viele seid ihr denn noch?"
„Als wir die Knaben ins Boot brachten, lebten noch vierundsechzig Menschen in unseren Zelten", gab Ihasapa zur Antwort. „Während des Gewitters hat Red Fox die Söhne der großen Bärin drüben noch einmal angreifen lassen, und sicher sind noch einige von uns getötet worden. Wie viele endlich über den Strom kommen werden, wissen wir nicht."
Adams schwieg einen Augenblick. „Ihr habt sehr viele Verluste zu beklagen", sagte er dann. „Für die paar Leute, die jetzt noch am Leben sind, findet ihr wohl Land und Vieh. Aber wie wollt ihr bezahlen? Wenn eure Leute noch Pferde mit herüberbringen, könntet ihr sie gegen Rinder tauschen. Aber kräftige junge Tiere müßten es sein."
„Wir haben viele und auch gute Pferde, aber wir möchten sie behalten. Können wir vielleicht mit Gold bezahlen? Tokei-ihto gab es uns mit."
„Gold?! Burschen, Kinder - dann allerdings braucht ihr keine Pferde herzugeben! Gold!"
Adams verständigte die Besitzer des Viehs.

Es war zu sehen, wie die Mienen der drei alten Farmer sich spannten. Sie rückten näher und lauschten aufmerksamer als bisher.
„Versteht ihr überhaupt etwas von Viehzucht?" fragte Adams die Dakota.
„Nein. Nicht einmal Tschapa Kraushaar versteht sie, da er als Kind nicht Vieh gehütet, sondern Baumwolle gepflückt hat. Aber Tokei-ihto sagte uns, daß du unser Bruder sein willst. Du wirst uns lehren, die gefleckten Büffel zu züchten."
Adams lächelte. „Das wäre gar nicht schlecht. Ich will euch gern helfen. Vielleicht könnte man hier gleich einen Handel machen?"
„Mann", rief einer der Rancher, „kaufe uns das Vieh ab. Echtes Gold haben die Indianer da?"
„Nur immer ruhig." In Adams regte sich der genau rechnende Bauernsinn. „Wir wollen das Vieh zählen und besehen."
„Adams, schacher nicht soviel. Du bekommst alles spottbillig. Sorge dafür, daß die Indianer uns ihre Goldkörner geben, und du kannst das Vieh sofort über die kanadische Grenze treiben."
„Könnte man machen." Adams ließ sich nicht aus der Ruhe bringen. Die drei Dakota beobachteten, wie er mit den anderen weißen Männern und Frauen umherging, zählte, befühlte, die Achseln zuckte und hin und wieder ein Wort sagte. Endlich kam er allein zu Ihasapa und den beiden Jungen heran. „Wieviel Gold habt ihr denn?" fragte er leise. „Die Schwierigkeit liegt darin, daß hier natürlich keine Goldwaage aufzutreiben ist. Es muß alles auf Treu und Glauben gehen. Ehrlich sind die Leute. Münzen habt ihr nicht?"
„Nein, nur Staub und Körner." Ihasapa machte den Beutel auf und zeigte den Inhalt.
„Wißt ihr denn überhaupt, was ihr hier für einen Reichtum besitzt?" Adams war fast bestürzt.
Die Indianer betrachteten ihn mit großen Augen. Sie konnten sich kaum vorstellen, daß man für ein Häufchen glänzenden Sandes Vieh für eine ganze Bande eintauschen könne.
„Zeigt bloß nicht den ganzen Beutel, sonst werden die hier auch noch verrückt", warnte Adams. „Hier, gebt mir einen Teil, und

damit laßt mich die Sache machen. Wir nehmen das Vieh mit über die Grenze. Es ist jetzt sehr gefährlich, über die Grenze zu gehen, aber wir werden es schaffen."

Die drei Dakota vertrauten ihrem weißen Bruder. Es dauerte nicht mehr lange, bis der Handel abgeschlossen war. Über Adams' Gesicht leuchtete eine große Freude.

„Los!" rief er. „Thomas, Theo, vorwärts! Jetzt zeigt einmal, was ein Cowboy ist! Und ihr, meine drei jungen tapferen Brüder vom Stamme der Dakota, greift euch die Gäule dort beim Vieh und seht zu, daß ihr ihnen einen Riemen durchs Maul zieht! Wir haben gekauft, und jetzt müssen wir in Sicherheit bringen, was uns gehört!"

„Alle diese gefleckten Büffel?" rief Hapedah aufgeregt.

„Ja, alle, wie du sie siehst, mein Junge. Du hast noch keine Ahnung, was dein Gold hier wert ist!"

Die Jungen verloren kein weiteres Wort. Sie rannten mit Ihasapa zu den Pferden, die ungesattelt weideten, warfen ihnen die Lassos über, die sie von Adams, Thomas und Theo erhalten hatten, und sprangen auf. Während die langen Peitschen in den Händen der Hirten knallten und das Vieh sich zu drängen und nordwärts zu galoppieren begann, wurden die drei jungen Dakota geschickt mit ihren neuen Reittieren fertig. Mit Jauchzen und Gebrüll beteiligten sie sich am Viehtreiben. Sie hatten ihren Spaß daran, wenn die junge Frau des Adams erstaunt war über die Reiterkunststücke der indianischen Cowboys auf den fremden Pferden.

Für galoppierende Rinder und Pferde war die Grenze nicht weit. Adams hatte den drei Dakota zugerufen, daß man bis zum Abend in Sicherheit sein konnte. Tschaske und Hapedah waren voll Jubel und Zuversicht bei dem Gedanken, daß sie Tokei-ihto und die Ihren zusammen mit Adams und schon versorgt mit einer großen Herde Büffel begrüßen würden. Wenn die andern nur kamen, nur bald kamen . . nur überhaupt kommen konnten. Sie befanden sich ja noch zwischen dem wilden Wasser und den Flinten des Red Fox.

Verschwitzt, ermüdet, heiser gelangten die Reiter mit dem abgetriebenen Vieh bei sinkender Sonne in Prärien, in denen

Adams mit Thomas und Theo und mit Frau Cate haltmachte. Auch die Indianer zügelten ihre Pferde und fanden sich bei den anderen ein.
„Wir sind drüben", sagte Adams.
Ihasapa und die beiden Jungen schwiegen und sahen sich lange an. Die Grenze war nicht zu erkennen. Grün, endlos dehnte sich das Land. Die Hügelgruppe der Woodmountains war näher gerückt.
Es wurde Rast gemacht. Das Bärenjunge, das Ihasapa in einem Sack mit auf dem Pferd gehabt hatte, war unzufrieden und verlangte Fische. Das Vieh soff und weidete. Die Jungen suchten Holz und machten ein kleines Feuer, das sie vorsichtig deckten. Jeder aß von seinem Proviant, dann rauchten die Männer, Cate war völlig erschöpft. Sie hatte sich gleich in die Decke gewikkelt und zum Schlafen hingelegt.
Da es nichts Notwendiges zu sagen gab, blieben alle still, und jeder hing seinen Gedanken nach.
Eine halbe Stunde mochte vergangen sein. Adams teilte die Nachtwache ein, an der sich auch die beiden Jungen beteiligen wollten.
„Ja", sagte da auf einmal Thomas, „nun seid ihr reiche Leute, ihr jungen Indianer. Jetzt könnt ihr den anderen eine Nase drehen."
Zunächst gab keiner eine Antwort.
Dann erwiderte Hapedah: „Ihr auch, Thomas und Theo."
„Du willst dich wohl über uns lustig machen, du kleiner Bärensohn?!"
„Nein, ich will meinen großen Bruder Thomas nicht necken. Warum glaubst du das?!"
„Weil mein Bruder Theo und ich die ärmsten Deuwel auf der Welt sind. Arm und lustig waren wir, als wir euren Häuptling Tokei-ihto als Knaben Harka kennenlernten und er uns aus Spaß eine Flinte hinterm Rücken wegstahl. Lustig sind wir schon lange nicht mehr, aber arm sind wir immer noch!"
„Ich weiß nicht", antwortete Hapedah langsam und nachdenklich, „ich weiß nicht, ob gefleckte Büffel besitzen ‚reich sein' heißt. Gefleckte Büffel besitzen Thomas und Theo auch."
„Wo denn?"

Hapedah zuckte hilflos die Achseln. „Ich verstehe dich nicht. Hier weiden doch unsere Büffel.“
„Unsere? Deine ... oder eure ... Ich weiß auch nicht, wie ihr das untereinander haltet. Eigentlich gehören sie ja Tokei-ihto, wenn der noch einmal lebend über den Strom kommt. Und wenn nicht? Wer ist sein Erbe? Er hat großes Vertrauen zu euch gehabt, daß er euch einfach sein Gold in den Beutel gesteckt hat. Es geht mich ja auch nichts an. Aber schließlich muß ich wissen, wer uns den Lohn zahlt. Von der Luft können wir armen Schlucker nicht leben.“
„Ihr eßt doch mit uns. Ihr seid unsere Brüder.“
„Es kann doch nicht einfach jeder essen ...“
„Warum nicht?“ fragte Hapedah erstaunt.
„Ihr seid aber ulkig, ihr kleinen Indsmen. Weil nicht jedem das Vieh gehört.“
„Das Vieh gehört uns allen zusammen, den Söhnen der großen Bärin und unseren Brüdern Thomas, Theo und Adams und unserer Schwester Cate.“
„Du bist ein Kind, darum redest du wie ein Kind“, sagte Theo gerührt und ungläubig.
„Nein“, mischte sich Ihasapa ein. „Hapedah Bärenknabe hat gesprochen wie ein Dakota.“
„Wenn das mal gutgeht“, murmelte Thomas.
„Warum soll es nicht gutgehen?“ rief Hapedah stolz.
„Also – Ernst?“ fragte Theo stockend. „Wir sollen auf unsere alten Tage noch Rancher werden mit euch zusammen?“
„Ja, das sollt ihr“, erklärten Ihasapa, Tschaske und Hapedah wie aus einem Munde. „So würde es auch Tokei-ihtos Wille sein. Wir bitten euch, uns zu helfen. Selbst können wir mit diesen gefleckten Büffeln nichts anfangen. Wir müßten sie töten und aufessen, und dann stehen wir wieder mit leeren Händen da.“
Thomas und Theo brachten lange kein Wort mehr heraus. „Na, dann kommt mal“, sagte Thomas schließlich. „Dann will ich euch das Melken lehren. Das wird euch wohl schwererfallen als das Viehtreiben, ihr kleinen roten Tausendsassa.“
Einen einzigen Milchkübel hatten die Hirten dabei. Das Vieh wurde nicht um der Milch willen gezüchtet, sondern nur auf

Fleisch und Häute. Gemolken wurde nur für die Nahrung der Hirten selbst.
Interessiert schauten Hapedah und Tschaske zu, wie Thomas die Milch aus dem Euter einer schwanzschlagenden Kuh zog. Aber sie hielten sich die Nase zu, und als Thomas ihnen lachend zu trinken gab, spien sie das ungewohnte Getränk schnell wieder aus.
„Das mögt ihr nicht? Na hört mal! Wo bleibt denn eure indianische Selbstbeherrschung?!"
Tschaske und Hapedah rissen sich zusammen und schluckten krampfhaft. Sie fanden, daß Milch abscheulich roch und ebenso scheußlich schmeckte. Aber sie würgten sie hinunter. Heimlich schlichen sie sich dann beiseite und erbrachen sich. Das neue Leben war nicht einfach! Aber sie wollten tapfer bleiben.
Als die Jungen sich in ihre Decken wickelten, um zu schlafen, bis die Zeit ihrer Nachtwache kam, sprach Theo sie noch einmal an. „Ich kann damit nicht fertigwerden", sagte er. „Soll auch Adams ganz gewiß mit euch Rancher sein?"
„Ja."
Theo fuhr sich über die Augen. „Der Adams! Da habt ihr den besten Mann, den ihr finden konntet, ihr Bärensöhne! Er wird nicht als Bettler zu euch kommen. Nach dem Heimstättengesetz kann er Land auch für sich erhalten."
Die Jungen sanken in Schlaf. Wenn nur Tokei-ihto am Leben blieb, damit sie ihm eines Tages alles berichten konnten!
Die Nacht verlief friedlich und ruhig. Am sonnigen Morgen wurde das Vieh langsam zu den Waldbergen weitergetrieben. Hapedah und Tschaske hielten sich dabei immer eng zu Thomas und Theo. Sie wurden nicht müde, sich erzählen zu lassen, wie ihr Häuptling Tokei-ihto, als er selbst noch ein Knabe und so alt wie Hapedah und Tschaske gewesen war, Thomas beschlichen und überlistet hatte. Sie erfuhren, daß Thomas und Theo damals als Fallensteller in den Jagdgründen der Siksikau gearbeitet hatten. Ja, Thomas und Theo hatten in den Prärien der Schwarzfüße gelebt und hatten nicht nur Tokei-ihto, sondern auch Donner vom Berge als Knaben gekannt; im Zelte

Mattotaupas, des Vaters Tokei-ihtos, hatten sie Büffellende gegessen, so zart und köstlich, wie es sie jetzt nur noch in den Ewigen Jagdgründen geben konnte. Bei des Adams Vater, dem alten Adam Adamson, hatten die Zwillinge später als Rinderhirten gedient, und Tokei-ihto, der damals als ein junger Bursche noch Harka Steinhart Nachtauge Büffelpfeilversender Bärentöter hieß, hatte ihnen einmal bei der Wolfsjagd beigestanden. „Ein großartiger Bursche ist euer Häuptling damals schon gewesen . . .! Ein Pfeilschütze . . .!" Thomas gab seiner Hochachtung mit einem Pfiff Ausdruck. „Mattotaupa aber war ein edler Mann, wie man unter Tausenden kaum einen findet. Es hat lange gewährt und vieler schändlicher Listen bedurft, bis Red Fox ihn ganz zermürben und endlich ermorden konnte . . . 's ist wahr, Theo und ich haben dann am Niobrara gegen euch Dakota gekämpft. Aber als Red Fox euren Häuptling verriet, wollten wir nicht mehr mitmachen!" Thomas und Theo versuchten die bösen Erinnerungen abzuschütteln. „Kommt, Bärenknaben, wir beide werden noch einmal jung mit euch! Es ist alles kaum dreizehn Jahre her, und Tokei-ihto ist ja auch erst fünfundzwanzig . . . Und doch ist heute alles schon wie ein Traum . . . Es war ein bunter Traum, böse und gut . . . Und wenn wir zusammen Rancher werden, ihr Indian Cowboys, können wir euch Sommer und Winter des Abends erzählen . . ."
Die Augen der Bärenknaben leuchteten. Hier mit Thomas und Theo zusammen fühlten sie sich gar nicht mehr fremd und vertrieben.
Zu Füßen der Waldberge, auf den freien Wiesen am Waldrand, ließen sich die neuen Viehzüchter mit ihrer Herde nieder. Es war hier alles noch herrenloses Land. Sie konnten lagern und mit ihrem Vieh umherziehen, wie es ihnen beliebte. Den ersten Standort wählten sie an einem kleinen Bach, der von Hügeln herab aus dem Walde kam und sich durch die Wiesen schlängelte. Hier war gut sein. Das Vieh hatte Wasser und kräftiges Gras, die Menschen Wiese und Wald für warme und kalte Tage; Holz gab es genug. Das Wasser wimmelte von Fischen und der Wald von Wild. Nur wilde Büffel waren nirgends zu erspähen.

Von Tag zu Tag, ja von Stunde zu Stunde warteten die Bärenknaben und Ihasapa jetzt auf die Ihren. Immer saß einer von ihnen auf dem höchsten Baumwipfel und hielt Ausschau nach dem fernen Missouri. Endlich war es soweit. Der Jubelruf Tschaskes schallte hell und siegesgewiß durch die friedliche Stille. Als der Junge vom Baume heruntergeklettert war, fand er unten schon seinen Bruder Hapedah und Ihasapa mit den Pferden; alle drei schwangen sich auf und jagten wie der Wind über die Prärie, dem Wanderzug entgegen. „Hi-je-he! Hi-je-he!"

Noch hatten sie die Wandernden nur wie eine lange, dunkle Schlange in den Prärien erkannt. Noch konnten sie die einzelnen nicht unterscheiden. Aber sie galoppierten einem Hügelkamme zu, oben rissen sie die Pferde hoch und jauchzten. Dann ließen sie ihre Tiere einen Augenblick stillstehen und spähten.

Sie sahen Krieger, die vor dem Zug auf ihren Mustangs umherschwärmten. Tschetansapa führte die Schar. Er ritt den Beuteschimmel. Chef de Loup war dabei mit seinem Schecken und Tschapa auf seinem Braunen. Hinter der kleinen Kriegerschar schritt Hawandschita zu Fuß an der Spitze des Zuges. Er trug nach alter Sitte den Speer in der Hand. Sein Rücken war steif und sein Nacken starr, aber seine dürren Beine gingen noch wie von selbst in dem wiegenden Gang, in dem sie seit fast einem Jahrhundert durch die Wälder und über die Prärien gewandert waren. Nach ihm folgte Pferd um Pferd mit den Frauen und Kindern und mit den Lasten. Am Ende des Zuges jagten die Freunde Hapedahs und Tschaskes, die Jungen Hunde, alle jene Dragonergäule, die nicht als Reit- oder Lasttiere in Anspruch genommen waren.

Was gab es Herrlicheres als die Gewißheit, daß die Söhne der großen Bärin ihren langen, verlustreichen Zug glücklich beendet hatten und in den freien Prärien zu freiem Tun angelangt waren?

Die Bärenknaben hatten wohl bemerkt, daß sich Tokei-ihto, Untschida und der Schwarzfuß Donner vom Berge nicht bei dem Zuge befanden. Vielleicht waren die beiden Häuptlinge als Nachhut zurückgeblieben. Ob Untschida noch lebte?

Die Bärenknaben und Ihasapa ritten zu den Ihren. Sie lenkten

auf Tschetansapa zu, der haltgemacht hatte. Der ganze Zug kam zum Stehen. Ihasapa berichtete.
Tschetansapa tat einen hörbaren Atemzug. „Ihr habt schnell gehandelt. Unsere Männer werden sagen, daß die gefleckten Büffel stinken."
„Das tun sie auch, und von ihrer Milch muß man sich erbrechen", bestätigte Tschaske. „Aber sollen wir uns darum vor diesen Büffeln fürchten?"
„Unsere Krieger werden diese stinkenden Tiere nicht fürchten, aber sie werden sie verachten. Sie wollen nicht Kühe melken und schlachten, sondern Büffel jagen."
Tschetansapa ritt zu Hawandschita und sagte ihm einige Worte, die die Knaben und Schwarzfels nicht verstehen konnten, denn Tschetansapa sprach sehr leise. Aber die Art, in der Hawandschita den Kopf hob und starr nach den Knaben schaute, verhieß nichts Gutes. Die Jungen und Ihasapa erschraken. Hatte Tokei-ihto mit Hawandschita noch nicht über seinen Plan gesprochen? Und wo war Tokei-ihto selbst? Tschetansapa hatte nichts von ihm erwähnt.
Der Zug setzte sich wieder in Bewegung.
„Wo ist unser Häuptling?" fragte Hapedah den Biber mit klopfendem Herzen.
Der Krieger wies zum Missouri zurück. „Dort –! Er ist zurückgeblieben, um mit Red Fox zu kämpfen. Dafür durften unsere Zelte ungehindert abziehen."
„Und ..." Hapedah brachte kein weiteres Wort heraus. Die Kehle war ihm zugeschnürt.
„Und Donner vom Berge, der Schwarzfuß, ist drübengeblieben, um den Kampf zu beobachten und uns Nachricht zu bringen, ob ..." Auch der Biber selbst stockte. „Wir müssen nun warten", schloß er dann. „Wir ziehen bis zu den Waldbergen, und dort warten wir."
„Ja."
Die Knaben stießen keine Jubelrufe mehr aus. Tokei-ihto war nicht mitgekommen! Um so tapferer mußten sie jetzt für seinen Willen eintreten. Sie bissen die Zähne zusammen.
Der Zug gelangte zu dem Bach in die Nähe der Rinderherde,

die sich am linken Ufer befand. Die ausgehungerten Hunde, Ohitika voran, wollten sich auf die Rinder stürzen, um sie zu zerfleischen. Die Stiere trabten herbei und senkten die Hörner. Als Hirten hatten Adams, Thomas und Theo, die Bärenknaben und Ihasapa genug zu tun, mit ihren langen Peitschen die Hunde zu verscheuchen und die aufgestörten Rinder wieder zur Ruhe zu bringen.
Indessen hatte Hawandschita Halt befohlen. Er schaute, auf den Speer gestützt, lange nach den aufgeregten gefleckten Büffeln. Dann wendete er den Fuß und leitete den Wanderzug über den Bach hinüber auf das andere Ufer. Tschetansapa ritt im Schritt nebenher. Die Bärenknaben und Ihasapa blieben noch bei der Herde und ihren weißen Freunden. Die beiden Jungen spürten, wie sich eine große Entscheidung vorbereitete.
Der Wanderzug hielt, durch den Bach von der Viehherde getrennt. Hawandschita ging umher und bestimmte die Plätze der Zelte. Tschetansapa auf seinem Schimmel sah zu. Er beteiligte sich nicht an Hawandschitas Anordnungen, wie das sonst üblich gewesen war. Neben Tschetansapa hielten Chef de Loup und Tschapa zu Pferde. Die meisten Frauen luden ab. Uinonah aber ließ ihr Travois noch unberührt. Ihrem Beispiel folgten Mongschongschah, Blitzwolke, Sitopanaki und Spottdrossel.
Tschetansapa winkte dem Späher Schwarzfels und brachte ihn zu dem alten Zauberer. Die Knaben konnten die Szene mit ansehen, aber sie verstanden auch jetzt nicht alles, was gesprochen wurde. Nur daß ein Zwist im Gange war, das entnahmen sie den Gesten. Tschetansapa ließ Schwarzfels offenbar noch einmal berichten. Dieser erklärte, daß die Bärenbande bei der Rinderherde lagern sollte, da es auch hier keine Büffel mehr gebe. Hawandschita aber befahl wiederum, sich von den gefleckten Büffeln fernzuhalten. Die Männer gehorchten Hawandschita, und ihre Zelte wurden am jenseitigen Ufer aufgeschlagen. Auch Tschetansapa ließ seine Frau Mongschongschah getrennt von der Rinderherde abladen und aufbauen. Nur Tschapa und Chef de Loup trotzten. Ihr Tipi und das verwaiste Zelt Tokei-ihtos wurden bei der Herde errichtet. Dorthin brachten Uinonah, Sitopanaki, Spottdrossel und Blitzwolke ihre

Habe. Zu den Zelten gehörten die Pferde. Auch sie wurden in zwei Gruppen geteilt.
Die Bärenknaben hockten in stillem Einverständnis zusammen am Bachufer bei der Herde, ohne vorläufig irgendein Zelt aufzusuchen. Sie wollten sich weder ihrem Vater ungehorsam zeigen, noch konnten sie Tokei-ihtos Willen verraten. Ihasapa brachte ihnen das Bärenjunge, das schon kräftig gewachsen war und sich wild gebärden konnte, wenn es Hunger hatte oder Lust verspürte, eigene Wege zu gehen. Adams betrachtete die kleine Gruppe. „Euer Bär kommt in die Flegeljahre." Er lächelte, aber es war ein Lächeln über einem tiefen Ernst. Auch Adams wußte nur zu gut, daß neuer Streit und neue Gefahr lauerten.
Das Vieh hatte sich unterdessen ganz beruhigt. Es weidete oder legte sich wiederkäuend ins Gras. Die Hunde erhielten Abfälle von zwei Antilopen, die der Delaware erlegt hatte.
Leise murmelte der Bach, der zu einer Scheidelinie geworden war. Vor dem Zauberzelt fanden sich Hawandschita, Tschetansapa, Tschapa und Chef de Loup zusammen, und es fanden sich noch zwei angesehene Männer bei ihnen ein. Der Zaubermann forderte die Krieger auf, in sein Tipi einzutreten. Die Bärenknaben beobachteten diese Vorgänge. Stumm warteten sie miteinander, was die Beratung im Zelt der Geheimnisse erbringen werde.

In dem Zelt, das die Männer zu der Beratung mit Hawandschita betreten hatten, war es dämmrig, fast dunkel. Der greise Hawandschita schickte die Frau, die das Feuer bis zu milder Glut angefacht hatte, hinaus, um mit den Männern allein die Geheimnisse zu besprechen. Tokei-ihto und Untschida, seine alten und mächtigen Gegner, brauchte er jetzt nicht zu fürchten; sie waren jenseits des Stromes geblieben.
„Nun, so sagt, was ihr denkt", begann der Zauberer, als sich alle im Kreise um die Feuerstelle niedergelassen hatten.
Der eine der Ratsmänner räusperte sich. „Keine Büffel!"
Der zweite nickte. „Belogen hat uns Tokei-ihto!"
Der erste fuhr fort: „Wir werden zu den Watschinschun gehen und wieder um Land und Essen bitten müssen wie zuvor. Diese

gefleckten Büffel, die jenseits des Baches weiden, stinken, und wenn wir sie dennoch essen wollen, sind bald alle getötet und verzehrt. Was dann? Von Antilopen und Hirschen allein können wir nicht leben."

Der erste erhob die Stimme laut: „Das also ist das Ende unseres langen Weges und unserer großen Taten!"

Als Tschetansapa alle diese Worte gehört hatte, brach der Zorn aus ihm heraus. „Rufe deine Geister, Hawandschita, und hole wilde Büffel herbei, wenn du etwas vermagst! Lasse uns träumen, wo die Büffel ihres Weges ziehen – lasse uns träumen, wohin wir reiten sollen, wo das Brüllen der Büffel erschallt, wo ihre Hufe stampfen, wo wir unsere Pfeile abschnellen können! Trommle und sprich mit deinen Geistern, damit wir erfahren, wo wir jagen und leben werden, wie unsere Väter und die Väter unserer Väter taten!"

Hawandschita hatte sich verändert, während er auf Tschetansapas heftige Worte lauschte. Hoffnung hatte ihn gepackt und Angst. Da kam es wieder auf ihn zu, das fordernde Rufen der Männer, daß er zaubern müsse, und er spürte doch mit Schrekken, wie ihm mehr als je die Kraft dazu fehlte. Aber er wollte seine Schwäche noch immer verbergen. Hawandschita mußte er sein, der Mann der Geister und Geheimnisse, nicht irgendeine Lumpenhaut, die noch um Knochen hing.

„Ich werde trommeln, ihr tanzt den Büffeltanz", sprach er zu den Kriegern. „Die wilden Büffel werden kommen, wenn nicht der falsche und üble Gestank dieser gefleckten Büffel sie fernhält. Geht und tanzt. Ich habe gesprochen."

Die Krieger erhoben sich und verließen das Zelt.

Hapedah und Tschaske, die noch am Bach saßen, sahen, wie die Krieger aus dem Zauberzelt kamen. Sie beobachteten, wie alle Männer verständigt wurden und wie sie sich auf dem Platz vor dem Tipi Hawandschitas versammelten. Nur der Delaware hielt sich fern; er ging zu Adams.

Der Geheimnismann rührte die Trommel. Die Männer traten zum Kulttanze an, und das gemeinsame Gebetlied erscholl in denselben gleichmäßigen Rhythmen wie einst am Plattefluß zu den Zeiten Mattotaupas, des Vaters Tokei-ihtos:

„Guter Geist, gib uns Büffel, Büffel, Büffel!
Büffel, Büffel, Büffel gib uns, guter Geist!"

Die Krieger stampften den Tanz im Kreise, sie ahmten das Brüllen der Büffel nach. Diejenigen, die Büffelhörner und Büffelfelle besaßen, trugen sie, als ob sie Büffel seien. In Abständen ließen sie als Jäger den wilden Büffeljagdruf erschallen. Dieser Ruf ging den Knaben durch Mark und Bein. Büffeljäger zu werden, das hatten sie selbst geträumt vom vierten Lebensjahr an. Der Tanz währte Stunde um Stunde. Die Männer lösten sich ab.

„Guter Geist, gib ..."

Plötzlich schrie einer der Männer auf. „Die Toten und die Büffel kommen wieder!"

Der Ruf wurde aufgenommen, viele wiederholten ihn. „Die Toten und die Büffel kommen wieder!"

Heftiger stampften und sangen die Männer. Auch in Hapedahs und Tschaskes Denken und Fühlen wirbelte und wogte es bei dem dumpfen Singen und Stampfen. Bei den Knaben stand auf einmal der Delaware.

„Die Toten und die Büffel kehren niemals zurück ... So sagte Tokei-ihto", sprach er zu Hapedah und Tschaske.

Die Bärenknaben rafften sich zusammen. Es ging schon dem Abend zu. Der Himmel dunkelte, und der erste Stern leuchtete auf. Tokei-ihto! Der Name war wieder lebendig geworden.

„Tokei-ihto muß kommen", sagte Tschaske mit heißen Wangen und noch zitternd unter dem Eindruck des Büffeltanzes. „Wir müssen unserem Häuptling ein Zeichen geben, das bis zum Mini-sose zu sehen ist. Tokei-ihto muß wissen, daß wir hier sind, er muß wissen, was geschieht."

„Hau!" Hapedah sprang auf, Tschaske mit ihm, und die beiden Jungen liefen über den Bach zu ihrem Vater hinüber. Tschetansapa war von dem Büffeltanz der letzten Stunden erschöpft; er hatte sich ablösen lassen und stand zusammen mit Tschapa bei seinem eigenen Zelt.

„Wir müssen Tokei-ihto ein Zeichen geben", sagten ihm seine Söhne Hapedah und Tschaske, als er ihnen die Erlaubnis gegeben hatte zu sprechen.

Tschetansapa antwortete nicht schnell mit Ja oder Nein. Seit den

Erlebnissen in den Black Hills galten die Bärenknaben selbst als eine Art von Geheimnis. Man durfte ihre Worte nicht einfach in den Wind schlagen. Der Krieger schaute hinüber über das Ufer, wo sich das Bärenjunge tummelte. Sitopanaki und Uinonah brachten ihm eben zu fressen.

„Gut", entschied Tschetansapa. „Alle, die nicht im Büffelliede tanzen, mögen sich zusammenfinden und ein großes Feuer anzünden, das bis jenseits des Mini-sose zu sehen ist. Unser Häuptling befindet sich im Ring der Feinde. Er soll erfahren, daß wir über die Grenze gezogen sind und daß er seinen Feinden entfliehen und zu uns eilen soll, wenn ..." Tschetansapa brach ab. Er wollte nicht von der Möglichkeit sprechen, daß Tokei-ihto von den Feinden getötet worden sei. „Holt also Holz!" befahl er.

Hapedah und Tschaske liefen und riefen alle Knaben vom Bunde der Jungen Hunde zusammen, und sie riefen auch Blitzwolke, deren Freundin Eidechse und die anderen Mädchen. Alle sollten Holz herbeischleppen und zerkleinern. Die jungen Burschen vom Bunde der Roten Feder, dem Ihasapa vorstand, hielten es nicht für unter ihrer Würde zu helfen. „Für Tokei-ihto ein Zeichen!" Das war die Losung, die sie vereinte.

Unbeachtet wurde von den Holzsammlern das Bachufer überschritten, übersprungen; keiner dachte mehr daran, sich vom anderen fernzuhalten. Im Wald krachten die Beilhiebe, um alte und verdorrte Stämme zu zerkleinern, dürre Äste wurden herbeigeschleppt. Adams, Thomas und Theo beteiligten sich auch an der Arbeit, als sie gehört hatten, worum es sich handelte. Adams mit seiner großen Zimmermannsaxt schaffte am meisten. Einen Haufen Scheite schichtete er auf. Als genug Holz beisammen war, entzündete Tschetansapa den Scheiterhaufen, und die Flammern loderten schon bald, angefacht vom leisen Nachtwind. Es wurde ein mächtiges Feuer, ein Freudenfeuer der Geretteten, ein Ruf für den Häuptling. Die Flammen leckten gelb und rot in die nächtliche Dunkelheit hinein, der Wind blies, das Vieh rührte sich. Im Bache spiegelte sich die flakkernde Helligkeit.

Mehr und mehr der Büffeltänzer ließen sich ablösen, um zu

dem Feuer zu kommen. Als nur noch die beiden Ratsmänner, die im Zelte Hawandschitas gegen Tokei-ihto gesprochen hatten, geblieben waren, brach Hawandschita den Kulttanz ab. Er entließ die beiden Männer und zog sich in sein Zauberzelt zurück. „Ich hole stärkeren Zauber", sagte er dabei leise und drohend. „Die stinkenden gefleckten Büffel müssen weg; sie verwirren den Sinn unserer Männer und unsere Geister. Wir müssen sie vertreiben, dann kommen die Büffel wieder, hau."

Hawandschita schlüpfte in sein Tipi. Allein stand er nun in seinem dunklen Zauberzelt. Nur wenige Funken glühten noch in der Feuerstelle. Ihm war zumute, als ob er selbst das Feuer sei, das mit einem letzten Schein verglimme. Die Männer hatten ihn verlassen. Vom Büffeltanz waren sie weggelaufen. Das war noch nie geschehen. Eine Welt ging unter. – Hawandschita war sich in diesem Augenblick des Alleinseins bewußt, daß auch er Schuld an dem harten Geschick des Häuptlingsgeschlechtes und der Bärenbande trug. Einst hatte ihm Tokei-ihto am Pfahl unter Martern ins Gesicht gesagt: „Du bist es, der die Watschinschun zuerst von unserem Golde wissen ließ." Ja, er war es gewesen, er hatte die Watschinschun mit solchem Verrat bezaubert, eine große Büffelherde zu den hungernden Söhnen der großen Bärin zu jagen. Er hatte damit die Ränke der Weißen auf Mattotaupa, den Hüter des Goldgeheimnisses, gelenkt. Die Büffel waren gekommen, und Hawandschitas Macht und Ansehen hatte sich von neuem gefestigt. Mattotaupa aber war überlistet, verraten, von Hawandschita verbannt worden und schließlich dem Messer des Red Fox elend zum Opfer gefallen. Hawandschita, der Alte, dachte daran und wollte zusammensinken wie der letzte Funke in der Feuerstelle, aber sein grausam gehärteter und endlich grausam gewordener Wille richtete sich noch einmal auf, gegen alle und auch gegen sich selbst. Er sollte zaubern, er mußte zaubern, er wollte zaubern; vernichten würde er sie alle, die an ihm zweifelten, und auch die, die ihn herausgefordert hatten. Noch einmal sollten ihm die Feinde, die Watschinschun, zu Diensten sein. Er sprach vernehmlich zu sich selbst und zu den Geistern, an die er glaubte:

„Kommt – Geister,
ich kenne euch.
Ihr habt mich verlassen –
aber ich zwinge euch zurückzukehren.
In die Hände und Hirne jener Männer seid ihr gekrochen,
die viele Geheimnisse kennen und lange Messer haben.
Kommt wieder hervor, ich kann euch zwingen.
Ein großer Watschinschun hat euch in meine Macht
zurückgegeben.
Ja, ich tue es,
und sie alle,
die mir widerstehen,
werden sterben müssen."

Hawandschita holte seine Trommel wieder heran, und mit seinen abgemagerten Händen schlug er einen unheimlichen Rhythmus. Die Trommelschläge drangen aus dem Zelt hinaus zu den Männern, Frauen und Kindern. Keiner hörte darauf, solange das Feuer hell für Tokei-ihto flammte. Aber als die Flammen sanken und die Schatten sich auch über den glühenden Aschenhaufen legten, da begann einer nach dem anderen zu lauschen. Die Schultern duckten sich, und die Knaben und Mädchen hielten ängstlich die Hand vor den Mund. Scheue Blicke flogen dabei zu den gefleckten Büffeln. Einer nach dem anderen ging wieder über den plätschernden Bach hinüber, vom Vieh weg zu den Zelten.
Tschetansapa aber begab sich jetzt auf die Seite der Viehherde und gesellte sich zu seinen Söhnen, zu Adams, zu Theo und Thomas, zu Tschapa und den Frauen, die für ein neues Leben einstehen wollten.
„Hawandschita brütet Unheil", sagte er gepreßt. „Er kann den Büffeltraum nicht mehr träumen."
Als letzter kam der Delaware über den Bach herüber. Er ging langsam, als ob er Gewichte an den Füßen trage. Die Bärenknaben glaubten, daß es dem Manne, der seit seinem vierzehnten Jahr als Kundschafter ein unstetes Leben führte, nun doch schwerfallen mochte, als Rancher ansässig zu werden. Aber es

zeigte sich, daß sein gedrücktes Wesen einen anderen Grund hatte, den die Bärenknaben nicht ahnen konnten. Chef de Loup blieb nahe dem Ufer, noch etwas entfernt von seinen Freunden, stehen. In diesem Augenblick öffnete sich drüben das Zauberzelt, und Hawandschita stürmte hervor. Obwohl die Männer und Knaben den Zauberer bei seinen Geistertänzen kannten, glaubten sie, ihn heute wieder wie das erstemal zu sehen, so wild und drohend tanzte seine mit vielen Zauberzeichen verhangene Gestalt durch die Finsternis heran. Von dem Menschen selbst war nichts mehr zu erkennen als die Schatten der Füße. Ein Bärenfell mit Bärenschädel hing über Kopf und Schultern. Schlangenhäute, Federn, Vogelbälge waren daran befestigt und wirbelten und klapperten in dem Tanz, der mit heftigen Bewegungen und dumpfen, unverständlichen Tönen das Menschliche überhaupt vergessen ließ und eine unheimliche Angst vor Unbekanntem, Tierischem und Geisterhaftem hervorrief. Im Kreis tanzte der Zauberer und rief Unheil. Unheil hatten ihm die Geister im Zelt verkündet. Unheil drohte den Bärensöhnen. Tiefes Schweigen war rings um ihn. In der Asche des Scheiterhaufens verglommen die letzten Funken, und die Finsternis war vollständig. Das Vieh erhob sich unruhig, aufgeschreckt durch die Kehltöne des Zauberers, die hin und wieder von einem grellen Schrei unterbrochen wurden. Immer näher kam der Geistertänzer dem Bache. Chef de Loup war wie angewurzelt stehengeblieben. Er stand noch immer bei dem Bache, allein, einige Meter entfernt von der Gruppe Tschetansapas, bei der sich der Biber und die Bärenknaben mit Ihasapa befanden. Es schien, als ob der Zauberer es auf den Delawaren abgesehen habe. Immer wieder zeigte die lange Zauberstange, die der Tänzer in der Hand hielt, auf Chef de Loup, bis der Tanzende schließlich unmittelbar am Wasser haltmachte und, nur noch durch den Bach von dem Krieger getrennt, ihn heulend mit seinem Namen anrief.

Chef de Loup rührte sich nicht. Auch der Zauberer mit der ausgestreckten, drohenden Stange blieb regungslos.

Nur der Wind schaukelte die Schlangenhäute, die Federbündel und die Tierbälge.

Wie unter einem Bann tat der Delaware drei Schritte und befand sich nun mit den Füßen am Uferrand. Das Wasser spülte an seine Mokassins. Am anderen Ufer stand der Zaubertänzer. Die Bärenknaben starrten auf die Szene.
Der Zauberer stieß einen grellen Schrei aus und riß die Bärenhaut herab, so daß man sein ausgemergeltes Gesicht und die in der Nacht glänzenden, schlohweißen Haare sehen konnte. Er hielt die gespreizten Hände in die Höhe, als ob er eine große Gefahr abwehren wolle.
„Tokei-ihto wird sterben!" schrie er. „In dieser Stunde!"
Ein leiser vielstimmiger Wehelaut ging durch die Nacht.
„Sterben um deinetwillen, Delaware!"
Die Bärenknaben spürten, wie ihnen das Herz stockte und die Brust sich ihnen zusammenzog. Chef de Loup blieb regungslos wie ein Verurteilter.
„Sprich, Delaware!" heulte der Zauberer. „Wer hat die Kugeln aus Tokei-ihtos Büchse verschossen? Wer hat ihn gezwungen, sich mit Pfeilen vor die Flinte des Red Fox zu stellen?!"
Es folgte ein Augenblick vollständiger, unheilvoller Stille. Dann senkten sich die Schultern des Delawaren, und langsam legte er alle seine Waffen ab; er legte sie alle ins Gras, Messer, Beil, Revolver und Flinte.
Die Bärenknaben schauten flehend zu ihrem Vater Tschetansapa auf, sie baten mit dem Blick um ein Wort.
„Er hat es getan", flüsterte der Biber an Tschetansapas Stelle. „Er war immer ein guter, aber auch ein vorschneller Schütze. Als Red Fox im Gewitter unsere Weiber und Kinder angriff, und wir besaßen keine anderen Kugeln mehr, da hat Chef de Loup die Büchse des Häuptlings genommen und geschossen. Es ist wahr, daß Tokei-ihto darum mit Pfeilen gegen die Flinte des Red Fox kämpfen muß. Wehe uns, wenn Tokei-ihto . . ." Der Biber brach ab.
Die Jungen schauten zu Boden. Sie vermochten nicht mehr nach Chef de Loup zu blicken. Der Delaware hatte eine schlimme Tat getan. Nie hätte er die Büchse des Häuptlings anrühren dürfen, nie sich hinreißen lassen dürfen zu schnellem Handeln, nie die Selbstbeherrschung verlieren. Das war das

Ärgste, was einem Krieger vorgeworfen werden konnte.
Chef de Loup ging. Er ging allein. Niemand sprach ein Wort zu ihm, und keiner sprach mehr ein Wort über ihn. Langsam schritt der Delaware in den Wald hinein.
Der Zauberer am Bache senkte die Stange. Er nahm die Bärenhaut wieder über Kopf und Schultern und verbarg damit sein Gesicht. Dann begann er von neuem zu tanzen. Anders tanzte er jetzt. Nicht mehr aufgerichtet und drohend, nein, schleichend, mit der Stange am Boden suchend. Die Schlangenhäute, die Federbündel und die ausgestopften Bälge schleiften durch das Gras. Er tanzte erst im Kreise, dann tanzte er weiter. Er verließ das Lager am Waldrand und rannte in die Wiesen hinein, und die Männer, Frauen und Kinder folgten ihm, gespannt und zugleich scheu, erregt, ängstlich, in weitem Abstand.
Tokei-ihto mußte sterben, die Geister hatten gesprochen! Wie schwarz war die Nacht. Der Zauberer heulte und fauchte. Er rannte kreuz und quer und wirkte selbst wie ein huschender Nachtgeist. Seine Stange fuhr durch die Luft, und die Zauberzeichen klapperten wieder. Mit der Zauberstange gebot er den nachfolgenden Männern, Frauen und Kindern Halt. Alle Füße stockten. Jeder blieb stehen, wo er sich gerade befand. Keiner wußte, was der Zaubermann vorhatte. Als dunkler Schatten tanzte er in seiner wirren Verkleidung über die nächtlichen Wiesen weiter, immer weiter. Als er endlich innehielt, sich bückte und dann wieder aufrichtete, fuhren die Männer, Frauen und Kinder erschreckt zurück vor dem, was sie in der Entfernung sahen: ein Büffelschädel glühte in der Wiese auf, als ob er brannte. Mit einem grünlichen, unbekannten, gefahrdrohenden Licht glühte er in der Finsternis. Schreiend rannten die kleineren Kinder davon, zu den Zelten zurück. Der schwarze Schatten des Zauberers begann um den glühenden Schädel zu tanzen, der dadurch bald verborgen, bald sichtbar wurde.
Hapedah und Tschaske hatten sich an der Hand gefaßt, wie damals in der Bärenhöhle. Der kalte Schweiß brach ihnen auch jetzt aus. Als Hapedah eine zufällige Bewegung mit der anderen Hand machte, faßte er einen dünnen Arm: Blitzwolke stand neben ihm, zitternd, schlotternd, mit klappernden Zähnen.

„Der Schädel wird kommen", preßte sie hervor.
Einer der Jungmänner in vorderster Reihe hatte einen Angstschrei ausgestoßen und rannte wie verfolgtes Wild zum Walde zurück.
„Büffel sollen wir jagen, wilde Büffel!" schrie der Zauberer und warf seine Zauberstange wie einen Speer gegen Tschapa. Die Stange bohrte sich mit der Spitze in den Wiesenboden, unmittelbar zu Füßen des Kriegers, der sich nicht von der Stelle bewegt hatte. „Tötet die gefleckten Stinktiere, Männer der Dakota! Wer die weiße Zaubermilch der Watschinschun trinkt und ihre gefleckten Tiere hütet, der wird sterben! Der Geist des wilden Büffels wird kommen und wird ihn töten! Wehe!"
Viele folgten dem Jungmann, der geflohen war. Sie liefen gleich ihm ein großes Stück zurück, um sich vor dem wilden Büffel in Sicherheit zu bringen. Tschetansapa und Tschapa aber hielten am Platze aus.
Hapedah war die Kehle wie zugeschnürt. Mit der einen Hand umklammerte er die Rechte Tschaskes, mit der anderen drückte er Blitzwolkes mageren Arm zusammen. Er wußte nur das eine: Er mußte standhalten, und die gefleckten Büffel durften nicht getötet werden. Er, der Knabe, mußte dem mächtigen Zauberer und Ältesten widerstehen. Er mußte handeln, wie Tokei-ihto an seiner Stelle gehandelt hätte. Vor drei Wintern, als Tokei-ihto zu seinem Stamme zurückkehrte, war Tatanka-yotanka als der größere Geheimnismann gegen Hawandschita aufgetreten. Jetzt war Tatanka-yotanka ebenso fern wie Tokei-ihto, und niemand vermochte den Bärenknaben in dieser Stunde zu helfen. Hapedah und Tschaske mußten selbst den Mut bewahren. Auch Uinonah fürchtete sich nicht. Sie hatte Blitzwolke an der anderen Hand gefaßt und blieb.
Über dem glühenden Schädel stiegen grüne und rote Feuer auf, zischend stiegen sie zum Nachthimmel, und ein Glut- und Funkenschwarm kam wieder herab, als ob Menschen und Wiesen vom Feuer des wilden Büffels gefressen werden sollten.
Hapedah vernahm hinter sich Angst- und Warnschreie, laute Schreie: „Tötet die gefleckten Büffel, damit das Unheil sich verzieht!" Er begriff, daß etwas geschehen mußte, was den Zauber

brach, sonst war alles verloren. Vielleicht hätte er versagt, wenn nicht Uinonah bei ihm gewesen wäre. Aber auf die Schwester Tokei-ihtos vertraute er. Auch das Bärenjunge gab ihm Mut. Sitopanaki hatte es herbeigeführt und dem Feuersprühen entgegen in die Höhe gehalten. Hapedah fühlte jetzt, wie das Tier sich an seine Knie schmiegte; es zeigte keine Angst, sondern brummte und fletschte die Zähne.
„Stirb, wie die Geister es wollen!" rief der Zauberer, und er riß seinen Zauberstab mit der Steinspitze aus dem Wiesenboden, wo er noch steckte, und hob ihn unter dem Feuerregen drohend gegen Uinonah. Der Zauberspeer schien zu flammen.
„Es ist nicht wahr!" schrie Hapedah mit lauter Stimme auf. „Es ist nicht wahr! Du lügst mit deinen Geistern!"
Ein neuer Feuerregen kam herab, Hapedah schloß die Augen, aber er wich nicht. Als er langsam die Lider hob und wieder um sich schaute, war nichts mehr zu sehen als schwarze Nacht, der Sternenhimmel und weite Wiesen. Der grün leuchtende Schädel, der feurige Regen und der tanzende Zauberer waren verschwunden.
Vorsichtig, noch benommen, drehte Hapedah den Kopf zu Tschaske, der unverändert neben ihm stand, und zu Blitzwolke, Uinonah und Sitopanaki auf der anderen Seite. Gleich Hapedah waren diese alle noch am Leben. Allmählich öffnete Hapedah die Hand, mit der er Blitzwolkes Arm umklammert hatte, und das Mädchen rührte sich auch ein wenig. Ein Krieger kam herbei; Hapedah erkannte seinen Vater. Tschetansapa legte die Hand auf Hapedahs Kopf, nur einen Augenblick, wie damals, als die Knaben mit dem Boot über den Strom fahren sollten. Dann ging er weiter. Im Grase lag ein menschlicher Körper; es war der gestürzte Zauberer. Tschetansapa rührte ihn nicht an, sondern schien etwas anderes zu suchen.
Die Gruppe der Mädchen und Knaben löste sich aus ihrer Starre, und sie schauten hierhin und dahin. Sie erblickten die geflüchteten Männer und Frauen und Kinder, die jetzt langsam zu dem Schauplatz des unheimlichen Zaubertanzes zurückkehrten und leise miteinander sprachen.
„Sie leben noch", war das Wort, das sich am meisten hören ließ.

Hapedah, der den Zauberer der Lüge beschuldigt hatte, Uinonah, die von dem flammenden Zauberspeer und dem Feuerregen bedroht gewesen war, Sitopanaki, die dem Zauberbüffel das Kind der großen Bärin entgegengehalten hatte, sie lebten alle noch. Das machte den Männern und Frauen einen tiefen, unauslöschlichen Eindruck. Niemand rührte die gefleckten Büffel an.

„Der Büffelschädel liegt dort im Gras", sagte Tschetansapa, als er zu Uinonah und den Kindern zurückkam. „Er glimmt noch ein wenig grün." Tschetansapa hatte allerlei Gegenstände auf der Wiese aufgesammelt, ausgebranntes Zeug, das allen rätselhaft erschien. Damit ging er zu Adams, der am Waldrand saß, und zeigte ihm die Gegenstände. Die Knaben waren mitgekommen.

„Ist ein schönes Feuerwerk gewesen, was der Alte euch vorgemacht hat", sagte Adams. „Wo er nur die Feuerwerkskörper herhatte? Hat er euch schon öfters einen solchen ‚Feuerregen' gezeigt?"

„Nein."

Tschapa Kraushaar kam auch herbei und ließ sich von Adams alles noch einmal erklären. „Dann hat Chef de Loup . . ." Er zögerte weiterzusprechen.

„Sprich!" forderte Tschetansapa kurz und erregt.

„Chef de Loup hegte einen furchtbaren Verdacht gegen Hawandschita", berichtete Tschapa Kraushaar. „Er hat ihn einmal ausgesprochen, aber ich habe ihn damals abgewiesen, weil er mir zu unglaublich erschien. Chef de Loup fürchtete, daß Hawandschita ein doppeltes Spiel treibt. Er war unser Ältester und unser Friedenshäuptling, er war ein Feind der Watschinschun. Aber er war auch ein Geheimnismann, der uns erschrecken und über uns herrschen wollte. Chef de Loup hat im Zelte Tokei-ihtos am Pferdebach aus dem Munde des Red Fox gehört, daß dieser dem Hawandschita Feuerregen zu geben gedachte, um ihn für sich gegen Tokei-ihto zu gewinnen. Damals ist daraus nichts geworden. Aber ihr wißt alle, daß Hawandschita uns nicht half in jener Ratsversammlung auf der Reservation, als Schonka uns zwang, Tokei-ihto aus unseren Zelten zu verban-

nen. Hawandschita ist mit uns über den Mini-sose gezogen, denn die Herrschaft der Watschinschun ist seiner Macht gefährlich, dennoch will er unser neues Leben hier zerstören, denn auch damit ist seine Macht zu Ende. Ich glaube, daß er Chef de Loup fürchtet, so wie er auch immer Tokei-ihto im Grunde gefürchtet hat, weil diese bei den Watschinschun gewesen sind und nicht mehr alle Geheimnisse Hawandschitas glauben. Den Chef de Loup hat Hawandschita jetzt aus unserer Mitte vertrieben, er hat die Schuld dieses Kriegers sehr klug benutzt ... Vielleicht hat er auf der Reservation durch Schonka von Red Fox den Feuerregen erhalten ..."
Tschetansapa schwieg nach diesen Worten einige Zeit.
„Er hat uns zum letzten Male betrogen", urteilte er dann.
Auf der Wiese rührte es sich. Der gestürzte Zauberer hatte sich erhoben und ging langsam, schwankend umher. Das erstaunlichste dabei erschien den Knaben, daß der erschöpfte Zauberer auf der Seite des Baches lief, auf der sich die Herde befand. Sie erinnerten sich jetzt, daß er im tollen Tanz den Bach einmal überquert hatte, wahrscheinlich ohne sich dessen bewußt zu sein. Auch jetzt schien er nicht darauf zu achten. Er ging gebückt, unsicher wie ein Betrunkener, durch die ihm verhaßte Herde der gefleckten Büffel hindurch, und keiner wußte, was sein Ziel sein konnte. Er lief nicht in Richtung seines Zauberzeltes, in dem er sonst nach seinen Tänzen zu verschwinden pflegte. Die Gruppe bei Adams folgte ihm gespannt mit den Blicken. Am Ufer des Baches befand sich die Aschestätte, der Rest des Scheiterhaufens, dessen Feuer als Zeichen für Tokei-ihto geleuchtet hatte. Dort blieb Hawandschita stehen.
Tschetansapa ging auf ihn zu. In der tiefen Stille der Nacht war jedes Wort, das gesprochen wurde, verständlich. „Du hast uns belogen", sagte der Krieger rauh. „Red Fox gab dir den Feuerregen."
Die Knaben sahen, wie der Alte seine Vermummung abwarf und nun mit seiner dürren Gestalt als Schatten neben der Asche stand. Er sank immer mehr in sich zusammen.
Tschetansapa setzte die Signalpfeife an die Lippen und rief das Dorf zusammen. Alle eilten herbei, im großen Kreise standen

sie um die Asche. Auch die Knaben und Uinonah fanden sich dort ein.
„Ihr habt alle den Feuerregen gesehen", erklärte Tschetansapa laut. „Es ist ein Geheimnis der Watschinschun, solchen Regen zu machen. Adams kennt es auch. Hawandschita aber hat dieses Feuer von Red Fox auf der Reservation erhalten, er hat uns jetzt damit in die Irre locken wollen."
Hawandschita schwieg. Ihm graute vor sich selbst und vor einem schmählichen Ende seines langen Lebens. Auch die Männer, Frauen und Kinder schwiegen, sie schwiegen im Entsetzen über den Verrat eines Mannes, an den sie geglaubt hatten.
„Sucht Holz für mich", sagte der Alte.
Die Männer und Frauen gehorchten und errichteten einen neuen Scheiterhaufen. Ohne ein weiteres Wort erstieg Hawandschita ihn, verhüllte sein Gesicht mit einer Büffeldecke und erwartete so den Rauch und die Flammen, die rings um ihn aufzüngelten. Kein Klagegesang erschallte um ihn, und er selbst ließ keinen Klagegesang hören. Er hatte sich selbst gerichtet. Schweigend warteten alle, bis die Flammen wieder erloschen. Der alte Zauberer war Asche geworden.
Als es wieder Morgen wurde und die Sonne mit ihrem hellgoldenen Licht über Himmel und Erde leuchtete, ging jeder an seine Arbeit. Nur Tschetansapa war nirgends zu sehen.
„Er sucht Chef de Loup", sagte Thomas den Bärenknaben. „Er ist in den Wald hinaufgegangen."
Hapedah und Tschaske senkten die Köpfe. Die ganze Ungewißheit über Tokei-ihtos Schicksal brach wieder bedrückend in ihr Bewußtsein ein, und zugleich der Kummer über die Schuld des Delawaren.
Gegen Mittag kam Tschetansapa zurück. Er rief seine beiden Söhne zu sich. „Geht hinauf in den Wald, immer geradeaus", wies er sie an. „Ihr findet Schunktoketscha, den Delawaren, der unser Bruder ist. Er hat sich selbst schwere Wunden zugefügt, um zu sühnen. Ich habe ihm gesagt, daß Hawandschita uns betrog und daß dieser Mann des falschen Zaubers im Feuer gestorben ist. Ich habe den Delawaren überredet, daß er Speise und Trank zu sich nimmt, bis wir wissen werden, ob Tokei-ihto

Sieger oder tot ist. Geht hin und bringt ihm Wasser und unseren letzten Pemmikan. Wenn Tokei-ihto lebend zu uns zurückkehrt und ihm seine Schuld abnimmt, will Schunktoketscha leben, sonst aber ist er entschlossen zu sterben."

Die großen Feinde

In der Nacht, in der der Wanderzug den Missouri überschritten hatte, war Tokei-ihto am Südufer des Stromes zurückgeblieben. Er hatte sich zu jener Stunde als Standplatz eine nach allen Seiten sichtbare Stelle gewählt: über der Bucht, in der Frauen und Kinder so lange gelagert hatten, auf der Kuppe am Beginn des Hügelrückens, der sich südwestlich in die Prärie hinausschob. Wie die Feinde ihn, so konnte er die Feinde von hier aus in dem offenen Gelände in allen ihren Bewegungen beobachten. Die Kuppe hatte oben auf ihrem Scheitel eine flache Einsenkung, so als ob ein Riese ihr mit seinem Daumen den Schädel eingedrückt habe. Diese Einsenkung war lehmig, feucht und graslos. Der Häuptling kannte diese Mulde sehr genau. Er hatte sie noch vertiefen lassen. Ihre Ränder waren mit Blumen und kräftigen Gräsern bewachsen; am Westrand lag ein Baumstamm mit etwas Laubwerk, den die Männer der Bärenbande vom Stromufer geholt und hier als Deckung benutzt hatten.
Der Mond war kurz vor Mitternacht aufgegangen und stand als Dreiviertelscheibe am Himmel. Licht und Schatten schieden sich haarscharf. Der ganze Westhang des Hügelrückens und die gegen Norden gelegenen Uferhänge des Stromtales und der Bucht lagen in tiefem Dunkel. Der abziehende Wanderzug aber jenseits des großen Tales wurde von der milden Helligkeit des Mondes beleuchtet. Tokei-ihto hatte ihn in allen seinen Bewegungen verfolgen können, bis er seinen Blicken ganz entschwand.
Der Häuptling machte seine Pfeife los, stopfte sie und brachte sie zum Brennen. Nach seiner Berechnung hatte er vor dem

Kampf noch ausreichend Zeit zum Rauchen. Der sechste Tag, von dem er zu Fred Clarke gesprochen hatte, brach eben an, wenn man nach der Zeitrechnung der weißen Männer ging, die einen Tag in der Mitte der Nacht anfangen ließen. Fred Clarke hatte bei Tokei-ihtos Worten wahrscheinlich an den indianischen Tag der Prärie gedacht, der sich mit der Sonne erhob; aber das war sein Fehler gewesen. Er konnte sich nicht beklagen, wenn der Dakota in der Abrede mit einem Watschinschun auch wie ein Watschinschun rechnete. Tokei-ihto war von der ersten Stunde des Tage an allein bei der Anhöhe. Er hatte Wort gehalten.

Auch Fred Clarke und seine Gesellen schienen Wort zu halten, weil ihr Vorteil dabei groß war. Niemand machte Miene, den Wanderzug anzugreifen. Der Dakota beobachtete von seinem Platze aus nur, daß Kundschafter ins Tal hinunterhuschten. Einige davon schwammen über den Strom; in dem im Mondschein schillernden Wasser war für ein geübtes Auge die Bewegung zu erkennen. Diese Späher sollten wahrscheinlich den abziehenden Dakota folgen und feststellen, ob keiner umkehrte. Andere waren auf den Grasbuckeln im Haupttal unten zu sehen; es schien, daß sie den Häuptling absichtlich auf sich aufmerksam machten, ehe sie sich duckten. Er sollte wissen, daß ihm der Fluchtweg nach dieser Seite abgeschnitten sei.

Tokei-ihto „aß" den Rauch seiner Pfeife.

Die lange Reihe der Reiter südlich der Anhöhe kam im Schritt näher. In einer gewissen Entfernung vor der Anhöhe, deren höchste Erhebung Tokei-ihto innehatte, teilte sie sich. Die Flügel rechts und links lösten sich ab und bildeten östlich und westlich der langgestreckten Anhöhe zwei auseinandergezogene Reihen bis zum Hochufer des Stromtals.

Fred Clarke selbst ließ sich noch nirgends sehen. Vielleicht wollte er den Kampf erst mit Sonnenaufgang eröffnen, wenn das Tageslicht der Übermacht noch mehr Vorteil bot. Tokei-ihto war entschlossen, den Vorbereitungen seiner Feinde nicht so lange zuzusehen. Wenn Red Fox sich nicht vor Ablauf der Nacht stellte, so wollte er ihn durch einen gespielten Fluchtversuch aus seiner Zurückhaltung herausholen.

Aus der Linie im Süden ritten fünf Reiter gegen die Anhöhe vor. Sie ritten im Galopp, einer hinter dem anderen; ihre Schatten flogen mit ihnen, und die Hufe tönten dumpf auf dem Grasland. Der vorderste der Reiter war zwei Pferdelängen voraus. Auch Tokei-ihtos scharfes und nachtgewohntes Auge konnte noch kaum Einzelheiten erkennen. Aber er wußte doch, wer dieser Reiter war.
Der Dakota klopfte die Pfeife aus und befestigte sie an ihrer ledernen Schnur. Red Fox kam.
Mit seinen Begleitern schien er dem von Tokei-ihto weit entfernten südlichen Ende der Anhöhe zuzustreben. Als Red Fox und seine vier Mann den Fuß des Hügels erreichten, entschwanden sie dem Gesichtskreis des Häuptlings. Die Augen Tokei-ihtos aber ließen jenen Strich nicht los, an dem der Feind wieder auftauchen mußte, wenn er die Anhöhe erklomm. Wenn . . .
Es gab nichts, was Red Fox zwingen konnte, den gefährlichen Zweikampf aufzunehmen. Aber der Häuptling rechnete mit dem Haß, den er bei dem letzten Zusammentreffen in den Augen seines Feindes hatte schillern sehen, dem Haß des Verbrechers. Von den Gerichten der weißen Männer hatte Red Fox nichts zu befürchten. Er wollte jetzt den einzigen beseitigen, der seine Taten bestrafen konnte und entschlossen war, das zu tun: Tokei-ihto, Mattotaupas Sohn.
Red Fox gewann zu Pferd die Anhöhe. Die Krempe seines Hutes erschien zugleich mit den Pferdeohren über dem Rand des Hügelrückens; seine mächtige, breitschultrige Gestalt hob sich Zoll um Zoll in das Bild herein. Der Häuptling glaubte zu sehen, wie er mit der Rechten die Reitpeitsche hob und damit zuschlug. Das empfindliche Pferd sprang erschreckt vor und galoppierte über den Höhenrücken. Der Reiter hatte die Peitsche wieder hängen und den Zügel fahrenlassen, um die Büchse an die Wange zu nehmen. Er beugte sich zurück und hob den Lauf zum Himmel. Der Schuß krachte laut in die nächtliche Weite hinauf. Es war ein feindlicher Gruß.
Der Dakota hatte seine Büchse nicht bei sich. Seine Patronen waren ja verschossen worden in den Stunden, in denen er das

Boot mit den Bärenknaben über den Strom gebracht hatte.
Das war nun die erste Entscheidung in dem kommenden Kampfe, ob es Tokei-ihto gelang, den Feind in die Reichweite irgendeiner seiner Waffen zu bekommen, ehe ihn selbst die Kugel traf. Der Häuptling hatte seinen sagenumwobenen beinernen Bogen und den Köcher mit einem dicken Bündel Pfeile bei sich. Er konnte bei seiner vollständigen Vertrautheit mit der Waffe, mit seinen scharfen Augen und seinen ruhigen Händen selbst bei Mondschein ein gutes Ziel auf große Entfernung treffen. Aber die Büchse des Red Fox trug weiter. Ob sie auch weiter traf? Der Dakota kannte die Fähigkeiten seines Gegners sehr genau aus der Zeit, in der er mit ihm zusammen geritten war, und er unterschätzte sie nicht.
Red Fox war im Galopp über den Hügelrücken herangekommen. Kurz ehe er in den Bereich eines Pfeilschusses gelangte, bremste er sein Tier mit einem herausfordernden Schrei, der zu Tokei-ihto herüberklang. Der Dakota antwortete ihm nicht.
Weit zurück hinter Red Fox erschienen die vier Reiter, die er erst am Fuße der Anhöhe zurückgelassen hatte. Auch sie waren jetzt mit ihren Tieren auf das südliche Ende der Anhöhe heraufgekommen, stiegen ab, brachten ihre Pferde dazu, sich hinzulegen, und verbargen sich im Schutze der Tierkörper. Sie hatten das Ende des Hügelrückens inne und konnten die Prärie rings mit ihren Kugeln bestreichen. Von allen Helfershelfern des Roten Fuchs waren sie für den Dakota die gefährlichsten.
Tokei-ihto wartete.
Fred Clarke nahm die Büchse an die Wange. Er drückte ab; der Schuß knallte, und Tokei-ihto hörte das Geschoß pfeifen. Die zweite Kugel folgte, die dritte, vierte und fünfte. Fred Clarke besaß einen Mehrlader. Er knallte in schneller Folge, und allmählich schoß er sich ein. Haarscharf pfiffen jetzt die Geschosse um das lebende Ziel. Red Fox war ein vorzüglicher Schütze und in der ganzen Prärie dafür bekannt, daß er nicht leicht sein Ziel verfehlte. Seine Reiter stießen anspornende und spottende Schreie aus. Red Fox zielte nur auf den Dakota. Das Pferd zu töten, hatte er kein Interesse.
Der Häuptling aber rührte sich nicht. Mann und Pferd blieben

am Platze wie eine Zielscheibe. Der Falbe hatte den Kopf tief gesenkt, als wollte er grasen. Tokei-ihto nahm den runden Schild aus siebenfacher Büffelnackenhaut zur Hand, hielt ihn schräg und brachte damit die aus weiter Entfernung auf ihn abgeschossenen Kugeln zum Abgleiten. Es war ein Meisterstück indianischer Kampftechnik, auf das die Prärieindianer sehr stolz waren. Aber Red Fox kannte es nicht, und er begriff nicht, warum er den Gegner nicht traf. Der unbewegliche Tokei-ihto wurde ihm unheimlich. Es war nicht jedermanns Sache, auf Reiter zu schießen, die bei den abergläubischen Jägern als kugelfest und verwunschen galten.
Red Fox schoß weiter, aber er zielte jetzt schlechter. Seine Hand wurde unruhig. Eine halbe Armlänge gingen die Kugeln vorbei. Der Dakota nahm den starkmähnigen Hengst hoch.
„Hi-jip-jip-hi-ja!" Der Kriegsruf schrillte zwischen das Krachen der Schüsse. Wie ein unvermittelt aufspringender Sturm jagte der Hengst voran. Sein Galopp veränderte die Lage in Sekunden und verlangte ebenso rasche Entschlüsse des feindlichen Reiters. Ein, zwei Herzschläge lang hatte Fred Clarke dem Heranbrausenden seine Kugeln noch aufrecht im Sattel sitzend entgegengesandt; dann mußte er schon damit rechnen, daß der Dakota ihn mit seinen Pfeilen erreichen konnte. Tokei-ihto beobachtete, wie Red Fox sich an die Seite seines Tieres hinunterließ und die Fuchsstute hart am schattigen Westhang der Anhöhe entlangtrieb. Red Fox benutzte das Pferd als Deckung. Über den Sattel hinweg schoß er weiter nach seinem Gegner. Die Entfernung zwischen den Kämpfenden schwand im Nu. Der Häuptling ließ die Pfeile im Köcher ruhen und nahm die Streitaxt in die Faust. Auch er hatte sich zur Seite seines Mustangs heruntergelassen und hing fast unter dem Bauche zwischen den galoppierenden Beinen. Er hätte auch in dieser Lage den Bogen spannen und das Pferd des anderen töten können. Dann aber suchte der Feind hinter dem Tierkörper sein Versteck und schoß aus der Deckung mit der Büchse. In einer solchen Stellung war einem guten Schützen schwer beizukommen; der Kampf mußte sich hinziehen, und die Gesellen des Red Fox bekamen dann wahrscheinlich Lust einzugreifen. Tokei-ihto hatte

darum einen andern Plan. Er wollte den Gegner zum Angriff reizen, ihm die Büchse nehmen und den Kampf so schnell wie möglich beenden. Das war nur durch tollkühnes Vorgehen möglich.
Sobald Tokei-ihto Red Fox nahe genug war, schleuderte er die Axt über den Rücken des Pferdes hinweg mit großer Kraft. Es war nicht ein von weißen Männern hergestellter Tomahawk, sondern eine hölzerne Streitaxt mit einer Steinspitze. Wirbelnd flog die Waffe. Holz splitterte, und das Geräusch mischte sich mit dem Knallen eines Schusses.
Die Axt war Red Fox in den Büchsenschaft gefahren. Tokei-ihto erkannte es noch. Er sah es, während sein eigener Mustang stürzte und er selbst sich nur durch Abspringen davor retten konnte, unter dem Tier begraben zu werden.
Der Hengst wälzte sich; er mußte getroffen sein, so daß er nicht wieder auf die Beine kam. Tokei-ihto hatte sich ins Gras geworfen. Sein Blick glitt hinüber zum Feind. Er wartete, was Fred Clarke tun werde. Der heftige Anprall des Axtwurfs hatte diesen nicht zu Sturz gebracht; er hing noch an seinem aufrecht stehenden Pferde. Nur die Büchse mit dem zersplitterten Schaft lag am Boden. Mit einem lästerlichen Fluch verzichtete Red Fox auf die unbrauchbar gewordene Waffe und trieb sein Pferd schnell den dunklen Westhang schräg hinab zur Ebene. Nachdem er seine weittragende Schußwaffe verloren hatte, war es sein Bestreben, dem Bereich von Tokei-ihtos Pfeilen zu entkommen und die flachen Wiesen zu gewinnen, auf denen die Stute ihre ganze Schnelligkeit entwickeln konnte. Der Vorteil, der ihm blieb, war dieses Pferd; dem Dakota war das seine genommen. Der falbe Hengst hatte noch einmal versucht aufzukommen, aber er stolperte und brach wieder ein.
Fred Clarke ritt unterdessen davon. Er ritt wie ein Indianer. Sorgfältiger noch als vorher hatte er sich hinter dem Körper seines Tieres versteckt. Nur die dicke Ledersohle eines schweren Reiterstiefels schaute über den Pferderücken heraus. Tokei-ihto versandte einige Täuschungspfeile, deren Knochenspitzen in der Stiefelsohle steckenblieben. Dadurch wurde der Weiße davon abgehalten, nach dem Indianer Ausschau zu halten und da-

bei seinen Kopf als Ziel zu zeigen. Der Dakota war unbeobachtet. Er benutzte den Augenblick, sprang auf und jagte hinter dem Davonreitenden her, tiefgeduckt, mit weichen, kaum hörbaren Sprüngen und vom Schatten des Hügelhanges geschützt. Er war Red Fox schon nahe gekommen, als dieser die ebene Prärie erreichte, auf der er nun die Schnelligkeit seines Tieres auszunutzen begann.
Der Dakota wußte von sich, daß er auf eine kurze Strecke den Wettlauf mit jedem Pferd mit Reiter aufnahm. Er mußte den Feind bald einholen. Mit einem einzigen gewagten Sprung nahm er das letzte Stück des Hanges und gelangte ebenfalls auf das flache Land. Es zeigte sich, daß Red Fox seinen nacheilenden Verfolger in diesem Augenblick bemerkt hatte. Sein Lasso entwickelte sich in der Luft. Die weite Schlinge senkte sich über dem jungen Häuptling. Tokei-ihto wich nicht aus und warf sich nicht nieder. Er tat nichts, was dem Feind neuen Vorsprung verschafft hätte. Die Schlinge kam herunter, der Häuptling sprang geradezu in sie hinein. Mit starkem Griff faßte er den Riemen außerhalb der Schlinge, so daß sie sich nicht vollständig zuziehen konnte. Der übliche Ruck erfolgte. Fred Clarke hatte sich wieder in den Sattel geschwungen und richtete seine Aufmerksamkeit auf das Pferd, das auf das Durchstehen eines Lassowurfes zwar dressiert, aber seit langem nicht mehr darin geübt war.
Tokei-ihto ließ sich fallen, als sei er umgerissen worden.
Der Feind trieb sein Tier zum Galopp an, und laut brüllend im Triumph zerrte er das vermeintliche Opfer am Lasso hinter sich her, um es zu Tode zu schleifen. Dabei wandte er dem Indianer, den er in der Schlinge eingeschnürt glaubte, wieder den Rükken. Der Dakota schnellte sich auf. Er kam auf die Füße, sprang aus der Schlinge heraus und eilte in langen Sätzen hinter dem Reiter her, während er das Lasso bei sich einzog. Die beiden Kämpfenden gelangten in ihrer schnellen Bewegung aus dem Schatten der Anhöhe hinaus auf das mondbeschienene Gelände. Red Fox hatte noch keinen Verdacht gefaßt, da das Lasso gespannt geblieben war. Er hieb auf sein Pferd ein, um es zu immer schnellerem Galopp anzutreiben. Die Gefährten des Red

Fox aber konnten beobachten, was geschah. Sie schrien auf. Mit aufgeregten Armbewegungen versuchten sie Fred Clarke zu warnen, und einige schossen auf den Dakota. Aber dieser war schon durch das Pferd seines Feindes gedeckt, und die Kugeln trafen nicht.
Red Fox hielt den Lärm, der bei seinen Freunden entstand, im ersten Augenblick für Siegesfreude, dann wurde er mißtrauisch und blickte sich um. Eine Pferdelänge hinter sich sah er den Indianer.
Sein Gebrüll verstummte, und die Peitsche fiel ihm aus der Hand. Er riß den Revolver heraus, wandte sich im Sattel und zielte mit gestrecktem Arm auf den Indianer. Als er abzog, war Tokei-ihto im Sprung, die Kugel streifte den Dakota, fast ohne daß er es fühlte, und hielt ihn nicht mehr auf. Wie ein anspringender Wolf, mit einem einzigen Satz, war der Häuptling hinter dem Feinde auf dem Pferd. Seine Rechte drückte die Hand am Revolver zusammen, so daß die Finger sich von der Waffe lösen mußten; mit der Linken hob der Häuptling das Dolchmesser.
Red Fox wollte sich noch vom Pferde fallen lassen und dadurch den Rücken wieder frei bekommen. Aber der Augenblick, in dem er die Füße aus den Steigbügeln nehmen mußte, machte sein Vorhaben zunichte.
Die Klinge fuhr ihm in den Rücken. Sein riesiger Körper wankte, und der Kopf mit dem breitkrempigen Hute sank in den Nacken.
Für Tokei-ihto blieb keine Zeit, Gefühle des Sieges auszukosten, denn er war noch von Feinden umzingelt. Um die Skalpjäger zu täuschen, umfing er den toten Feind mit den Armen, als ob er noch mit ihm ringe. Er drängte sich auf dem bockenden Pferd an dem Getöteten im Sattel vorbei und setzte sich vor ihn; er ließ beide Beine nach derselben Seite gleiten und hängte sich quer über den Rücken des Pferdes, als sei er selbst eine Leiche oder schwer verletzt. Mit der Linken griff er in den hängenden Zügel, um das angsterfüllte Tier in seine Gewalt zu bekommen. Mit der Rechten hatte er den zusammensinkenden Feind, dessen Füße sich noch in den Bügeln befanden, gepackt und hielt

ihn im Sattel fest. Auf einige Entfernung hin mußte es im Mondlicht scheinen, als ob nicht Tokei-ihto den Roten Fuchs, sondern Red Fox, obgleich verwundet, den Tokei-ihto besiegt habe. Ein Freudengeschrei von Prärie und Anhöhe bestätigte, daß die Täuschung gelungen war.

Die Reiter, die die westliche Sperrkette bildeten, verließen ihre Posten und begannen strahlenförmig zu dem vermeintlichen Sieger Red Fox heranzugaloppieren. Tokei-ihto aber hatte mit der Fuchsstute wieder ein besseres Pferd unter sich als sie alle. Er beobachtete auch, wie die Reiter ihren Galopp verlangsamten und offenbar darauf warteten, daß ihr im Sattel wankender, halb zusammengesunkener Anführer irgendein Zeichen gebe. Inzwischen lief die Fuchsstute mit der doppelten Last wieder den Hang aufwärts. Auf dem Kamm des Hügels sah der Dakota schon zwei waffenschwingende und Triumph brüllende Männer herbeispringen; es waren zwei der Posten, die Red Fox auf der Südspitze aufgestellt hatte. Ein bärtiger Weißer war es und ein Indianer.

Es konnte nicht mehr lange dauern, bis die beiden die List des Häuptlings durchschauten. Voran war der Indianer mit den laufgeübten Beinen. Ein Ruck ging plötzlich durch seine Gestalt. In diesem Augenblick erkannte Tokei-ihto ihn: Schonka!

Der Häuptling befand sich noch am Hang, im Schatten. Er ließ Red Fox und den Zügel fahren, glitt vom Pferd, riß den Bogen von der Schulter und zwei Pfeile aus dem Köcher. Die Sehne surrte singend, die Pfeile schwebten durch das Halbdunkel der Mondnacht. Die beiden Läufer stockten im Lauf; sie warfen die Arme in die Luft und sanken ins Gras. Tokei-ihto sprang hinzu und eignete sich im Umsehen die Schußwaffen der Besiegten und ihre Patronengurte an. Dann holte er sich rasch die Fuchsstute wieder, die schon fluchtbereit umhergeäugt hatte. Er packte ihr Red Fox wieder auf und zog sie ein paar Schritte weiter zu der Stelle, an der seine Streitaxt und die Büchse des Red Fox mit dem zersplitterten Kolben lagen. Diese Waffen nahm er an sich. Sein Ziel war jetzt die Kuppe, auf der er zu Beginn des Kampfes gehalten hatte. Unten galoppierten die Reiter, aber als sie auf den endlich erkannten Sieger das Feuer eröffneten, hatte

Tokei-ihto es nicht mehr weit bis zu der schützenden Mulde. Er hängte sich unter den Bauch seines Tieres. Während die Kugeln schon über die Anhöhe pfiffen, gewann die Stute mit schnellen Galoppsprüngen unverletzt die Kuppe über der Bucht.
Alle diese Vorgänge hatten sich sehr schnell abgespielt, und in dieser Schnelligkeit lag das Geheimnis des Erfolges. Tokei-ihto war vom Pferd geglitten und hatte sich in der lehmigen Einsenkung niedergeworfen. Mit Überredungskunst und einiger Gewalt brachte er die Stute dazu, sich ebenfalls niederzulegen. Er knüpfte das Lasso auf, das Red Fox auf ihrem Rücken festgehalten hatte, und legte den Toten auf den Nordrand der Mulde. Dann spähte der Dakota hinunter; er hatte Pfeil und Bogen schußbereit. Aber das warnende Beispiel der beiden gefallenen Läufer schien die anderen zunächst abzuschrecken. Wenn sich einer keck vorwagte, um von seinem schnellen Mustang die Flinte gegen die Anhöhe abzufeuern, so riß er sein Pferd auch rasch wieder herum und suchte die sichere Entfernung.
Der Häuptling lag in der Lehmmulde und hielt weiter Ausschau. Sein Versteck war gut und sein Rundblick selbst bei Mondschein ausgezeichnet. Er hatte eine für einen sicheren Schützen unübertrefflich günstige Stellung inne. Der größte Fehler der Feinde war gewesen, daß sie die Kuppe nicht besetzt hatten, solange Tokei-ihto mit Red Fox kämpfte. Aber sie hatten alle zu sicher auf den Sieg des Roten Fuchs vertraut. Jetzt mochten sie sehen, wie sie in dem offenen Gelände an den Indianer herankamen. Solange sie sich nicht entschlossen, abzusteigen und in großer Zahl ringsumher anzuschleichen, drohte ihm kaum eine Gefahr. Sein Köcher faßte hundert Pfeile, dazu kamen die erbeuteten Feuerwaffen und ausreichend Munition. Er hatte ein Pferd bei sich, daß er schlachten konnte, um sein Fleisch zu essen und sein Blut zu trinken. Auch zwei Wassersäcke und Proviant lagen vorsorglich bereit. Die kommenden Nachtstunden waren vom Mondschein erhellt. Tokei-ihto nahm an, daß die Jäger sich nicht so schnell zu einem Angriff auf ihn entschließen würden. Sie hatten das Schießen ganz eingestellt. Der Indianer beobachtete, wie sie sich zu Gruppen sammelten. Ihre Anführer, Red Fox und Schonka, waren gefal-

len. Wahrscheinlich berieten sie, was in der neuen Lage zu unternehmen sei.
Tokei-ihtos besondere Aufmerksamkeit galt dem Abhang, der zur Bucht hinunterführte. Das war die einzige Seite, an der es für die Feinde etwas Deckung gab. Im Buchtgrund hatte sich das Schwemmholz angehäuft, und hier wuchsen Weiden und anderes Gesträuch, hinter dem man sich verstecken konnte. Tokei-ihtos suchendes Auge nahm eine Bewegung wahr. Ein Jäger kam vorsichtig hinter einem Weidengesträuch vor und schob sich im Gras aufwärts. Er büßte sein Unternehmen. Der Pfeil des Indianers traf den Überraschten in den Nacken. Der Getroffene streckte sich und blieb ohne Laut liegen.
Der Dakota hatte jetzt Muße und richtete sich möglichst zweckmäßig auf der Kuppe ein. Er prüfte sorgfältig die erbeuteten Flinten und zählte die Patronen und Kugeln, dann legte er sich alles zur Hand, so daß er mit möglichst geringem Zeitverlust Schüsse abgeben konnte. Es blieb ringsumher ruhig, und auch aus der Bucht wagte sich vorläufig niemand mehr heran. Gleichmäßig rauschte das Wasser tief unten im großen Tal.
Der Mond war gewandert und schaute von Südwesten herüber. Eine Kuppel funkelnder Sterne stand über dem Land. Der Wind strich leise dahin und nahm den Geruch der Verwesung und den feuchten Dunst mit, der von dem Überschwemmungsgelände aufstieg. Tokei-ihto konnte von seiner Höhe tief hinuntersehen und das Schillern des Wassers erkennen. Drüben am Nordufer lag die Prärie ganz einsam. Der Wanderzug und die ihm nachfolgenden Kundschafter waren längst in der Ferne entschwunden.
Der Indianer lag beobachtend in seiner Mulde. Von der Prärie her ertönten indianische Rhythmen durch die Nacht. Tokei-ihto lauschte. Es war ein Gesang in der Sprache der Dakota, ein eintöniger, stolzer, nicht endender Gesang. Der Häuptling kannte die Stimme. Mattotaupas Mutter, Untschida, war diesseits des Stromes zurückgeblieben und sang für den Sohn ihres Sohnes, der sich im Ring der Feinde befand. Tokei-ihto erkannte den Schatten ihrer hochaufgerichteten Gestalt. Keiner der Weißen störte sie. Die weißen Männer gaben vor, die Frauen hoch zu

achten, und sie schalten, daß Indianer ihre Frauen wie Sklavinnen arbeiten ließen. Aber wenn das Jägerleben auch mit sich gebracht hatte, daß der Mann mit Pfeil und Bogen unterwegs war und die Frau die Arbeit im Zelte tun mußte, wenn auch die Frauen im Zelte abseits des Feuers sitzen und schweigen mußten, so hatten die Dakota doch nie vergessen, daß auch in Frauen ein kluger Geist und Mut wohnen konnten. Sie hatten das Alter immer geachtet, gleich, ob es ihnen im Manne oder in der Frau erschien. Tokei-ihto bewunderte Untschida, die unbekümmert um die Feinde das Lied von Tokei-ihto und vom Stamme der Dakota sang. Sie wurde nicht müde. Aufrecht stand sie die Nacht hindurch, und gleichmäßig erklang ihre Stimme durch die Dunkelheit. Auch den rohen Gesellen des Red Fox zwang sie Achtung ab.

Stunde um Stunde verging. Der Mond wanderte weiter, und die Sterne wurden blasser. Es war bitterkalt vor Beginn der Morgendämmerung. Eine Eule schwebte lautlos vorbei; in den Fängen trug sie eine erhaschte Beute.

Tokei-ihto öffnete die Taschen des toten Red Fox und entnahm einer Brusttasche den Skalp Mattotaupas mit den grauschwarzen Haaren. Er strich die Haare langsam um seine Hand und verbarg sie bei sich. Das Messer, das seinen Vater ermordet hatte, nahm er ebenfalls. Es war kein breites Skalpmesser, sondern ein Dolch. Der Häuptling blieb wieder auf Wache liegen. Drunten bei den Feinden rührte sich nichts.

Die Sterne schwanden, und die grauen Schleier der Morgendämmerung lösten sich in nichts auf. Das Sonnenlicht siegte. Der Dakota ließ sich von den morgendlichen Strahlen wärmen. Er spähte hinunter in die Bucht und entdeckte zwei Posten, die sich wieder eingeschlichen hatten. Sie hatten sehr sorgfältig Deckung genommen. Nur ein Stück braunen Lederstiefel konnte Tokei-ihto an der einen Stelle sehen, und das war kaum zu unterscheiden von dem nassen Holz, aus dem es herausragte. Der zweite Posten verriet sich durch den Flintenlauf, dessen Mündung in einem Weidengebüsch auffiel. Der Indianer schob den Lauf des Schießeisens, das er zur Hand hatte, über den Rand der Mulde.

Sein Schuß krachte in die Morgenstille hinein. Die Vögel flatterten erschreckt auf und suchten das Weite. Der Flintenlauf im Weidengebüsch, der getroffen war, verschwand, und der unsichtbare Schütze fluchte vernehmlich. Der zweite Posten schoß herauf, die Kugel pfiff vorbei. Tokei-ihto antwortete. Der braune Stiefel zuckte und suchte sich besser unter dem Holz zu decken. Der Dakota ließ sofort eine zweite Kugel folgen. Ein leises Stöhnen und mehrere schlechtgezielte Schüsse kamen als Erwiderung aus dem Versteck in der Bucht.
Auch diese beiden Jäger, die verhältnismäßig die beste Dekkung hatten, waren dem Dakota gegenüber im Nachteil. Er konnte auch sie aus der Höhe stets leichter beobachten als sie ihn. Die beiden verhielten sich von jetzt ab vollkommen ruhig. Am Tage konnten sie ihren dem Feinde bekannten Platz nicht verlassen, ohne seinen Kugeln zum Opfer zu fallen, und es durfte sich auch niemand zu ihnen heranwagen, um ihnen zu helfen. Ihre Lage war nicht rosig.
Der Häuptling wartete. Es wurde Mittag. Seine Gegner zeigten keine Lust, sich bei Tage weiter mit einem Scharfschützen einzulassen, der die beste Stellung des ganzen Geländes innehatte. Der Häuptling aber verwirklichte seinen Plan: er hielt die Feinde hin. Tokei-ihto empfand kein persönliches Triumphgefühl dabei, aber er war befriedigt, daß es den weißen Skalpjägern und den indianischen Verrätern so schwerfiel, einen „roten Hund zu killen".
Der Häuptling hatte sich umgewandt und spähte über die endlose, in den Himmel hineinschwimmende Prärie gegen Süden zu. Der dunkle Strich, den die Fährte des Wanderzuges vor vielen Tagen durch das Gras gezogen hatte, war für Tokei-ihto auch jetzt noch zu sehen. Die Spur kam aus der dunstigen Ferne, sie kam vom Pferdebach und von den Schwarzen Hügeln und von den Ufern des Gelbsteinstromes bis zum Schlammwasser. Sie kam aus dem unübersehbaren Land, das den Männern der Dakota gehört hatte ... Dann ging sie über den Strom in die Fremde. Tokei-ihto kannte das neue Land. Noch eine Nacht und wieder einen Tag und noch eine Nacht, dann konnten die emsigen Pferde und die holpernden Rutschen an der

Grenze sein und hinüberwandern in die freien Prärien und den schützenden Wald. Bis zu jener Stunde wollte der Häuptling noch aushalten und alle Feinde auf sich ziehen. Dann mußte er ihnen entkommen.

Untschida sang davon, daß er den Feinden entfliehen mußte. Er durfte nicht sterben. Die Söhne der großen Bärin warteten auf ihren Häuptling. Sie brauchten ihn. Untschida hatte ein Beutelchen Beeren bei sich und einen kleinen Wassersack. Damit hielt sie aus. Sie sang ihr Lied ohne Unterlaß. Von der Bucht herauf klang wieder das Stöhnen des Postens, dem Tokei-ihtos beide Kugeln ins Bein gedrungen waren. Das Holz, unter dem er versteckt lag, bewegte sich. Tokei-ihto sah, wie der Mann das nasse Geäst fortschleuderte; die Schmerzen nahmen ihm die ruhige Überlegung. Der Dakota legte an und gab ihm den Gnadenschuß.

Als die Sonnenstrahlen am Spätnachmittag schräg über den Hügelkamm fielen, beobachtete der Häuptling, wie sein verwundeter Mustang aufzukommen suchte. Es fiel dem Tier schwer, aber endlich stand es doch zitternd auf den Beinen und begann zu der Kuppe und seinem Herrn hinzuhumpeln.

Die Belagerer schossen nicht auf das Pferd. Sie mußten sehen, daß es kaum vorwärts kam und daß sie mit einem wohlgezielten Schuß seinem Besitzer nur einen Fleischvorrat verschafften. Der Hengst kam zu der Mulde heran. Er beschnupperte die Stute, schien mit ihrer Anwesenheit einverstanden und rupfte sich einige Gräser ab. Tokei-ihto öffnete einen Wassersack und gab dem Tier zu saufen. Von der Prärie her pfiffen aus sehr weiter Entfernung etliche Kugeln und landeten wirkungslos in Gras und Erdreich. Tokei-ihto verschloß den Wassersack und ließ seine Flinte antworten. Sofort zogen sich die Feinde zurück. Der Häuptling lächelte spöttisch vor sich hin. Er dachte an den heftigen Kampf, den die Furcht auf der einen, die Hoffnung auf den kostbaren Skalp auf der anderen Seite im Herzen seiner Gegner ausfochten. Der Häuptling beobachtete unaufhörlich mit gespannter Aufmerksamkeit die ganze Runde. Es rührte sich nichts mehr. Die Jäger drunten kämpften nicht für ihr Volk und dessen neuen Weg wie der Dakota, sie kämpften

um einen Preis, den keiner dem anderen gönnte und für den sie so wenig wie möglich riskieren wollten. Zudem wuchsen ihre Chancen allein durch das Warten, denn die Schlaflosigkeit mußte den Dakota allmählich erschöpfen. Es konnte sein, daß sie so lange warteten, bis der Wanderzug das freie Land schon gewonnen hatte.
Tokei-ihto lugte wieder in die Bucht hinunter und stellte fest, daß der Posten ohne Schußwaffe verschwunden war. Der Jäger hatte sich heimlich zurückgezogen.
Die Sonne war schon sanft geworden wie eine weise Alte, die Strahlen spielten flach über das saftiggrüne Grasland, und ihr flimmerndes Gold begann sich zu röten.
Der Dakota legte die drei Adlerfedern ab. Er pflückte sich Gräser und machte sich mit Hilfe der Schlangenhaut, die seine Haare hielt, eine Graskrone. Ein Kopfschuß in dem Augenblick, in dem er den Kopf heben mußte, um zu zielen, war die größte Gefahr für ihn, und er mußte Haar und Stirn möglichst verbergen. Wenn er hinunterspähte, konnte er erkennen, daß die meisten der feindlichen Reiter abgesessen waren. Es war schon zu dunkel, um diejenigen noch mit dem Auge festhalten zu können, die sich im Gras und hinter einzelnen Büschen verborgen hielten. Aber Tokei-ihto vertraute darauf, daß er sie rechtzeitig entdeckte, wenn sie sich rührten.
Das Jaulen der Wölfe hatte aufgehört. Sie schlichen schon lautlos nach Beute umher. Aber sie mußten auch die Menschen wittern, vor denen sie Furcht hatten und die sie nur angriffen, wenn der Hunger sie quälte.
Die ganze Nacht klang das Lied Untschidas durch die Finsternis. Wieder wurde es Tag.
Tokei-ihto wachte in nicht nachlassender Aufmerksamkeit. Er war zu Jagd und Kampf erzogen, und die fortwährende Beobachtung des Geländes und aller Vorgänge war ihm in Fleisch und Blut übergegangen; er hätte sich zwingen müssen, sie zu unterlassen. In den Jahren, in denen er vom Knaben zum Manne wurde, war er als Begleiter des geächteten Vaters oder auch allein wie ein Tier der Wildnis umhergeschweift. Er konnte sich mit einer Flinte und seinem Mustang zusammen in

Wald und Prärie gegen viele Feinde behaupten. Was ihn hart anging, das war der elende Zustand seines Hengstes.
Die Sonne zog ihre Bahn wieder abwärts gegen Westen zu, sie versank, und die Finsternis breitete sich über das Land. Bodenwellen und Einsenkungen, das große Tal mit seinen flimmernden Wassern waren in die Dunkelheit eingehüllt.
Aus dem Buchtgrund fiel ein Schuß. Der Dakota fühlte einen heftigen Schlag gegen den Kopf, und es flimmerte ihm vor den Augen, dann wurde es schwarz um ihn. Mit Aufbietung seines ganzen Willens rutschte er ein Stück tiefer in die Mulde hinein. Seine Hand tastete an einer Flinte, und er drückte ab, ohne jedoch feststellen zu können, wohin er schoß. Drunten sollten sie nicht wissen, daß er einen Augenblick kampfunfähig war. Sonst war er verloren, und sein Skalp kam in die Hände der Feinde.
Der Schuß des Dakota wurde sofort beantwortet, ohne daß ihn diese zweite Kugel traf. Der Verwundete griff nach den Bastbinden; die mechanische Bewegung seiner Hand fand die Stelle, an der sie verwahrt waren, und er versuchte, die Binden um die Kopfwunde zu legen. Seine Hand war gleich naß von Blut, aber es gelang ihm, den Bast fest um den Kopf zu wickeln. Dann sanken seine Arme herunter, und er blieb liegen. Von drunten schossen sie nicht mehr. Krochen sie schon herauf? Tokei-ihto war sich bewußt, daß er einen Fehler gemacht hatte. Ein Stück seines Kopfes mußte für ein feindliches Auge in dem hellen Mondschein sichtbar geworden sein. Das Knallen des Schusses hatte ihm noch die Vorstellung vermittelt, wo der Gegner steckte: hinter der obersten Weide in der Bucht. Er hatte ihn schon da vermutet, aber seine Gedanken waren einen Augenblick abgewichen.
Aus der Bucht krachte wieder ein Schuß. Ohne von einem klaren Gedanken geleitet zu sein, griffen die Hände des Häuptlings abermals nach der Flinte. Die Bewegung fiel ihm leichter, und vor seinen Augen ging ein heller Schimmer auf, wenn auch die Gegenstände darin noch umherzuschwanken schienen. Er fand den Kolben und den Abzug, und es gelang ihm zu schießen. Der Knall dicht an seinem Ohr und der Rück-

stoß weckten ihn völlig, und er erkannte wieder die Landschaft im Rund. Er sah auch ein, daß er einen ganz irren Schuß abgegeben haben mußte, denn aus der Bucht ertönte lautes Lachen. Der Häuptling riß sich zusammen. An dem toten Red Fox vorbei schoß er zum drittenmal. Da lachte drunten keiner mehr. Etwas Rauhes, Feuchtes kam ihm auf den Rücken. Der Falbe leckte seinen Herrn.

„Ja. Geh." Tokei-ihto sprach leise und gut zu dem Getreuen. Das Tier schien zu verstehen. Es stieg an der Stute vorbei wieder aus der Mulde heraus.

Der Häuptling band sich die Baststreifen fester um den Kopf. Es war ein Streifschuß, den er erhalten hatte, und die große Gefahr, die erste Betäubung, war schon vorüber.

Untschidas Lied klang von der Prärie her.

„Mein Sohn –
bleibe wach!
Du bist ein Dakota.
Deine Augen werden nicht müde –
deine Hand zittert nicht –
brich durch den Ring der Feinde –
und komm zurück
zu deinen Brüdern.
Wir warten auf dich."

In nördlicher Ferne glaubte Tokei-ihto einen glimmenden Punkt wahrzunehmen. Der undeutliche Schein war sehr weit. War es ein Feuer? War es das Zeichen, daß der Wanderzug die rettende Grenze überschritten und die Waldberge erreicht hatte? Dann waren die Männer und Frauen schnell gewandert. Tschetansapa, der Sohn des Sonnenregen, mochte sie zu dem Gewaltmarsch angetrieben haben. Es war gut so.

Nun konnte, nun mußte auch Tokei-ihto seinen Feinden zu entkommen suchen.

Aber rings rührte es sich in der Finsternis. Tokei-ihto hatte das Ohr am Boden. Er konnte nichts hören. Doch seine spähenden Augen entdeckten Schatten lediger Pferde, die sich in Gruppen

von dem Kreis der Belagerer entfernten. Die langsame und geordnete Bewegung ließ darauf schließen, daß sie fortgeführt wurden. Wohin? Das war nicht ohne weiteres festzustellen. Sie verschwanden bald in der Dunkelheit. Ihre Reiter lagen in weitem Kreis versteckt im Gras, und sie schienen den Ring allmählich enger zu ziehen.
Wenn man die Tiere alle fortgebracht hatte, mußten die Reiter einen Plan haben, den sie zu Fuß ausführen wollten. Noch war alles, was vorging, fern und schwer faßbar. Es kroch am Boden ohne Laut; fast war es, als ob nur das Gras und die Erde sich selber bewegten. Dann rückte es näher und wurde deutlicher. Ein Schatten strich heran – schwankte ein Halm? Tief in der Bucht beugte sich ein Weidenzweig ohne Wind. Der Falbe hatte den Kopf gehoben und witterte unruhig.
Sie kamen. Es war kein Zweifel mehr. Von ringsher schlichen sie heran, gleich zu Beginn der Nacht. Es kroch von überallher, in der Bucht und auf dem Hügelrücken und drunten in der Prärie. Vielleicht mußten einige der heranschleichenden Feinde das Leben lassen, die anderen aber konnten heraufstürmen – und dem Dakota den Skalp abziehen. Das hofften sie.
Tokei-ihto nahm der Fuchsstute die Fesseln ab und griff nach Bogen und Pfeilen. Die Zielweite war in der Finsternis so gering, daß der Bogen genügte. Tokei-ihto konnte in der Minute zwanzig Pfeile versenden.
Die Fuchsstute wurde von einer feindlichen Kugel gestreift. Angstvoll sprang sie auf und jagte den Hang ostwärts hinunter. Die Bewegung des Tieres schien die Angreifer einen Augenblick zu verwirren. Vielleicht fürchteten sie einen Fluchtversuch des Dakota. Hing er irgendwo an dem fliehenden Pferde? Tokei-ihto bemerkte, wie sich Gestalten erhoben und das Tier fassen oder mit dem Lasso fangen wollten, andere schossen. Geschrei wallte auf. Der Dakota sah sich etwas entlastet. Er schoß wieder gegen die Angreifer auf dem Hügelrücken. Einen der vordersten hatte Tokei-ihtos Pfeil erreicht. Aber die drohenden Schatten rings wurden jetzt schnell größer, und schon erreichten sie die Kuppe.
Sie waren da.

Der Häuptling hatte sich im letzten Augenblick bei dem Baumstamm verkrochen. Da er nicht mehr schoß, mochten seine Gegner annehmen, daß er selbst getroffen sei. Sehen konnte ihn keiner der Angreifer, ehe er die Mulde betrat. Der Häuptling lag lang ausgestreckt, halb unter dem Baumstamm, der ihm den Rücken deckte. Er hörte das Gebrüll, mit dem immer mehr Feinde rings die letzten Meter heranstürmten. Den Falben sah er verschwinden. Der Hengst schien unbehelligt abzutrotten. Am Rande der Mulde standen die ersten Schatten. Großkrempige Hüte und lange Zöpfe, breite volle Bärte und schmale bartlose Gesichter. Heisere Schreie rangen sich aus weitgeöffneten Lippen; Kolben sausten durch die Luft ohne genaues Ziel und schlugen dumpf auf; Flinten- und Revolverschüsse krachten und knatterten ununterbrochen.

Der Häuptling hörte auf zu schießen und schob sich vom Stamme weg zwischen die Gefallenen hinein.

„Wer ihn hat, der soll es sagen!" schrie plötzlich einer im Zorn durch die Dunkelheit. „Der soll es sagen, der Lump, der den Skalp gestohlen hat!"

„Ruhig!" befahl eine andere Stimme. „Alle zurück! Aus der Mulde hinaus! Was trampelt ihr hier herum wie Rindvieh. Zwei her, die mit mir die Toten durchsuchen!"

Zwei bückten sich, und der Häuptling erkannte den jungen Philipe, der den Bogen des Häuptlings gefunden hatte und für alle sichtbar in die Höhe hielt. Seinem Nebenmann kam dabei ein Gedanke. „Wir nehmen uns noch irgendeinen schwarzen Skalp dazu! Dann stimmt's!" Der findige Kopf war Louis der Kanadier. Er schien seinen Vorschlag gleich ausführen zu wollen. Tokei-ihto spürte den Griff in seinen Haaren. Doch fragte Louis noch mit menschenfreundlicher Vorsorge: „Bist du schon ganz tot, mein roter Bruder?"

„Nein", antwortete der Häuptling, als sei er einer der indianischen Kundschafter im Dienste der Weißen, der beim Angriff verwundet war. „Mein Bruder Louis mag meine Haare sogleich loslassen, oder ich steche zu. Tokei-ihto ist nicht mehr hier. Er ist entflohen!"

„Sacré nom . . .!" Charlemagne, der die Auskunft mit angehört hatte, zwirbelte seinen Bart. „Sacré nom! Vielleicht war er wirklich nicht ganz mausetot ... Schleicht sich in die Bucht hinunter ins Gesträuch, sitzt zwischen den Weiden ... Sieht uns da oben stehen und schießt ... die Canaille!"

Eine Flinte krachte vom Buchthang her. Charlemagne stürzte. Er war tödlich getroffen.

Einen Augenblick war es still nach dem Schuß, der aus nächster Nähe abgegeben war. Die Skalpjäger waren wie erstarrt. Aber nach der kurzen Stille brandete ein ohrenbetäubender Lärm auf. Die Jäger glaubten, daß der entflohene Tokei-ihto geschossen habe. Im Umsehen rannten und sprangen sie den Buchthang hinab, um den Schützen zu fassen. Ihren Rufen war zu entnehmen, daß sie einen fliehenden Indianer sahen und verfolgten. Wie eine ausbrechende Büffelherde tobten sie den Hang hinab.

Der Dakota war oben geblieben und horchte von der still und einsam gewordenen Höhe den Davoneilenden nach. Vielleicht wäre es klug gewesen, mit der Menge der eigenen Verfolger den Hang hinunter in das Tal zu laufen und dort ihren Augen zu entschwinden. Aber seine Füße waren jetzt schlapp wie eine aufgehängte Büffelhaut, und die Umrisse der Kuppe verschwammen ihm vor den Augen. Der Verband war ihm halb abgerissen, und das Blut lief von seinem Kopf. So blieb er, um die Baststreifen wieder in Ordnung zu bringen. War er allein? Waren sie alle in das Tal hinuntergelaufen? Alle?

Bis auf einen einzigen. Der Häuptling erkannte auf einmal einen Schatten dicht neben sich in der Dunkelheit. Er wußte nicht zu sagen, ob der Schatten aus dem Boden aufgewachsen oder von irgendeiner Seite lautlos herbeigekommen war. Die Wahrnehmung spannte seine Sinne von neuem, und er betrachtete den Schatten aufmerksam und mit feindseligem Erstaunen. Die fremde Gestalt war schmal und lang. Ein barhäuptiger junger Mensch war es, mit unbekleidetem Oberkörper; in der Hand trug er eine Flinte. Das halbaufgelöste Haar hing ihm lang über den Rücken.

Er schien nicht auf Tokei-ihto zu achten, sondern unverwandt seinen Gefährten nachzuspähen. Das Fußgetrampel der ins Tal eilenden Menge war schon fast ganz verklungen und im gleich-

mäßigen Rauschen des Stromes untergegangen. Der Häuptling beobachtete, wie der junge Krieger den Kopf wandte und zu ihm herblickte. Tokei-ihto erwiderte wortlos den Blick und wartete, wie der andere sich weiter verhalten werde.
Der junge Krieger begann zu sprechen. „Sie sind alle dumm", sagte er leise mit einer angenehm klingenden Stimme. „Ich allein habe dich erkannt und will mit dir kämpfen, um deine Skalphaare an meinen Rock zu nähen. Du bist Tokei-ihto. Dein Messer verrät dich."
„Ja", antwortete der Häuptling ebenso ruhig. „Versuch es und greife mich an. Aber wenn ich dich besiege, mußt du ein Mädchen aus unseren Zelten heiraten. Wir haben zuwenig Männer."
„Oh", sagte der junge Krieger verblüfft. „Mein Name ist Schudegatscha, ich bin vom Stamme der Ponka, und ich will nicht eure Weiber heiraten. Deinen Skalp will ich haben, Häuptling!"
Tokei-ihto trat an den Ponka heran. Der verwundete Häuptling hatte nicht mehr die Kraft gehabt, in die Bucht hinunterzulaufen, um zu fliehen. Aber jetzt trat er vor. Er überragte den anderen um eine Stirnbreite. Als dem Ponka das letzte Wort aus den Lippen geschlüpft war, fuhr die Faust des Häuptlings schon wider den Körper des Jungmanns. Der Ponka stürzte zu Boden. Tokei-ihto kniete auf ihm und fesselte ihn. Er tötete ihn nicht.
Drunten im Tal hatte das Krachen der Flintenschüsse inzwischen ganz aufgehört. Fernes Hufgetrampel drang durch das Rauschen des Stromes zur Höhe herauf. Wenn Tokei-ihto recht hörte, so galoppierte eine große Reiterschar stromabwärts. Die Skalpjäger waren bis zu ihren Pferden gelaufen, die sie am Abend im Tal versteckt hatten; sie waren aufgesessen und ritten fort. Was suchten sie stromabwärts? Noch immer den Unbekannten, der im entscheidenden Augenblick geschossen und die Verfolger an Stelle von Tokei-ihto auf sich gezogen hatte?
Der Häuptling suchte nach den Flinten, die er in Gebrauch gehabt hatte, nach den Revolvern und nach seinem Bogen. Er fand nichts mehr. Die Waffen hatten die Jäger mitgenommen. Er war ein Mann ohne Pferd und ohne Schußwaffe. Nur das Messer war ihm geblieben.

Vom Tale zog der feuchte Duft des Wassers herauf. Der Verwundete hatte Durst und wollte trinken. Seine Wassersäcke waren ausgelaufen. Er verließ das Büffelbad und kroch hinunter, so vorsichtig, als ob ein Feind da sei, der ihn beobachten wolle. Der Geruch des Wassers zog ihn immer stärker an, und der Instinkt beschleunigte seine Bewegungen. Als er die erste Nässe spürte, suchte sein Mund gierig danach, und er trank den Schlamm in langen Zügen. Um seinen Kopf kam zwischen den Schmerzen wieder das schwankende Gefühl. Die Wunde setzte ihm mehr zu, als er erst hatte glauben wollen. Er schob sich zwischen die Weiden und blieb bei der Pfütze liegen. Von seinem Versteck konnte er hinaufsehen bis zu der Kuppe. Unten im Tal rauschte der Fluß ohne Unterlaß.
Der Dakota fühlte das Wasser und die nasse Erde; der Wind strich kühlend über ihn weg. Er trank noch einmal. Dann kämpfte er nicht mehr gegen die Macht der Müdigkeit. Seine Augen schlossen sich, und er schlief zwischen den Weiden ein.
Als sein Bewußtsein wieder zu arbeiten begann, glaubte er, einen hellen Schimmer wahrzunehmen. Er sah, daß der Mond aufgegangen war, und im Zwange der Gewohnheit versuchte er sofort, den Platz zu beurteilen, an dem er lag. Er befand sich im Schatten, zwischen Gebüsch und Schwemmholz; es war kein übles Versteck, das er sich vor einigen Stunden gewählt hatte. Der Häuptling wurde sich langsam klar, daß er dennoch wieder auf die Anhöhe hinaufkriechen mußte. Auf der Kuppe lag der Gefangene!
Der Dakota schob sich aus dem Weidengesträuch hinaus und kroch am Hang aufwärts, über den früheren Lagerplatz der Weiber und Kinder, der Hügelkuppe zu. Er kam auf die Anhöhe zu dem Büffelbad, das zwei Tage und drei Nächte sein Aufenthalt gewesen war. Der gefesselte Ponka lag noch am selben Platz. Tokei-ihto spähte in die Weite. Still und leer lag rings das Land. Bald würden die Geier und Wölfe ihr Mahl halten, und keine Spur konnte dann mehr von dem erzählen, was geschehen war. Tokei-ihto sah neben sich in der Mulde die Büchse des Red Fox mit dem zersplitterten Kolben liegen und nahm sie auf. Den Schaft konnte er daheim im Zelt ersetzen.

Der Häuptling hielt weiter Ausschau. Seinen Falben und die Fuchsstute sah er weit oben am Stromufer friedlich miteinander grasen. Aber Tokei-ihto wartete noch auf etwas anderes, auf einen anderen. Ob der Schütze, der aus der Bucht auf Charlemagne geschossen hatte, den Skalpjägern zum Opfer gefallen war, oder ob er ihnen entkommen konnte? Wenn er noch lebte, würde er sich wohl zeigen. Tokei-ihto wußte, wer dieser Schütze gewesen war: sein Blutsbruder Donner vom Berge, der Siksikau. Er hatte die Aufgabe gehabt, den Kampf Tokei-ihtos zu beobachten und der Bärenbande Nachricht zu geben.

Der Himmel begann hell zu werden. Aus dem Grase auf dem Hügelrücken tauchte die Gestalt eines Indianers auf. Offen schritt er auf die Kuppe zu. Er war groß und gerade gewachsen wie ein Speer.

Auch Tokei-ihto erhob sich, die Blutsbrüder begrüßten sich, und auch Untschida kam zu ihnen herbei. „Du warst in den Augen unserer Feinde Tokei-ihto", sagte der Dakota zu Donner vom Berge. „Wissen sie, daß du noch lebst?"

„Sie wissen es nicht. Sie glauben, daß ich zu Tode verwundet gewesen sei. Ich sprang in das Schlammwasser. Heimlich habe ich den Strom wieder verlassen und den Skalpjägern noch nachgespäht. Deinen Knochenbogen haben sie mitgenommen und den Skalp eines roten Kundschafters, den ich erschoß, als sie mich verfolgten. Diesen Skalp werden sie jetzt mit dem Bogen zusammen als den deinen verkaufen. Sie sind zufrieden fortgeritten."

„Hier", Tokei-ihto wies auf den gefangenen Ponka, „das ist nun der einzige unserer Feinde, der weiß, daß Tokei-ihto noch am Leben ist. Er darf mich nicht verraten. Für die Watschinschun muß Tokei-ihto tot sein und bleiben."

„Machst du ihn stumm?"

„Er mag wählen: den Tod – oder das Leben in unseren Zelten."

Der Dakota sah seinem Gefangenen in die Augen. In der Miene des jungen Menschen kämpften Trotz und Haß mit der Überlegung.

„Kommst du aus euren Zelten oder hast du im Dienste der Milahanska gestanden?" fragte Tokei-ihto ihn.

„Es gibt keine Zelte der Ponka mehr", antwortete der junge Indianer bitter. „Der Geist der Krankheit, die uns die weißen Männer gebracht haben, der Hunger und die Pfeile und Kugeln der Dakota haben unsere Krieger getötet. Die letzten von uns sind auf eine Reservation gegangen. Ich bin allein auf der Prärie geblieben und habe mit einem weißen Mann zusammen Biber gefangen."
„Deine Schwester Mongschongschah lebt bei uns. Willst du nicht auch in unsere Zelte der Bärenbande kommen und mit uns gefleckte Büffel züchten und Kornfrucht bauen?"
„Mais?"
„Ja, gleich dem Mais."
„In der Reservation?"
„Nein, frei auf unserem eigenen Land. Hier ist die Erde fruchtbar." Tokei-ihto schaute über die saftiggrünen Wiesen und die roterdigen Hügel. „Dann brauchen wir nicht zu hungern und einander nicht zu töten."
„Das ist gut, das will ich."
„Die Ponka gehören zu dem großen Stamme der Sioux, zu dem auch die Dakota gehören. Wir waren immer Brüder, aber nun wissen wir auch, daß wir es sind. Hau. Mein junger Bruder kann vorauslaufen zu den Waldbergen und die Nachricht überbringen, daß Tokei-ihto und Donner vom Berge mit Untschida bald bei den Zelten sein werden."
Schudegatscha wurde von seinen Fesseln befreit und machte sich auf den Weg. Geschwind rannte er in das Tal hinunter, und die beiden Häuptlinge auf der Hügelkuppe konnten beobachten, wie er über den Strom schwamm und dann die nördliche Prärie gewann.

Tokei-ihto blickte ihm nach. Jenseits des Tales, in dem die Morgennebel wallten, und jenseits der weiten, welligen Prärie stieg der Bergstock am Horizont auf. Dunkel erschien er; er war bewaldet. Dorthin zu ziehen hatte er seinen Zelten geraten. Dort standen sie jetzt, die Tipi der Bärenbande, irgendwo zwischen Wiese und Wald, an einem klaren Bach. Die Lederwände waren schon aufgeschlagen, die Feuer flackerten und wärmten die

Morgenmahlzeit. Die Pferde begannen zu grasen, hungrig strichen die Hunde umher.
Über Tokei-ihtos Züge ging ein Schimmer der Freude auf die Heimkehr. Kein Feind stand mehr zwischen ihm und den Seinen. Kein Watschinschun kümmerte sich mehr um das kleine Häuflein, dessen Dasein und Schicksal jenseits des Missouris niemandem bekannt war. Im verborgenen konnten die Söhne der großen Bärin einen neuen Weg beginnen.
Fest und tapfer erklang das Lied Untschidas, die mit den Häuptlingen den Heimweg zu den Zelten antrat.

Frühjahr 1863: Harka Steinhart Nachtauge, Sohn des Häuptlings Mattotaupa von der Bärenbande aus dem Volk der Oglala-Teton-Dakota, ist elf Jahre alt. Er will ein großer Jäger und ein großer Krieger werden, wie alle Jungen seines Stammes. Er ahnt nicht, daß sein Leben ganz anders verlaufen wird...

In sechs Bänden beschreibt Liselotte Welskopf-Henrich dieses abenteuerliche Leben bis zum Sommer 1877. Und nicht nur dieses: Das Schicksal aller Dakota, das Schicksal aller nordamerikanischen Indianer wird bei der Lektüre dieser spannenden Bücher lebendig.

Band 1: **Harka** (RTB 4024/vorher RTB 849)

Band 2: **Der Weg in die Verbannung** (RTB 871)

Band 3: **Die Höhle in den Schwarzen Bergen** (RTB 874)

Band 4: **Heimkehr zu den Dakota** (RTB 875)

Band 5: **Der junge Häuptling** (RTB 4028/vorher RTB 876)

Band 6: **Über den Missouri** (RTB 4029/vorher RTB 877)

Die Söhne der großen Bärin
schon heute Klassiker unter den Indianerbüchern.